财经法治

期货及衍生品法律评论 第一卷

Futures and Derivatives Law Review

总　编◎胡　政
主　编◎曹　越
副主编◎张啸尘　程红星

法律出版社
LAW PRESS·CHINA

期货及衍生品法律评论（第一卷）

主办单位：中国金融期货交易所

序　言

20世纪90年代初期，我国现代期货业开始起步。经过20多年的探索发展，我国期货市场发展成绩斐然。截至2017年，我国共有3家商品期货交易所和1家金融期货交易所，已上市55个期货品种，包括5个金融期货品种、1个金融期权品种、47个商品期货品种、2个商品期权品种。全国共有149家期货公司，下设65家风险管理子公司、11家资产管理子公司。行业总资产5500余亿元，全市场资金总量和投资者分别为4900多亿元和120多万个。商品期货成交量已经连续8年居世界第一位，金融期货重要性日益显现，市场运行日趋规范，监管有效性不断提升。期货市场在发现价格、风险管理等方面发挥了积极作用。

期货及衍生品的发展，离不开法律制度的保障。随着我国期货市场的发展和依法治国、依法治市理念的深入，目前我国期货市场已经形成了以国务院发布的《期货交易管理条例》等相关行政法规为核心，中国证监会发布的《期货交易所管理办法》等部门规章和规范性文件为主体，期货交易所、中国期货业协会制定的自律管理规则为重要组成部分的制度规范体系。此外，司法机关还针对期货市场的特殊性，制定并发布了关于审理期货纠纷案件的专项司法解释。

不过，对比期货市场的发展和期货法治建设进度，可以发现我国期货法治建设与期货市场发展速度之间还存在一定差距。我国期货市场在国际上已经享有一定的影响力，但与之对应，我国期货市场基础性法律制度一直缺失。2008年国际金融危机后，世界银行和国际货币基金组织在对我国金融体系稳定性评估后,明确指出我国期货市场法律层级不足,我国期货和其他衍生品市场迫切需要一部基础性法律。制定期货法是提升我国期货市场的法律位阶,统筹场内场外衍生品市场发展,保护投资者合法权益,推进期货市场对外开放的必然要求。

党的十九大报告明确将全面依法治国作为新时代坚持和发展中国特色社会主义的基本方略,要求深化依法治国实践,推进科学立法、严格执法、公正司法、全面守法。科学立法必然要求我们以科学理论为立法指导,以深入研究为立法前提。中国金融期货交易所作为一家经国务院同意,中国证监会批准设立,专门从事金融期货、期权等金融衍生品交易与结算的交易所,长期以来一直致力于推动我国期货及衍生品法律研究,特别是与金融期货相关的法律问题的研究;配合中国证监会和全国人大开展期货法立法工作,组织相关学者对期货法的调整范围等 12 个期货及衍生品市场的基础性问题进行研究;每年还会根据业务需要组织专题研究;非定期组织来自学术界和实务界的专家共同探讨相关法律问题,跟踪境外情况,组织翻译境外期货及衍生品监管的法规和书籍等。此外,中国金融期货交易所还积极参与筹备上海市法学会金融研究会期货及衍生品法律专业委员会,搭建期货及衍生品法律研究平台。

为更好地推广研究成果,吸引更多的专家、学者关注期货及衍生品法治建设,中国金融期货交易所组织出版《期货及衍生品法律评论》。《期货及衍生品法律评论》定位为期货及衍生品法治研究的专业性出版物,兼具理论性和实务性。我们希望《期货及衍生品法律评论》能为从事期货及衍生品法律研究的专家提供更广阔的平台,成为我国期货及衍生品法治建设的重要理论平台,为制定我国期货法和实现期货及衍生品市场依法治市发挥切实的作用。

中国金融期货交易所党委书记、董事长

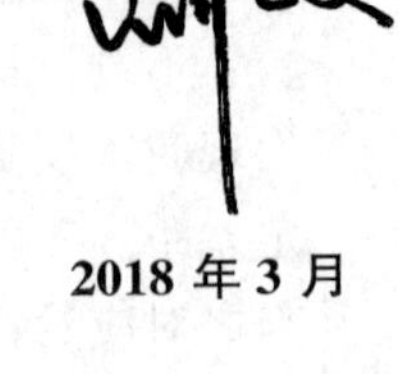

2018 年 3 月

期货及衍生品法律评论
第一卷,第1~6页

卷首语

目前,我国还没有专注于研究期货及衍生品法律问题的公开出版物,相关研究成果往往只能发表在证券法类出版物或者期货类出版物中。《期货及衍生品法律评论》的编辑出版,有望弥补这方面的空白,吸引更多人关注、参与期货及衍生品法律研究,促进期货及衍生品法律研究工作的发展。经过半年多的筹划和准备,《期货及衍生品法律评论》(第一卷)终于付梓。在这里谨向有关部门和领导的大力支持,各位作者的不吝赐稿,编辑们的辛勤劳动,法律出版社的通力合作,表示诚挚的感谢。本卷包括如下栏目及文章:

【上衍法治论坛】收录了全国人大财经委副主任委员尹中卿、中国证监会副主席姜洋在第十一届上海衍生品市场论坛全体大会与法治论坛上的致辞和讲话稿。

【期货立法】收录了四篇论文。

期货立法的基础是厘清期货法的立法宗旨、调整范围以及整体框架。通过深入研究境外市场相关期货立法经验及我国期货市场实际,《期货法立法宗旨、调整范围及整体框架研究》一文认为,期货法的立法宗旨应为"规范运行、风险防范、促进发展和投资者保护",兼顾规范、监管和发展;调整范围是场内交易,同时应考虑将特定场外交易纳入调整范围的问题;整体框架包括总则、期货交易所、期货公司、交易行为、期货业协会、期货结算机构、期货服务机构、期货场外交易、期货投资者保障基金、监督管理、法律责任和附则等内容。

从某种意义上来讲,期货交易方式的制度安排决定了期货市场的功能发挥。为此,美国《商品交易法》、美国商品期货交易委员会监管规章和美国的期货交易所的规则对期货市场的交易方式作出了较明确的要求。《美国期货市场交易方式的发展和监管研究——对我国期货立法的启示和借鉴》一文认为,同美国相比,我国对期货交易方式的规定较原则,市场对期货交易方式的理解和认识还不统一。有必要在研究美国期货市场经验的基础上,结合我国期货市场的特征,在未来期货立法中,从突出期货交易机制竞争特征、明确"国务院期货监督管理机构批准其他方式"的含义、增加期货市场交易方式的种类等五个方面,进一步完善期货市场交易方式的规定。

期货法的立法模式,特别是与证券法的关系,不仅是一个理论问题,更是一个本土化实践的实践问题。《我国期货法律制度的创新性研究——以立法模式为切入视角》一文认为,每个国家对立法模式的选择都有其相应的价值取向,存在对自身历史发展、市场环境、法律背景等诸多因素的考量。结合我国现有实践来看,考虑到不同衍生产品属性以及交易机制的差异,建议采用期货市场单独立法与分别监管模式。具体制度设计,可以围绕基本原则、投资者保护、风险控制、监管制度、法律责任、救济途径这六个方面进行构建。

金融基准突破了传统理论界对"市场操纵""价格操纵"的认识,也对现有以"欺诈"为要件的监管法律框架提出了挑战。结合美欧对基准操纵行为规制的经验,《金融基准操纵:垄断、欺诈与法典化——兼论〈刑法〉第182条操纵证券期货市场罪的完善》一文认为,增强基准计算数据的"客观性"并不能有效预防操纵,建议从如下方面进行防范:"数据换准入"增加透明性、分解"价格"与适用价格报告条款、《中华人民共和国刑法》中新增"操纵市场基准罪"。

【监管研究】收录了五篇论文。

现阶段,如何认识自动化、程序化、高频交易,以及采取何种监管方式,是世界各个国家和地区监管机构面临的一个棘手问题。《美国CFTC自动化交易监管规则立法进展及争议探讨》一文认为,对于证券期货市场程序化交易监管研究而言,美国《自动化交易规则提案》及其补充提案的发布是很好的参考经验和研究素材,通过它我们不仅可以看到美国监管机构在自动化交易相关问题上的态度和监管措施构想,也可以从提案反馈的公众意见中更全面地思考程序化交易监管的重点和难点问题,为科学合理制定我国相关监管规定提供借鉴。

从国际上来看,美国期货市场各类制度相对完备,操纵行为等违法违规行为的研究和制度建设有值得我国借鉴之处。《美国期货市场操纵行为认定研究》一文从美国期货市场操纵行为的定义及类型、构成要件、立法沿革、监管最新发展趋势、近期相关案例等方面,对美国期货市场操纵行为的认定问题进行了研究。传统上以影响市场价格的能力、人为价格、特定故意、因果关系为认定期货市场操纵行为必不可少的要件，但随着美国《多德－弗兰克法案》的生效，部分构成要件的要求开始有所松动。

期货跨市场操纵，是指行为人利用期货市场与股票市场、债券市场等现货市场、另外期货市场、场外市场等相关市场之间的关联性和价格联动机制，进行的操纵行为。《期货跨市场操纵的界定与立法完善》一文对期货跨市场操纵行为进行界定，并探讨该种违法行为的理解分析路径；通过对期货跨市场操纵经典案例的考察以及境外市场期货跨市场操纵立法模式的分析，并结合国内现行跨市场操纵规定，提出了未来期货法中反期货跨市场操纵的条文建议。

期货市场操纵行为是《刑法》明确规定的一类犯罪行为。《我国操纵期货市场罪适用与完善问题研究》一文以构成犯罪的期货市场操纵行为为研究对象，通过对《刑法》与《关于公安机关管辖的刑事案件立案追诉标准的规定（二）》相关条文的研究，认为《关于公安机关管辖的刑事案件立案追诉标准的规定（二）》作为司法解释的效力存在不确定性；同境外立法模式相比，《关于公安机关管辖的刑事案件立案追诉标准的规定（二）》的部分规定也存在不当之处；操纵期货市场领域行政立法滞后于《关于公安机关管辖的刑事案件立案追诉标准的规定（二）》，导致违法与犯罪未能妥善衔接。建议完善司法解释，并及时修正前置法规，完善期货市场法律体系。

2017年10月，因"光大乌龙指"引发的"杨某某诉证监会案"历时4年正式落锤。《期货内幕交易相关法律问题研究》一文结合光大异常交易事件的相关问题，从内幕信息的认定、知情人的认定、内幕交易行为标准的认定以及内幕交易民事诉讼因果关系的认定四个方面对我国期货内幕交易的相关法律问题进行了研究，并结合光大证券案和现有相关规定，对认定这四个要件的标准进行了逐一讨论，为我国司法实践中认定期货内幕交易提供了重要的参考和借鉴。

【业务探讨】收录了五篇文章。

中央对手方是期货市场的基础性制度，系应期货市场的风险防范需求而产生，具有不可替代的功能。《期货市场中央对手方：理论内涵与制度构建》一文认为，期货结算机构成为中央对手方的解释路径包括合约更替等，其中合约更替更有优势。而合同权利义务的概括转移，在我国现行法律制度下也是一个可替代的选择。期货结算机构作为期货交易的中央对手方，在合约履行中应当承担直接的合同责任，而非担保责任。我国现行一些法规、司法解释认为期货结算机构是期货交易的一般保证人，此种观点与中央对手方制度的要求不符，应当予以妥当解释。应当从明确概念和制度构建两方面同时入手，在我国期货法中正式建立中央对手方制度。

《期货品种上市制度研究》一文对我国期货期权品种上市制度的历史沿革进行梳理,并在借鉴境外主要期货市场期货品种上市制度经验教训的基础上,从制度之外以及制度自身两个维度,提出了完善我国期货期权品种上市的建议:一是推进交易所体制改革,捋顺政府和市场关系,推动市场对外开放和提升对期货市场的认识;二是规范上市审批的性质和程序、区别对待不同品种和慎重引入委员会、试运行等创新。

期货交易保证金制度是期货市场的重要制度之一,其被誉为防范期货市场系统风险的第一道屏障。《期货保证金基础法律关系及相关制度完善研究》一文在认真探讨期货市场保证金法律属性、比较资金和有价证券作为保证金异同的基础上,提出可以将期货保证金置于我国现行民商法框架下,将其解释为一种质押担保制度,并建议在上位法层面,将保证金制度的基础法律关系明确为质押关系,并对保证金的处置、孳息收益以及豁免破产取回权等特殊制度予以规范。

2013 年“光大乌龙指”事件后,错单交易处理制度再次引起国内监管层和学术界的关注。错单交易处理制度在我国应当如何构建,成为一个值得关注的话题。《金融期货市场错单交易处理制度研究》一文以金融期货市场中的错单交易制度为研究对象,从基础理论对错单交易处理制度的必要性进行分析,对境外交易所的错单交易处理制度进行对比研究,并在此基础上,结合我国金融期货市场的现状,对我国引入错单交易处理制度提出相关建议。

期货合同是期货市场的重要要素,厘清期货合同相关的各类法律关系是解释期货市场各类法律关系的前提。《期货合同民事法律关系及其特征探析——以合同客体、内容为中心》一文结合合同法理论,对期货合同的标的、内容、特征等内容进行分析,认为期货合同的标的是博取差价收益的机会。合同的内容不仅包括双方签订的期货合同,还包括相关法律、法规和交易所业务规则。期货合同是选择之债,是继续性合同,也是射幸合同。文章最后基于这些分析对我国期货法的立法提出了相关建议。

【市场观察】收录了四篇文章。

近年来,随着互联网的发展,股指期货违法违规行为出现了一些新情况、新特点。《“互联网 +”时代股指期货相关新型违法违规活动与监管应对研究》一文以新近出现的与股指期货相关的违法违规活动为研究对象,归纳总结了新型违法违规行为的表现形式、特点,同时从法律角度对这些违法违规行为在现有法律制度框架下的性质进行了分析。该文建议进一步完善股指期货法制建设、加强中国证监会的监查处置力度、建立多部门监管协作制度、自律组织,有针对性地加强自律监管。

强行平仓制度是期货市场的一项重要风控制度，在实践中如何合法、合规地实施强行平仓措施是期货公司面临的一个重要课题。《期货公司强行平仓的通知义务》一文从强行平仓规则确立的目的和法律性质出发，对期货公司强行平仓中的通知义务进行了深入的分析，认为期货公司在强行平仓中的通知义务分为追保通知和强平通知。追保通知为期货公司的法定义务，通知应当符合相应程序要求，并应给客户留出合理的追保时间；强平通知则可通过合同约定予以免除。

担保制度是场外衍生品市场发展的一个重要保障，相关担保制度的缺失将会为场外金融衍生品市场的稳健发展留下隐患。《我国场外金融衍生交易担保制度及其完善》一文首先介绍了 ISDA 信用支持文件，并结合英国、美国、德国关于场外衍生交易担保制度的相关规定，对我国场外金融衍生品交易担保的立法现状、我国场外金融衍生品交易担保制度与传统担保制度存在的冲突等进行分析。并以此为基础，论证我国金融衍生交易信用支持安排的必要性和可行性，并对我国金融衍生交易担保制度的立法模式提出建议。

票据衍生品市场是一个新兴的市场，《票据衍生品创新的可行性法律研究》一文从市场和法律两个角度对我国发展票据衍生品市场进行分析。从市场角度来看，我国已经具备发展票据衍生品的市场基础，且票据衍生品具有发现票据价格、规律利率风险和调解信贷规模等作用，因此我国有必要发展票据衍生品市场。而从法律角度来看，在中国人民银行《票据交易管理办法》的指引下，以票据交易所为基础进行票据衍生品创新具有必要性和可行性。

【域外法制】收录了四篇文章。

中央对手方清算所是衍生品市场的风险管理中枢，其一旦发生违约或经营失败将给整个金融市场带来系统性风险。《境外衍生品市场中央对手方清算所有序清算法律制度研究》一文对美国、欧盟和英国的中央对手方清算所的有序清算制度进行了深入分析，并总结了中央对手方清算所有序清算制度的四个特点：债权人利益保护让位于维护金融市场稳定目标；强化公众利益保护，防范道德风险；强化系统重要性金融机构系统性风险的监管；订立“生前遗嘱”，有序清算。

《美国商品期货内幕交易法的最新发展及内幕交易第一案》一文，从 2008 年全球金融危机前美国期货市场内幕交易立法出发，介绍了金融危机后美国商品期货内幕交易法的最新发展。同时，以 2015 年年底“商品市场内幕交易一案”为切入点，分析了美国期货市场内幕交易监管的最新动向。在借鉴的基础上，该文认为，应重视证券市场与期货市场之间存在的差异，在期货内幕交易立法和监管执法上不能简单复制和照搬证券有关立法和做法，对于将二者完全纳入统一立法也应谨慎,照顾到二者之间的差异与特殊性。

个股期货是期货市场的一个重要品种,而在美国期货历史上,个股期货曾受到了18年的交易禁令,直至美国2000年《商品期货现代化法案》颁布后方得以解禁。译作《美国个股期货交易的监管历史与改革思路》一文以美国对个股期货的这段历史为研究对象,对美国个股期货的历史、相关规定,特别是监管框架进行了分析,认为目前由美国证监会和期监会共同监管的模式过于烦琐和低效,应当建立一个个股期货监管委员会,统一个股期货市场的监管。

泰国衍生品市场近年来得到了较快的发展,泰国《2003年衍生品法》在这一过程中具有重要意义。《泰国〈2003年衍生品法〉(2008年修订版)译介》一文对泰国衍生品市场及相关法律制度的发展进行了回顾,并对泰国《2003年衍生品法》(2008年修订版)进行了全文翻译,以期为我们了解泰国衍生品市场,特别是泰国衍生品市场相关法律规定提供参考和借鉴。

编　者

2018年3月

期货及衍生品法律评论　第一卷

【上衍法治论坛】

期货及衍生品法律评论
第一卷,第3～7页

我国期货立法的八大难点问题

尹中卿*

很高兴参加“上衍法治论坛”。借这个机会与各位交流讨论我国在期货立法过程中遇到的几个难点问题。

全国人大期货法立法工作由来已久。期货交易法曾经先后列入第八届全国人大常委会立法规划一类项目,第十届、第十一届全国人大常委会立法规划二类项目。全国人大财经委员会先后两次成立起草组,分别于1994年8月、2007年6月拟出两个期货交易法草案。第十二届全国人大常委会对期货立法工作非常重视,将期货法列为立法规划二类项目,由财经委员会组织起草,条件成熟时安排审议。

自2013年12月起草领导小组成立以来,我们主要做了四项工作:一是草拟期货法起草大纲和立法调研提纲,广泛征求意见;二是在京召开三次座谈会,分别听取相关部委、行业协会、期货公司、套保企业、专家学者和个人交易者的意见和建议;三是赴郑州、大连、上海等地开展调研,实地考察了四家期货交易所,以及存管银行、交割仓库等;四是起草期货法(草案第一稿),并召开起草领导小组全体会议对草案进行了讨论。

半年多来,在期货立法调研、论证、起草过程中,我们不断加深对期货市场运行规律、存在问题和制度需求的认识,主要遇到以下八个问题:

第一,关于调整范围。现行《期货交易管理条例》主要定

---

* 全国人大财经委副主任委员。

位于场内商品、金融期货和期权标准化合约交易。如何确定期货法的调整范围?是否将场外衍生品交易纳入调整范围?多数意见认为,近年来我国商品期货市场发展迅速,但金融期货品种较少,期权和其他衍生品尚未正式推出。从法律属性看,期权和其他衍生品市场与商品和金融期货市场并无本质区别。适应健全多层次资本市场体系、满足多层次风险管理的现实需求,期货法不能仅仅局限于场内期货市场,也应该将其他一些符合条件的场外相关衍生品纳入调整范围,以场内为主、兼顾场外,同时对涉外期货交易进行规范,致力于形成一部期货及相关衍生品基本法,调整范围既涵盖商品期货及其衍生品市场,也涵盖金融期货及其衍生品市场。因此,期货立法不仅要与包括刑法、物权法、合同法、公司法等上位法衔接,同时还要处理好与同位法如证券法、证券投资基金法、商业银行法、保险法、信托法之间的关系,维系金融法律体系的协调和统一。

第二,关于交易主体。我国现行金融法律采用"投资者"概括交易主体,《期货交易管理条例》则交叉使用"投资者"和"客户"概念,多年来已形成习惯。参与期货交易的主体是期货市场生存和发展的基础力量,期货立法应当统一法律规范。多数意见认为,与其他资本市场投融资不同,期货市场的基本功能在于风险管理,直接或间接参与期货交易的主体更多是通过事先锁定未来价格规避价格波动风险,也有一部分是为了博取投机利益而承接转让出来的风险。"投资者"概念不能涵盖期货市场所有参与交易的主体,如套期保值交易主体。"客户"概念则是相对于期货公司提供中介服务而言,无法将交易所自营会员以及其他直接入场交易主体囊括进来。"参与者"概念过于宽泛,还包括为期货交易提供服务的期货公司、交易所、结算机构、存管银行、交割仓库等。期货立法尝试使用"交易者"规范指代下达交易指令、最终承担交易结果、直接或间接参与期货交易的主体,并专设一章规定交易者的权利和义务,充分体现了对交易者进行全方位保护的制度安排。

第三,关于经营机构。我国期货经营机构普遍存在规模偏小、实力偏弱、业务单一、服务结构趋同、人才缺乏等问题。随着大资管时代的到来,混业经营成为发展趋势,期货业呼吁期货立法以"期货公司结合期货牌照"的方式对期货经营机构进行规范。在是否扩大期货经营机构范围的问题上,多数意见认为,近年来我国金融机构跨业投资明显增多,交叉性金融业务发展迅速,建议明确期货公司设立的基本条件,允许各类市场主体申请期货牌照,允许期货公司以外的其他市场主体开展特定的期货业务。在是否扩大期货经营机构业务范围的问题上,多数意见认为,为了提升期货公司的专业水平和服务能力,改变期货经营机构同质化竞争严重及利润模式单一问题,建议适当扩大期货公司的业务范围,允许其开展期货经纪、期货自营、期货投资咨询、期货资产管理、与期货交易和期货投资活动有关的财务顾问等业务。为了防范风险，应当建立严格的“防火墙”，规定期货经营机构自营业务必须使用自有资金或依法筹集的资金，期货经营机构经营期货经纪业务又同时经营其他期货业务的，应当严格执行业务分离和资金分离制度，不得混合操作。

第四，关于交易场所。我国的期货市场和交易场所是在各地政府推动下逐步建立发展起来的，经过近两年的清理整顿，目前全国仍然还有各类现货交易市场近300家。由于缺乏统一交易规则，监管存在空白地带，有些市场采取类期货交易方式，虚假宣传和欺骗交易时有发生。为了规范期货市场，多数意见认为，除期货交易所外的期货交易场所，都应当由国务院及其期货监督管理部门批准，纳入期货法作原则性规定，对其结构性差异作出衔接安排。由于特殊的历史原因，在全国四家期货交易所中，三家采用会员制形式，一家采用公司制形式。会员制交易所面临的问题是如何确认其法人属性和类型。公司制交易所面临的问题是是否确认交易所为非营利性法人。鉴于期货交易所改制还没有完成，期货法仅对期货交易所的设立条件、组织形式、治理结构等内容作出原则的框架规定。

第五，关于集中结算。期货结算机构作为中央对手方，承担交易的担保履约职能。作为中央对手方法律基础的合同更替制度，在我国民事法律中没有规定，需要在期货法中对中央对手方合同当事人地位予以特别规定，以保障中央对手方制度的合法性和有效性。在是否建立统一结算体系的问题上，期货立法遇到困难。目前我国期货市场还没有独立的结算机构，四家交易所各建一套结算系统，分别开展结算业务。这不仅需要期货公司在每个交易所都存放保证金和结算准备金，相互不能调用，增加了资金成本和管理成本，而且各交易所的交易和结算标准不一致，不利于在全国范围内控制系统性风险。多数意见认为，目前世界上许多国家期货市场都实行统一结算，我国期货市场也要逐步建立统一的结算体系。如果一时有困难，期货法也应当先确立原则框架，将四家交易所可以共有的结算规则统一起来，以小扩大，逐步从交易所内设结算模式过渡到场外统一结算模式，增强交易效率，减少资源浪费，提高防风险能力。

第六，关于保证金管理。现行《期货交易管理条例》规定了保证金分级所有、具有履约担保性质，与物权法和担保法中有关保证、抵押、质押等规定以及传统民商法理论不一致，司法实践中对保证金利息的归属问题存在争议，需要明确保证金的法律属性。多数意见认为，交易者将保证金交存后，保证金的所有权随之转移至期货公司，期货公司应享有保证金的利息收入。实践证明，保证金分级所有制度有助于实现风险隔离,保障客户资金安全,有利于期货市场实现逐级风险控制,建议期货法进一步明确保证金逐级收取、分级所有制度,将保证金范围从现金、有价证券两种形式扩大到政府票据、银行信用证、货币基金、实物黄金等价值稳定、流动性强的其他资产,明确规定进入结算环节的保证金优先用于期货交易履约,不因交易者或存管银行自身其他债务被查封、冻结或者强制执行。

第七,关于强行平仓。现行《期货交易管理条例》规定了强行平仓制度并将强行平仓作为期货公司的义务。如何界定强行平仓的法律属性及程序?多数意见认为,由于期货交易实行保证金制度,如果保证金不足,交易者要么及时补充保证金,要么自行减仓,否则期货经营机构有权强行平仓。从本质上来说,强行平仓是期货经营机构防止交易者透支、进行风险控制的一种重要手段,而不是对交易者应当履行的义务。期货经营机构强行平仓不是为了介入交易者的期货交易,而是为了保持交易安全。因此,必须有法律赋予的权利,强行平仓行为才不构成侵权,强行平仓后果才由交易者承担。当然,期货经营机构根据风险情况的评估,既可以选择行使或者不行使强行平仓权利,也可以依据交易者意愿进行强制减仓。为了加强风险防范,期货法还要明确期货经营机构强行平仓前履行通知义务,包括追加保证金划款时点或资金到账时点计算。监管部门可以检查期货公司履行强平权利时是否保持了审慎的原则,是否公平对待所有交易者。

第八,关于监管服务。现行《期货交易管理条例》更加注重行政管理,监管服务比较薄弱。多数意见认为,期货立法应当以市场自律为主,政府监管为辅,强化服务职能。从期货品市场长远发展角度出发,对实践中存在的各类交易主体、经营机构、交易场所、交易产品,只要其交易机制的本质属性一致,就应当统一规则、统一监管,以确保监管的一致性,避免监管套利等问题。要按照分业经营、功能监管的原则,完善由国务院期货监督管理部门对期货及其他衍生品市场实行跨部门、跨产品、跨市场集中统一监管体制,逐步实现机构监管向功能监管的转变。要充分发挥市场配置资源的决定性作用,减少行政许可事项,简化交易品种上市审批程序,提高品种上市的市场化程度。要加强对期货保证金存管机构、交割仓库、产品质量检验机构、信息技术服务机构、律师事务所、会计师事务所等期货服务机构的要求,规范期货服务机构的业务行为。要探索建立期货市场调解、仲裁、公益诉讼等纠纷解决机制,充分发挥行业协会在矛盾纠纷调处方面的优势,逐步提高期货市场自治、自律程度。

期货法是一部重要的金融法律。在今后的立法工作中,我们将按照第十二届全国人大常委会立法规划的要求,进一步加强调查研究,对立法中的难点问题进行深入、全面、反复的研究论证,把实践中好的经验和做法充分吸收进来,积极、稳妥、有效地推动期货法起草进程。衷心希望各位朋友把你们的意见和建议告诉我们,使我们进一步修改完善期货法草案,如期完成期货法立法任务。

期货及衍生品法律评论
第一卷，第 8 ~11 页

新“国九条”推进期货市场更好服务实体经济

姜　洋*

上海衍生品市场论坛已经成功举办了十届。2014 年的论坛，首次由上海期货交易所和中国金融期货交易所联合举办，这是我国商品期货市场和金融期货市场共同的盛会！首先，我谨代表中国证监会对论坛的召开，表示热烈的祝贺！对长期以来关心、支持中国期货衍生品市场改革发展的各界朋友，表示衷心感谢！

2014 年 5 月 9 日，国务院出台了《关于进一步促进资本市场健康发展的若干意见》（以下简称新“国九条”）。作为资本市场全面深化改革的纲领性文件，新“国九条”对资本市场改革发展进行了顶层设计和战略规划。相比 10 年前出台的老“国九条”，新“国九条”有关发展期货市场的精神令人振奋、内容更丰富，体现了党中央、国务院对期货市场改革发展的充分肯定和高度重视。新“国九条”的出台对全市场凝聚改革共识、明确发展方向，共同推进期货市场更好地服务实体经济具有深远影响。

过去 10 年，按照国家“稳步发展期货市场”的部署，中国证监会积极推进期货市场改革创新各项工作，市场建设取得了长足进步，产品体系基本健全，市场规模快速增长，运行质量不断提升，市场功能逐步发挥，国际影响力不断增强。

一是期货产品创新生机勃发。10 年来，我们始终坚持服

* 中国证监会副主席、党委委员。

务实体经济的根本导向，大力推进产品创新，共上市了33个商品期货品种和2个金融期货品种，目前上市品种总数达到了42个。商品期货方面，覆盖农产品、金属、能源和化工等主要产业领域。金融期货方面，实现了权益类和利率类产品的重大突破。截至2013年年底，我国期货市场成交量、成交金额、客户保证金分别较10年前增长了14倍、48倍、20倍，商品期货成交量已连续5年居世界前列。

二是市场法规体系不断健全。期货市场本质上是一个法治市场，也是一个规则导向的市场。10年间，为适应期货市场快速发展的形势需要，我们在2007年和2012年两次推动修订了《期货交易管理条例》。2007年修订《期货交易管理条例》主要是为发展金融期货预留空间，2012年修订《期货交易管理条例》主要是为适应清理整顿各类交易场所和原油、国债等品种创新的需要。目前，已经基本形成了以《期货交易管理条例》为核心，以部门规章和规范性文件为主体，以及若干规则细则为补充的法规体系。过去10年来，全国人大财经委积极组织各方力量，推进期货法立法工作，2013年期货法已被列入第十八届全国人大立法规划。

三是市场监管的制度框架基本建成。从过去以期货公司监管为主，发展到目前市场监管和中介机构监管有机协调的监管机制。在市场监管方面，逐步建立并完善了统一开户、市场监测监控、跨市场监管、稽查执法、投资者适当性管理等一系列基础性制度，建立了一套行之有效且富有特色的市场风险预警、监测和防范处置的制度机制，得到了世界银行和国际货币基金组织评估专家（Financial Sector Assessment Programme，FSAP）的肯定。发布了20个规范期货交易所主要业务活动的监管指引，提升了监管的透明度和规范化水平。完善了“五位一体”期货市场监管工作机制以及跨市场、跨部委监管协作机制。这些年来，期货市场总体运行平稳，没有出现大的风险，并经受住了2008年全球金融危机的冲击和考验。

四是服务实体经济发展能力逐步增强。近年来，随着期货市场品种创新和市场规模体量不断增大，期货市场在实体经济中的地位越来越突出。一方面，从价格发现看，期货市场通过连续不断报价和良好的流动性，为市场经济活动提供透明、连续和即时传播的价格信息，方便了国民经济活动的方方面面。目前，期货市场的价格信号导向作用明显，不仅成为宏观经济监测和运行管理的重要参考，并在引导企业生产经营、调节社会供求、降低产能过剩、优化资源配置上发挥着重要作用。另一方面，从风险管理看，期货市场服务产业套保的作用也非常明显。在工业领域，期货市场正逐步成为我国企业应对市场风险尤其是价格风险的必备工具，帮助越来越多的行业企业抵御大宗商品价格剧烈波动的冲击，提升其安全稳健经营的能力。在农业领域,随着各类宜农期货品种的上市,以及期货订单农业试点的推广,期货市场为保障农民收入、实现农业产业化经营、促进农业现代化发展提供了重要保障。在金融领域,期货市场促进了资本市场改革的深化,股指期货、国债期货的上市,满足了居民日益增长的财富管理需求,对金融机构管理风险、创新产品发挥着日益重要的作用。同时,大宗商品融资和期货套保机制的有机结合,创新了传统银行业务模式,有效降低了大宗商品融资风险。

当前,我国正处于全面深化改革的关键时期,促进实体经济转型升级和金融市场改革,对积极发展期货及衍生品市场提出了迫切需求。下一步,中国证监会将会同期货市场有关各方,深入学习领会和贯彻落实新“国九条”的精神内涵,坚持市场化、法治化、国际化的改革方向。尊重市场发展规律,发挥市场首创精神,加大拓展期货市场力度,着力优化市场体系结构,促进场内场外市场协调发展,建设一个与经济金融发展程度相匹配、与风险管理需求相适应的,竞争力强的期货和衍生品市场。

一是大力推动市场创新发展。牢牢坚持服务实体经济的本质要求,加大期货品种创新步伐,形成商品期货和金融期货协调发展的新格局。一方面,要扎实推进国际化原油期货市场建设,争取2014年年内推出原油期货。配合资源性产品价格形成机制改革,继续推出其他大宗商品期货品种。研究发展商品期权、商品指数、碳排放权等新交易工具,加大宜农期货品种的研发上市工作,积极拓展期货市场服务“三农”的渠道和机制。另一方面,配合国家利率市场化和人民币汇率形成机制改革,适应资本市场风险管理需要,推进其他国债期货品种、股票指数期货品种、交叉汇率期货品种和金融期权的研发上市。

二是改善市场投资者结构。合理的投资者结构是确保市场功能有效发挥的重要基础。要着力改善以散户为主的投资者结构。进一步完善证券公司、基金公司等机构参与期货交易的政策,推动制定银行、保险、企业年金、社保基金等机构参与期货交易的政策,为各类机构投资者入市交易提供更多便利。同时,推动取消对产业企业、国有企业等利用期货市场进行风险管理的各种不必要的限制,包括信贷、会计、审计和国资管理等政策,为产业企业参与套期保值提供更加优质的服务。

三是进一步完善市场体系。在深化场内市场建设的同时,积极发展场外衍生品市场,促进场内场外市场互相补充、协调发展。积极支持具备风险承受能力的金融机构、实体企业开发符合实际需要的衍生产品。推进场外市场服务设施建设,强化交易报告、数据提供、报价系统、场内集中清算等基础服务。研究发展多层次商品市场,满足实体经济多元化需求。积极推进市场对外开放,在成熟商品期货品种上引入境外投资者,逐步扩大期货保税交割试点范围。

四是加大监管转型和执法力度。坚持以提升市场效率和服务能力为导向,进一步简政放权,创新监管模式,提升市场公信力和透明度。加强市场运行监管,强化市场风险监测监控、预警以及防范和处置机制,牢牢守住不发生系统性、区域性风险的底线。加强跨市场、跨境监管,严厉打击市场操纵等违法违规行为,提升监管执法的效能和威慑力,维护市场“三公”原则,保护投资者合法权益。

五是加快推进期货法立法。专门的期货立法,是适应市场发展新形势、提升市场发展层次和水平的必然要求。这次期货法立法,建议既要对过去发展和监管经验进行总结固化,也要为今后期货衍生品市场创新发展奠定基础。同时,期货法立法是一项系统工程,离不开各类市场主体、监管机构和政府部门共同参与,我们也将积极配合全国人大财经委做好立法相关工作。

【期货立法】

期货及衍生品法律评论
第一卷,第15~24页

期货法立法宗旨、调整范围及整体框架研究

程红星*

摘要:期货立法的基础是厘清期货法的立法宗旨、调整范围以及整体框架。通过深入研究境外市场相关期货立法经验及我国期货市场实际,本文认为,期货法的立法宗旨以"规范运行、风险防范、促进发展和投资者保护"为基本宗旨,兼顾规范、监管和发展。在期货法调整范围方面,本文认为,期货法的调整范围应当是场内交易,同时应考虑将特定场外交易纳入调整范围的问题,并明确禁止非法期货交易。在期货法立法架构方面,本文认为,期货法的整体框架应包括总则、期货交易所、期货公司、交易行为、期货业协会、期货结算机构、期货服务机构、期货场外交易、期货投资者保障基金、监督管理、法律责任和附则等内容。

关键词:期货　立法宗旨　调整范围　框架

期货市场本质上是一个立法依赖型市场。[1] 历经20余年的发展,我国期货市场正进入"由量的扩张到质的提升"的关键时期。为了实现期货市场的法制化,进一步提升我国期

---

* 中国金融期货交易所法律部副总监,法学博士、博士后。

〔1〕 安毅、王军:《与〈期货法〉立法相关的若干重要问题探讨》,载《证券市场导报》2015年第1期。

货市场的发展潜力,[2]应当尽快制定出台行业基本法——期货法,以基本法的形式夯实期货市场的制度基础,为期货行业的发展提供国家基本法律层面的制度保障。期货立法的基础,是厘清期货法的立法宗旨、调整范围以及整体框架。本文通过对境外成熟或新兴期货市场期货立法的制度考察,结合我国期货市场发展实际,研究期货法立法中的这三大重要问题,并提出了相关立法建议。

一、期货法的立法宗旨

(一)境外期货立法宗旨比较

1. 美国期货立法之宗旨

美国2000年《商品交易现代化法》规定的立法理由为:由于该法规定的交易是在州际或是国际贸易中按规定订立的,并且由于受到国家公共利益的影响,所以应该为透明、公平及由金融担保交易机构中所为的交易,管理和承担价格风险,发现价格或发布价格的信息提供法律手段。立法目的为:通过在美国期货交易委员会监督下的交易机构、结算系统、市场参与和市场的专业化有效的自律管理,为公共利益服务。为了保护这些公共利益,该法的进一步目的是阻止和防止价格操纵或其他任何破坏市场整体性的行为;确保该法规定的所有交易的财务真实性并且避免系统危机;保护所有的市场参加者以防止被欺诈或其他滥用买卖行为以及滥用顾客资产;并且促进合理的革新以及商会间、其他市场间和市场参与者之间的公平竞争。总结美国立法的宗旨,主要表现在如下几个方面:第一,阻止和防止市场欺诈行为,包括内幕交易、市场操纵和欺诈客户等行为;第二,保护投资者的利益,特别是维护投资者的资产安全;第三,增强期货市场的公开透明,维护期货市场的公平竞争秩序;第四,防范和避免系统性风险;第五,维护公共利益和社会经济秩序。

2. 英国期货立法之宗旨

英国2000年《金融服务及市场法》第3条至第6条明确提出了四项监管目标,即维护市场信心、增进公众了解、保护消费者和减少金融犯罪。增进公众了解就是要向消费者提供必要的教育,使其能够理解和充分认识不同种类投资或金融业务的风险和收益,并提供适当的信息和咨询意见。被授权者在提供投资

[2] 盖锐、李大伟:《加快我国期货市场法制化建设的探讨》,载《金陵科技学院学报》(社会科学版)2013年第2期。

服务或推介、销售金融商品时,有义务向消费者提供必要的信息。该法第6条规定,“金融犯罪”包括:(1)欺诈或不诚实;(2)不当行为,或有关金融市场信息的滥用;(3)处理犯罪收入。相比其他国家(地区)的立法,英国期货立法没有明确规定立法的宗旨。但是该法第3条至第6条明确提出的四项监管目标可以理解为该法之宗旨,具体包括:第一,维护资本市场的投资信心;第二,提高资本市场的透明度,加强投资者教育;第三,规范市场交易行为,保护投资者利益,并由金融服务局制定具体的投资公司业务规则;第四,加强资本市场监管,防止市场欺诈,维护资本市场的正常秩序。

3. 日本期货立法之宗旨

日本2006年《金融商品交易法》第1条规定,该法的目的是,特别是通过制度规范,披露公司事务及其他相关事宜,提供从事金融商品有关主体的必要事项和保障金融商品交易的适当运行,以确保公平,特别是有价证券发行和金融商品交易的公平等,并促进有价证券的顺利流通,以及着眼于金融商品的公允价格之形成,通过充分利用资本市场的功能,推进国民经济的健全发展和保护投资者。日本金融商品和期货立法的目的,可以概括为以下三个层次:第一,公正地进行有价证券发行和金融商品交易,强调市场信息的公开和透明;第二,促进有价证券的顺利流通,使资本市场充分发挥而形成金融商品的公正价格;第三,促使国民经济健全发展,有助于投资者保护。

(二)我国期货法立法宗旨的定位

立法宗旨是立法的基本要求,每部法律都有特定的立法宗旨。立法宗旨直接关系一部法律的制度设计与具体规范,是立法之宗、行法之纲。[3] 上述国家期货立法的宗旨或目的在表述上虽然存在一些差异,但一般都包括这样几个层次:一是市场公开、透明、有效率,形成良好的竞争格局;二是保护投资者的权益,反欺诈;三是减少和消除系统危机或风险,促进期货市场健康发展,维护资本市场秩序;四是促进国民经济发展。[4] 从境外期货市场的发展来看,在规范市场运行的同时,越来越强调对市场发展的促进作用和对投资者的保护。而我国现行《期货交易管理条例》由于历史原因,相对于促进发展更侧重于市场规范,存在不足。[5]

---

〔3〕 李明良、施廷博:《商法思维与期货市场立法的若干思考》,载王保树主编:《中国商法年刊:法治国家建设中的商法思维与商法实践》,法律出版社2013年版,第239页。

〔4〕 参见黄爱学:《论我国期货法的立法目的》,载《学术交流》2013年第3期。

〔5〕 姜宇:《衍生品市场的法逻辑——兼及“期货法”立法之六大问题》,载《上海经济》2016年第1期。

期货市场是金融市场的重要组成部分,风险管理是其基本定位,在确立期货法的立法宗旨时,既要体现金融立法的一般属性,又要充分体现期货市场的特点,突出规范市场运行、促进市场发展、保护投资者合法权益和防范系统性风险的和谐共进,处理好管制、监管和发展三者之间的关系。在加强监管的同时逐渐放松管制,促进期货市场的规范、稳步发展。[6] 综上,建议将期货法的立法宗旨表述为"规范期货交易行为,防范市场风险,保护期货投资者合法权益,维护期货市场秩序和社会公共利益,促进期货市场发展"。[7]

二、期货法的调整范围

期货法的调整范围将涉及四个方面的问题:一是明确期货交易的定义。期货法的核心调整范围应当是商品、金融产品的场内集中标准化期货期权合约交易。二是是否将特定场外市场纳入调整范围。从境外市场经验来看,2008 年国际金融危机爆发之后,将特定场外衍生品纳入监管是国际性趋势。建议结合我国场外市场的实际,将具有期货期权交易特征的场外交易纳入调整范围。三是实现《中华人民共和国证券法》(以下简称《证券法》)与期货法调整范围的协调,证券衍生品可以分为证券型(如认股权证)和契约型(如股指期货、期权)两大类,建议按照其不同的法律属性和交易机制,分别纳入《证券法》和期货法中。四是禁止非法期货交易。建议将清理大宗商品市场相关经验提升到法律层面,在期货法中明确禁止非法期货交易。

(一)期货交易的界定

期货法的调整范围是期货交易,对于期货交易的内涵和外延在各国法律层面并没有一个明确的界定。但期货交易有一些基本特征:期货交易的标的为标准化合约;期货交易采用集中交易方式,投资者可以通过对冲来了结持仓义务;期货交易采用保证金交易机制,交易所提供集中履约担保。

1. 境外期货交易之界定

由于美国商品期货交易委员会(Commodity Futures Trading Commission, CFTC)对"远期"没有管辖权,因而其会对有可能构成"期货"的产品进行测试。CFTC 认为,一项交易是否构成期货交易,其判断要素包括但不限于:(1)是否属

---

〔6〕 侯幼萍、程红星:《期货市场发展与期货立法》,载《清华金融评论》2014 年第 4 期。

〔7〕 参见中金所法律部:《确立科学的期货法立法宗旨》,载《期货日报》2014 年 6 月 18 日,第 5 版。

于标准合同;(2)是否对大众出售;(3)所涉及的是否是将来交付的货物;(4)是否有保证金为担保;(5)是否未对所购或所售货物期待真实交付;(6)是否以对冲的方式完成交易。这实际上归纳了期货的实质性要素。[8]

新加坡《证券期货法》规定,"期货合同"是指具有以下特征的合约:(1)一方同意在未来确定的时间按约定的价格,向另一方交付指定的商品或约定数量的指定商品。(2)通过支付约定数量的指定商品在合同订立时的价格和在未来确定的时间的价格之间的差价,双方可以解除合同义务。"期货合同"虽然表面上是一种列举方式,但是实质上是一种高度概括的功能性界定方式,强调"作用",涉及了"期货"的实质性要件,如未来性、交割或对冲、差价等。但该法没有明确基础工具,对"期货合同"仅是一种典型的功能界定,其范围十分宽泛。

我国台湾地区将期货交易界定为:依期货交易所或其他期货市场之规则或实务,从事衍生自商品、货币、有价证券、利率、指数或其他利益之契约之交易。通过其对期货交易及交易标的的规定,我们可以看出,我国台湾地区期货交易有集中交易、标准化合约和反向对冲平仓等基本特征。

2. 我国期货交易界定之实践

我国立法中没有关于期货交易的直接界定,但《期货交易管理条例》和国务院有关文件从否定方面对期货交易特征进行了界定。《期货交易管理条例》从期货交易核心特征出发,综合考虑集中交易、合约标准化、交易所提供担保、当日结算、保证金交易等期货交易的特征,规定了认定变相期货的两种情形:一是采用集中交易方式进行标准化合约交易,同时市场或者组织交易的机构为参与集中交易的所有买方和卖方提供履约担保;二是采用集中交易方式进行标准化合约交易,而且实行当日无负债结算制度和保证金制度,同时保证金收取比例低于合约(或者合同)标的额20%。

国务院《关于清理整顿各类交易场所切实防范金融风险的决定》规定,除依法经国务院或国务院期货监管机构批准设立从事期货交易的交易场所外,任何单位一律不得以集中竞价、电子撮合、匿名交易、做市商等集中交易方式进行标准化合约交易。国务院办公厅《关于清理整顿各类交易场所的实施意见》规定,大宗商品中远期交易,是指以大宗商品的标准化合约为交易对象,采用电子化集中交易方式,允许交易者以对冲平仓方式了结交易而不以实物交收为目的或不必交割实物的标准化合约交易。其他标准化合约,包括以有价证券、利率、汇率、

[8] 参见于勤:《期货交易的界定及其完善》,载黄红元、徐明主编:《证券法苑》(第8卷),法律出版社2013年版,第301~302页。

指数、碳排放权、排污权等为标的物的标准化合约。从相关禁止性规定来看,期货交易机制的核心是集中的标准化合约交易,采用保证金交易并提供履约担保。

3. 期货交易的内涵

结合境外经验和国内实践,期货交易的特征主要包括:一是期货交易的标的为标准化合约;二是期货交易采用集中交易方式,投资者可以反向对冲了结持仓义务;三是采用保证金交易方式;四是实行集中履约担保。

建议将我国期货法中关于期货交易的基本界定明确为:依照期货交易所的交易规则,采用公开的集中交易方式或者国务院期货监督管理机构批准的其他方式进行的以期货期权合约等标准化合约为交易标的的交易活动。

(二)部分场外交易纳入调整范围

《期货交易管理条例》所适用的期货和交易所交易的期权产品的共同特点,是它们都是在交易所集中交易的标准化产品,即所谓"场内"产品。其他不是在交易所内集中交易的衍生产品,即所谓"场外"产品,具体包括远期、场外期权、互换等。这些衍生产品虽然与期货和交易所期权同样属于杠杆性的交易,同样具有规避价格风险的功能,但其与场内产品有显著的不同。首先,这些产品不是在交易所集中交易的产品,而是由交易双方直接自行交易的产品;其次,这些产品不是标准化的产品,所有的交易条件都是由交易双方根据自己的需要自行约定的,而不是由交易所事先以标准化合约的形式规定的,它们都属于个性化的产品。但目前场外市场的发展很多已经突破了合约市场的特性,出现了一定的集中和标准化趋势。

从境外监管动向来看,尤其是在2008年全球金融危机之后,各国或各地区大多将具有期货交易特征的场外市场纳入监管,规定有针对性的交易与结算制度安排。具体监管措施可以概括为"三化",即非标产品标准化、场外产品场内化、互换产品期货化。目的是利用期货市场来解决场外衍生品市场的问题,促进场外交易的透明度,防范系统性风险。

1. 美国强化场外衍生品监管的制度借鉴

美国"次贷"危机后,美国场外衍生品的监管政策发生了重大调整,经历了从豁免监管到将特定场外衍生品纳入监管的重大监管政策转变。2010年美国通过《华尔街透明度和责任法》,该法将场外金融衍生品按品种功能和交易功能进行分类,并将监管权限在不同主体间进行分配,强调协调和合作,旨在通过强制性的磋商和协调机制来达到统一的监管目标。该法废除了美国2000年《商品期货现代化法》中的排除和豁免条款,通过互换和证券互换的界定将绝大部分场外金融衍生品纳入立法监管的范围。[9] 该法在将监管权限并列分派给 CFTC 和美国证券交易委员会(Securities and Exchange Commission,SEC)的同时,在产品和机构监管上引入了交叉机制,使"功能或经济上相同的产品或机构,适用相同的方法"。

2. 特定场外市场交易具有期货交易特征

《期货交易管理条例》第 90 条规定,不属于期货交易的商品或者金融产品的其他交易活动,由国家有关部门监督管理,不适用该条例。目前我国的场外衍生品市场,主要是指人民银行管辖的银行间衍生品市场及相关现货市场,包括利率衍生产品、汇率衍生产品、债券衍生产品、信用衍生产品、黄金衍生产品,以及前述衍生产品交易的组合等业务。这类交易主要是由市场参与者之间以"一对一"方式达成的、按照交易双方具体要求拟定交易条款的金融衍生合约,包括符合上述条件的衍生产品。但有的产品,如黄金 T + D 交易,既具备远期合约性质(由于利用类似于期货保证金性质的担保品和合约条款约定,通过期货或期权交易等方式来实现合约约定的目标),也具备标准化合约性质。

目前,我国的场外衍生品处于发展初期,银行间市场发展初具规模,但证券衍生品的场外市场化尚未开始。虽然目前相关监管机构对场外市场的发展采取了积极的监管,未出现系统性风险事件,但从市场长远发展来看,应当将具有期货期权交易特征的场外交易纳入期货法调整范围。

在这方面,我国台湾地区的经验可供借鉴。我国台湾地区"期货交易法"的调整范围较广,不仅包含了期货契约、选择权契约、期货选择权契约等交易所集中交易的标准化合约,而且包含在场外市场交易的非标准化选择权合约及外汇杠杆保证金交易等。在扩大我国台湾地区"期货交易法"调整范围的同时,我国台湾地区"期货交易法"规定,对于不在期货交易所进行的期货交易,经过主管机构批准,可以豁免适用我国台湾地区"期货交易法"。

作为一部金融衍生品基本法,我国期货法的调整范围不应限于场内产品,应当将具有期货(期权)交易特征、交易规模大、可能引发系统性风险的场外衍生品合约纳入调整范围,并合理设计关于场外期货类衍生品的监管安排。同时规定期货法适用的豁免条款,为市场发展预留一定的制度空间。就我国国内市场而言,大宗商品批发市场开展的现货远期交易由现货流通管理部门负责监管,银行间市场开展的外汇远期交易由人民银行和外汇管理部门负责监管,商业银行开展的外汇期权柜台交易由银行业监督管理机构负责监管。

---

〔9〕 刘春彦、段莹:《美国期货立法演变对我国的启示》,载《期货日报》2014 年 2 月 18 日,第 4 版。

(三)期货法与证券法的协调

证券与期货在产品属性和交易机制上存在明显差异,二者在一般情况下不会出现管辖权冲突问题,但在证券衍生品层面可能发生证券法与期货法管辖权的冲突与协调问题。在集中统一立法模式下,不存在立法协调问题。但在立法分立的情形下,则需要考虑证券法和期货法的在证券衍生品调整范围上的协调。

1. 美国以衍生品属性划分证券法、期货法调整范围,以影响市场发展

在证券衍生品推出前,SEC 和 CFTC 的监管权限是清晰的。美国 1974 年《商品交易法》进行了三次修改,首先,该法案将商品范围扩充为有形的商品和无形的商品,证券就属于商品的范畴;其次,该法案授予 CFTC 对所有商品期货的排他管辖权,包含期货期权;最后,该法案维持 SEC 对证券交易和证券市场的管辖权。

由于美国将证券纳入了美国《1974 年商品交易法》的调整范围,就导致了 SEC 和 CFTC 在证券衍生品方面的争议。最终两家监管机构通过签订《约翰逊—夏德协议》来解决了管辖权争议。根据该协议,股指期货、期货期权(它们通常为现金结算,不涉及具体证券的交割)由 CFTC 管辖,而股票和股指期权由 SEC 管辖。[10] 美国衍生品市场这种独特的法律适用,直接影响了整个衍生品的市场格局,即各期货交易所交易期货(商品期货和金融期货)和期货期权,而各证券交易所交易证券和股票期权。由于窄基指数期货和个股期货由 SEC 和 CFTC 共同管辖,相关市场发展相对缓慢。

2. 我国期货法调整范围之设定

目前,我国证券期货市场实行集中统一监管,不存在监管权冲突。从促进金融衍生品发展和监管的角度出发,我国期货立法中应当考虑证券法与期货法的协调,不应当按照基础资产来划分两部法律的调整范围,而是按照交易机制来划分。对于采用现货交易机制、有发行方的证券类衍生品由证券法调整。而对于采用期货交易方式,由交易所统一制定的标准化合约交易产品,应当由期货法调整。建议在期货法中明确规定,在中国境内采用期货交易方式的证券衍生品交易适用期货法,其他证券衍生品的发行和交易适用证券法的规定。[11]

---

〔10〕 参见楼建波:《美国处理期货法与证券法之间关系的实践及其启示》,载《法学论坛》2015 年第 4 期。

〔11〕 参见楼建波、刘燕:《我国期货法的定位及其与〈证券法〉之关系——一种立法论的进路》,载《财经法学》2015 年第 2 期。

(四)严禁非法期货交易

我国对资本市场历来采取较严格的监管,一旦放松监管,市场必乱无疑。[12]随着互联网信息技术的发展,在全国范围内,除为数不多的期货交易所外,很多贵金属平台或者大宗商品交易场所,均打着现货商品的名义,从事非法期货交易,屡禁不止。[13] 在移动互联网时代,种种"微交易""微盘"等交易模式也层出不穷,但大多沦为交易平台与投资者的赌博游戏,严重扰乱了现货、场外衍生品市场交易秩序,损害了投资者利益。倡导市场健康发展,加强对场外衍生品交易的监管,严格禁止非法取货交易,已迫在眉睫。结合现有制度规定,我国期货法可以从如下方面对具有期货交易特征的非法期货交易予以禁止:第一,不得采用标准化合约交易;第二,不得实行集中交易方式;第三,不得实行保证金交易,不得实行集中履约担保;第四,不得实行对冲平仓交易。

三、期货法的整体框架和制度安排

期货法兼具交易法和监管法的属性,整体框架一般包含调整范围、期货交易所相关制度、期货中介机构及服务机构、期货交易及结算的基本规则、风险控制与管理、投资者权益保护、期货业协会、监督管理及法律责任等内容。因此,建议对期货法框架作如下设计:

第一章总则。本章包括期货法的立法宗旨、调整范围、市场参与各方当事人的法律地位及其遵循原则、禁止性行为、期货监管体制等一般性规定。

第二章基本规定。本章包括国家对期货业务经营总体要求和监管要求、市场管理体系、交易所的一线监管、期货业协会的自律管理、期货监管机构的行政监管、期货交易标的物、交易场所、交易方式、交易主体、基本交易制度、交易责任的法律原则及期货保证金安全存管等的一般性规定。

第三章期货交易所。本章首先对期货交易所的法律地位和性质、交易所类型、审批、基本职责、业务规则及基本制度等进行原则性规定。其次根据会员制和公司制交易所性质的不同和治理结构的差异,分别对其予以规定。建议重点明确期货交易所的法律性质、自律属性,拓展期货交易所的会员范围,明确交易

---

〔12〕 吴庆宝:《场外、现货交易与期货交易异同认定标准》,载《人民法院报》2011年6月22日,第7版。

〔13〕 吴玉函:《非法期货交易猫腻多多》,载《深圳商报》2017年2月27日,B01版。

所会员资格的自律管理属性。

第四章期货公司等期货经营机构。本章规定包括期货公司、期货兼营机构和其他经营机构。在期货公司中,对期货公司的设立程序和组织类型、业务范围、设立条件、审批程序及基本业务要求进行规定。在期货兼营机构中,对期货兼营机构的法律地位、审批程序和性质、设立条件、行政许可程序及各项业务要求进行规定。在其他期货经营机构中,对期货介绍经营机构、期货投资顾问等机构进行一般性规定。

第五章投资者。本章规定投资者的一般义务、期货经营机构对投资者的风险提示义务和销售适当性、投资者适当性制度、投资者民事赔偿请求权、投资者保障基金、期货保证金安全存管监控机构对投资者的保护、关于机构投资者的特别规定、投资者受侵害时的救济途径等。

第六章基本交易规则。本章规定期货交易流程、投资者入市基本条件、投资者的开户程序与期货经营机构的要求、保证金的收取规定、保证金的法律属性、保证金充抵规定、保证金的安全存管的具体规定、期货经营机构的总体业务要求的一般性规定、期货经营机构高管人员和从业人员的总体业务要求的一般性规定、市场主体的基本义务、违规交易行为的规定、投资者保障基金的一般性规定。

第七章基本结算规则。本章规定期货交易的清算流程的一般性规定、结算机构的组织形式、清算机构的职能与职责、期货清算流程的具体规定、结算机构的风险控制措施、期货交割及期货交割仓库的一般性规定。

第八章境外期货业务。本章对境内单位和个人境外期货业务、境内期货经营机构从事境外期货业务、境外期货经营机构代理境内单位或个人从事境外期货业务进行规定。同时对国有企业、中资银行等机构从事境外金融衍生品业务等的参与办法进行原则性规定。

第九章期货业协会。本章规定期货业协会的性质、组织架构、职责、职能、从业资格管理、业务培训等。

第十章期货服务机构。本章规定期货服务机构的一般性规定、业务要求、禁止性规定、期货服务机构及其执业人员的资格要求等。

第十一章期货监督管理机构。本章规定期货监管机构的职责、职能、监管措施和具体执法权限、行政执法的程序性规定、期货监管机构及其工作人员公职行为的一般性规定、期货监管执法协作及跨境期货监管协作等。

第十二章法律责任。本章根据期货交易主体和不同的违法违规行为,分别规定相应的行政责任、刑事责任和民事责任。

第十三章附则。本章对相关术语、法律适用的衔接及实施等问题进行规定。

期货及衍生品法律评论
第一卷,第25~36页

美国期货市场交易方式的发展和监管研究

——对我国期货立法的启示和借鉴

尚 敏* 余 猛**

摘要:期货交易方式直接影响期货市场功能的发挥。美国期货市场的交易方式历经百年发展,有着丰富的实践,形成了竞争性交易和非竞争性交易并存的制度规则体系,对完善我国期货交易方式具有一定的借鉴意义。

关键词:竞争性交易 期货转其他相关仓位 大宗交易

一、引言

2014年5月9日国务院发布了《关于进一步促进资本市场健康发展的若干意见》,该意见明确提出要"充分发挥期货市场价格发现和风险管理功能,增强期货市场服务实体经济的能力"。价格发现是期货市场的重要功能,该功能实现的前提条件是将市场上所有买卖指令集中在有组织的交易场所,并通过公开的集中交易方式,进行充分有效的竞争,形成反映特定商品供求关系的价格及其变动趋势。从某种意义上来讲,期货交易方式的制度安排决定了期货市场的功能发挥。为此,美国《商品交易法》(Commodity Exchange Act)、美国商品期货交易委员会(以下简称美国期监会)监管规章和

* 中国证监会法律部。
** 中国证监会法律部。

交易所的规则,对期货市场的交易方式进行了较明确的要求。与此相比,我国立法对期货交易方式的规定较原则,市场对期货交易方式的理解和认识还不统一。因此,有必要在研究美国期货市场经验的基础上,结合我国期货市场具体情况,在未来期货立法中进一步完善期货市场的交易方式的规定。

二、美国期货交易方式规定的演进

美国期货交易方式分为两类:一是竞争性交易,二是非竞争性交易。竞争性交易一直是美国期货交易的最主要方式,美国期监会监管规章第1.38节明确要求所有交易"通过竞争性执行"(competitive execution)。与此同时,随着期货市场发展,为满足个性化的交易需求,方便实体企业,美国也规定了一些例外,最典型的是期货转其他相关仓位交易(Exchanges For Related Positions,EFRPs)。

(一)期货交易方式的规范形成时期

在美国期货市场发展早期,竞争性和非竞争性两种交易方式是并存的。一方面,投资者可以按照期货交易所的成文规则达成期转现交易。美国1936年《商品交易法》(第4c条)明确禁止"洗售"(Wash Sales)、"交叉交易"(Cross Trade)、"串通交易"(Accommodation Trade),以及其他虚假销售(Fictitious Sale)等行为违法。另一方面,该法尊重了交易惯例,也确认了按照交易所规则达成的期转现交易的合法性。可以说,该法已经确立了两种方式并存,以竞争交易为主的期货交易方式,只是表述较为模糊。

根据美国1936年《商品交易法》的授权,当时的美国期货市场监管机构——美国农业部于1937年颁布监管规章,允许在满足规定条件的情况下对指令进行交叉交易,具体条件包括:(1)指令已在交易场所公开,且进行了竞争性交易,但市场上却无指令能够匹配;(2)具体负责处理指令的人应当以适当的方式记录、标识该指令;(3)期货经纪商和场内经纪商对于该指令执行没有任何利害关系。在此规定中,第一次出现了竞争性交易的表述。[1] 此后竞争性交易要求不断明确、具体。

1953年,美国农业部修订了监管规章,在第1.38节详细规定了期货交易方式(execution of transaction)(该节一直延续至今并不断修订)。当时,该节分两款:第1款明确要求,非有例外,一律采用竞争性交易;根据交易所的规则进行的

---

〔1〕 2 Fed. Reg. 1219(July 16,1937).

任何远期交割的买卖须以公开的、竞争的方式达成。例如,必须在交易场所内,在交易所规定的交易时间内,以公开喊价方式进行。第2款作了例外规定,允许符合条件的非竞争性交易,如调仓(transfer trade)、期转现、办公室交易(office trade)。期转现的具体条件包括:根据交易所的书面交易规则达成,并且该规则未被美国农业部否决,以详细的、适当的方式标识该交易。[2] 至此,以竞争性为主,以非竞争性为辅的期货交易方式在美国期货市场的监管文件中得到确认,该规定成为期货交易所交易规则条款的重要上位法依据。同时,这一规定表明美国期货监管机构对于期货交易方式已经有了较科学的理解和成熟的认识。

此后,在1966年,该监管规章再次被修订,主要内容是确认非竞争性交易是期货交易的一种,而不是作为例外规定。非竞争性交易方式地位逐渐提高,并得到监管机构的认可。[3] 1977年,美国期监会在承继原有美国农业部监管规章的基础上,对其进行了修订,其中,针对第1.38节规定,非竞争性交易的依据——交易所规则须经期监会批准。[4] 可见,在此之前,非竞争性交易方式由交易所自主决策是否采取,在此之后,交易所须经美国期监会批准方可开展非竞争性交易。监管思路的变化凸显了美国期监会对交易方式的重视程度不断提高。1981年,美国期监会要求在交易所进行的期权交易也须进行竞争性交易。[5]

(二)期货交易方式的规范发展时期

20世纪80年代,期转现交易规模成倍增加,并且期转现涉及的品种不仅包括商品期货,还向金融期货,特别是利率期货蔓延。为此,美国期监会决定进行研究分析,并于1987年发布了《期转现报告》(Report on Exchange of Futures for Physicals)。在该报告中,美国期监会承认期转现实践满足了实体产业的发展需要,但是,也认识到期转现存在的问题,这些问题主要有:一是交易所承担了主要的监管职责,实践中缺乏明确、统一的期转现操作指引规则;二是出现了一些滥用期转现交易达成"虚假交易"的现象,扰乱了期货市场,建议增加监管措施;三是提出了增加"期货经纪商、客户和清算会员按照交易所规则提供交易信息的义务",以便解决滥用期转现交易的问题,特别是期转现交易的真实性问题。[6] 从总体上来说,虽然美国期监会加强了对期转现交易的监管,但是期转现交易在规范的基础上得到了美国官方的进一步认可,这也为后续美国期转现交易方式的

---

[2] 18 Fed. Reg. 176(Jan. 9,1953).

[3] 31 Fed. Reg. 5054(Mar. 29,1966).

[4] 41 Fed. Reg. 3192(Jan. 21,1976).

[5] 46 Fed. Reg. 54500(Nov. 3,1981).

[6] 1987 EFP Report.

创新铺平了道路。

1998 年 1 月美国期监会发布了概念公告(Concept Release),提出扩大非竞争性交易范围的可行性问题。在概念公告中,美国期监会承认对非竞争性交易方式的监管框架审慎变革能够起到促进竞争的作用,同时就当时并未被认可的交易方式,如期货转互换交易和大宗交易,征求公众意见。实际上,当时期货交易所已经允许大额订单采用特殊的交易方式,美国证监会也已经允许开展证券大宗交易,并在监管规则中予以确认。但征求意见的结果却分为两类针锋相对的观点:一类观点认为,其他交易方式有助于解决机构投资者面临的大额期货、期权订单的问题;而另一类观点认为,其他交易方式使得订单流远离了集中、竞争的交易所,降低了流动性,损害期货市场价格发现和管理风险的功能。考虑到市场分歧较大,美国期监会于 1999 年 6 月发表了自己的看法,指出其将继续允许交易所自由决定是否采用其他交易方式,并且其将对交易所的申请采取个案评估的方式。[7] 虽然美国期监会扩大非竞争性交易方式的努力受到了市场的抵制,但是非竞争性交易方式在美国期货市场中使用的范围越来越广,地位日益重要。

(三)期货交易方式的规范成熟时期

2000 年 12 月美国《商品期货现代化法案》通过。该法案整体是金融自由化思想的产物,其放松了对期货市场的管制。正是在此思想指导下,以前受到市场强烈抵制的交易方式也得以在法律中确立。该法案为交易所创立了富有弹性的、高水平的核心原则。其中原则 9(交易执行)要求交易所须为交易执行提供竞争、公开和有效的市场和交易机制。原则 3(公平和公正交易)规定,交易所规则可以授权交易所开展期转现交易,期货转互换交易等期货转其他仓位。同时,期货经纪商作为代理人执行该等交易,须按照交易所和结算机构的规则,进行报告、记录和清算。该法案同时要求交易所逐步制定规则允许期货转互换(Exchange for Swap,EFS)和期权转场外期权(Exchange of Option for Option,EOO),以及大宗交易。但是,美国期监会未根据该法案发布任何具体规定,以指导交易所开展上述业务,仅要求在交易所开展的大宗交易不得损害价格完整性和相关市场的价格发现功能。在有利的法律环境下,大宗交易迅速发展,不但成为以单独价格执行大额订单的重要方式,而且成为新产品建立市场流动性重要措施。至此,美国关于期货交易方式的监管框架基本完成。

2004 年 1 月美国期监会提议修改现行监管规章,拟修订后的部门规章要求

---

[7] 64 Fed. Reg. 31195,31196(June 10,1999).

识别非集中交易所之外达成交易的不同类别，对大宗交易实施更加细致的监管。其中，要求大宗交易的准入门槛，即交易规模一般须超过相关市场90%以上的交易。同时，吸收了1987年的报告，提议核心原则9规定的期转现(Exchange for Physical，EFP)交易必须为真实善意的交易。但这些提议由于遭到强烈批判而作罢。

由于期货转其他相关仓位的交易持续增加，2005～2006年，美国期监会修订了此类交易的报告规则。在2005年以前，美国期监会监管规章第16部分仅要求交易所单独报告期转现交易的成交量。2005年1月，美国期监会要求交易所对所有类型的期货转其他仓位交易都必须单独识别、记录、报告和公布。2006年7月，美国期监会要求交易所单独识别、记录、报告和公布大宗交易。至此，所有类别的非竞争性交易都须单独识别、记录、报告和公布。

(四)现行监管规范体系

2008年金融危机冲击了美国期货市场，加强监管再次成为主旋律。美国《多德－弗兰克法案》通过后，美国《商品交易法》再次大修，美国期监会相应地修改了监管规章，形成了目前的监管框架。主要有：

一是要求期货交易须在交易所内成交。美国《商品交易法》规定，期货和衍生品交易必须在美国期监会注册的交易所内达成，否则即为违法。

二是在交易所内进行的指令撮合、成交应当以竞争性交易方式进行，明确了非竞争性交易的法律地位。美国《商品交易法》第5条第9项“指定合约市场的核心原则”明确指出“交易场所应提供有竞争力、公开且高效的交易执行市场和机制，以保护交易场所集中市场内交易价格发现过程”。同时，交易场所规则可出于善意商业目的，开展期转现、期货转互换交易。但是，期货经纪商以委托人或代理人身份，为买卖远期交割的商品而达成或确认执行合约，前提是该合约的报告、记录或结算符合该合约市场或衍生品结算组织的规则。

三是明确禁止虚假交易类型的非竞争性交易。美国《商品交易法》第4c条(1)和(2)明确禁止了几种常见的虚假交易类型的非竞争性交易违法，包括洗售、窜通交易、虚假销售，以及被用于促使他人报告、注册或记录并非真实善意价格的交易。目前，美国监管规定未对上述行为作出明确的界定。我国台湾地区在移植美国的监管经验的基础上对其进行了概括总结，并规定在台湾地区“期货交易法实施细则”中。该“实施细则”指出，虚假交易(配合交易)，指期货商或其他任何人，未依公开竞价方式或期货交易所规定巨额交易方式，而以直接或间接方式相互配合所为期货交易之行为。从该定义来看，该行为基本等同于我国现行《期货交易管理条例》第71条所述“串通交易”和“自买自卖”的行为。

四是规范期货中介机构处理客户指令的行为。例如,美国《商品交易法》第4b条(a)款D子项和(c)款规定,除部分例外,其他场外冲销指令皆为违法行为。同样,我国台湾地区的期货规定对此类行为作出了界定,并在原则上禁止这些行为,具体来说:“场外冲销,指期货商接受期货交易人委托后,未至期货交易所从事期货交易,而直接或间接私自承受或居间与其他期货交易人为交易之行为”(指令未进场)。“交叉交易,指期货商为使特定期货交易人成为另一期货交易人期货交易之他方当事人,未依公开竞价方式,而直接或间接私自居间所为期货交易之行为”(指令未公开竞价)。“擅为交易相对人,指期货商未经期货交易人事前书面同意,且未依期货交易所规则之规定,而成为该期货交易人卖出委托之买方或该期货交易人买进委托之卖方”(私自作为客户指令的对手方)。此类行为的共同特征是期货中介机构未将客户的交易指令以竞争的方式执行。从客户的角度来看,某些交易虽未进入交易场所,但可能会以更好的价位成交,给其带来更好的经济利益。从整体上来说,该行为以针对个人为特征,会导致市场指令逐渐流失,或者期货市场不能形成充分有效的竞争,影响期货市场正常发现价格的功能发挥。因此,美国采取了较务实的态度,给予此类行为有条件的豁免。

除上述规定以外,美国《商品交易法》还有其他规定,以保证竞争性交易顺利进行。一是美国《商品交易法》扩大了期货市场操纵行为的类型,将价格操纵拓展为市场操纵,降低期货市场操纵的证明责任。二是明确禁止包括幌骗(Spoofing)在内的扰乱行为(Disruption),以规范交易者的报撤单行为,将禁止违法行为的规定更加层次化和多样化,以更好地应对不同类型的违法行为。三是将竞争性交易的要求适用于场外衍生品,如互换。

三、美国期货市场主要的非竞争交易方式

根据美国《商品交易法》和美国期监会监管规章,芝加哥商品交易所(Chicago Mercantile Exchange, CME)和洲际交易所(Intercontinental Exchange, ICE)等美国主要的期货交易所均已制定非竞争性交易规则,规范和引导大宗交易和期货转其他相关仓位交易。这些规则在要求任何非竞争性交易都必须满足公平和公正原则的前提下,对交易的主要方面作了较全面的规定。

(一)大宗交易

以ICE的业务规则为例,ICE的规则4.07原则性地规定了大宗交易制度。2017年5月9日ICE按照美国期监会的要求发布了大宗交易的监管问答

(FAQs),对大宗交易的具体操作给出了业务指南。大宗交易是指在为交易所允许的,在交易场所之外私下协商的,数量超过交易所规定最低限额的,并且未通过电子交易系统和交易大厅执行的期货或者期权交易。拟进行大宗交易,须符合以下条件:

第一,大宗交易的主体必须是适格合约参与者(Eligible Contract Participant)。适格合约参与者主要是指一些资产规模较大,风险承受能力较强的机构投资者。为了有效地防范风险,美国要求适格合约参与者必须按照美国期监会监管规章在全美期货业协会(National Future Association)注册。由此可见,大宗交易参与主体要求相对较高。

第二,成交的合约必须是交易所指定的期货或期权合约,并且交易量必须超过交易所不定期确定的最低限额。每个合约最低限额的数值以表格的形式规定在 ICE 的监管问答中。值得注意的是,投资者的交易量超过最低标准,中介机构和交易所不得当然地将该笔交易列入大宗交易。也就是说,在进行大宗交易之前,即使交易量超过了大宗交易的最低门槛,但是只有交易者特别指定该笔交易为大宗交易,方可进行大宗交易。

第三,大宗交易的价格须公平合理。判断大宗交易的价格是否公平合理的主要参考因素有:该笔大宗交易的规模;在相关时间内同一合约的交易规模和交易价格;在相关时间内其他相关合约交易的价格和规模。另外,交易交易须遵守最小变动价位和价格波动的限制。

第四,大宗交易指令不得设置交易条件,包括但不限于止损指令(Stop Order)、限价指令(Limit Order)、触及市价指令(Market-if-touched Order),以及其他影响集中竞价市场的指令。

第五,报告义务。一般来说,大宗交易达成之时后的 15 分钟内由交易者经交易所的大宗交易申报交易进行报告,但报告的内容有明确的规定。

(二)期货转其他相关仓位交易

期货转其他相关仓位交易主要规定在 ICE 的规则 4.06 和监管问答中。期货转其他相关仓位交易包括三类:一是期货转现货(Exchange Future for Physicals,EFP),即私下协商并同时将期货仓位转换为相应的相关现货仓位。二是期货转互换(EFP),即私下协商并同时将期货仓位转换为相应的相关场外互换仓位或者其他场外衍生工具。三是场内期权转场外期权(Exchange of Option for Option,EOO),即私下协商并同时将场内期权仓位转换为相应的相关场外期权或者其他具有相同特征的场外工具。根据 ICE 的规则,进行期货转其他相关仓位交易至少须满足以下条件:

第一,交易必须是真实善意的。期货转其他仓位包含两个组成部分:一是期货、期权;二是现货、场外衍生品(如互换、期权)。具体来说,现货、场外衍生品的卖方(卖方)必须是期货或者期权期权合约的卖方(买方);现货、衍生品的头寸大致与期货或期权合约头寸相当;两个组成部分之间必须具有价格联系;交易价格须符合期货合约最小变动价位增量。并且,期货转其他相关仓位交易必须作为独立的交易,不得依赖于其他交易的执行。由此可见,真实的既有持仓和真实发生的交易是期转现发生的必要条件,违反上述规则将受到处罚。例如,2013 年 11 月,CME 曾经根据期货转其他相关仓位交易规则对未持有相应的相关场外互换或者其他场外工具而进行期货转其他相关仓位交易的投资者处以 1.5 万美元罚款。

第二,随着现货权益的转移,现货转移的方式也须满足其相关交易惯例。

第三,对交易主体之间的法律关系作出要求。(1)交易必须是不同名义持有人之间的交易;(2)若交易双方为同一名义持有人所控制,则交易必须是两个独立的法律实体;(3)若交易双方为同一法律实体,则交易双方必须为同一法律实体之间的独立运作的不同部门。

第四,交易者应当按照交易所规则和交易惯例保存交易记录,并遵守报告规则。

除此之外,由交易双方私下达成,并在交易所内达成的交易(预先安排交易,Pre-negotiated trades)在满足规定条件的情况下,也可以获得适当豁免。

四、美国期货市场交易方式演进规律的总结

第一,公平、充分和有效的竞争是美国期货交易方式的核心。列宁指出:“竞争是资本主义和一般商品生产的基本特性。”[8]同样,期货市场作为金融市场的重要组成部分,其交易方式的安排也深刻地体现了竞争的精神。也正是基于这种理念,美国《商品交易法》早在 1974 年即在条文中[目前为第 15 条(b)款]明确规定,美国期监会制定的任何监管规定,期货业协会和交易所制定的任何规则,都应考虑反垄断法所要保护的公共利益,尽量采取最不妨碍竞争的手段来实现该法目标及该法政策和宗旨。基于上述规定,甚至可以将美国《商品交易法》理解为期货和场外衍生品领域的竞争法或者反垄断法。期货市场的核心是包括期货交易指令执行在内的交易方式,而竞争性交易方式在美国《商品交易法》和

---

[8] 转引自吴炯:《马克思关于市场竞争的论述》,载《法学杂志》1997 年第 1 期。

美国期监会监管规章中的规定正是为了保证公平、公正和有效的竞争。

第二，期货交易的方式的制度安排服务于期货市场的功能——价格发现。美国《商品交易法》第3条(a)款明确提出了期货市场的功能，即“该等交易提供了管理和承担价格风险、发现价格的手段，或者通过在流动性高、公平且财务安全性强的交易设施交易的方式进行定价信息的传播”。而期货立法正是“为了促进上述公共利益的实现，旨在威慑和防范价格操纵或者其他破坏市场诚信行为……推动负责任的创新，并促进交易场所之间、其他市场之间和市场参与者之间的公平竞争”(美国《商品交易法》第3条)。即使某些场外交易行为在客观上有利于投资者，但也仍要服务于期货市场价格发现功能的大局。

第三，平衡交易惯例、实践需求和期货市场功能之间的关系，同时加强对非竞争性交易方式的监管。为发挥期货市场的功能，美国《商品交易法》和美国期监会监管规章明确要求采用竞争性交易的方式，同时对非竞争性交易采用了务实的态度，对能够满足实体经济需求的非竞争性交易予以认可。如果一律坚持竞争性交易，固然能够保证市场的有效性，但也会损害产业客户的个性化需求；相反，如果过度迁就个性化需求，放任非竞争性交易过度发展，也可能导致期货市场的流动性缺失，影响市场的功能的发挥。因此，美国的监管规定既尊重市场实践、满足个性化需求，同时加强监管、防止非竞争性交易的滥用。

五、美国监管和实践对完善我国期货交易方式的启示

我国《期货交易管理条例》、证监会规定和交易所规则从不同角度规范了我国期货交易的方式。与美国的监管和实践相比，我国期货交易方式还有可以完善的空间。

（一）我国期货交易方式的规定

1. 交易所方面

我国《期货交易管理条例》在总则部分对期货交易方式作出原则性规定：一是“采用公开的集中交易方式或者国务院期货监督管理机构批准的其他方式”；二是禁止在交易场所之外达成期货交易。《期货交易管理条例》将交易的集中性拓展到结算和交割环节，并作出进一步要求：“期货交易的结算和交割，由期货交易所统一组织进行。”根据上述条款的要求，国务院还多次发文，要求清理整顿各类非法交易场所，如国务院《关于清理整顿各类交易场所切实防范金融风险的决定》(国发〔2011〕38号)和国务院办公厅《关于清理整顿各类交易场所的实施意

见》(国办发〔2012〕37 号)规定,要保证期货交易活动在场内进行。同时对集中交易方式作出界定,即"包括集合竞价、连续竞价、电子撮合、匿名交易、做市商等交易方式,但协议转让、依法进行的拍卖不在此列"。

按照上述规定,各期货交易所规定的交易方式主要是集合竞价和连续竞价。同时,结合商品期货交易的特点,出台了期转现的交易规则,允许开展期转现交易,以满足产业客户的多样化需求,增强服务实体经济的能力。按照这些规定,期转现是指持有同一交割月份合约的交易双方通过协商达成现货买卖协议,并按照协议价格了结各自持有的期货持仓,同时进行数量相当的货款和实物交换。期转现实现了交割地点、产品质量标准的灵活选择,有效降低了交易和交割的成本,有效连接了期货市场和实体经济。

2. 期货经营机构方面

从保护投资者的角度来看,课予期货市场参与者集中交易的义务。我国《期货交易管理条例》明确将期货公司"未将客户交易指令下达到期货交易所的"行为,作为欺诈客户行为的一种,进行行政处罚。最高人民法院《关于审理期货纠纷案件若干问题的规定(一)》还规定了此类情形的民事法律责任:"该机构未按客户的交易指令入市交易,客户没有过错的,该机构应当返还客户的保证金并赔偿客户的损失。赔偿损失的范围包括交易手续费、税金及利息。"

3. 交易者方面

《期货交易管理条例》第 71 条规定了以"蓄意串通,按事先约定的时间、价格和方式相互进行期货交易",以及"以自己为交易对象,自买自卖"两种方式操纵期货交易价格的行为。而这两种方式属于典型的虚假交易,并未真实地参与期货交易。但如果这些行为不对期货交易价量造成影响,则不构成操纵,只能以违反期货交易所的自律规则为由采取纪律处分措施。

(二)完善建议

根据我国期货市场的特征,结合美国的监管经验,建议我国在期货立法中对期货市场的交易方式做以下完善:

一是建议期货交易机制突出竞争的特征。竞争是期货市场发现价格的前提条件。从美国监管经验可以看出,一方面要求交易在批准的交易场所内达成;另一方面强调交易以竞争性的方式达成。党的十八届三中全会通过的中共中央《关于全面深化改革若干重大问题的决定》明确指出"建设统一开放、竞争有序的市场体系,是使市场在资源配置中起决定性作用的基础"。期货市场作为市场经济的重要组成部分,也应当满足"统一开放、竞争有序"的要求。目前,我国《期货交易管理条例》仅要求期货交易在交易场所内达成,交易以集中的方式进行。集中交易方式的表述只是突出了交易指令的聚集，而未能充分揭示竞争的实质。并且，按照《关于清理整顿各类交易场所的实施意见》的规定，匿名交易和电子撮合显然不能实现交易指令之间的竞价以达到竞争的效果。拍卖虽不属于集中交易方式，却能达到竞争的效果。实际上，已废止的《期货交易管理暂行条例》第39条也曾明确规定"期货交易实行集中竞价，按照价格优先、时间优先的撮合成交原则进行"。因此，建议将集中的交易方式调整为"公开的、集中的竞价交易方式"，以突出期货市场交易方式"竞争"的实质。

二是建议进一步明确"国务院期货监督管理机构批准的其他方式"的含义。竞争性交易方式固然是期货市场必须坚持的，但是随着期货市场的发展，个性化的交易需求也逐渐增多。单一的竞价交易恐难以发挥期货市场服务实体经济的功能。实际上，我国《期货交易管理条例》在规定集中交易方式的基础上，还参考了美国的经验，规定了国务院期货监督管理机构批准的其他方式。至于"其他方式"，尚未有明确的解释和说明。因此，有必要在未来期货立法中阐明其含义，为期转现等其他方式达成的交易提供法律支撑。

三是建议增加期货市场交易方式的种类，加强对期转现交易的监管。从上述美国期货交易方式演进来看，其具有随市场发展不断变化的规律，从最初的竞争性交易，以及少量的期转现交易，到出现了期货转互换、期货转场外期权等交易，大宗交易和预先安排的交易、非竞争性交易规模也在迅速扩大，交易方式更加灵活多样。随着我国期货市场的发展，参与主体更加多元化，市场体系更加健全，品种更加丰富，特别是随着期权交易的开展和场外衍生品交易的试点，交易方式可以适当调整，以满足实体经济的需求。同时，与美国期转现交易的规则相比，我国期转现交易的监管比较原则，缺乏一些具体的要求，监管权可能会有被滥用的风险。因此，可以借鉴美国对非竞争性交易的经验，从交易主体、交易行为真实性、报告义务、透明度等方面进一步完善规则，加强监管。

四是建议进一步明确期货公司处理交易指令的规则。交易指令的处理不仅牵涉客户的合法权益的实现，还影响期货市场的功能发挥。目前，我国《期货交易管理条例》和证监会部门规章主要是出于保护客户的合法权益的考虑，将其理解为欺诈行为。而实际上，场外冲销损害的是期货市场竞争的交易机制，其本身非侵权行为。若买卖双方客户同意场外冲销，则使该条的法律适用存在一定的障碍，陷入逻辑的悖论。同时，期货公司也可能将客户已经场外达成一致的指令传递至场内进行成交，虽未损害客户利害，但却影响竞争的效果。另外，现行关于指令处理规定局限于交易者已经将指令传递至期货公司的情形。但是，在实践中，特别是股市异常波动期间，出现了较多的场外配资的行为，其中最重要的特点就是非法招揽和处理客户的交易指令。因此,建议结合我国期货市场交易的实际情况,借鉴美国对“交叉交易”“场外冲销”“预先安排交易”等监管经验,全面、科学和合理地设计期货公司处理交易指令的规则。

五是建议进一步论证虚假交易的实质,科学合理安排虚假交易和操纵市场的关系。按照现行监管规定,虚假交易只是违反交易所规则的行为,只有在其影响期货交易价量的情况下才构成操纵市场,很难单独将其理解为违法行为。众所周知,期货市场操纵行为的查处是世界性难题,而虚假交易创造了虚假的交易量,向市场传递了错误的信号,扭曲了期货市场的价格,影响了期货市场功能的发挥,在没有充足法律制度供给的情况下,虚假交易很难得到有效遏制。从美国经验来看,美国期监会在未动用操纵条款的情况下多次以虚假交易为由查处多起该类违法违规行为,并取得了良好的效果。目前,我国《期货交易管理条例》将虚假交易作为操纵的部分构成要件进行理解,实际上可能降低了威慑、打击虚假交易行为的效果。因此,建议在《期货交易管理条例》现有规定的基础上,进一步论证将虚假交易单独列为一类违法行为的合理性。

期货及衍生品法律评论
第一卷,第37~48页

我国期货法律制度的创新性研究
——以立法模式为切入视角

贾　平* 　刘攀琼**

摘要:期货市场在本质上是一个立法依赖型市场,就期货市场立法模式而言,出于对自身历史发展、市场环境、法律背景等诸多因素的考量,各国都有不同选择。其中,"综合立法与统合监管模式"和"单独立法与分别监管模式",是颇具代表性的两种模式。结合我国现有实践来看,考虑到不同衍生产品属性及交易机制的差异、既有规范性法律文件无法满足市场发展需求,建议采用期货市场单独立法与分别监管模式。

关键词:期货　期货法　立法模式　制度设计

一、期货的产生与发展

作为资本市场的两大重要组成部分的证券市场和期货市场,在金融业不断发展的背景下从各自独立走向互有交集。在早期市场中,期货市场主要处理大宗商品的价格风险管理业务,证券市场集中处理公司债券、发行股票等筹措资金等业务,二者界限明晰,各自独立运营发展。1972年5月芝加哥商品交易所(Chicago Mercantile Exchange, CME)的国

---

* 上海对外经贸大学法学院副教授、硕士研究生导师。

** 上海对外经贸大学法律硕士研究生。

际货币市场开业并推出外汇期货交易,标志着现代金融期货的开端。[1] 1975年芝加哥期货交易所在证券交易方面率先推出了第一张抵押证券期货合约。[2] 1982年2月,堪萨斯期货交易所开始价值线综合指数期货交易。[3] 国际金融期货的三大产品即外汇期货、利率期货和股指期货在此10年间全部上市交易。这一格局的形成,使期货市场与证券市场开始有了更多的交集,从而致使期货市场与证券市场的界限开始变得模糊。期货市场由原本主要为大宗商品的交易进行风险管理和价格发现,扩大为商品和金融工具而服务。而传统的证券市场上出现了以证券产品为基础的期货基础商品的证券期货产品。与此同时,期货市场与证券市场之间的联动不可避免地存在矛盾,这就使各国既有的立法与机构管控需要采用适当的模式进行调和。

从我国期货市场的发展历程来看,我国的期货市场由大宗产品期货发展而来。1990年10月12日中国郑州粮食批发市场的成立迈出了我国期货市场建立的第一步;[4]1993年9月国债期货市场在上海证券交易所形成并向个人投资者正式开放;[5]2000年12月中国期货业协会成立;2005年4月沪深300指数的出台,为日后推出指数期货、指数期权等衍生金融产品奠定了基础;2006年9月中国金融期货交易所成立,随后相继推出股指期货、国债期货等产品。[6] 由此,我国的期货市场已经包含了大宗商品期货、国债期货和股指期货。在我国正式成为世界贸易组织的成员后,随着外资银行的进入,在开拓市场、争夺客户资源等方面,中资、外资银行的竞争日趋激烈,由此以银行为主的金融机构越来越多地通过衍生品交易进行规避风险和增加收入。并且,在当今全球经济一体化的背景下,金融衍生品交易不再局限于某一个特定国家,而是打破了国界在全球范围内运作。

二、我国期货立法模式的现状

从立法层面和监管机构方面来看,我国关于证券、期货的立法起步较晚,目

---

〔1〕 楼建波:《美国处理期货法与证券法之间关系的实践及其启示》,载《法学论坛》2015年第4期。
〔2〕 参见沈开艳:《美国期货市场的历史、特征及对中国的启示》,载《上海经济研究》1999年第1期。
〔3〕 楼建波:《美国处理期货法与证券法之间关系的实践及其启示》,载《法学论坛》2015年第4期。
〔4〕 陈欣:《〈期货交易管理条例〉解读》,北京大学出版社2007年版,第2页。
〔5〕 同上书,第4页。
〔6〕 同上书,第6页。

前关于证券和期货及其衍生品的相关法律主要是《中华人民共和国证券法》(以下简称《证券法》)和《期货交易管理条例》(以下简称《条例》)。两个行业通过各自的法律条文进行规制,表明证券业与期货业分采单独的立法模式,但政府监管机构同为中国证监会,行业协会以及交易所的监管权限过于局限。除此之外,《证券法》第2条第1款规定:“在中华人民共和国境内,股票、公司债券和国务院依法认定的其他证券的发行和交易,适用本法;本法未规定的,适用《中华人民共和国公司法》和其他法律、行政法规的规定。”同时,《证券法》第2条第3款规定:“证券衍生品种发行、交易的管理办法,由国务院依照本法的原则规定。”《条例》第2条第1款规定:“任何单位和个人从事期货交易及其相关活动,应当遵守本条例。”该条第2款至第4款为《条例》所称的期货交易、期货合约、期权合约做了明确的概念表述。前者只是将证券衍生品纳入《证券法》的调整范围,但是对于证券衍生品的范围并没有界定;而后者通过下定义的方式列明了其调整的期货交易包含期货合约和期权合约。而“证券衍生品种”是否兼含证券型衍生产品和契约型衍生产品则成了二者在调整范围上因存在交叉而产生的问题。

三、世界具有代表性国家的期货立法模式介绍与评析

金融业的迅猛发展使世界范围内涌现了大量金融交易品种,正是这些金融交易品种的出现,改变了传统的期货市场与证券市场界限分明的状况,使二者之间开始出现了有所重叠的领域。证券期货市场不仅是其中的一个典型,同样也是金融市场发展的必然产物。正因为该市场发展的特殊性,使其具有多层次的特点,从而导致了法律适用与监管层面出现了很多冲突之处。从世界范围内影响较大的“期货”立法模式来看,主要有如下两类。

(一)综合立法与统合监管模式

综合立法与统合监管模式,以英国和新加坡为代表。英国作为一个判例法系国家,其因长期受古典经济学的影响,在金融市场上奉行自律监管原则。英国2000年《金融服务与市场法》(Financial Services and Market,FSMA)的问世,不仅取代了之前用于监管金融业的零散的法律、法规,同时也彻底终结了英国的自律监管体制。该法典以法律明文的形式除确立了崭新的市场规则外还构建了崭新的改革框架用以促进金融业的监管。此部法典在调整范围上纳入了期货市场与证券市场,在监管部门的职能上规定了金融服务监管局(Finacial Service Authority,FSA)(英国金融市场统一的监管机构)在履行基本职能时必须尽其合

理可能,并且实现监管目标,即市场信心、公众意识、保护消费者以及减少金融犯罪。[7] 英国在监管层面上,实行三级监管模式,即政府监管、行业协会监管、交易所监管并存。但行业协会与交易所的自我监管远大于政府监管,这一特征的形成与英国社会长期存在的自律自治、政府较少干预市场的管理思想有着密不可分的联系。这种管理思想为期货市场自律监管制度的发展和完善提供了思想基础,并使期货市场在此基础上逐渐形成了一套行业自律规范和以自律管理为主的管理机制。[8] 作为"亚洲四小龙"之一的新加坡对证券市场和期货市场的规制,在立法层面主要是依靠新加坡《证券与期货法》及相关实施细则。在监管层面,通过成立金融局统一行使监管职能。并且新加坡在监管模式上选择的是二级监管模式,即政府监管和交易所监管,此种模式的适用更符合新加坡的地理因素。新加坡作为一个岛国,因受国土面积的制约导致其能够承载的机构数量有限。而也正因为国土面积的限制,使新加坡金融局对期货交易所的信息能够及时、直接地掌握,一旦期货交易所的交易出现异常能够迅速采取对策。

(二)单独立法与分别监管模式

美国作为单独立法与分别监管模式的代表,其在立法层面对期货领域和证券领域都进行了专门的立法,分别对"期货"和"证券"进行法律调整。美国《商品交易法》作为美国调整期货市场的最重要的法律,该法制定了严格的规范用以约束期货市场的运营操作。此外,对于期货的规定还表现在金融领域中的其他相关法律的部分条款中所作出的间接规定。美国《商品交易法》并没有针对"期货"直接定义,而是将其纳入了"商品"的调整范围之中,之后出台的美国《期货交易法》则是美国《商品交易法》的修正案。美国《商品交易法》对于"商品"的定义,采用"列举+兜底"的方法,不仅从正反两面列举了属于"商品"的范畴,而且将"作为现在交易或未来交易的远期交割合约标的之一切服务、权利以及权益"纳入其中。[9] 在1974年的修正案中,对前述条款进行了扩充,使所有其他种类的货品及商品,以及劳务、权利或利益,在成为未来交货契约(期货交易契约)的标的时,即成为美国《商品交易法》规范的"期货"。[10] 在美国1933年《证券法》、1934年《证券交易法》中,对"证券"的定义也采用了"列举"的方式,[11] 只

---

[7] Finacial Services and Markets Act 2000, Part Ⅰ The Regulator, 2. The Authoriy's general duties.

[8] 上海期货交易所《"期货法"立法研究》课题组:《"期货法"立法研究》(下册),中国金融出版社2013年版,第810页。

[9] Commodity Exchange Act, Sec. 1 Short Titile, Sec. 1a Definitions(9).

[10] 杨光华编著:《美国期货管理法规概论》,中国商业出版社1993年版,第4页。

[11] 美国1933年《证券法》第2(a)(1)条;美国1934年《证券交易法》第3(a)(10)条。

是美国1934年《证券交易法》中的定义更细致。但是这两种定义都表达出证券是一种证权凭证或是能够实现某种权利的凭证。虽然在美国《商品交易法中》中,其并未明确将证券列举在商品范畴内,但其规定“未来交割合约”的标的也属于商品范畴。[12] 这样,从产生方面和特征方面来看,证券衍生品分别符合证券法对“证券”的定义、期货法对“期货”的定义。这就使证券衍生品处于证券法和期货法的双重调整下,该如何对其进行法律适用则成了一大难题。为了避免这一双重调整,美国国会在2000年通过了美国《商品期货现代化法》(Commodity Futures Modernization Act of 2000, CFMA),该法旨在改革美国衍生市场,特别是场外期货管辖权问题。该法不仅将证券期货的概念纳入其中,并且与美国1974年《商品期货交易法》一起共同最终确立了对衍生交易的监管体制。[13] 在监管职责的划分上,明确了美国商品期货交易委员会(Commodity Futures Trading Commission, CFTC)对所有交易所内的商品期货和期权享有排他的管辖权,美国证券交易委员会(Securities and Exchange Commission, SEC)则监管所有在全国性的证券交易所进行交易的证券,包括货币期权、股票期权和股票指数期权。[14] 在期货市场的监管模式方面,美国同样采用的是三级监管模式,但与英国所采用的三级监管模式有所不同的是,美国的这种模式是政府、期货行业协会以及期货交易所共同对期货市场进行监管。CFTC作为美国期货市场的最高权力机构同样也具有监管权,它能授权美国期货交易所对资金安全进行监管。美国期货交易所和期货行业协会则各自遵循市场自律原则。三者通过在立法层面和管理层面的不同分工,共同保障了美国期货市场体系的完整运营。

(三)不同立法模式的评析

以英国、新加坡为代表的综合立法与统合监管模式,最大的特点在于不严格区分证券与期货之间的特点,对金融交易统一进行监管。此种模式更易调动监管主体内部的监管资源,便于监管职能的发挥。这在一定程度上降低了监管成本,也使监管机构能够更侧重于对投资者利益的保护。同样地,期货市场上所存在的特殊风险也是国家应予重视的。而“一揽子”立法的缺陷也较显著:此种立法模式易造成公共认知的偏差与制度上的混乱,金融体系虽然在外部上保持了统一,但是对于金融体系内部所存在的分工不明情形则不利于体系的良性运作。

---

[12] 施廷博、杜惟毅:《期货法和证券法对证券衍生品调整安排的若干思考》,载洪艳蓉主编:《金融法苑》(第90辑),中国金融出版社2015年版,第158页。

[13] 陈欣:《〈期货交易管理条例〉解读》,北京大学出版社2007年版,第13页。

[14] 同上书,第13~14页。

笔者认为,各国对于立法模式的选择都是符合其相应价值取向的,国家通过对自身的历史发展、市场环境、法律背景等因素的考量,最终选择的立法模式必然是符合一国发展需求的。

以美国为代表的单独立法与分别监管模式,体现了各行各业不仅要遵守各自领域的法律,更应该从外部市场到内部运行贯有一套严密的体系。这种严密的体系,需要政府的宏观措施与法律的微观管理相结合。分别立法作为一种法律分工,不仅能够使证券行业和期货行业的所有环节有法可依、依法进行,同样也为各自领域的问题提供了能够适用的法律依据。同时,分别立法也有利于整个市场交易的有序进行,避免法律交叉适用的情况,极大限度地保护投资者的利益。美国作为世界上期货业最发达的国家,其在期货业的法制发展进程中的成果为很多国家提供了可借鉴之处。但没有一部法律是完美无瑕的,在美国金融体系的发展中,证券业和期货业之间的竞争与冲突一直存在,这就要求两个行业的部门法不仅需要不断地进行完善,还应该最大限度地进行法律协调。而这些冲突的存在更多的是由于 CFTC 和 SEC 长期以来一直拥有不同的管辖权。在这种分业管理的模式下,管辖权的冲突在法律尚不完善之时表现得尤为明显。正如上文所述,CFTC 和 SEC 二者的监管职责在美国 2000 年《商品期货现代化法》中做了重新划分。但我们应该明确地认识到,事物的发展都是在矛盾中进行的。在美国的金融市场中,正是由于存在这些矛盾的激烈碰撞,才推动了美国的金融法律制度走向完善。

四、期货法单行立法的价值分析

(一)单独制定期货法的价值追求

1. 期货交易的秩序价值

期货交易行为的发现价格属性决定了其较之证券交易行为更注重操作的规范性。一套完整的交易规范不仅是期货市场的需求,更是交易行为人所应当遵守的准则。期货交易行为人作为期货市场的参与主体,其行为的规范性是促进整个期货市场规范运作的重要推动力量。

2. 期货交易的效益价值

建立期货市场自有的法律规范,不仅是对期货领域的各主体进行行为边界的确定,更是能够将实际操作的流程予以规范化、清晰化,解决既存的漏洞,提高交易效率,即以成本最小化达到利益最大化的目的。此种利益最大化不仅能够减少交易成本，缩短投资人利益期待期，更能够加快资本市场的资金流通率。

3. 期货交易的公正价值

从事期货交易的各主体，其也具有商主体的身份。单独制定“期货法”所体现的期货交易的秩序价值与效益价值，最终都落脚于促进期货交易的公正性，进而作用于整个期货市场，使该市场的各商事主体得到公正的对待，这也是商事交易环境中的公正价值的具体体现。

（二）单独制定期货法的意义

其一，平衡法律适用。期货市场与证券市场的发展不相一致，若采用综合立法与统合监管模式，会导致法律倾斜问题的出现。在我国目前的金融体系中，如果制定一部证券期货法用于调整证券领域和期货领域，虽然可以实现期货领域或证券领域的专门立法，但是对于既有的部门法领域，其将面临法律制度的重叠以及法律位阶的问题。而当某一个法律问题在证券期货法和《证券法》都有规定的情况下，还涉及上位法和下位法、新法和旧法的适用问题。如此，不但会加大法律实施的成本，而且将会给市场秩序带来混乱，不利于效率与公平的实现。此外，在政府监管方面，由于中国证监会对我国的期货和证券进行统一的监管，这有利于平衡以往法律主体的利益。

其二，规范市场秩序。衍生交易合同的“当前订约、未来履行”的特殊机理需要有独立的期货立法确定基本的交易规则。单独制定期货法能够有效地弥补在期货领域因法律空缺而造成的漏洞，以法律条文的形式明确在期货交易中应当遵循的原则、规则、操作规范，同时规定相应的法律责任和救济途径，使投资者能够在自己权益受到侵害时得到保护。中国证监会集监管我国的期货与证券于一身，即在监管机构上实现统一，这样的监管格局可以有效地规范期货交易秩序。

其三，强化保护的针对性。基于期货交易的风险特殊性，期货法对投资者保护更具针对性。证券交易对于证券投资者核心的保护措施在于信息披露，即通过充分的信息披露保护证券投资者的利益。与证券交易不同，在期货交易中，对于期货投资者尤其是对自然人投资者的保护措施在于交易规范。以保证金为例，当自然人投资者因其所缴纳的保证金不足而影响交易时，期货公司会要求其追加保证金。但是，对于该资金的到位时间，在法律和实践中都尚未有所规定。如果期货公司要求投资者在极短时间内必须补足保证金，那么在这给定的时间内，该投资者能否补足保证金是个不确定因素，并且投资者极有可能因要求资金到位时间的不合理而承担巨大的风险。故而，对于投资者的利益保护需要通过交易规范本身的公平性与合理性进行保障。制定单独的期货法能够更加有效地对期货公司、期货交易所的行为进行法律监督，更有利于保护自然人投资者的利益。而针对广大的机构交易主体而言,期货交易规范的确定性与交易规范的具体及公开公平,亦是其从事期货交易的基础,也是单独制定期货法所必然包含的内容。

五、我国期货立法模式的选择与设计

笔者认为,从长远的发展来看,对于我国的期货交易立法模式的选择,应采用单独立法与分别监管模式,即实现期货领域的单独立法,并在中国证监会中设立专门的机构对期货行业进行监管。具体制度设计如下:

1. 扩充基本原则。在遵循《条例》中相关规定的基础上,强化基本原则,并增加投资者教育原则、责任自负原则与审慎经营原则。

(1)公开原则。公开原则是现代期货市场的基石,是公平、公正的前提和保障,是实现公平、公正的必要措施。[15] 期货市场是变化莫测的领域,这一领域高风险与高利润并存,这就使市场对信息的真实性、准确性、有效性有极高的要求。而这种充分的信息披露,不仅是为了保证市场的一个透明度,更多地是给投资者一个明确的风向标,能够使投资者对真实信息做出正确、及时地判断,并做出对期货合约的价值判断进而选择投资对象。

(2)公平原则。公平原则主要强调的是在期货市场及其交易活动中,交易双方的法律地位的平等,在市场活动中的机会平等,讲求良性竞争。

(3)公正原则。公正原则对于期货市场的管理者和执法者来说尤为重要,主要表现在适法和执法两方面。在法律适用方面,同一法律规则应当适用于所有交易主体;在执法方面,监管机构对任何参与交易的主体应当一视同仁。

(4)诚实信用原则。作为一种典型的道德法律化的原则,诚实信用原则已广泛应用于民商事领域。将诚实信用规定为期货市场适用的原则,不仅能够保障交易主体之间的信赖利益,对于稳定期货市场亦尤为重要。其可以改善信息分布的不对称性,保证相关信息披露充分、准确、及时。该原则除了是对"三公"原则的一种保障,也是对期货市场发挥套期保值、对冲风险的功能的一种约束。

(5)投资者教育原则。期货市场的即时交易属性使得期货市场存在其他市场不具有的特殊风险,期货公司、期货交易所应即时进行预警,因此投资者教育便成为一种必要之举。期货公司以及期货交易所应当对投资者进行风险揭示,

---

〔15〕 陈欣:《〈期货交易管理条例〉解读》,北京大学出版社2007年版,第43页。

进行交易规则等方面的教育，避免投资者盲目投资。

(6)责任自负原则。责任自负包含经营者责任自负和投资者责任自负。平仓制度是为了限制投资者在其保证金不足时仍然进行交易行为的一种规范。而由强制平仓带来的损失则体现为两个方面：一方面，期货公司与期货交易所有义务进行强制平仓，但是当期货公司、期货交易所在客户、会员的保证金不足的情形下，若未进行强制平仓，由此给期货公司、期货交易所造成的损失应自行承担。换言之，经营者未履行应有的义务所导致的损失应当遵循责任自负原则。另一方面，因强制平仓给投资者造成的损失，投资者应当自行承担。但是投资者自行承担风险应是以“已知”为前提，即投资者在进行期货投资前，已经知悉平仓制度和规则的操作规范。

(7)审慎经营原则。审慎经营原则强调期货公司应在判别各类业务经营规则的前提下谨慎履行。期货公司不仅要制定业务风险隔离、内部控制、合规检查等制度，还须进行有效实施，审慎适用不可逆措施(如强制平仓)以此尽最大可能维护投资人的利益。

2.增设主体资格限制。设置主体资格门槛，有利于培养理性投资者，加快理性市场的形成。

关于期货公司的市场准入以及业务范围，在《条例》中已经有严格规定，这也将成为期货法的不可或缺的一部分。但是投资者作为期货交易的主体之一，其资格同样应该给出标准。结合期货市场的特殊性，其资格也应当有别于其他市场的投资者。虽然具体的制度的适用(如平仓制度)能够侧面反映出投资者应当具有一定的经济实力、风险承受能力等，但是未从正面予以统一的规定，易导致期货交易所、期货公司在承接业务之时出现差异。特别是期货公司的客户群体存在自然人投资者，倘若不对各类投资者的资格进行限制，不利于理性投资者的培养。对此，期货法对于投资者主体资格的规定，可以设立专章对各类投资者建立统一的资格标准，并赋予期货交易所和期货公司一定的自由选择权。

3.设置风险预警制度。建立、健全风险管理制度，是对存在于期货交易中的不可预测性风险的一种必要控制手段。

从交易所角度设计风险预警制度，当交易所在交易运行过程中，从技术、信息等方面发现较大风险(如发现参与交易客户数额达到80%，并且该比例的交易客户所面临的亏损达到保证金的80%时)即时进行风险预警通告，特别提示交易风险，并对面临该情形的投资者进行预警提示。此举可以较好地揭示风险，防范风险的发生。

4.拓宽救济途径。进一步强调《条例》中的相关规定，对既有制度的空白予以填补。

(1)设定期货投资者投资保障基金启动情形。《期货投资者保障基金管理办法》的制定旨在保护期货投资者的合法权益,但是该办法仍存在待明确化的安排。期货法在投资者保护方面,可以在期货投资者投资保障基金启动方面作出规定。首先在基金启动情形上,可以规定期货公司出现破产和无法偿付两种情形。其次在基金启动人方面,考虑到期货公司既可以是投资人也可以是交易人,其同样会出现自担风险的情形,所以笔者认为有必要将期货公司纳入投资基金的启动人范围。但是,大型机构投资者以及期货公司陷入财务困境负有责任的人不在范围内。并且,针对期货公司自己作为投资者的情况,应该考量该期货公司在近30天内的资本维持状况、资本运营情况、交易记录等,综合考量该期货公司运营的可持续性,若该期货公司只是暂时出现了无法偿付的情况并且仍有极大可能恢复运营,则可以申请启动投资基金,用于自身资金周转。因此,启动基金更多的情况是由期货投资人面临投资风险救济前的救济申请。

(2)常规的侵权救济。所谓常规的侵权情形,是指期货交易所、期货公司因违规操作或者违反《条例》,未尽到勤勉职责而侵害了投资人利益的情形。常见的情形是投资人(客户)的保证金不足,但期货交易所及期货公司没有正确履行对投资人(客户)追加保证金的通知义务便对其进行了强行平仓。针对这种情况,若为期货交易所所致,即期货交易所应当承担主要赔偿责任,赔偿额不超过损失的60%;若为期货公司所致,即期货公司应当承担主要赔偿责任,赔偿额不超过损失的80%。[16]

(3)增加多元化纠纷解决机制。笔者认为,在借鉴我国《证券法》相关规定[17]的同时,还可以引入仲裁机制。事实上,调解和仲裁作为多元化的纠纷解决机制的组成部分,二者都能达到解决纠纷的目的,不仅效率高、成本低,同时能充分保障当事人的意思自治,促进交易的进行。并且针对期货市场上的特殊问题,由行业自律组织通过非法律手段和非行政手段来解决,更能有效地实现自律

---

〔16〕 最高人民法院《关于审理期货纠纷案件若干问题的规定》第32条。

〔17〕 《中华人民共和国证券法》第176条规定,证券行业协会履行下列职责:(1)教育和组织会员遵守证券法律、行政法规;(2)依法维护会员的合法权益,向证券监督管理机构反映会员的建议和要求;(3)收集整理证券信息,为会员提供服务;(4)制定会员应遵守的规则,组织会员单位的从业人员的业务培训,开展会员间的业务交流;(5)对会员之间、会员与客户之间发生的证券业务纠纷进行调解;(6)组织会员就证券业的发展、运作及有关内容进行研究;(7)监督、检查会员行为,对违反法律、行政法规或者协会章程的,按照规定给予纪律处分;(8)证券业协会章程规定的其他职责。

监管。当然,寻求诉讼救济仍然是纠纷解决不可或缺的途径。除民事诉讼外,当涉及刑事犯罪时应允许依法提起刑事诉讼。

5. 强化法律责任。除了沿用《条例》中关于行政责任的规定,还须增加对民事责任的法律规定。

《条例》在"法律责任"部分主要规定的是行政责任,主要涉及期货经营机构(如期货交易所、期货公司等)和中介机构(如非期货公司结算会员、期货保证金存管银行等)、内幕信息知情者、中介服务机构等几类主体。对前述主体予以处罚的情形主要有:

(1)违规操作,包括违反规定接纳会员、收取手续费,不按照规定公布即时行情、履行报告义务,未进行强制平仓、进行混码交易等(《条例》第 64 条、第 65 条、第 66 条等)。

(2)逾越业务范围,包括擅自办理条例所规定的业务以及办理与期货业务无关的业务、从事或者变相从事期货自营业务等(《条例》第 66 条)。

(3)欺诈客户、虚假陈述、内幕交易,包括向客户做获利保证或者不按照规定向客户出示风险说明书、向客户提供虚假成交回报、提供虚假申请文件骗取期货业务许可、内幕信息知情人在对期货交易价格有重大影响的信息尚未公开前从事期货交易、以自己为交易对象进行自买自卖等(《条例》第 67 条、第 68 条、第 69 条、第 70 条)。

(4)中介服务机构未尽勤勉义务,包括出具虚假记载、误导性陈述或者重大遗漏的文件等(《条例》第 76 条)。

笔者认为,行政责任尚存在可以扩大化的空间。当期货交易所、期货公司等经营机构自身在进行合规操作或者是采取补救措施之时,也将存在措施实施不当情形,而这些情形并不能一概地排除在行政责任之外。此外,关于法律责任的承担,《条例》第 79 条规定:"违反本条例规定,构成犯罪的,依法追究刑事责任。"换言之,《条例》并没有排除刑事责任的适用,但是《条例》尚未对民事责任作出规定。笔者认为,在期货法中加入对民事责任的规定有其合理性:

(1)《条例》的"监督管理"部分对于"期货公司违法经营或者出现重大风险,严重危害期货市场秩序、损害客户利益"的情形,通过采取一定的行政措施进行行政监管。但是在"法律责任"中缺少对应的民事责任,客户则无法对自己的利益进行维权。期货交易所作为非营利性组织,在民事活动中适用过错原则。期货公司作为营利性组织,更应该对因自己的过错所造成的损失承担赔偿责任。

(2)期货经营机构、单位直接负责的主管人员以及其他直接责任人员从事了违反《条例》及其他行政法规的行为,除了应承担行政责任,该行为同时会造成对应的民事侵权,故行为人还应当承担相应的民事责任。

(3)期货公司在提供技术服务(如交易软件、结算软件)时可能会出现技术缺陷,因技术缺陷而导致投资者丧失投资机会,由此造成对投资者的损失需要进行弥补。期货市场的T+0制度,相比证券市场的T+1制度给投资者更多的投机机会,增强投资者的投机性,加之期货市场的风险特殊性,使投资机会对于期货市场的投资者尤为重要。

(4)《条例》第76条对中介服务机构未勤勉尽责作出了行政处罚,但是该勤勉义务是否仅限于所出具文件的真实性有待考量,特别是当文件内容出现重大遗漏时,给投资者造成的损失该如何进行赔偿需要进行规定。

民事责任、刑事责任以及行政责任是并行不悖的法律责任类型,在期货法的制定中,对于"法律责任"的内容,加入公平合理的民事责任,发挥其补偿功能,能够有效降低纠纷解决的成本。

期货及衍生品法律评论
第一卷,第49~64页

金融基准操纵:垄断、欺诈与法典化

——兼论《刑法》第182条操纵证券期货市场罪的完善

宋 澜*

摘要:2012年8月英国议会针对伦敦银行间拆借利率(Libor)操纵丑闻发布第一份报告,满座皆惊,世人开始关注Libor的改革及金融基准的真实性问题。2013年11月,英国金融市场行为监管局再次公布联合瑞士、美国等监管部门针对外汇市场展开调查,全球外汇基准(Foreign Exchange Benchmark)操纵案随之浮出水面。金融基准操纵突破了传统理论界对"市场操纵""价格操纵"的认识,也对现有以"欺诈"为要件的监管法律框架提出了挑战。最典型的代表就是在不到1年的时间里,美国联邦最高法院在Libor及FX案中,对金融消费者由此遭遇的垄断损失作出了截然相反的判决。因此,本文将首先介绍相关反垄断案件及处罚,其次分析金融基准就是"价格"、具有"合同硬相关"等属性,最后在评析目前美欧改革进程的基础上,提出适宜的行业规制规则;并在穷尽我国现有立法资源后,建议于我国刑法中新增"操纵市场基准罪"。

关键词:Libor WM/R汇率 垄断损害 市场操纵 价格报告规则

这是一个市场操纵的多事之秋。操控价格基准可以省去实物的运输和仓储成本,其从某种程度上说比操控实物价

* 华东政法大学经济法学博士研究生,上海市徐汇区党校讲师。

格或基础市场更便捷。因而在利率市场、[1]外汇交易市场、[2]黄金市场、[3]牛奶市场、[4]石油市场、[5]生物燃料市场、[6]天然气市场、[7]铝市场[8]及股票市场[9]都发生了市场操纵的案件。可以说,"基准操纵"已经成为"市场操纵"最时兴也最主要的方式。随之而来的是监管部门纷纷开出的天价罚单以及各类民事赔偿诉讼。由于操控价格基准跳出了实物操纵买低卖高的市场模式,更涉及对基准性质的专业认识,因而包括美国联邦最高法院在内的司法机构都承认自己犯了错误。

一、金融基准操纵与垄断损害

根据英国众议院 2012 年 8 月 18 日公布的报告,[10]英国金融服务监管局(Financial Services Authority,FSA)在 2012 年 6 月 27 日公布了其对巴克莱银行集团 5950 万英镑的罚款。此案的起因为 2008 年美国次贷危机之后,FSA 与美

---

〔1〕 In re LIBOR-Based Financial Instruments Antitrust Litigation. ,935 F. Supp. 2d 666 (S. D. N. Y. 2013);上诉案号 No. 13 – 3565 – L,2013 WL 9557843(2d Cir. Oct. 30,2013)。

〔2〕 In re Foreign Exchange Benchmark Rates Antitrust Litigation. ,2015 WL 363894(S. D. N. Y. January 28,2015).

〔3〕 2015 年 3 月,由于操控黄金市场价格及长时间的内控失败导致客户损失,英国金融行为监管局(Financial Conduct Authority,FCA)对巴克莱罚处 2600 万英镑的罚款。实际上,巴克莱涉案交易员丹尼尔·詹姆士·普伦基特(Daniel James Plunkett)是在 2012 年 6 月监管当局因 Libor 丑闻对巴克莱实施惩罚后的第二天操控金价的。可谓"屋漏偏逢连夜雨"。See Financial Conduct Authority,"Barclays Fined £ 26m for Failings Surrounding the London Gold Fixing and Former Barclays Trader Banned and Fined for Inappropriate Conduct", Press Release (March 24, 2015), Accessed December 25, 2016. https://www. fca. org. uk/news/barclays-fined – 26m-for-failings-surrounding-the-london-gold-fixing.

〔4〕 In re Dairy Farmers of America, Inc. Cheese Antitrust Litig. 767 F. Supp. 2d 880(N. D. Ill. 2011).

〔5〕 In re North Sea Brent Crude Oil Futures Litig. ,1:13 – md – 02475(S. D. N. Y.). 该案起因于能源交易员操控北海布伦特原油基准。

〔6〕 Alex Barker,"EU Raids Ethanol Groups in Energy Price Fixing Probe"(October 9,2014), *Financial Times.* Accessed December 25, 2016. http://www. ft. com/intl/cms/s/0/5d6fb580 – 4fc2 – 11e4 – a0a4 – 00144feab7de. html#axzz3Z6EMwNqL.

〔7〕 Direct Energy Servs. ,LCC,148 FERC 61114(August 11,2014).

〔8〕 In re Aluminum Warehousing Antitrust Litig. ,No. 13 – md – 2481(KBF),2014 WL 4277510(S. D. N. Y. August 29,2014).

〔9〕 如 Michael Lewis 在其报告文学 *Flash Boys*(London:Allen Lane,2014)一书中,描述了高频交易中存在"暗池"等现象,从而促使 FBI 对抢先交易等操纵行为的调查。

〔10〕 Fixing LIBOR:Some Preliminary Findings, Second Report of Session 2012 – 13. Accessed July 21, 2015. http://www. publications. parliament. uk/pa/cm201213/cmselect/cmtreasy/481/481. pdf.

国商品期货交易协会（US Commodity Futures Trading Commission，CFTC）、美国司法部（US Department of Justice，DOJ）通力合作，调查2005～2009年，也即次贷危机前后，Libor和Euribor（欧洲银行间欧元的同业拆放利率，Euro Interbank Offered Rate）有无正常运作。经对危机爆发进行复盘，以巴克莱银行为代表的各家银行操纵报价的丑闻得以揭露。在监管部门调查"Libor案"时，截获了大量的数据终端，通过分析各交易员间的即时信息，监管部门发现他们不仅操控了Libor价格，在外汇市场也组成了卡特尔联盟。随后，欧盟委员会、CFTC、DOJ等执法机构对摩根大通、花旗银行、苏格兰皇家银行等多家交易商以反垄断法为依据进行了处罚。[11]

（一）美国Libor反垄断案因缺乏"垄断损害"遭到驳回

"盖尔姆诉美洲银行案"（Gelboim v. Bank of America Corp.）[12]是一个2015年由美国联邦最高法院终审的反垄断集团案件。埃伦·盖尔姆（Ellen Gelboim）和琳达·扎切尔（Linda Zacher）作为原告，代表所有潜在的、从被告银行处直接购买与Libor挂钩的利率互换产品（swaps）的证券持有人。原告指责美国银行集团等作为美元Libor的报价银行，合谋压低境外美元拆借价格，使它们从英国银行间协会获得了低于实际的拆借利率，从而赚取了垄断利益。美元Libor的低估压低了捆绑Libor的吸储利率和债券利率，造成购买捆绑Libor计价的存款人、债券购买者在利率等投资收益上的损失；操纵行为本身也说明在金融危机中被告银行未审慎地向投资者揭示风险，构成了侵权。原告因而以美元Libor报价银行违反美国《谢尔曼法》第1条（§ 1 of the Sherman Act，15 U. S. C. § 1）为由提起垄断赔偿之诉。

其实，基于Libor丑闻提起的反垄断诉讼数量很多。美国司法委员会（United States Judicial Panel on Multidistrict Litigation，JPML）作为美国联邦法院的下设机构，于2011年8月12日裁定（第2262号决议）将有关Libor的案件进行跨州诉讼（Multidistrict Litigation，MDL）、[13]在联邦南纽约州地区法院合并进

---

〔11〕 相关行政调解协议 In re Citibank，N. A.，CFTC No. 15－03（Nov.，11，2014）；United States v. Royal Bank of Scotland Plc，No. 3：15－cr－00080（SRU）（D. Conn. May 20，2015），ECF No. 9。

〔12〕 Gelboim v. Bank of America Corp，135 S. Ct. 897（2015）.

〔13〕 这里需要说明的是，MDL与集团诉讼（Class Action）诉的合并方式是不同的。引发集团诉讼的事由不仅是一致的，而且造成的损害程度也基本是相同的，所以集团诉讼是将众多受害人合并为一方，本质上是一个诉讼、选出诉讼代表人，法院作出的一个判决、对所有人适用。而MDL是根据《美国法典》第28卷第1407条（28 U. S. C. § 1407），为了使法院更为便利地确定诉讼共同涉及的事实背景（已经过的诉前程序和认定也有可能被修改），从而提高效率、确保审批尺度的一致。JPML第2262号决议最终选择联邦南纽约州地区法院为受理法院（transferee court），因为这里汇集了很多被告银行的在美总部，也方便那些位于英国和欧洲的被告银行参与诉讼，便于查明被告银行间的合谋及明确Libor相关交易的获利等。

行诉前审查。最终,有60多个案件在南纽约州合并审理,即"Libor案"。[14] 其中涉及反垄断侵权的案件有三类:第一类是购买了以Libor为基准的场外金融产品(OTC);第二类是在场内交易所购买了以Libor为基准的产品;第三类则是Gelboim案。因为垄断赔偿是Gelboim的唯一的诉讼请求,[15] 所以Gelboim单独进行了上诉。本文将基于Libor操纵而提起的反垄断诉讼统称为"LIBOR案"。

2015年1月,"LIBOR案"审结。法院认为原告缺乏"垄断损害"(antitrust injury)而驳回了原告的垄断赔偿请求。法院的逻辑推演如下:因为"LIBOR的设计原理及计算过程"是一个"群策群力"(cooperative endeavor)的结果,所以这个过程并不具有反竞争性。因为这个过程不具有反竞争性,所以即便美元Libor的报价行存在美国《谢尔顿法》第1条所禁止的"共谋或联合",但是投资者并没有因为报价银行的合谋而丧失在衍生品市场及银行间市场进行选择的权利,"原告的损失并不是由被告限制竞争的行为引起的"。[16] 有意思的是,随后的行政处罚及司法判例对这一判决都给予了干脆的否定。

(二)欧盟委员会认定报价行有违欧盟反垄断规则

2013年Libor改革之前,Libor标价涉及国际货币基金组织(IMF)特别提款权的10种国际货币,但只有美元、英镑、欧元、日元及瑞士法郎交易活跃。改革之后,Libor每日仅就这五种货币进行计算。据统计,2013年6月以伦敦银行间市场瑞士法郎利率(CHF Libor)为基准的瑞士法郎利率衍生品的市场余额为1130亿美元。[17] 2014年10月,欧盟委员会根据欧盟竞争规则(《欧盟运作条约》第101条和第102条)[18] 对Libor瑞士法郎报价行展开反垄断调查。[19] 通过严密的讨论,欧盟委员会认为报价行存在一致行动及横向价格协议,构成卡特尔复杂侵权。

---

〔14〕 In re LIBOR-Based Financial Instruments Antitrust Litigation., 935 F. Supp. 2d 666 (S. D. N. Y. 2013);上诉案号 No. 13 – 3565 – L, 2013 WL 9557843 (2d Cir. Oct. 30, 2013)。

〔15〕 美国《商品交易法》(Commodity Exchange Act, CEA)允许私人诉讼,但是Gelboim他们无法像那些从交易所购买期货合约的投资者那样依据以证券欺诈提起诉讼。

〔16〕 In re LIBOR-Based Financial Instruments Antitrust Litigation., 935 F. Supp. 2d 666 (S. D. N. Y. 2013);上诉案号 No. 13 – 3565 – L, 2013 WL 9557843 (2d Cir. Oct. 30, 2013)。

〔17〕 参见国际结算银行(Bank for International Settlements)官网数据报告, Accessed Decemeber 15, 2016. http://www.bis.org/statistics/dt21a21b.pdf。

〔18〕 从历史上看,德国先有反不正当竞争法,而反垄断行为是从无限多种不正当竞争行为中分离出来的、影响最大的不正当竞争行为。欧盟没有欧盟竞争法及反垄断法法典,所有的条款都在《欧盟条约》(宣誓性)及《欧盟运作条约》中的第101条、第102条、第106条。

〔19〕 Swiss Franc Interest Rate Derivatives Cartel (CHF Libor) (Case AT. 39924) Before the European Commission 21 October 2014 [2015] 4 C. M. L. R. 19.

同时，欧盟委员会还运用了类似刑法上“共同犯罪”的理论来论证卡特尔参与者之间的关系：即便独自行为，也无法免除他们因为共同限制竞争的目标或实际限制竞争的影响而共同承担的责任，对于某些参与者为之而特定参与者未为之的部分也不例外。[20] 另外，根据《欧洲宪章》第101条第3款及《欧洲经济协议》第53条第3款的规定，即便存在协议或一致行动，如果在允许消费者平等地共享最终利益的情况下，(1)能够促进货物的生产或分发，或者(2)能够推动技术进步或经济发展。那么，相关主体为了达成上述目的而采取的禁止竞争的行为，其责任可以免除。可惜报价行并不符合欧盟竞争法框架下的豁免情形。

最终，欧盟委员会根据欧盟2003年《设定罚款指引》及《宽恕条款及和解条款》并综合考虑各种因素尤其是侵权的严重性及侵权时间，判处苏格兰银行集团及苏格兰银行、摩根大通公司及摩根大通银行不超过收入总额10%，合计6100万欧元的罚款。

（三）金融消费者遭受的垄断损失在FX案中得到支持

联邦法院在FX案中大易其道，毫不留情地指出“Libor案”的判决是错误的。法院认为：交易商“是横向竞争者”，并有充足的理由证实他们通过电话、邮件、即时信息等方式的沟通“达成了固定价格协议”。由于交易商限制竞争的行为，使得原告“不得不以高于均衡竞争价格的垄断价格”汇兑货币及购买挂钩FX相关产品。[21]

1. 报价行/交易商横向竞争的本质

Libor和WM/R汇率代表了基准产生的两种机制：通过报价产生与通过真实交易产生。同一家银行在Libor市场中被称为“报价行”(Contributor Panel Bank)、在汇市中被称为“交易商”(Trader)。在全球外汇交易中，一种货币的价格以另一种货币的比率呈现，欧元/美元(“EUR/USD”)是交易最为活跃的币种。[22] 而外汇现货及远期交易、外汇掉期、期权、期货及其他金融衍生品的定价都需要引用的“市场定价”，即外汇基准。国际市场最广泛使用的是全球现货市场路透汇率，由全球市场公司(World Markets Company)和汤森路透(Thomson

〔20〕 Commission of the European Communities v. Anic Partecipazioni SpA(49/92 P)[1999]E. C. R. I-4125;[2001]4 C. M. L. R. 17.

〔21〕 In re Foreign Exchange Benchmark Rates Antitrust Litigation.,2015 WL 363894(S. D. N. Y. January 28,2015).

〔22〕 参见美国司法部与苏格兰皇家银行的行政调解协议“背景陈述部分”：Plea Agreement at 4-7, United States v. Royal Bank of Scotland Plc, No. 3:15-cr-00080(SRU)(D. Conn. May 20, 2015),ECF No. 9。

Reuters)公司联合发布,即"WM/R 汇率"。其根据全球的市场参与者在不同时区全天候的交易而设定,但被引用最多的是发生在伦敦时间每天下午 4 点收盘前 30 秒与收盘后 30 秒所有交易的中值(4pm. WM/R 汇率)。[23]

Libor 和 WM/R 汇率有一个重要的共同点,即报价行之间或交易商之间都是横向竞争者(horizontal competitors)。报价行间及交易商间提供相似的金融产品或服务(如提供以 Libor 计价的银团贷款或销售相关债券,以 WM/R 进行结算的衍生品等),它们为争夺潜在的客户而存在相互间的竞争。更重要的是,报价行/交易商获利的基础都是买入价与卖出价之差,即报价行愿意从银行间拆借市场上借入资金与贷款给客户的借贷差,及交易商愿意买入货币的价格(bid)与卖出价格(ask)的买卖差。理论上,报价行/交易商当然希望差额越大越好,所以无论是对客户的争夺还是廉价资金的争取,它们都是横向竞争者。这点对于下文的分析非常重要。

2."FX 反垄断案"

紧随"Libor 案"的外汇交易基准反垄断诉讼("FX 案"),[24]是一个由 3 个案件合并审理的集团诉讼:分别由一批来自美国本土、韩国及挪威的原告[25]以几乎相同的诉由状告 12 家包括美国银行、德意志银行在内的外汇市场大型交易商。[26] 这些被告 2013 年的全球外汇市场份额达到 84.25%,并向原告销售了数额巨大的、以 WM/R 汇率结算的货币。[27] 因为原告的订单巨大,所有被告通过合谋、抬高了 WM/R 汇率,以虚高的价格出售了货币。[28] 韩国及挪威原告除主张被告违反美国《谢尔曼法》第 1 条和美国《克莱顿法》第 3 条外,还指控被告违反了《纽约唐纳利法案》(New York's Donnelly Act)及《纽约消费者保护法》(New York's Consumer Protection Act)。

---

〔23〕 参见美国司法部与苏格兰皇家银行的行政调解协议"背景陈述部分":Plea Agreement at 7, United States v. Royal Bank of Scotland Plc, No. 3:15 - cr - 0080 (SRU) (D. Conn. May 20, 2015), ECF No. 9。

〔24〕 In re Foreign Exchange Benchmark Rates Antitrust Litigation, 2015 WL 363894 (S. D. N. Y. January 28, 2015).

〔25〕 同时,美国原告还声称代表所有在被告操控基准时间内与被告进行外汇交易的任何人,无论该人是否为美国居民,只要交易行为发生在美国;韩国原告则代表所以与被告交易,并以 WM/R 汇率为基础进行结算的韩国居民;挪威被告代表所有相应的挪威居民。

〔26〕 In re FX, 2015 WL 363894 at pp. 1 - 2. (S. D. N. Y. January 28, 2015).

〔27〕 Ibid., p. 5.

〔28〕 Liam Vaughan et al., "TradersSaid to Rig Currency Rates to Profit Off Clients", BLOOMBERG (June 11, 2013), Accessed Decemeber 15, 2016. http://www.bloomberg.com/news/2013-06-11/traders-said-to-rig-currency-rates-to-profit-off-clients.html.

法院认定，WM/R 汇率通常的操控手段有三种：(1)提前交易。交易员在执行客户可能影响市场趋势的大订单前，先用自有资金进行反向交易。这样就可以借大订单的东风，但有损客户利益。(2)收盘轰炸。指数的确定只与交易笔数有关，并不计算每笔交易数额大小的权重。交易员通过分割客户指令到很小的数额，集中在窗口期进行交易从而影响汇率。(3)粉饰屏幕。交易商进行合谋，在汇率确定的窗口期前进行虚假而并不交割的货币买卖，从而引导价格走势。

对金融基准利率的垄断属性最有价值的地方在于，法院比较了"FX 案"与"Libor 案"的不同。法院认为，在利率拆借市场中，报价行虽然具有竞争关系，但是它们上报的数据只是为了便利 Libor 的计算而预测的拆借成本。相反，WM/R 汇率基准是真实的交易数据，交易商本应为了扩大各自买入价—卖出价的差额而存在永久的竞争关系。[29] 虽然存在基准计算制度上的差异，但是"FX 案"仍然分析了"Libor 案"的不妥之处。

(1)"Libor 案"中法院过于武断地依赖了其对 Libor 的传统认识。[30] 在整个 Libor 的制度设计中，Libor 的计算确实依赖所有报价行的参与。所以，法院认为这是"群策群力"的结果确实有一定道理。但报价行的"竞争性"大于"合作性"。无论是伦敦银行间拆借市场还是货币汇兑市场，这些报价行或交易商都有相同的业务范围，逐利的本性应当促使其各自努力扩大买入—卖出之差。当只有事前被授权的银行才能有资格提供利率的报价时，这些报价行便具备了绝对的市场支配地位。而交易员通过邮件、即时通信的这些"沟通"已经实质上左右了真实的价格，构成横向价格协议，产生了不折不扣的垄断损失(quintessential antitrust injury)。[31] 在具有竞争性的市场，操纵汇率会扰乱市场自然竞争的属性，从而给处于竞争均衡状态下的市场产生"无谓损失"(dead weight loss)。[32]

(2)"Libor 案"不恰当地参照了美国联邦最高院的两个以往的判例。"布伦瑞克(Brunswick)案"(429 U. S. 477)和"ARCO 案"(495 U. S. 328)这两个案件中的原告并不是主张价格固定行为本身即违法的金融消费者，而是横向竞争者

[29] In re FX, 2015 WL 363894 at p. 22 (S. D. N. Y. January 28, 2015).

[30] Ibid., p. 11.

[31] Ibid., p. 12.

[32] 又叫净损失，指在不完全竞争下当产量受到限制时，生产者得到的和消费者失去的(货币价值)之间的差额。也是当征税时，政府得到的和消费者失去的之间的差额。

之间的纠纷。[33] 所以,虽然"Libor 案"援引的案例都认定原告因缺乏垄断损失而败诉,但实际上案情是完全不同的。

二、"金融基准"与"操纵"的属性分析

诸如 Libor 及 WM/R 这样的金融基准具有很强的专业性,操纵基准又不同于一般的市场操纵,这恐怕是导致美国联邦最高法院错误判决"Libor 案"的直接原因。

(一)金融基准是具有法律意义的"价格"

金融基准具有价格发现和信息提供的功能。世界充满了不透明和不确定,如果想获悉某项资产的价格,那么个人进行数据收集、分析处理的成本非常高。而诸如汤森路透这样的基准提供商可以组织市场调研,分析市场趋势,认定近期交易,把所有林林总总的情况综合成单一的数字。所以,基准是对无数市场价格或样本或平均或加权的数理总结。

金融基准就是严格的、法律意义上的"价格",这首先得到了反垄断法的认可。在"Libor 案"中,报价行认为,原告购买的这些金融产品虽然参照 Libor,但也只是"参照",具体的利率标准或者回报率仍然是契约自由设定的,可以高于也可以低于同期 Libor 利率。"FX 案"的被告几乎提出了相同的抗辩,他们主张 WM/R 汇率只是"描述产品属性"的一种指数(indices)。法院不否认对金融基准做这样基础性质的分析,但仍然使用竞争法上的"本身违法原则"(illegal per se rule)追究了被告银行的责任。

美国 1890 年《谢尔曼法》第 1 条规定:"任何以托拉斯或其他方式限制州际贸易或对外贸易的合同、联合或共谋皆为非法。"美国 1890 年《谢尔曼法》规定由于过于原则化,造成了判定具体行为时的不确定性。美国反垄断法关于横向限制行为的司法实践的历史就是一个在严格责任规则和不断发展的例外原则之间此消彼长的过程。[34] 判例法认为,竞争者"横向固定价格"(horizontal price-

---

〔33〕 金融消费者即除专业投资者以外的,接受金融机构提供的金融商品或服务的自然人、法人和其他组织。参见吴弘、徐振:《金融消费者的法理探析》,载《人大复印资料·经济法学劳动法学》2010 年第 2 期。邢会强:《金融消费者的法律定义》,载《人大复印资料·经济法学劳动法学》2014 年第 11 期。

〔34〕 [美]E. 吉尔霍恩、W. E. 克瓦西克:《反垄断法律与经济》,王晓晔注,中国人民大学出版社 2001 年版,第 170 页。

fixing)的行为本身就是违法的。[35] 根据"本身违法规则",即便参与共谋的报价行/交易商人为控制的"仅仅"是金融产品计算公式中的要素,也足以构成违法。[36] 无论合谋各方控制的是真实的价格,还是价格的组成部分,或者用于决定价格的要素都不重要;是抬高、降低或者稳定价格也都不重要。这个观点被美国司法部采纳,德意志银行在其与美国司法部的行政协议中也主动承认了这一点。[37]

(二)金融基准具有"合同硬关联"的属性

金融基准不仅仅是一种价格,还具有"合同硬关联"的属性:其直接被引用至法律关系中,尤其是金融衍生品契约及长期合同中。衍生品合约,诸如看涨期权、期货合约等,是一种基于其他资产的价值而确定价值的金融资产。所以,衍生品何时交割、如何交割往往需要引用金融基准。而长期合同则必然涉及合同签署后情事变更的磋商及其成本,为了降低这样的交易费用,美国的各大工会往往会要求在长期雇佣合同中列入 CPI 指数,从而使薪资的增长能够与物价水平相匹配。总之,当具有法律效力的文件援引某一指数,这个指数就不再是合同的一种参照,而是如同"硬法"一样,是必须保证真实性的合同的"组成";操纵指数也构成违约。

除了直接被契约援引,有时指数还会被用于其他指数的计算或者其他资产的计价。以 WM/R 指数为例,除却被直接用于外汇交易,世界上主要的证券指数都用 WM/R 计算以外币计价的证券价值,比如道琼斯工业平均指数、富时100。可以肯定地说,一个指数"合同硬相关"的范围越广、重要性越高,其被操纵的可能性就越大。

(三)金融基准操纵不以欺诈为要件

金融基准一个非常重要的特质在于,即便施害方没有欺诈的故意甚至受害一方知道存在虚假的情况,基准操纵也成立。这对于世界各国以美国为母版、皆以欺诈作为市场操纵的立法导向而言,金融基准操纵应当成为给予救济的一种

---

〔35〕 Eg. Leegin Creative Leather Prods., Inc. v. PSKS, Inc., 551 U.S. 877, 886(2007)及 Copperweld Corp v. Independence Tube Corp, 467 U.S. 752, 769(1984)。对于横向价格固定协议是否具有反竞争性、为补充本身违反规则弹性不足的缺点,判例法还发展出一套"合理原则"(rule of reason)标准,即固然有些行为是不合理的,但是不能排除合理的、促进竞争的横向限制协议。See United States v. Joint Traffic Assn、Standard Oil of N. J. v. United States, etc..

〔36〕 Major League Baseball Properties, Inc. v. Salvino, Inc. 542 F. 3d 290, 336 n. 3(2d Cir. 2008).

〔37〕 Deferred Prosecution Agreement, United States v. Deutsche Bank AG, 3:15 - cr - 00061(D. Conn. April 23, 2015).

特殊的法律形式。

基准的生成有其特性,以 WM/R 汇率为例,林林总总的市场数据不可能都成为计算的样本。比如,国际旅客在机场汇兑货币的价格就不会进入路透系统进而影响 WM/R。在数据遴选的过程中,交易商有很多操纵的空间(这点将在下文数据客观性中详细分析),但往往不涉及故意编造虚假情况或者隐瞒真实情况使人产生错误的认识。比如,2006 年的"CFTC 诉迪莱(Delay)案"中,[38]芝加哥商品交易所的牛类衍生品价格是根据"芝加哥种牛指数"(CME Feeder Cattle Index)确定的,该指数是根据美国农业部每周公布的牛类报告编纂的,而美国农业部的报告又是依据农户和交易商自愿提供的数据汇编而成。在 Delay 案中,被告及其同伙以畸高的价格达成 5 笔牛类交易,抬高了被告手中持有的牛类衍生品的价格进而获利。虽然法院承认被告向美国农业部汇报的价格"很可疑"且"意图造成芝加哥种牛指数的波动",但仍然驳回了 CFTC 的请求,理由是这些现货交易已经真实交割、不存在欺诈的情况。

同时,实践中执法部门和广大投资者最为倚重的执法工具,又往往是以欺诈为要件的。美国 1934 年《证券交易法》中的规则 10(b) - 5 自其于 1942 年第二次世界大战期间成为法律,便已成为 SEC 的利器,并以兜底条款的形式、制止证券市场中的虚假陈述行为(不完全是内幕交易)。[39] 又如美国《商品交易法》第 9 条第 1 款 A 项规定,"任何关于市场信息或情况的虚假的、误导性的或者不准确的报告(Price Reports),从而影响或者可能影响州际任何商品价格"都应当禁止;随后该法第 13 条阐述了"价格报告"的刑事责任。2012 年 CFTC 对巴克莱(Barclay)公司操纵 Libor 作出行政处罚时,依据的就是价格报告条款。

法律保障人们追逐财富的权利。成文法要求操纵市场以欺诈为要件是合理的,但其局限也很明显。判例法已经表明,只要是以真实交易为基础、有真实的经济动机,不涉及虚假或明知误导性的情形,即便故意影响价格基准,也是合法的。

---

〔38〕 Commodity Futures Trading Commission. v. Delay, No. 7:05CV5026, 2006 WL 3359076, at 1 - 3(D. Neb. 2006).

〔39〕 Libor 丑闻也导致了证券欺诈类诉讼的爆发。一般而言,市场基准利率对其他如贷款市场、债券市场、期货市场的影响是最为直接的。但因为报价行基本都是上市公司、是证券市场的重要参与者,所以操纵 Libor 也引发了跨市场的系统性风险。2012 年 6 月 27 日,巴克莱与 CFTC 的和解协议公布的次日,巴克莱在美国的受托股价(Barclays's American Depository Shares)下降了 12%,这给包括路易斯安那州养老金信托在内的投资者造成了巨额经济损失。投资者向巴克莱集团、巴克莱银行及其他巴克莱实体、巴克莱原管理层(包括原巴克莱集团主席 Robert Diamond)提起了以证券欺诈为诉由的民事赔偿之诉并基本得到法院的支持。

三、法典化的改革路径

市场操纵的本质是价格操纵——这是全球资本市场法律理论与实践中的代表性观点。在我国，随着历次刑法修正案及“两高”司法解释的颁布，破坏金融管理秩序的犯罪类型紧跟社会经济发展的步伐而不断丰满。《中华人民共和国刑法》第 182 条、[40]《中华人民共和国证券法》第 77 条[41]在明确规定连续交易、洗售、相对委托等模式为市场操纵行为的同时，对操纵证券、期货市场的情节设置了兜底条款。2006 年《中华人民共和国刑法修正案（六）》明确证券、期货市场中的操纵信号应当包括交易价格与交易量，进而将市场操纵犯罪的实质内涵解释为通过非法交易行为操纵证券、期货合约的交易价格或者交易量，即“价量操纵”。[42] 为防微杜渐，我们在关注国际市场动向的同时，行业规则乃至上层法律法规也应当前瞻性地做出调整。

（一）保护金融基准不同于保护价格

如上文所述，在金融基准被法律关系明确援引的情况下，基准已不再是提示价格的一种信息，而就是价格。即便如此，在法律救济途径上，笔者认为将“保护

---

〔40〕《中华人民共和国刑法》第 182 条规定：“有下列情形之一，操纵证券、期货市场，情节严重的，处五年以下有期徒刑或者拘役，并处或者单处罚金；情节特别严重的，处五年以上十年以下有期徒刑，并处罚金：（一）单独或者合谋，集中资金优势、持股或者持仓优势或者利用信息优势联合或者连续买卖，操纵证券、期货交易价格或者证券、期货交易量的；（二）与他人串通，以事先约定的时间、价格和方式相互进行证券、期货交易，影响证券、期货交易价格或者证券、期货交易量的；（三）在自己实际控制的账户之间进行证券交易，或者以自己为交易对象，自买自卖期货合约，影响证券、期货交易价格或者证券、期货交易量的；（四）以其他方法操纵证券、期货市场的。单位犯前款罪的，对单位判处罚金，并对其直接负责的主管人员和其他直接责任人员，依照前款的规定处罚。”

〔41〕《中华人民共和国证券法》第 77 条规定：“禁止任何人以下列手段操纵证券市场：（一）单独或者通过合谋，集中资金优势、持股优势或者利用信息优势联合或者连续买卖，操纵证券交易价格或者证券交易量；（二）与他人串通，以事先约定的时间、价格和方式相互进行证券交易，影响证券交易价格或者证券交易量；（三）在自己实际控制的账户之间进行证券交易，影响证券交易价格或者证券交易量；（四）以其他手段操纵证券市场。操纵证券市场行为给投资者造成损失的，行为人应当依法承担赔偿责任。”

〔42〕谢杰：《市场操纵犯罪的机理与规制：法律与金融分析》，华东政法大学刑法学 2014 年博士学位论文，第 32 页。交易量操纵可以独立地构成市场操纵犯罪，这是《中华人民共和国证券法》《中华人民共和国刑法》所独创。2010 年最高人民检察院、公安部《关于公安机关管辖的刑事案件立案追诉标准的规定（二）》也将金融市场刑事立案的标准倚重交易量的变化。

基准"等同于"保护价格"是绝对错误的。这是因为,"价格"没有一个绝对的定义,要证明价格被人为操纵很难。即便是特定的货币兑换也没有单一的价格,美元兑日元到底应该是多少?交易量、交易者资质、交易地点、交易税费等都会对最终的汇率产生影响。[43] 这些影响"价格"定义的因素通常不会引起足够的重视,但当讨论"基准操纵"时却必须给予讨论。

笔者认为,交易者控制价格会给社会造成损害并由此获利。但这种直觉已被以芝加哥"自由放任"(laissez-faire)学派为代表的西方理论界抨击,他们认为"操纵"不会发生,对操纵市场的行为进行监管是徒劳无益的,从而主张摒弃"操纵"的概念。作为美国证券监管与反市场操纵的经典论文,丹尼尔·费雪(Daniel Fischer)及大卫·罗斯(David Ross)1991年在《哈佛法律评论》上发表的论文《法律是否应当禁止金融市场"操纵"》,[44] 开启了"市场操纵去监管"的广泛讨论。[45] 2008年《美国经济评论》刊文指出,价格操纵可以校准市场价格并对流动性产生积极影响,并非所有的价格操纵都具有社会危害性。[46]

然而,基准操纵跳出了"去监管"流派所共有的理论前提,即操纵者的目标是为了影响整个市场的价格,手段则是交易足够大量的资产(比如连续交易、相互委托)。再次以WM/R汇率为例,外汇交易的市场基数非常巨大,国际结算银行的数据显示仅欧元/美元这一产品每天的交易量就可达5亿手,全球范围内的价

---

〔43〕 La. Mun. Police Employees'Ret. Sys. ,2013 WL 3357173,at 10.

〔44〕 Daniel Fischel & David Ross,"Should the Law Prohibit'Manipulation' in FinancialMarkets?",*HARV. L. REV.* 105,1991,p. 553. 费雪及罗斯区分了以真实交易为基础的操纵(trade-based manipulation)和以契约为基础的操纵(contract-based manipulation),认为具有实质交易基础的、意图控制金融商品市场交易价格的行为并不具有欺诈性;相反,操纵市场可能给操纵者带来极高的风险(如市场总量太大、联合行动也未必能达到目的)和巨额的成本,因而操纵具有"自我抑制性"。证券交易虽然不需要实体货物的运输、仓储和保险成本,但是资金的占用也不可避免地存在机会成本。为了操纵市场、占用资金而带来的机会成本同时是一种风险,因为这降低了组合投资的可能。

〔45〕 如2012年瑞典学者塔利斯·J.普特尼斯(Talis J. Putnins)对市场操纵的问题做了很好的文献梳理,并在分析最新实证模型的基础上指出现有的监管效果缺乏数据验证。Eg. Guolin Jiang et al. ,"Market Manipulation:A Comprehensive Study of Stock Pools",*J. FIN. ECON* 77,2005,p. 147;文章显示20世纪20年代的那些恶名昭著的"市场操纵者"从某种程度上说并没有操纵证券市场,从而支持了证券市场应当放松监管的主张。See Paul Mahoney,"The Stock Pools and the Securities Exchange Act",*J. FIN. ECON.* 51,1999,pp. 343 - 345;作者认为证券交易法中规范证券市场操纵的条款,构建于错误的假定之上。约瑟夫·谢里安(Joseph Cherian)及维克里姆·古列延(Vikram Kuriyan)总结认为在标准的经济假设的前提下,操纵不可能发生(Informationless Manipulation in a Market Maker-Type Economy,1 - 4,Bos. Univ. Sch. of Management,Working Paper No. 93 - 49 1993)。

〔46〕 Albert S. Kyle & S. Viswanathan,"How to Define Illegal Price Manipulation",*AM. ECON. REV.* 98,2008,p. 274.

值超过2万亿美元。通过控制市场交易额、买低卖高的“价量控制”操纵策略是绝不可能达成的。这可以说是市场操纵的新模式。

(二)欧盟金融基准操纵的立法局限

1.现状

如果说美国以现有欺诈为要件的立法模式打击基准操纵，那么欧盟则以令人称赞的立法速度对金融基准操纵给予了专门规制。2014年4月，就在美国在“FX案”中承认交易商横向价格垄断的同时，欧盟通过《市场滥用刑事处罚指令》，规定“任何传递虚假或误导性信息，或者提供虚假或误导性要素，或者任何影响基准计算的行为”，都属于“操纵市场”。[47] 虽然《市场滥用刑事处罚指令》还有待各成员国转化为国内法，但这毕竟是首例以成文法的形式确定“基准操纵”是一种独立的违法行为，从而撇开了“价格”“信息”“欺诈”等认定要素的羁绊，对金融基准操纵给予充足的规制保障。

在此之前，2013年9月欧盟委员会向欧盟议会及欧盟理事会，提交了《关于在金融工具及金融合同中使用指数作为基准的监管立法建议》。[48] 该立法建议中的一项重要内容就是对金融工具及金融合同何时应该引用基准、引用何种基准树立“适度”的标注(a“suitability”standard)并就现有金融基准的改革提出动议，其中一项重要的内容就是增强基准计算数据的客观性。但以笔者之见，这项动议恐怕不是问题的症结。

2.增加数据客观性无法有效预防操纵

Libor丑闻爆发后，市场曾建议以回购利率替代报价利率。[49] 毕竟，只有事前被授权的银行才能有资格提供利率的报价，比如美元Libor的报价行只有16家。所以，改革前，在整个Libor的制度设计及计算过程中，报价行对市场的独占地位是非常显著的。《关于在金融工具及金融合同中使用指数作为基准的监管

〔47〕 Directive 2014/57 of the European Parliament and of the Council of 16 Apr. 2014 on CriminalSanctions for Market Abuse, 2014 O. J. (L 173) 29 – 30. Accessed March 28, 2017. http://eur-lex.europa.eu/legalcontent/EN/TXT/? uri = uriserv:OJ.L.2014.173.01.0179.01.ENG.

〔48〕 Proposal for a Regulation of the European Parliament and the Council on Indices Used as Benchmarks in Financial Instruments and Financial Contract, Accessed April 2, 2017. http://ec.europa.eu/internal_market/securities/docs/benchmarks/130918_proposal_en.pdf.

〔49〕 See Daniel L. Doctoroff, A Market Alternative to Libor, WALL ST. J., Aug. 3, 2012, 彭博社CEO撰文指出，像Libor这样的基准完全依靠主观预测，无法反映市场真相；Hannah Kuchler, BoE Governor Urges Reform of Libor, FN. TIiES, Accessed June 29, 2012, http://www.ft.com/cms/s/0/7a76a74a-c 1d2 – 1 lel – b76a – 0044feabdc0.html, Archived at https://perma.cc/X85R – E2V9? type = pdf, 英国中央银行的官员认为Lıbor的计算应当以真实的数据输入为基础。

立法建议》要求加强基准设计和操作的客观性,认为基准的计算必须以交易为基础。[50]

然而,数据的客观性改革并不能有效解决问题。WM/R 指数已经是以真实交易为基础了,理论上人人都可参与,但以大型银行为代表的交易商仍然具有绝对的控制权。这是因为:(1)交易商可以控制参与计算的交易数据。外汇市场是典型的场外市场,交易没有单一的地理位置,以银行为主体的交易商通过电脑终端随时准备买入和卖出以外国货币计价的存款。[51] WM/R 指数便是在路透的电子平台上编纂而成的。问题是,交易商有很多理由不让交易数据反映在路透平台上,比如,避免竞争对手知晓大额交易情况;又如,获得更优势的成交价格。实际上,交易商可以选择交易的地点:银行内部的承销平台,或者直接通过电话而不留任何痕迹。[52] 结果是,在世界范围内,只有 1/6 的交易数据进入路透平台、参与 WM/R 指数的编纂。[53] (2)交易商可以控制进入市场的对手方。外汇交易是一个两级市场的结构,在一级市场中,任何个人和机构在理论上都可以匿名使用电子平台。但实践中,这是一个"裙带关系"的市场:平台使用者有权勾选他们信任的交易伙伴,只有被信任者的报价才能显示在屏幕上。由于银行是固有的交易商主体,所以一级市场实际掌握在各大银行手中,跨国公司、基金经理、普通个人等其他主体大多再从二级市场买入或卖出货币。欧洲央行和美联储都做过相关数据的统计,结果显示,2013 年包括德意志银行在内的 4 家顶级银行处理着欧洲 50.4% 的顾客委托,[54] 而 98% 的美国市场份额由 10 家公司享有。[55]

---

〔50〕《关于在金融工具及金融合同中使用指数作为基准的监管立法建议》,第 25~26 页。

〔51〕值得注意的是,当银行、公司或政府谈及在外汇市场上买卖货币时,它们并不是攥着一把英镑纸币,卖出后收取美元钞票。大部分交易是买卖不同货币计价的银行存款。参见[美]弗雷德里克·米什金:《货币金融学》(第 9 版),郑艳文、荆国勇译,中国人民大学出版社 2010 年版,第 407 页。

〔52〕参见美国商品与期货委员会与花旗银行的行政调解协议第 4 页,In re Citibank, N. A., CFTC No. 15-03 (Nov. 11, 2014), Accessed March 14, 2017. http://www.cftc.gov/idc/groups/public/@lrenforcementactions/documents/legalpleading/enfcitibankorder111114.pdf。参见《外汇市场的高频交易》High-Frequency Trading in the Foreign Exchange Market, BANK FOR INT'L SETTLEMENTS 9 (Sept. 2011), http://www.bis.org/publ/mktc05.pdf。

〔53〕Andrew Verstein: "Benchmark Manipulation", *B. C. L. Rev.* 56, 2015, pp. 215, 239.

〔54〕Peter Lee, FX Survey 2013: Deutsche Clings on Despite Citi's Resurgence, EUROMONEY (May 2013), Accessed March 31, 2017. http://www.euromoney.com/Article/3200845/FX-survey-2013-Deutsche-clings-on-despite-Citisresurgence.html.

〔55〕The Foreign Exchange and Interest Rate Derivatives Markets: Turnover in the United States FED. RESERVE BANK OF N. Y. 6 (Apr. 2013), Accessed March 31, 2017. http://www.newyorkfed.org/markets/pdf/2013triennial report.pdf.

（三）可行的规制规则

1.“数据换准入”增强透明性

笔者认为，在数据展现、获取及分析方面应保留主观性的同时，如果以银行为主体的市场参与者，只有在承诺公开所有交易数据的前提下，才能获得市场准入资格，提高数据收集的透明度，那么市场环境应该能得到有效的净化。这属于细分的信息披露的监管方法，笔者称为“数据换准入”。欧盟《关于在金融工具及金融合同中使用指数作为基准的监管立法建议》允许在20%的市场主要参与者停止提供数据时要求“强制公开”。这并非欧盟首创，美国《多德－弗兰克法》要求许多掉期交易在满足监管者数据公开的前提下才能交割。[56] 场外交易的股权也必须汇报实际的价格。[57]

2. 分解“价格”、适用价格报告条款

保护价格的影响因子比保护价格容易得多。上文提到的美国《商品交易法》的价格报告条款（Price Reports Clause）很值得借鉴。与SEC的规则10(b)－5相比，价格报告条款不仅规制虚假、误导性等以使人发生错误认识为目的的故意的欺诈性的行为，而且，在市场操纵问题上，价格报告条款较之SEC的规则10(b)－5作了更翔实的规定：其不仅明确针对价格操纵，而且对“价格”进行了分解，细化至任何“影响价格”的行为都是违法的。所以市场参与者如果选择性地上报对其有利的交易数据，就极有可能触犯价格报告规则。

3.《中华人民共和国刑法》中新增“操纵市场基准罪”

虽然我国利率、汇率的市场化及国际化改革才刚刚开始，矛盾尚未凸显，但存在被操纵的可能性。假设我国沪深300股指期权合约被操纵，尚可适用《中华人民共和国刑法》第182条第4款的兜底条款进行救济；如果是Shibor被操纵呢？我国现有的市场操纵犯罪并没有涵盖货币、外汇或原油等新开放的市场。更何况金融基准操纵有其不同于价格操纵的特殊性，现有的立法资源是无法进行全面的救济的。因而笔者建议在下次《中华人民共和国刑法》修订过程中，可以前瞻性地新增“操纵市场基准罪”，以更好地预防金融基准给金融体系的稳健性造成负面影响。

---

[56] Regulation of Off-Exchange Retail Foreign Exchange Transactions and Intermediaries, 75 Fed. Reg. 55,410,55,410(Sept. 10,2010).

[57] Regulation NMS, 70 Fed. Reg. 37,496,37,396(June 29,2005).

四、结语

金融基准操纵行为可能触犯的实体法律有很多。我们对金融市场中广泛存在的“牌照门槛”已经习以为常,却未曾想当这些市场的特定参与者合谋并一致行动时,对相关金融消费者构成复杂侵权,也是对反垄断法规制的竞争秩序的破坏。同时,操纵者还可能违反了合同的明示或如忠实义务这样的默示义务。对于非法所得,可能还要承担衡平法上恢复原状(restitution)的责任。同时,在这一领域还有很多值得继续探讨的问题。比如,对金融基准操纵,行业监管规则与竞争法是否存在适用上的优先以及公权力或私人执法的优劣。

但是,变动与灾难往往不是坏事,而是孕育着新的秩序与希望。我们如今很多习以为常的政策和项目,都是从20世纪30年代大萧条时期的经验中产生的,比如宏观经济学、社会保障及联邦对银行存款的保险。所以,本轮始于2007年的次贷危机及后金融危机时代带来的警醒,在过去的这段日子里,已是一笔宝贵的财富。国际市场上的金融基准操纵案件给我们带来惊愕之余,更可以让我们更好地保护金融消费者、实现金融公平,使金融更好地服务实体经济、助力大国崛起之路。

【监管研究】

期货及衍生品法律评论
第一卷,第67～78页

美国CFTC自动化交易监管规则立法进展及争议探讨

张孟霞*

摘要:美国期货监管机构关于程序化交易的立法实践,自2013年起在与业界充分交流讨论的环境下有条不紊地推进。历经多轮围绕美国程序化交易现状和监管规则提案的公众咨询和圆桌会议,监管机构、交易所、行业组织、金融机构等各方主体对美国《自动化交易监管规则提案》的主要争议点逐渐集中凸显。2016年年底发布的补充提案回应了主要争议,并着重在几个方面进行了提案修改:一是新增了交易量门槛作为算法交易人的筛选标准,减少了算法交易人的数量;二是强化了监管机构查看算法软件源代码的程序要求,只有依据传票或特别传唤程序才能查看源代码;三是简化了风险控制要求的层级,将算法交易人、经纪商和交易所的三层风控要求简化为两层风控要求,算法交易人和执行经纪商可择一落实风控要求。美国商品期货交易委员会对源代码监管与法规实施前景等问题产生了争议,并未达成一致意见。目前《自动化交易监管规则提案》及其补充提案尚未成为最终规则。

关键词:Reg. AT 算法交易人 源代码 分层风控框架

---

* 中国金融期货交易所研发部员工,法学博士、华东政法大学博士后。

一、CFTC 监管自动化交易的立法轨迹与当前进展

(一)引导业界讨论,摸底市场环境

美国商品期货交易委员会(Commodity Futures Trading Commission,CFTC)对自动化交易的监管立法实践始于2013年,在当时已有关于自动化交易风险控制的诸多业界实践和零星监管规则〔1〕的环境下,CFTC首先采取了与业界交流讨论、集思广益的方式,于2013年9月12日发布了《关于自动化交易环境下的风险控制和系统安全的概念公告》。〔2〕该公告概括了美国证券期货市场自动化交易的总体情况,讨论了交易前风控、交易后报告等自动化交易监管措施和其他业界实践,并就124个相关问题积极征求业界的反馈意见。该公告本身并不是一项法规提案,而是立法前的准备工作。其作用在于梳理业界已经存在的自发风控措施,促进监管机构与业界的对话和讨论,在此基础上决定监管机构是否有必要出台自动化交易监管规则。CFTC两次延长该公告的意见反馈截止时间,直至2014年2月14日共收到43份意见反馈。〔3〕

(二)总结各方意见,公布首次提案

在《关于自动化交易环境下的风险控制和系统安全的概念公告》试水之后,CFTC经过近两年的准备工作,于2015年11月24日发布监管自动化交易的综合性规则——《自动化交易监管规则提案》〔4〕(Regulation Automated Trading,以下简称Reg. AT提案)。该提案全文由七大部分组成:第一部分“前言”介绍了美国自动化交易的兴起和发展,以及自动化交易给衍生品市场带来的潜在风险和收益,同时说明Reg. AT提案只适用于指定合约市场(Designated Contract Markets,DCM),而不适用于互换执行设施(Swap Execution Facility,SEF)。第二部分梳理了监管机构对自动化交易做出的历次回应。第三部分列举了自动化交

---

〔1〕 例如,《DCM/SEF的核心原则和其他要求》(最终规则)中要求交易场所建立暂停或停止交易的相关风控机制来应对市场突发混乱情况;要求向客户提供电子直接接入(DMA)服务的交易场所采取附加风控措施;CFTC对期货经纪商、互换交易商、主要互换参与者也有相关的风控要求。

〔2〕 Concept Release on Risk Controls and System Safeguards for Automated Trading Environments,78 FR 56542.

〔3〕 意见详情参见 Accessed November 21, 2017. https://comments. cftc. gov/PublicComments/CommentList. aspx? id = 1459。

〔4〕 80 FR 78824, Accessed November 21, 2017. http://www. cftc. gov/idc/groups/public/@lrfederalregister/documents/file/2015 - 30533a. pdf.

易领域近几年发生的负面典型事件。第四部分是 Reg. AT 提案的核心,通过 18 条具体条文对自动化交易/算法交易[5]的定义、风险控制、登记注册、信息披露、源代码数据库准入等作出了规定,第五部分、第六部分是假设实施 Reg. AT,市场参与者和整个市场的成本收益考虑和预估的总成本分析。最后,在第七部分列出了 164 个问题进行公开咨询。在 90 天的公开咨询期间和 14 天的重新开放咨询期间,首次提案共收到 73 份意见反馈。除此之外,2016 年 6 月 16 日 CFTC 还与可能受 Reg. AT 提案影响的群体代表举行公开圆桌会议,就电子直连的定义、算法交易人的数量、源代码的访问和保留等问题集中讨论。

(三)回应争议,提出补充提案

经过多次公开咨询、一次公开圆桌会议、个别面谈,以及电话会议等多渠道的交流方式,监管机构、行业组织、交易所、金融机构等各方主体对于 Reg. AT 提案的主要争议点逐渐集中凸显。2016 年 11 月 CFTC 以现任委员 2∶1 的投票结果[6]通过了《关于 Reg. AT 提案的补充通知》[7](以下简称补充提案)。补充提案修改了 2015 年 Reg. AT 首次提案中最具争议的几项规则,提出了替代或补充的方案。截至 2017 年 5 月 1 日的公开咨询期间,补充提案共收到 47 份意见反馈。目前,CFTC 尚未发布最终规则。

二、美国《自动化交易监管规则》补充提案的主要修改内容

补充提案不是对首次提案的全盘重塑,而是对首次提案中 18 章具体规则中的约 6 章内容进行了修改或补充,修改的内容包括"算法交易人及其义务""电子直连的定义""算法交易源代码""测试、监控和记录保存""整体风控框架的变化""报告和记录保存义务"等,二者差异可参见表 1。立法条件成熟后,首次提案中的未修改部分和补充提案将合并成最终规则,进行 CFTC 的多数票决。

[5] CFTC 指出 2013 年发布的《关于自动化交易环境下的风险控制和系统安全的概念公告》中所用的"自动化交易系统"是指自动生成指令和执行交易策略的算法系统,随着他们对这一领域的研究加深,认为"算法交易系统"是比"自动化交易"更为准确的术语。但为了与此前《关于自动化交易环境下的风险控制和系统安全的概念公告》的用语衔接,规则提案的标题采用了"自动化交易"(automated trading)的术语,但提案正文中使用"算法交易"(algorithmic trading)的术语。

[6] 马萨德主席和鲍恩委员投赞成票,吉安卡洛委员投反对票。

[7] 81 FR 85334, Accessed November 21, 2017, http://www.cftc.gov/idc/groups/public/@lrfederalregister/documents/file/2016-27250c.pdf.

(一)算法交易人的筛选标准变化与数量控制

1. 要求未受监管的"算法交易人"注册成为"场内交易商"

2015年的Reg. AT提案对"算法交易"[8]进行了定义,并提出了"算法交易人"的概念。以是否已经受到监管作为区分标准,当前美国期货市场上的算法交易人分为两大类:一类是已经注册的期货经纪商(Futures Commission Merchant, FCM)、场内经纪商(floor brokers)、互换交易商(Swap Dealers, SDs)、主要互换参与人(Major Swap Participants, MSPs)、商品池交易商(Commodity Pool Operators, CPOs)、商品交易顾问(Commodity Trading Advisors, CTAs)、介绍经纪商(Introducing Brokers, IBs)中的算法交易者。另一类是以一般客户身份进行交易、尚未受到CFTC监管的算法交易人。在Reg. AT提案的框架下,第一类已有各类注册身份的算法交易人将会额外承担包括自动化交易风控、记录保存、源代码上传等义务。第二类仍为一般客户的算法交易人首先被强制要求注册成为"场内交易商"(floor trader),同时要承担算法交易监管的相关义务。CFTC监管规章中对"场内交易商"的定义是在从事自营交易,且具有一定交易优势的公司或个人,这也就意味着算法交易人由一般客户身份变为场内交易商身份后,将受到更严格的监管。

2. 补充提案中新增交易量门槛作为算法交易人的筛选标准

"算法交易人"不是Reg. AT提案创设出的一类牌照,任何市场主体从事算法交易均不需要得到监管机构的事前批准;也不是所有进行算法交易的主体都是Reg. AT提案中所指的"算法交易人",只有符合一定条件的才会被纳入算法交易监管范围。在Reg. AT提案公开咨询期间,最受关注的问题之一就是"算法交易人"的数量究竟有多少。经过CFTC估算,如果按照2015年Reg. AT首次提案中的算法交易人标准实施新规,除去已经具有各类注册身份的算法交易人,美国期货市场上约有420个算法交易人将被要求注册为场内交易商。业界和行业协会普遍认为这一新增数量过多,而造成数量过多的主要原因,在于筛选标准过于粗放,没有设定最低交易量门槛的阈值。这一问题随后在2016年补充提案中得到了回

[8] Reg. AT提案对"算法交易"进行了定义,交易同时具有如下特征即可视为算法交易,(1)一个或多个计算机算法或系统决定指令是否生成、修改或撤销,或者决定与指令相关的如下要素:交易标的、交易场所、指令类型、是否发出指令、指令发出时间、指令发出次序、交易价格、交易数量、指令分割成较小的几个组成部分发出、指令数量或者如何管理发出后的指令;(2)指令或者指令的修改、撤销是按照交易所的规则以电子方式提交的。但"算法交易"不包括以下情形:指令或者修改、撤销指令的每一个参数或属性都是由自然人手动输入,并且在以电子方式提交之前没有任何计算机系统或者算法系统干预。

应,“算法交易人”的定义新增了最低交易量的规定:过去 6 个月平均每日交易量 20,000 张合约。这一筛选标准将新增算法交易人的估算数量减少到 120 个。

(二)源代码的储存要求和查看程序

1. 取消了算法交易人建立源代码数据库的要求

Reg. AT 首次提案要求每个算法交易人自身维护一个源代码数据库,该数据库用于管理其所有算法源代码的保存、复制和修改。CFTC 出于市场监管目的可以随时进入源代码数据库,不需要事先的申请程序。除 CFTC 以外,美国司法部等其他政府机构也可以为刑事案件或民事案件的调查取证而进入源代码数据库。CFTC 的这一提议在公众咨询中受到最大的质疑,反对意见称这将极大地削弱对源代码作为一种知识产权的应有保护。补充提案对此条的修改是取消了算法交易人设立和维护源代码数据库的义务,各个市场主体的源代码及其相关记录只需以非联网的本地储存方式保管 5 年。

2. 只有依据传票或特别传唤程序才能查看源代码

监管机构查看算法源代码的程序设置也是 Reg. AT 提案一个重要争议点。Reg. AT 首次提案中任何一个 CFTC 工作人员都可以申请查看特定主体的算法源代码,经过补充提案的修改,查看源代码的程序更为严谨和公允。

第一,依据传票(Subpoenas)查看违法嫌疑人的源代码。传票制度是 CFTC 监管规章中已有的一项特定调查规则,其一般在行政处罚程序中使用。CFTC 行政处罚程序与美国法院诉讼程序非常相似,有行政法官、律师、证人等角色设定和调查、抗辩等流程安排。[9] CFTC 委员或工作人员经 CFTC 授权,在特定调查过程中有权签发传票,可以命令传票所列人员在规定的时间和地点出现在指定人员面前,就调查中的任何事项作证或者提供书证,源代码即属于书证。

第二,经过 CFTC 特别传唤程序(Special Call)查看源代码。特别传唤程序必须经过 CFTC 批准,由美国市场监管部具体执行。传票与特别传唤程序的区别在于前者适用于对潜在违法行为的正式调查,后者则适用于 CFTC 履行常规性市场监管职责,比如出现异常交易行为或市场混乱时的调查。公众咨询反馈意见提出所有查看源代码的行为都必须依据传票,但 CFTC 认为有必要采用特别传唤程序以保障日常监管工作。

---

〔9〕 早期在传统上,美国证券交易委员会和期监会都不具有对违法行为的直接处罚权,而须向联邦法院提起民事诉讼,由法院判决处罚。20 世纪 90 年代以后,金融监管机构获得了越来越多的国会授权,逐渐可以通过自己的行政处罚程序直接处罚证券期货违法行为。

(三)风险控制的分层结构

1. 由三层级风控变为两层级风控

Reg. AT 首次提案在算法交易人、清算会员类期货经纪商和交易所三个层面提出了风险控制的要求,即三个层面均需要采取算法交易风控措施,包括制定单位时间最大指令信息频率、单位时间最大指令执行频率、最大指令规模、价格带四类前端风险控制指标,并且都需要建立指令撤销系统,该系统必须具备立即切断算法交易系统、撤销选定指令或者所有剩余指令,并阻止新指令提交的能力。在公众咨询和圆桌会议中,机构代表、交易所等大多数反馈者认为三层风控架构过于烦琐且成本太高,建议改为两层风控架构。CFTC 在补充提案中顺应这一建议,修改为两层风控架构:第一层级为算法交易人或期货经纪商,算法交易人可以自己采取风控措施,也可以授权其期货经纪商进行风控检查。第二层级为交易所。

2. 期货经纪商层级的风控要求由清算会员变为执行经纪商

Reg. AT 首次提案中要求清算会员类期货经纪商必须对由算法交易人生成的算法指令信息实施风险控制措施。此种安排的问题在于 Reg. AT 对算法指令信息的风控时段强调在交易前进行,即要求经纪商在客户的指令进入交易所的匹配系统前担当“守门人”的角色。但是由于交易和清算的环节分立,客户可以选择一家非清算会员类经纪商申报和执行指令,同时选择另一家有清算资格的经纪商进行清算,从而轻易规避清算会员的交易前风控。补充提案中弥补了这一设计漏洞,将经纪商层级的风控要求由清算会员变为执行经纪商(Executing FCMs),以期更准确地落实交易前风控要求。而清算会员类经纪商则继续保留相关的交易报告要求。

(四)其他修改部分

1. 算法交易人使用第三方算法软件的合规要求

Reg. AT 首次提案要求算法交易人对其所使用的算法交易软件要书面制定检验、监测和升级的规范和操作程序,其中包括但不限于提供交易策略书面说明及算法软件源代码。公众咨询中的意见反馈显示,很多算法交易人所使用的算法交易系统并非自主开发,而是从第三方(如交易所或数据服务公司)购买算法软件或组件。在这种情况下,仅作为软件使用者而非开发者的算法交易人无法获知软件的源代码,而算法软件供应商也绝不会将自身软件的源代码开放给购买者。还有反馈意见提出,CFTC 对于算法交易软件的监管重点应在于“产出物”,即生成的指令,而非软件的源代码。针对以上问题,补充提案提出了算法交易人使用第三方算法软件时的合规要求:第一,算法交易人要从软件供应商处获得算法软件的“合规证明”,即由第三方出具该软件符合 Reg. AT 相关风控要求的证明;第二,算法交易人要对第三方报告的准确性进行"尽职调查";第三,虽然算法交易人免除了源代码的一般保管义务,但在监管机构启动传票或特别传唤程序时,应由算法交易人协调软件供应商、向监管机构提供调查所需的源代码,而非监管机构向软件供应商发出调查要求。

2. 改年度报告为年度合规证明

Reg. AT 首次提案提出了提交年度合规报告的规定,要求算法交易人和清算会员类期货经纪商每年应当向交易所提交合规报告,报告内容应当包括实施所有 Reg. AT 规定的风险控制措施的情况,并由首席运营官或首席合规总监签字确保报告信息的准确性和完整性。公众咨询中普遍反馈这一规定"负担重、作用小",其既增加了市场主体每年编写详细报告的人力、物力成本,又对减少算法交易的潜在风险作用甚微。补充提案中取消了算法交易人和清算会员的年度合规报告要求,代之以"年度合规证明",要求算法交易人和执行经纪商向交易所提交证明,承诺已遵守 Reg. AT 的各项风控要求。

表 1　Reg. AT 原提案与补充提案主要对比点

<table>
<tr><th>所涉要点</th><th>原提案(2015 年 12 月)</th><th>补充提案(2016 年 11 月)</th></tr>
<tr><td rowspan="2">算法交易人</td><td>· CFTC 估计根据原提案约有 420 个算法交易人</td><td>· CFTC 估计根据补充提案约有 120 个算法交易人</td></tr>
<tr><td>· 原提案下算法交易人的定义不包括最低交易量门槛的阈值</td><td>· 算法交易人的定义新增了最低交易量的规定:过去 6 个月平均每日交易量 20,000 张合约</td></tr>
<tr><td rowspan="4">算法软件及其源代码</td><td>· CFTC 或美国司法部工作人员可申请查看源代码</td><td>· 查看源代码必须依据传票或特别传唤程序</td></tr>
<tr><td rowspan="3">· 算法交易者或算法交易者使用第三方的系统或组件时,必须满足诸多要求,包括测试和生产要求等</td><td>· 算法交易人在使用第三方系统或组件时,只需第三方提供证明其已符合 REG. AT 要求</td></tr>
<tr><td>· 算法交易人要对第三方报告的准确性进行"尽职调查"</td></tr>
<tr><td>· 算法交易人被调查时应协调第三方、向监管机构提供软法软件源代码</td></tr>
</table>

续表

所涉要点	原提案(2015 年 12 月)	补充提案(2016 年 11 月)
风控层级架构	·三层次风控:(1)算法交易人;(2)清算会员;(3)交易所	·两层次风控:(1)算法交易人或执行其交易的经纪商;(2)交易所
年度报告	算法交易人和清算会员类期货经纪商每年应当向交易所提交合规报告	算法交易人和执行经纪商向交易所提交"证明"
算法交易向电子交易的监管范围扩大	·算法交易必须采取风控措施	·电子交易必须采取风控措施(算法交易是电子交易的分支/子集)
	·算法交易指出于商业利益的交易且满足以下条件:(1)一个或多个计算机算法或系统决定指令是否生成、修改或撤销,或者决定与指令相关的如下要素;(2)指令或者指令的修改、撤销是按照交易所的规则以电子方式提交的	·电子交易指指令或者指令的修改、撤销是按照交易所的规则以电子方式提交的

三、CFTC 内部围绕 Reg. AT 主要争议点的不同意见

在 CFTC 规章制定过程中,无论是提案的公众咨询还是最终规则的公开发布,此前都需要经过 CFTC 现任主席和委员进行多数票决。CFTC 一般由 5 名成员组成,人选由参议院提名,总统任命,任期为五年。总统经参议院同意可指定一名委员出任主席。在 Reg. AT 首次提案和补充提案的投票期间,CFTC 在任的均为马萨德(Massad)主席、鲍恩(Bowen)委员和吉安卡洛(Giancarlo)委员[10] 3 名成员。首次提案投票时,3 名成员均投赞成票,但 Giancarlo 委员明确表达了对提案的质疑,并称 Reg. AT 的最终规则须通过"SMART REG"[11] 的标准测试,他才会继续

[10] J. Christopher Giancarlo 自 2014 年 6 月起担任 CFTC 委员,2017 年 8 月经特朗普总统指定、参议院同意成为正式主席。

[11] SMART REG 标准指 CFTC 的新规则是否满足 7 个标准:S 指解决真实存在的问题;M 指拟采取的措施应通过成本收益分析;R 指代表为达到监管目的的最佳路径;T 指重视证据而非假设;R 指合理设置法规落实的时间截点;E 指促进就业;G 指以上位法为依据。

投赞成票。补充提案的投票时，马萨德主席和鲍恩委员投赞成票，吉安卡洛委员投反对票。委员会内部的不同意见冲突加剧，主要体现在以下几个方面。

（一）Reg. AT 的立法必要性和实施效果预判

CFTC 中对 Reg. AT 立法必要性的赞成理由主要是：第一，Reg. AT 是 CFTC 规章体系与时俱进地自我更新，也是积极回应美国期货市场自动化交易发展趋势的必要立法举措；第二，期货市场要保持服务实体经济和终端用户的基本功能，对算法交易的识别和规制是为了创造更加公平有序的美国期货市场。马萨德主席指出目前美国期货市场中自动化交易占比 70% 以上，未注册成为场内交易商的电子直连交易者的交易量占期货市场总交易量的 35% 以上。在一些重大事件影响下的期货市场单日成交量中算法交易者也极为活跃，如英国“脱欧”后英镑期货市场大约 60% 的交易量可归于 10 个最活跃的算法交易公司。然而不管市场环境如何变化，必须认识到期货市场服务实体经济的初衷不应变化。美国的农场牧场主、制造加工企业和出口商等仍然需要一个健全、公正和运行有序的期货市场来套期保值和对冲风险。Reg. AT 正代表了监管机构回应这些终端用户关切，在新形势下的立法努力。鲍恩委员与马萨德主席的意见一致，她还提出与美国牲畜养殖协会代表的会谈中，牧场主等终端用户表示算法交易者给活牛期货市场带来得了实质的影响，〔12〕他们希望监管机构能要求算法交易人披露更多的交易信息。

吉安卡洛委员认为 Reg. AT 虽然是 CFTC 监管美国期货市场自动化交易的有益尝试，但是由于采取的具体措施欠缺深刻周详的考虑，极有可能达不到立法目的而徒增立法成本。主要理由是：第一，自动化交易风控措施应当遵循自下而上的市场驱动型路径，在 Reg. AT 出现之前市场已有较为成熟的实践，且市场主体有经济动力来维护和优化风控措施，CFTC 以汇总方式将行业已广泛采用的标准写入法规，是否有立法的“政绩工程”之嫌？第二，Reg. AT 首次提案中的许多争议问题在补充提案中有所修改，但并未找对问题的症结。吉安卡洛委员提出他提供了很多既能实现自动化监管目标，又不增加合规压力的可行措施，但都没有被 CFTC 接受并纳入补充提案。如果 Reg. AT 不在源代码条款、第三方算法软件条款等问题上进行根本改变，吉安卡洛委员对法规前景并不看好。

（二）Reg. AT 的源代码保存要求和调取程序合法性

Reg. AT 提案中的源代码相关条款是市场反馈意见最为集中和 CFTC 内部意

---

〔12〕 2016 年 8 月，牛肉期货市场出现了价格波动甚至混乱的局面，迫使部分交易员戏谑地称其为“牛肉赌场”。为了应对这一混乱局面，芝加哥期货交易所暂停牛肉期货交易的新合约，此举让养牛场农场主几乎无法获得任何工具来对冲 109 亿美元的牛肉市场，载 http://futures.eastmoney.com/news/1512,20160822657103770.html，最后访问日期：2017 年 11 月 21 日。

见冲突最大的问题,主要集中在以下几个方面。

1. 要求开放源代码的保密性担忧与合法性探讨

针对源代码的保存和随时备查要求,马萨德主席指出 CFTC 对各类交易账簿和记录的查看权力以 CFTC 监管规章第 1.31 节[13]为依据,针对人工交易的多年监管实践同样应该运用在电子交易的监管上。而对涉及商业秘密的信息 CFTC 也有相关的保密要求和工作人员泄密的罚则。吉安卡洛委员先以政府部门网络安全在美国网络安全调研中的垫底排位和黑客入侵 CFTC 网络、离职员工带走敏感工作文件等事件为例,提出了对 CFTC 敏感信息保密能力的质疑。接着其提出 Reg. AT 的源代码条款是对美国公民知识产权的侵犯,不符合法定程序的源代码调查行为甚至有可能违宪。目前的源代码条款如果写入 Reg. AT 最终规则,极有可能给美国或者其他国家树立立法上的"危险榜样"。按此逻辑,美国联邦通信委员会可以要求苹果公司提供 iPhone 的源代码,联邦贸易委员会可以要求谷歌公司提供搜索引擎的源代码,中国政府可以要求在华美国科技公司提供科技软件源代码。

2. 用特别传唤程序调取源代码的程序正义性探讨

补充提案中增加了监管机构调取源代码的程序要求,传票制度作为美国法律体系中最严格的程序性要求得到了 CFTC 的一致认同,但是否应采取特别传唤程序作为传票制度的补充则引发了 CFTC 内的争议。马萨德主席提出特别传唤程序是 CFTC 进行日常监管工作时调取相关信息的常用程序,一般只需由工作人员签发传唤令,但为了安抚市场担忧,调取源代码的特别传唤令须由 CFTC 批准。吉安卡洛委员坚称"无传票、不正义",他认为调取源代码的执法行为只能依据传票执行,这是公民权利的最后一道程序性防线。两种程序的并行极有可能造成 CFTC 内部不同部门在履行职责时的"套利",例如 CFTC 的执法部门(Department of Enforcement)必须申请传票才能要求违法嫌疑人提供源代码,而市场监管部门(Division of Market Oversight)只需通过特别传唤程序就能获取受监管对象的源代码。如果执法部门从市场监管部门处间接获得了源代码,那么传票制度就形同虚设。Reg. AT 补充提案并未对这些可能情形提供解决方案。

[13] 第 1.31 节"账簿和记录:存管和监管"规定:美国《商品交易法》或本规章汇编要求保存的所有账簿和记录应当自编制和纪录之日起至少保存 5 年,前 2 年内可以随时获取。

四、小结与启示

现阶段世界各国和地区的监管机构、业界和学界对于自动化、程序化、高频交易相关问题的讨论正如火如荼,我国也正在对证券期货市场程序化交易监管进行研究。目前除已经生效的德国《高频交易法》以外,美国《自动化交易规则提案》及其补充提案的发布是很好的参考经验和研究素材。我们不仅可以看到美国监管机构在自动化交易相关问题上的态度和监管措施构想,也可以从提案反馈的公众意见中更全面地思考程序化交易监管的重点和难点问题,为科学合理制定我国相关监管规定提供借鉴。

第一,在美国自动化监管立法过程中,其力图在监管机构防范系统风险、维护市场秩序的监管目标与市场主体降低守规成本、保护商业秘密的需求之间取得平衡。Reg. AT 提案虽然没有采取对自动化交易进行事前审批的强势监管手段,但不可否认 Reg. AT 提案也给市场参与者带来了较大的守规成本和商业秘密泄露风险。于是 CFTC 在补充提案中将三层级风控变为两层级风控、年度合规报告变为合规证明等以减轻市场参与者的负担。颇受关注的源代码数据库要求也降格为本地保存源代码,并强化了监管机构查看算法软件源代码的程序要求。

第二,补充提案中对监管对象范围的考虑不够明晰,监管对象在"关键少数"与全市场之间进行摇摆。Reg. AT 首次提案中算法交易人的筛选标准过松的问题在补充提案中通过设置交易量阈值的方式进行补充,新增算法交易人的预估数量从而大幅下降。但是,补充提案中又将交易前风控的要求从"算法订单"扩展到"电子订单",在当前人工报价方式占比极少的美国衍生品市场环境下,这一要求相当于把 Reg. AT 的监管范围扩展到全市场的电子化交易,与监管"关键少数"的思路似乎并不吻合。

第三,监管措施要植根于行业一线情况和市场运行细节,做好调查论证,不能理论与实践相脱离。一是 Reg. AT 首次提案要求清算会员类经纪商对客户进行交易前风控,但由于实践中交易和清算的环节分立,客户可以选择非清算会员经纪商申报指令,从而轻易规避交易前风控要求;二是提案要求算法交易人向监管机构提供所使用算法软件的源代码,但忽视了市场上大量算法软件并非算法交易人自主开发,而是由第三方开发或出售,源代码归属于第三方,因此对算法交易人的源代码相关要求事实上很难达到。Reg. AT 首次提案中出现的以上问题虽然在补充提案中进行了回应和修改,但CFTC的专业水平和立法技术仍受到了一定质疑。在我们的证券期货市场中,算法软件等问题同样存在复杂的情况,程序化监管规则的设计更是涉及面广、环节多、难度大,需要我们在进行监管法规探索的过程中做好调研工作,强调实务分析。

期货及衍生品法律评论
第一卷,第79~102页

美国期货市场操纵行为认定研究

程红星[*]　王　超[**]

摘要:市场操纵作为资本市场较典型的违法行为,一直以来都是各国监管机构查处的重点。但由于操纵行为本身的复杂性、立法的模糊性,以及构成要件的严苛性等原因,各国普遍面临市场操纵案件认定难、查处难的问题。从我国期货市场的执法和司法实践来看,期货市场操纵案件还比较少,国内对期货市场操纵行为,尤其是幌骗等新型违法违规行为认定的研究,还处于不断探索和总结的过程中。相较于我国,美国期货市场起步早、发展快,市场较成熟。美国期货市场对市场操纵行为的理论研究较深入,其在立法、司法和执法层面也积累了丰富经验,其中有很多值得我国借鉴之处。鉴于此,本文从美国期货市场操纵行为的定义及类型、构成要件、立法沿革、监管最新发展趋势、近期相关案例等方面,对美国期货市场操纵行为的认定问题进行了研究。在美国传统执法和司法实践中,影响市场价格的能力、人为价格、特定故意、因果关系这四要件为认定期货市场操纵行为必不可少的组成部分,但伴随着美国《多德－弗兰克法案》的生效,部分构成要件的要求开始有所松动。例如,证明操纵意图的最低标准逐渐降低、部分操纵类型不再需要存在人为价格等。

关键词:期货市场　市场操纵　幌骗　反操纵条款

---

* 中国金融期货交易所法律部副总监,法学博士、博士后。

** 中国金融期货交易所法律部员工。

一、美国期货市场操纵行为的定义及类型

(一)美国期货市场操纵行为的定义

操纵行为历史悠久,其历史最早可以追溯到16世纪的安特卫普金融市场,但从法律上给操纵下定义却是非常困难的事情。因为,操纵首先是一种经济事实,立法和司法机构在准确把握操纵上存在相当的难度。[1] 尽管如此,多年来,美国学界、法院、商品期货交易委员会(Commodity Futures Trading Commission, CFTC)、自律组织等一直试图为操纵下一个明确的定义。

首先,美国期货界的许多学者结合实务案例,发展并形成了诸如"马尔许学说"、[2]"人为价格说"[3]和"裴度学说"[4]等几种代表性学说。其中,"人为价格说"最接近现在各国关于操纵行为定义的通常理解。美国总审计署在1999年5月向国会提交的一份关于美国《商品交易法》的报告中也采纳了该学说的观点,指出"操纵是为了经济利益而扭曲市场价格。典型的价格扭曲涉及创造一个不反映供求关系的人为价格,或者制造虚假的供求关系使价格发生操纵者所期望的变化,或者引起其他市场参与者做出操纵者所期望的反映"。[5]

其次,美国法院通过一系列案例,对操纵行为进行了界定。美国第七巡回法院在"大众食品公司诉布兰南案"(General Foods Corporation v. Brannan)[6]中指出,对"操纵"一词的界定很多,但最适当的还是政府公报中所给的定义:一个人或者一群人,通过有计划的行为制造人为的价格。在"嘉吉公司诉哈丁案"(Cargill, Inc. v. Hardin)[7]中,美国第八巡回法院提出,为实现商品期货立法防

---

〔1〕 温观音:《如何认定期货操纵》,载《人民司法》2008年第11期。

〔2〕 马尔许学说将期货市场操纵行为界定为"以使商品价格不能依其正常供需关系发生变动为目的,而从事任何行为或者交易,结果扰乱了该市场及相关市场价格的行为"。

〔3〕 人为价格说将期货市场操纵行为定义为"由一人或者一群人,所为的制造人为价格的有计划的行动"。

〔4〕 裴度学说将操纵定义为"在不影响市场价格的情况下,所为的不经济或者不合理的行为"。由于该定义无法适用于信息操纵等行为,因此受到普遍质疑。不过,此说在后来的实务中常常被用于证明操纵者的主观故意。

〔5〕 GAO(United States General Accounting Office) Report to Congressional Committees(May 1999) – The Commodity Exchange Act: Issues Related to the Commodity Futures Trading Commission's Reauthorization, p. 69.

〔6〕 General Foods Corp., 170 F 2d at 231.

〔7〕 Cargill, Inc v. Hardin, 452 F. 2d 1154(8th Cir. 1971).

止操纵的目的,认定操纵应当务实。认定操纵必须识别交易行为是否是意图在制造一个不符合供求基本力量的价格。在"弗雷诉 CFTC 案"(Frey v. CFTC)〔8〕中,美国第七巡回法院认为操纵是"通过不是由合理供求关系决定的价格进行故意勒索或者由个人或团伙有计划地制造人为价格"。

再次,自 1974 年成立以来,CFTC 曾数次回答操纵要素这一问题。例如,在"霍恩贝格兄弟公司案"(Hohenberg Brothers Co.)〔9〕、"印第安纳农场局合作社案"(Indiana Farm Bureau Cooperative Ass'n)〔10〕中,CFTC 全体会议曾表达相同意见。在"霍恩贝格兄弟公司案"中,空头方被指控在期货市场实施了操纵。在该案中,CFTC 全体会议同时对操纵和试图操纵做出了定义,即操纵一般被法院定义为故意从事的引致人为价格的行为:人为价格即不反映基本供求力量的价格。要认定被告从事了违反美国《商品交易法》的操纵行为,必须认定被告出于影响某一商品市场价格(指供求力量所确定的价格)主观意图,从事了相关行为,而由于其行为或行动步骤,引发了人为价格。另外,"试图操纵"所指仅仅是操纵未遂的情形——未能成功制造人为价格的行为。要认定试图操纵,只需证明被告具有影响商品市场价格的主观意图,并为实现该意图而着手采取了某些客观行动。

最后,自律组织规则层面也对操纵行为进行了规定。交易所是防范操纵行为的一线监管机构,一般立法层面均要求交易所具有防止操纵的能力。如美国 2000 年《商品服务现代化法案》第 5 章(b)(2)款要求合约市场(交易所)必须证明其有能力防止操纵市场的行为。以芝加哥商品交易所(Chicago Merchnntile Exchange,CME)为例,其业务规章第 4 章第 432 条规定操纵为违规行为:任何从事操纵或者试图操纵交易所期货期权合约价格,从事或者试图逼空或者挤压相关标的现货市场,或者以打破市场价格均衡或制造价格不能或者不反映公平市

〔8〕 Frey v. Commodity Futures Trading Comm'n,931 F 2d 1171,1175(7th Cir 1991).

〔9〕 In re Hohenberg Bros.,[1977 - 1980 Transfer Binder] Comm. Fut L. Rep. (CCH) at 21,477, citing Cargill, Inc v. Hardin,452 F. 2d 1154,1163(8th Cir. 1971).

〔10〕 In re Indiana Farm Bureau Coop. Ass'n, Inc. [1982 - 1984 Transfer binder] Comm. Fut. L. Rep. (CCH) P21,796, at 27,285(CFTC Dec. 17,1982).

场价格的条件为目的,买卖或者意图买卖标的商品或者证券的行为。[11]

(二)美国期货市场操纵行为的类型

目前,美国期货市场的操纵类型主要分为以囤积和挤压轧空为代表的市场力量型操纵、以操纵交割结算价为代表的交易型操纵、以散布虚假信息为代表的信息型操纵和以虚假交易为代表的非竞争性操纵四种类型。

1. 市场力量型操纵

市场力量型操纵,是指操纵者利用对现货的支配性地位以及其在期货市场的优势头寸,扭曲期货交易价格的行为,具体可分为囤积和挤压轧空两种行为。[12]

所谓囤积,是指操纵者通过控制或者支配可供交割的现货商品,迫使空头(多头)接受其任意设定更高或更低的价格平仓,以履行其合约义务的行为。当多头为了使空头无法交割而控制期货合约的可交割供应时,多头垄断了供给,空头只能以多头设定的高价与多头平仓;当空头为了打压期货价格而向期货市场交割大量商品并控制供给时,空头垄断了供给,多头只能以空头设定的低价与空头平仓。

所谓挤压轧空,是指在可交割供应严重不足的情况下,操纵者在期货市场持有大量头寸,并据此将价格抬高到自己决定的水平。在发生挤压轧空的情况下,由于缺少可供交割的现货,空头只能选择以高价平仓了结其合约义务。与囤积不同,挤压轧空的可交割供应的短缺不是操纵者通过积极行为谋求的,而是因自然的市场原因(如干旱、洪涝灾害等气候条件导致农作物减产、过度出口、正常商业用途的储藏和交通中断等)或者其他原因造成的。

2. 交易型操纵

期货市场的交易型操纵行为区别于以囤积和挤压轧空为代表的传统市场力量型操纵及以散布和传播虚假信息为基础的信息型操纵行为,其主要特征表现为行为人通过期货市场的买卖交易行为,便可使期货交易价格出现人为变动,最

---

〔11〕 CME Rulebook Chapter 4 Enforcement of Rules 432 General Offenses: H. to engage in, or attempt to engage in, the manipulation of prices of Exchange futures or options contracts; to corner or squeeze, or attempt to corner or squeeze, the underlying cash market; to intentionally or recklessly use or employ, or attempt to use or employ, any manipulative device, scheme, or artifice to defraud; or to purchase or sell, or offer to purchase or sell Exchange futures or options contracts, or any underlying commodities or securities, for the purpose of upsetting the equilibrium of the market or creating a condition in which prices do not or will not reflect fair market values, Accessed July 10, 2017. http://www.cmegroup.com/rulebook/CME/1/4/4.PDF.

〔12〕 参见巫文勇:《期货的市场操纵行为比较》,载《山西财经大学学报》2012年第2期。

终达到市场操纵目的。[13] 常见的交易型操纵行为包括:连续交易操纵、特定时段操纵等。

所谓连续交易操纵,是指操纵者为了影响期货合约的交易价格,单独或者合谋利用资金优势、持仓优势或者利用信息优势,连续买卖期货合约的行为。需要注意的是,价格瞬间波动的异常现象能够自动回归正常水平,未出现持续、反复异常情况的,不宜作为操纵行为对待。只有那些故意通过连续交易行为扭曲期货交易价格的,方可被认定为操纵行为。

所谓特定时段操纵,是指行为人在期货交易的集合竞价阶段或收市阶段,故意通过一系列操作,影响开盘价、收盘价或交割结算价的行为。操纵开盘价,是指在集合竞价阶段,操纵者故意通过大量买卖委托、频繁报撤单等方式,人为影响开盘价形成的行为。操纵交割结算价,是指在期货合约的到期日,操纵者故意通过大量买卖、连续买卖等方式,人为影响交割结算价形成的行为。在"DiPlacido 案"中,法院和 CFTC 均认定操纵者在纽约商品交易所(New York Mercantile Exchange,NYMEX)电力期货合约交割结算期间,违反交易所的买卖报价规定执行大量的头寸买卖,人为地提高(或降低)了电力期货合约的交割结算价格。[14]

3. 信息型操纵

在期货市场中,信息是市场参与者进行期货交易的重要参考依据,通过散布与价格变动相关的信息,可能影响市场参与者的交易决策进而影响期货交易价格。操纵者还可以凭借在信息方面的优势或者"话语权",发布对市场价格具有影响的信息,影响期货交易价格,扰乱期货市场正常秩序。[15] 实践中,信息型操纵分为以下两种表现形式:蛊惑交易操纵和"抢帽子"交易操纵。

所谓蛊惑交易操纵,是指行为人故意编造并传播、散布虚假的、不准确的或者误导性的重大信息,误导投资者的交易决策,扭曲期货交易价格的行为。美国《商品交易法》第 6 条(c)款、第 9 条(a)款第(2)项均禁止蛊惑交易操纵行为。在蛊惑交易操纵中,虚假的、不准确的或误导性的重大信息是导致价格变动的重

---

〔13〕 Franklin Allen, Douglus Gale, "Stock Price Manipulation", *Review of Financial Studies*, Vol. 5, 1922, pp. 503 – 529.

〔14〕 "Federal Appeals Court Affirms CFTC' s Finding of Manipulation by Anthony J. Diplacido and Modifies Civil Monetary Penalty", Accessed July 10, 2017. http://www.cftc.gov/PressRoom/PressReleases/pr5740 – 09.

〔15〕 参见杜惟毅、张永开:《期货市场操纵行为的类型及认定标准研究》,载黄红元主编:《证券法苑》(第 9 卷),法律出版社 2013 年版,第 741 页。

要原因。美国期货立法将“重大信息”界定为“信赖该信息的理性投资者决定交易决策时极关键的信息,包括但不限于与现货相关的信息、期货持仓信息、交易策略、交易所或者其会员的财务状况、监管机构的监管行为或者自律监管组织或者相关交易所建议采取的监管举措等”。在信息的散布方式方面,既可以是直接散布,也可以是通过他人或大众媒体等方式间接散布。

所谓“抢帽子”交易操纵,是指行为人(主要是法律规定的特定机构及其工作人员,如证券公司、期货公司或其他专业咨询机构及其工作人员),事先买卖或持有大量的期货合约,然后对相关市场走势公开做出评价、预测或者投资建议,借此引导其他交易者参与交易,从而影响期货合约交易价格的行为。[16]

4. 非竞争性操纵

美国《商品交易法》第4条(a)款第(2)项条对非竞争性交易作出了其他一些禁止性规定,被禁止的行为包括任何“具有‘洗售’、‘串通交易’的特性,或者业内通称为‘洗售’、‘串通交易’,或者属于虚假销售”的交易。简言之,所谓非竞争性操纵指的是操纵者在期货市场通过非竞争性的、虚假的或误导性的交易行为,制造交易活跃的假象,诱导其他投资者参与交易。实务中,此类行为包括约定交易操纵、洗售操纵、虚假申报操纵等。

所谓约定交易操纵,是指行为人与他人通谋,约定双方分别扮演买方和卖方,在一方以事先约定的价格、数量和方式卖出(买入)期货合约的同时,另一方买入(卖出)该期货合约的行为。这种操纵行为,通常会制造交易活跃或者价格波动的虚假表象,误导其他投资者参与交易。美国判例法明令禁止此类行为。约定交易操纵具有以下特点:一是交易时间、价格及数量的一致性或者相似性。实践中,对于交易时间的一致性允许存在少许差距,即时间相近也可。二是操纵者之间具有共同故意。三是约定交易行为制造了交投活跃的假象,误导其他投资者参与交易。

所谓洗售操纵,又称自买自卖操纵,是指以自己为交易对象,在自己拥有或者实际控制的账户之间进行所持有的期货合约权益非实质性转移的交易,影响期货交易价格。[17] 洗售操纵最突出的特征是行为人在交易中既做卖方又做买方,形式上买进卖出,实际上交易完成后相关账户期货合约的实质权益并未发生改变。实践中,表面上是多个账户在交易,实质上这些账户受同一客户所拥有或者实际控制。这种不转移实质权益的自买自卖行为,意图制造虚假的交易记录,

---

〔16〕 参见吴波:《操纵证券市场犯罪法律适用疑难问题研究》,载《中国刑事法杂志》2014年第3期。

〔17〕 参见《细解操纵证券期货交易价格的方式》,载《法人》2012年第12期。

诱导其他投资者入市，待价格上涨或者下跌到一定价位后，操纵者趁机建仓平仓，谋取不法利益。

所谓虚假申报操纵，又称幌骗型操纵或者虚假订单操纵，是指行为人从事期货交易时，不以成交为目，频繁申报和撤销申报，以制造虚假的交易信息，误导其他投资者交易，进而影响期货交易价格的行为。[18] 美国《商品交易法》第4c条(a)款第(5)项将之规定为“报价后在指令被执行前撤销申报”的行为，当该行为扭曲交易价格时，便会被认定为操纵行为。需要注意的是，频繁申报和撤销申报的行为本身，并不必然构成操纵行为。只有行为人故意从事频繁报单、撤单的行为，且误导其他交易者参与交易，并制造未反映合理供求关系的交易价格时，方可成立操纵行为。

二、美国期货市场操纵行为的构成要件与认定

美国《商品交易法》第6c条、第6d条和第9条(a)款第(2)项明令禁止市场操纵行为，并授权CFTC进行监管。尽管上述禁止性规定未定义何为“操纵行为”，但CFTC已经在实践中逐步明确了认定期货市场操纵行为的四个构成要件，(1)操纵者具有影响市场价格的能力；(2)存在人为价格；(3)操纵者有制造人为价格的特定故意；(4)操纵者的行为与人为价格之间存在因果关系。[19]

(一)构成要件之一：影响市场价格的能力及其认定

在充分竞争的市场环境中，单一交易者或者交易者联合并没有足够的力量决定市场价格的水平与走势。为了打破这一平衡，操纵者必须设法取得与其他交易者不成比例的市场力量。这种力量的进一步积累便可以形成影响市场价格的能力，并通过这种能力迫使其他交易者履行相应义务。[20] 美国判例法大多将行为人具有影响市场价格的能力，作为认定市场操纵行为的第一构成要件。

在不同操纵类型中，行为主体影响市场价格能力的表现形式会有所不同。就传统市场力量型操纵而言，对市场价格的影响主要通过控制现货商品的供应和占据期货市场头寸的优势地位来实现。与以囤积和挤压轧空为代表的传统市

---

〔18〕 参见汤欣、高海涛：《证券市场操纵行为认定研究——行政处罚案例的视角》，载《当代法学》2016年第4期。

〔19〕 参见温观音：《美国期货法上的反操纵制度研究》，载《河北法学》2009年第7期。

〔20〕 罗剑：《美国商品期货操纵行为的认定》，载《期货日报》2010年12月30日，第4版。

场力量型操纵相区别,交易型操纵并非通过控制现货来营造"市场拥堵"的状态,而是直接通过期货合约的买卖行为影响期货交易价格。可以通过对行为人交易量占据整个合约或市场交易量比重,或在特定时段中行为人申报量在全市场的排名情况的考察,进而判断其是否有影响市场价格的能力。至于信息型操纵,操纵者所具备的资金以及持仓优势可能并不明显,其影响市场价格的能力,主要体现在重大信息的散布上,尽管上述重大信息可能是不真实、不准确、不完整或者不确定的。所谓重大信息,是指如果该类信息已经为公众所知悉,对信赖该信息的交易者决定买卖期货合约的决策时将被视为极重要的信息。

(二)构成要件之二:存在人为价格及其认定

存在人为价格,是认定市场操纵行为的关键因素。所谓人为价格,是指由人为因素造成的背离合理供求关系的价格,包括人为高价格、人为低价格和人为稳定价格。需要明确的是,人为价格的存在仅仅是已经取得成功的各类操纵的构成要件之一。对于信息型操纵的控诉,更多的是基于"企图操纵"而提起。换言之,纵使没有人为价格的产生,散布虚假消息者仍可能会因为存在"企图操纵"行为而被追究责任。在"拉尔夫 · W. 摩尔案"(Ralph W. Moore)中,虚假备忘录在其扰乱市场价格之前便被发现,"操纵者"被认定"企图操纵价格"。[21] 在杜克公司信息型操纵案中,CFTC 也是从"企图操纵"的角度认定杜克公司从事了信息型操纵行为。因此,只要能够证明该消息系不实的或者误导的,且行为人在明知该消息不真实的情况下仍有意地散布此消息,以影响期货价格时,就可以追究行为人"企图操纵"的责任。此时,是否造成人为价格,则在所不论。[22]

对于人为价格,在计算方法上有多种方式。但是由于确定人为价格的复杂性,至今仍然没有一个公认的认定标准和方法。在实际操作中,美国法院和 CFTC 往往试图以"价格的人为性"为突破口,通过分析一系列事实和问题,在复杂的价格变化中找出非正常因素,从而将发现操纵的复杂过程简化为发现人为价格的过程。分析人为价格时,法院和 CFTC 主要通过以下几个方法认定存在人为价格:历史价格比较法、现货价格比较法、供需关系比较法、不合理因素推定法等。

---

〔21〕 See accessed July 10, 2017. http://www. cftc. gov/idc/groups/public/@ lrceacases/documents/ceacases/moore-nov1951 – 724 ,pdf.

〔22〕 "Former Duke Energy Trader Michael Whitney to Pay a $55,000 Penalty in Natural Gas False Reporting Case", Accessed July 10,2017. http://www. cftc. gov/PressRoom/PressReleases/pr5465 – 08.

（三）构成要件之三：制造人为价格的特定故意及其认定

美国判例法一再强调，如果缺乏证据证明被告具有制造人为价格的主观故意，就不能认定其行为是操纵行为。[23] 但是，对操纵故意的证明不是一件容易的事情。长期以来，对于操纵的主观故意的认定是采特定故意还是一般故意，一直困扰着 CFTC 和法院。所谓特定故意，是指行为人操纵的故意是制造一个人为价格，而一般故意则指行为人仅仅故意实施了产生人为价格的行为。[24] 换言之，特定故意的内容是制造人为价格，而一般故意的内容是实施一个行为。在操纵故意认定方面，经过一段时期的混乱理解后，CFTC 最终在 In re Hohenberg Bros. Co. 一案中明确指出，"为了证明主观要件"必须证明被告的行为"具有影响市场价格走势的目标和故意"。之后，在认定操纵的主观故意要件时，CFTC 和法院一般采用特定故意标准。不过，行为人的动机并非认定市场操纵行为的构成要件。在 Hohenberg 一案中，行政法官认为："被告精确的操纵动机并非必要要件。仅要求被告以有意识的态度进行交易并扭曲收盘价，即可认定存在操纵行为。"

实务中认定特定故意的方法，主要有直接证据认定法和通过不经济行为推定法。此外还有一些辅助认定方法，如递升指令辅助认定方法、经济学中的僵尸效应辅助认定方法等。

（四）构成要件之四：操纵行为与人为价格之间的因果关系及其认定

对于因果联系的重要性，美国法院在 Cargill，Inc. v. Hardin 案中作了明确表达。在该案中，当 1963 年 5 月的小麦期货价格被认定确实是人为价格之后，法院指出："现在的问题是人为价格是否由 Cargill 所为。"

实务中，不同类型操纵行为中因果关系的认定存在些差异。例如，在认定囤积和挤压行为等力量型操纵的因果关系时，根据美国判例法，行为人对期货头寸的支配性地位可作为推定存在因果关系的依据。在交易型操纵中，对于因果关系的认定更加简单。因为在这种操纵行为中，无论是操纵开盘价或收盘价，或是通过虚假交易制造交投活跃的假象，行为人都存在明显的有意抬高或压低或维持一定价格的行为。基于其行为造成的人为价格导致他人损害的事实，便很难否定该损害结果与其行为之间不存在因果关系。在信息型操纵中，对于它的控

---

〔23〕 In the Matter of Anthony J. Diplacido, opinion and order, CFTC Docket No. 01 – 23, November 5, 2008.

〔24〕 杜惟毅、张永开：《期货市场操纵行为的类型及认定标准研究》，载黄红元主编：《证券法苑》（第 9 卷），法律出版社 2013 年版，第 744 页。

诉,更多的是基于“企图操纵”而提起。由于其本身即不以存在人为价格为必要,因此不必证明因果关系。需注意的是,若不实消息本身不足以使人产生误信,则该行为人不能被认定为构成“企图操纵”。

三、美国期货市场操纵行为监管的立法沿革及梳理

(一)从结果导向到行为导向的立法沿革

1. 美国《多德-弗兰克法案》之前的结果导向原则

在2011年美国《多德-弗兰克法案》颁行之前,无论是在司法审判还是在CFTC执法过程中,人为价格都是操纵行为构成要件之一。要求“存在人为价格”,体现了美国当时以结果为导向的追责原则。由于在法律上缺少明确定义,因此很难说清楚什么是人为价格。当CFTC主张构成“人为价格”时,经常会遭到嫌疑人的质疑。为此,CFTC一旦与嫌疑人对峙法庭,就不得不采用大量的经济学分析方法来论证一个价格没有反应市场供求关系。但事实上,要对此做出有说服力的经济学论证十分困难。因此,CFTC对市场操纵的指控长期以来可谓是“一场不易成功的游戏”。CFTC关于市场操纵的司法指控权数十年来只是一项停留在书本上的权力,回溯其执法历史,只有一次胜诉经历,即“普提西多迪(DiPlacido)案”。[25]

2. 美国《多德-弗兰克法案》之后的行为导向原则

2008年金融危机后,美国加大了市场监管力度,重要举措之一就是从立法层面加强CFTC对市场操纵行为的查处能力,以解决长期以来困扰CFTC的市场操纵认定难度大、胜诉概率小等问题。为此,2011年美国《多德-弗兰克法案》借鉴证券市场相关立法经验,对美国《商品交易法》第6c条进行了修改:一是保留原有规定,即除了规定任何人不得直接或间接操纵或试图操纵期货、掉期等价格,否则属违法(由于其强调对“价格”的影响,通常被称为“价格操纵”);二是增加了另一条有关操纵的规定,即规定直接或间接使用、利用,或者试图直接或者间接使用、利用任何具有操纵性或欺诈性的手段或伎俩的行为,当属违法(由于其强调“欺诈性”行为,通常被称为“欺诈型操纵”)。

CFTC根据美国《商品交易法》的授权,在其监管规章中对欺诈型操纵进行

---

[25] 杨阳等:《美国如何认定衍生品市场操纵行为——2016年市场操纵案例剖析》,载《中证政研简报》2017年第11期。

了细化规定,CFTC 监管规章第 180.1 条规定,任何人直接或间接地以故意或轻率的主观意图,对期货、掉期等使用或试图使用任何操纵、欺诈的手段均属违法。该规定的重要意义在于确立了欺诈型操纵的主观要件不仅包括故意,还包括"轻率"。将"轻率"加入主观要件意味着即使嫌疑人没有影响价格或创造人为价格的故意,仅是因为疏忽或过于自信等原因,也可以构成市场操纵。与价格操纵不同,欺诈型操纵并不强调对价格的影响,只关注是否使用了欺诈的手段,CFTC 无须证明存在人为价格的结果。因此,欺诈型操纵实质上以行为导向为追责原则,只要存在利用欺诈手段操纵市场的行为,即可构成欺诈型操纵。

(二)期货市场操纵行为监管法律渊源的梳理

1. 美国《多德 - 弗兰克法案》

美国《多德 - 弗兰克法案》期货市场反操纵条款是指该法第 753 条。该条通过对《商品交易法》第 6 条(c)款的修改规定,任何与商品期货等特定交易有关的操纵或试图操纵行为皆属违法。美国《多德 - 弗兰克法案》第 753 条对包括期货与掉期在内的衍生品市场反操纵监管作了总括性规定,扩大了 CFTC 惩戒期货市场操纵行为的监管权限,强化了 CFTC 查处市场操纵的能力。同时,该条款也存在若干不足,包括过于强调欺诈型操纵而忽视市场力量型操纵规制,照搬证券市场反操纵规定而忽视期货市场特征,认定标准简单而失之确切等,这些为市场的健康有序发展埋下了隐患。[26] 具言之,美国《多德 - 弗兰克法案》第 753 条分 4 款,前 3 款分别对美国《商品交易法》第 6 条(c)项即操纵与虚假信息之禁止、第 6(d)条即禁止令与罚金,以及第 22 条(a)款第(1)项即私人诉权作了修改,第 4 款规定了生效时间。其中,第 753 条(a)款是总括性条款,它确定了适用范围与认定标准,构成了反操纵框架的核心。

2. 美国《商品交易法》

美国《多德 - 弗兰克法案》及其实施细则修改、补充、完善了美国《商品交易法》对市场操纵行为的规定,现行美国《商品交易法》第 6 条(c)款、第 6(d)条款、第 9 条(a)款第(2)项和第 4c 条(a)款对交易所和衍生品交易执行机构等登记实体以外的人的操纵行为予以严格禁止。

3. 反操纵条款实施细则

CFTC 在 2011 年 7 月 7 日发布了反操纵条款实施细则,依法对美国《多德 - 弗兰克法案》第 753 条作了解释和补充规定,分别被编列为美国《联邦法规汇编》

〔26〕 李明良、李虹:《〈多德 - 弗兰克法〉期货市场反操纵条款研究》,载张育军、徐明主编:《证券法苑》(第 5 卷),法律出版社 2011 年版,第 1208 页。

(Code of Federal Regulation, CFR)第180.1条和第180.2条(以下简称规则180.1和规则180.2),从而完善了美国期货市场反操纵的基本框架。规则180.1和规则180.2,被认为是截至目前对衍生品市场最具实质性影响的细则。[27] 规则180.1在行文和实践方面均以证券反操纵规则10(b)-5为范本,它重申了对一般性操纵的概括性禁止。此外,该规则申明,反操纵条款未对交易方附加新的调查、注意或披露义务。如果交易方违反任何法定或约定的既存义务而获得重大、非公开信息,并以此为基础进行交易,或者基于通过欺诈或欺骗获得的重大、非公开信息进行的交易,就可能违反规则180.1。

4. 自律组织规则

实践中,美国各主要期货交易所将对操纵行为的监管作为重要职责,制定相关业务规则,设立负责市场操纵监查的专门部门,并建立了与行政监管部门的配合程序。例如,美国芝加哥商业交易所设立了业务操守委员会,其重要职责之一便是规制各类操纵行为。2017年2月1日应CFTC的要求,CME集团向CFTC提交了一项关于市场操纵的规则修改申请,修改后的规则已于2017年2月16日生效。此次规则修改旨在解决CFTC在查处操纵案件时资源有限及存在法律障碍(如价格操纵举证难度大;欺诈型操纵的查处尚处摸索阶段,缺少判例支持)的问题。相关规则修改重点在于:一是在交易所禁止操纵的原有规则中增加了"试图"二字,即试图操纵构成违反交易所规则;二是除在主观上要求的"故意"之外,又增加了"轻率",从而降低了主观方面的认定标准,即由疏忽、过于自信导致的操纵行为也可以构成违反交易所规则。[28] CME集团坦言新规则直接采用了CFTC监管规章第180.1条的表述。

四、美国《多德-弗兰克法案》后期货市场操纵行为监管最新发展趋势

(一)细化市场操纵行为,扩大反操纵打击范

"市场操纵"被细化区分为"使用操纵性或欺诈性手段"和"其他操纵行为"。

〔27〕 张孟霞:《高频交易的频繁报撤单与市场操纵认定——以美国国债期货"虚假报单操纵"案例为视角》,载《证券市场导报》2016年第5期。

〔28〕 CME SEF Chapter 4 Enforcement of Rules 432 General Offenses, H. to intentionally or recklessly use or employ, or attempt to use or employ, any manipulative device, scheme, or artifice to defraud, Accessed July 10, 2017. http://www.cmegroup/market-regulation/rule-filings/2017/02/17-036_1.pdf.

禁止"使用操纵性或欺诈性手段"是一般性的反操纵条款,并不局限于操纵市场价格。禁止"其他操纵行为"是兜底性条款,核心在于反价格操纵。"其他操纵行为"又可细分为"操纵价格"和"试图操纵价格"两种,将"试图操纵价格"纳入监管视野,扩大了反操纵的打击范围。在此基础上,"使用操纵性或欺诈性手段""操纵价格""试图操纵价格"的判定、构成要件、主观故意要求均有所区别,具体见表1。

表1　美国期货市场操纵的判定要件

要件	使用操纵性或欺诈性手段	操纵价格	试图操纵价格
主观故意	一般故意	特定故意	特定故意
有影响价格的能力		√	
人为价格		√	
行为与人为价格有因果关系		√	
当事人有明显行为			√
操纵性或欺诈性手段的行为	√		
涉案合约符合 CEA 规定	√		

(二)降低证明操纵意图的最低标准

如前文所述,欺诈型操纵的主观认定要件从故意放松至不计后果即"轻率"(见图1),而且无须证明认为价格的存在,这降低了证明操纵意图的最低标准,进而降低了反操纵的打击难度。在"卡夫(Kraft)小麦期货操纵案"中,CFTC认为卡夫公司构成"以故意或轻率的主观意图,使用或试图使用操纵手段、策略,或使用或试图使用欺诈的手段",并"实施了或试图实施被视为欺诈的任何行为、实践或商业过程",违反了美国《商品交易法》第6条(c)款第(1)项和CFTC监管规章第180.1条。在对卡夫公司市场操纵行为进行认定时,CFTC试图降低举证难度,向法院主张无须证明人为价格的存在,亦可成立操纵。此案是CFTC将CFTC监管规章第180.1条适用于市场操纵案件,以试图降低市场操纵举证难度的首次尝试。[29]

---

〔29〕 "CFTC Charges Kraft Foods Group, Inc and Mondelez Global LLC with Manipulation of Wheat Futures and Cash Wheat Prices", Accessed July 10, 2017 http://www.cftc.gov/PressRoom/PressReleases/pr7150-15.

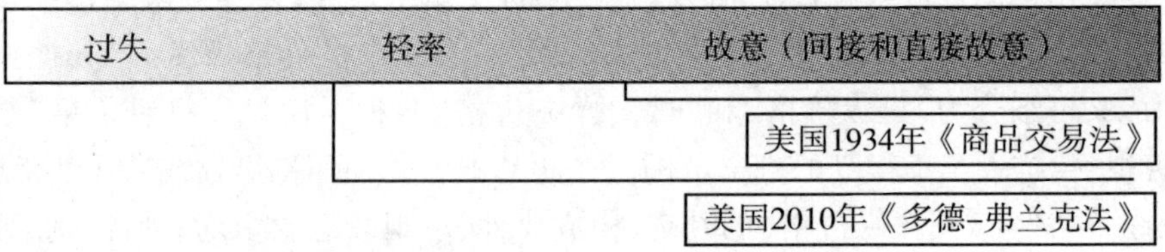

图1　美国期货市场操纵主观构成要件的变化

(三)以"终局推定"取代"经济分析"证明存在价格扭曲

扭曲或人为价格的存在,是依据传统四要件测试法证成市场操纵的核心环节。但试图在现实中通过由无数因素竞争形成的价格中发现非正常的人为因素,难度堪比大海捞针。因而,尽管人为价格是构成期货价格操纵行为的核心要素,但复杂的经济学分析并非证明人为价格的必要途径,执法部门可以通过一系列的涉案行为对人为价格做出推定。虽然并没有否定在某些情形下使用经济分析来识别人为价格存在的合理性,但CFTC强调,可以通过对涉嫌操纵的行为性质以及相关事实环境的分析,推定市场定价机制是否存在人为性。在这里,CFTC实际上以一个终局推定来取代为了寻找人为价格而进行的经济学分析:只要存在不正当行为,就必然存在人为价格。[30] 此外,若无法证明存在人为价格,CFTC往往会以"试图操纵市场价格"进行指控。如在"'不落之花'顾问有限公司(Amaranth Advisors LLC)天然气期货操纵案"中,CFTC难以证明存在人为价格,最终以"试图操纵市场价格"进行指控。在"澳帝桦(Optiver)原油等期货操纵案"中,CFTC对澳帝桦的14次操纵失败、的确没有产生人为价格的违规行为以"试图操纵市场价格"进行指控。[31]

(四)在监管行动中,无须证明存在因果关系

对操纵行为做出的负面定性和惩罚,可以分为行政处罚和司法层面的法院审判两大方面。按照普通法传统,要对操纵行为加以惩戒,尚须证明投资者损失与操纵行为之间存在因果关系。对此,CFTC指出,当监管机构在确定操纵者是否违反第6条(c)款第(1)项时,并不需要证明该因果关系,但是因果关系的证明仍然是私人诉讼中的重要内容。这实际上就是进一步明确,对操纵行为进行行政处罚

---

〔30〕 终局推定是指当基础事实获得证明,则推定事实也必须依法被认为是真实的,且不得对于该推定事实有所争议,也称为"不可举证推翻之推定"。

〔31〕 "CFTC Charges Optiver Holding BV, Two Subsidiaries, and High-Ranking Employees with Manipulation of NYMEX Crude Oil, Heating Oil, and Gasoline Futures Contracts", Accessed July 10, 2017. http://www.cftc.gov/PressRoom/PressReleases/pr5521-08.

适用的证明标准要低于民事与刑事责任追究中的证明标准。这在根本上取决于行政处罚的预防性、公益性和救济性。

五、近期美国期货市场操纵的案例情况

据CFTC年报,近年因操纵价格、试图操纵价格、扰乱市场交易的行为而被CFTC指控的案件共有数起。每起案件都涉及“使用操纵性或欺诈性手段”这一罪名,而其他罪名则有所不同,因此我们主要关注其他各罪名判定依据间的差异比较。

(一)“操纵价格”的案例介绍〔32〕

2007年3月,Optiver Holding BV等涉嫌利用特殊交易策略操纵市场。最终,Optiver因试图通过购买大量期货合约的方式,操纵期货合约结算价而被CFTC查处,该案最终通过和解方式解决。

1. 关于“操纵价格”的认定

CFTC认为Optiver等涉案人19次实施操纵策略中有5次成功,满足以下四点构成要件:

一是Optiver有能力影响市场价格。Optiver使用的高频交易软件Hammer能够快速地将一系列指令输入Globex,并使其订单排在前面,增加成交机会。此外,Optiver使用的另一种内部软件能够根据闭市前两分钟达成的成交量和成交价等信息,快速计算加权平均值,并为Optiver提供报价建议,使Optiver的交易能够影响结算价。

二是Optiver具有创造人为价格的特定故意。一系列邮件可以证明Optiver存在主观故意,如其职员给梅基奇(Mekic)的邮件中曾称“我明天将提高Hammer的性能,使它更快,这样我们可以有更多机会提前积累大量仓位”。道森(Dowson)在发给梅耶尔(Meijer),并抄送给Van Kempen的邮件中曾说明了Optiver的策略,并指出要分配好各时间段所需达成的期货交易的比例,以控制价格的走向。(显然,这些邮件能够证明Optiver具有影响价格的特定故意,但就“创造人为价格的特定故意”的举证要求而言,该案中的证明材料是否充足存在争议。)

---

〔32〕 “CFTC Charges Optiver Holding BV, Two Subsidiaries, and High-Ranking Employees with Manipulation of NYMEX Crude Oil, Heating Oil, and Gasoline Futures Contracts”, Accessed July 10, 2017. http://www.cftc.gov/PressRoom/PressReleases/pr5521-08.

三是存在人为价格。CFTC 认为经 Optiver 操纵生成的当天结算价即为人为价格,并未做过多论证。

四是具有操纵价格的行为。Optiver 先是使用高频软件积累大量 TAS 合约单向净持仓,后于下午 2:25 ~ 2:27:59 反向成交一部分期货合约,并在下午 2:28 ~ 2:30 反向成交剩下的绝大部分期货合约,推动结算价向对其有利的方向发展。

因此 CFTC 认为,Optiver、Dowson、Meijer 有能力且导致了相关期货合约的价格成为人为价格,构成"操纵……商品的市场价格"违反了美国《商品交易法》第 6 条(c)款、第 6(d)条、第 9 条(a)款第(2)项及第 13 条(a)款第(2)项。

2. 关于"试图操纵价格"的认定

CFTC 认为,Optiver 等涉案人 19 次实施操纵策略中有 14 次失败,满足试图操纵市场价格的两个构成要件:

一是存在创造人为价格的故意(理由同指控一相关内容);

二是实施了操纵行为(理由同指控一相关内容)。

因此 CFTC 认为,Optiver、Dowson、Meijer 构成"试图操纵……商品的市场价格"违反了美国《商品交易法》第 6 条(c)款、第 6(d)条、第 9 条(a)款第(2)项及第 13 条(a)款第(2)项。

(二)"试图操纵价格"的案例介绍[33]

2015 年 12 月,TGPNA 公司及其天然气交易员特里萨陈(Therese Tran)因试图操纵天然气现货市场价格指数(该指数作为某衍生品的结算价)而被 CFTC 指控,并被处以 360 万美元罚款和两年市场禁入。此案中 CFTC 认定 TGPNA 公司及其交易员存在"试图操纵价格"和"使用操纵性或欺诈性手段"的行为。

1. 关于"试图操纵价格"的认定

根据美国《商品交易法》第 6 条(c)款第(3)项,此案符合"试图操纵"的认定依据。一是 TGPNA 公司有影响价格的特定故意性,其主要动机是通过影响天然气现货结算价格使其持有的衍生品头寸获利。二是 TGPNA 公司实施明显行为实现上述意图,先是在定价窗口期之前创建衍生品头寸,然后在窗口期内,在原本没有实物客户、资产和运输业务的地区大量交易实物天然气来影响结算价格。例如,在 2011 年 8 月结算期内,根据上报的市场交易数据计算,TGPNA 公司占南加州(SoCal)地区交易量的 42%,占二叠纪(Permian)地区交易量的 45%。而调查结

[33] "CFTC Files and Settles Charges against Total Gas & Power North America, Inc. and Therese Tran for Attempted Manipulation of Natural Gas Monthly Index Settlement Prices", Accessed July 10, 2017. http://www.cftc.gov/PressRoom/PressReleases/pr7289 – 15.

果显示,TGPNA 公司在上述两个地区并没有开展现货经营活动。

2. 关于"使用操纵性或欺诈性手段"的认定

根据美国《商品交易法》6 条(c)款第(1)项,此案中 TGPNA 被认定使用了操纵性手段。一是 TGPNA 在定价窗口期的短时间内交易异常多的实物天然气。二是 TGPNA 存在特定意图,明知其交易行为对结算价格产生的影响。三是此案涉及的天然气衍生品合约在 CFTC 注册的指定合约市场中(洲际交易所)交易。

(三)通过"幌骗"来"操纵价格"的案例介绍

2016 年 CFTC 查处的两起与幌骗有关的案件,被明确判定为"操纵价格"。美国《商品交易法》关于幌骗的定义是"当事人在交易执行之前就有意图撤销买卖申报"。一起案例的当事人萨劳是在 E - 迷你标普 500 指数期货市场利用量化程序发出幌骗指令,该当事人还被认定是 2010 年 5 月 6 日美股"闪电崩盘"的罪魁祸首。[34] 另一起案例的当事人 Igor Oystacher 及其公司(3Red Trading LLC)在铜、原油、天然气、VIX 和 E - 迷你标普 500 指数期货市场上手动发出幌骗指令。[35] 这两起案件的当事人分别被处以民事处罚。下面主要以"萨劳(Sarao)案"为例进行分析。

1. 关于"幌骗"的认定

幌骗是美国《多德 - 弗兰克法案》的新增内容。幌骗属于"禁止扰乱市场行为"的一种。此案中,萨劳主要通过量化交易程序实现幌骗(在另一起案件中,当事人通过人工下单的方式进行幌骗)。幌骗罪名的具体认定依据有二:一是萨劳提交了幌骗指令,这些指令不以成交为目的,即萨劳存在交易执行前取消订单的故意性。在横跨 2010 年至 2015 年的相关涉案时间内,萨劳使用了 3653 次"动态分层程序"下单,提交了 19,888 个不同数量的申报指令,最后仅有 90 个指令被部分成交。"动态分层程序"由萨劳和外部软件公司共同开发。二是幌骗指令使市场上产生虚假的或者误导性的供给(当幌骗指令是卖出)或需求(当幌骗指令是买入),诱导其他交易者通过虚假的信息进行交易,使价格产生了人为的波动。

---

〔34〕 "CFTC Charges U. K. Resident Navinder Singh Sarao and His Company Nav Sarao Futures Limited PLC with Price Manipulation and Spoofing", Accessed July 10, 2017. http://www. cftc. gov/PressRoom/PressReleases/pr7156 - 15.

〔35〕 "CFTC Charges Chicago Trades Igor B. Oystacher and His Proprietary Trading Company, 3 Red Trading LLC, with Spoofing and Employment of Manipulation and Deceptive Device while Trading E-Mini S & P 500, Copper, Crude Oil, Natural Gas, and VIX Futures Contracts", Accessed July 10, 2017. http://www. cftc. gov/PressRoom/PressReleases/pr7264 - 15.

2. 关于"操纵"的认定

此案中萨劳的部分行为被判定为操纵,具体依据包括:一是他有影响E-迷你标普500指数表期货价格的能力。以闪电崩盘当天为例,萨劳是当日E-迷你标普500指数期货交易量排名第五位的交易者。二是萨劳主观上有影响价格的特定故意,幌骗是为了使市场价格出现人为波动。三是在具体涉案时间内产生了人为价格,最明显的就是美股闪电崩盘当天道琼斯工业指数在短短几分钟内下跌了600余点。四是因果关系的判定,即萨劳的行为是人为价格产生的原因。幌骗指令扭曲了市场的供需关系。美股闪崩当天11:17~13:40的时间段,萨劳的幌骗指令给市场带来了价值1.7亿~2亿美元的抛压,占卖方全部订单数量的20%~29%,市场买卖双方力量失衡,使价格出现大幅下跌。萨劳的部分行为,还被判定为"试图操纵价格"和"使用操纵性或欺诈性手段"。

六、启示与建议

(一)立法层面

1. 合理界定期货市场操纵行为,明确操纵认定标准

对期货市场操纵行为的界定,美国仅在立法中进行了概括性规定。这表面上看起来没有大陆法系国家列举式的规定那么清晰,但是由于法官可以"造法"并可根据"遵循先例"的原则,因此同样可以满足对操纵行为明确性与可操作性的要求。[36] 鉴于期货市场的创新之频繁,手法之多变,以及我国属于大陆法系的事实,建议在期货法立法中,依据如下思路不断完善反操纵条款:以"人为价格"为核心,先进行一般概括的原则性规定以揭示期货市场操纵行为的本质,再采用列举具体规范的方式明确具体的操纵类型,包括传统力量型、交易型操纵等,最后规定操纵行为的兜底条款。如美国《商品交易法》列明了利用虚假信息进行操纵的行为,同时通过欺诈型操纵和价格操纵的规定来涵盖大量未列出的操纵行为。目前,我国《期货交易管理条例》(以下简称《条例》)、《中华人民共和国刑法》(以下简称《刑法》)中期货市场反操纵条款主要对操纵价格进行规制,操纵价格的认定要件包括主观特定故意和人为价格,这两项在实践中较难证明。为了加强打击力度,建议借鉴美国《多德-弗兰克法案》的做法,放宽对"操纵"

---

〔36〕 参见胡光志、张美玲:《我国期货市场操纵立法之完善——基于英美的经验》,载《法学》2016年第1期。

的认定条件,除放松对人为价格的认定外,还可将为了产生人为价格的特定故意放宽至为了实施操纵行为的故意(也就是间接故意)。

2. 扎紧制度的篱笆,明确规定其他操纵行为及其构成要件

我国法律明确禁止的期货操纵行为少于实践中操纵者可能经常采用的操纵方式,而且对各具体操纵行为的构成要件规定得不够明确和科学,这不利于监管部门对期货市场操纵行为的认定和处罚,因而必须补充期货市场操纵行为的具体形态,同时明确其构成要件。具体的做法是:第一,在未来的期货法和现行《条例》中,将"试图操纵期货交易价格的行为"纳入规制范围,降低期货市场操纵行为的打击难度。第二,增加关于欺诈性操纵的禁止性规定,补充试图操纵价格、操纵价格的不足。第三,填补信息型操纵的立法空白,将散布虚假信息操纵期货交易价格的行为作为一种独立的操纵类型予以规范。[37] 第四,将幌骗区别于市场操纵进行单独规制,避免过分依赖反操纵兜底条款。在期货法的制定或现有期货法规的修订中同样可以考虑将幌骗行为区别于市场操纵进行单独立法规制,给予其更精准的法律依据。[38]

3. 妥善配置反操纵条款的剩余立法权和执法权,赋予期货监督管理机构更多认定操纵行为的权力

期货市场反操纵立法,美国经历了法院垄断剩余立法和执法权而让 CFTC 长期"裸奔"[美国《商品交易法》第 9 条(a)款第(2)项],到向 CFTC 大幅授权的过程,不过 CFTC 充分利用授权条款制定细则,存在"界定宽泛,认定简单"的隐患。[39] 而在我国,《刑法》第 182 条与《条例》第 74 条均采用了"列举 + 兜底"的立法模式。而在缺乏一般要件构成的规定情形下的兜底条款,就相当于立法者的概括授权:法院和期货监督管理机构分别概括地对其认定的操纵行为进行刑事和行政处罚;而其条文中的列举意义有限,实则形同虚设,有时难免有政府过度干预、标准不统一和专业化不足之虞。故有必要改变这种剩余立法与执法权的配置模式。建议在立法时,在统一认定标准的基础上整合权力配置,赋予期货监督管理机构更多认定操纵行为的权力。比如,针对各种操纵行为的特性,制定专门的和具有可操作性的实施细则,明确具体操纵行为的特殊构成要件,以作为对前二者

---

〔37〕 参见谢杰:《美国反期货操纵法律改革对我国期货监管的启示》,载《期货日报》2011 年 8 月 1 日,第 4 版。

〔38〕 张孟霞、尹小为:《美国"幌骗"案例的监管处罚与司法审判实践》,载《证券市场导报》2017 年第 5 期。

〔39〕 李明良、李虹:《〈多德 - 弗兰克法〉期货市场反操纵条款研究》,载张育军、徐明主编:《证券法苑》(第 5 卷),法律出版社 2011 年版,第 1208 页。

的解释、补充和期货监督管理机构的操作守则。

4. 注意期货市场操纵行为民事侵权、行政违法、刑事犯罪的衔接，建立民事、行政与刑事相贯通的责任追究机制

整体而言，《条例》和《刑法》的规定构建了我国期货市场反操纵的初步框架，但行政违法与刑事犯罪规制内容高度重合，缺乏层次性。在现实操作中，很容易产生“以行代刑”问题，对期货市场操纵等违法行为打击力度不够，因此有必要将二者区别开来。相较于刑事处罚，行政处罚时效性要求更高，而且行政处罚具有预防性、公益性和救济性等属性。因此，在美国，对操纵行为进行行政处罚适用的证明标准要低于民事与刑事责任追究中的证明标准。在这一点上，在期货法立法以及《条例》修改中可以吸收借鉴。建议降低部分操纵行为的认定标准，例如，即使自成交、约定交易等操纵行为未影响期货交易价格或交易量，监管部门也可以予以制裁。因为上述行为本身也是美国《商品交易法》第4c条(a)款第(2)项明令禁止的行为。

《条例》和《刑法》虽然分别明确了期货操纵的行政责任与刑事责任，但尚缺民事责任。民事责任通过其内在规则，如过错推定、连带责任、损害结果推定等，不但能够弥补行政责任的欠缺，而且可以激活受损害投资者寻求法律保护的欲望，使权利义务得以合理修复，因此建议在立法时予以完善。同时，建立期货市场操纵行为的民事、行政与刑事相贯通的责任追究机制，以及与其对应的有梯度的认定或证明标准。美国法律修订的基本经验之一是，不同的责任机制适用不同的认定标准。比如，在行政追究过程中，监管者就无须证明“操纵—损失”之间的因果关系，而这种因果关系的证明是刑事责任认定中的核心和最复杂环节。而在“民事—行事—刑事”的责任机制下，操纵的认定标准也即操纵行为指控者的初步证明责任也渐次增强。在我国在立法或法律修订过程中，应当注意这一点，既要有效惩戒操纵行为，又要注意界限和梯度，以避免操纵行为妨碍期货市场功能的正常发挥。

(二)法律实施层面

1. 完善定位明确、分工合理的期货操纵监管执法机制

建立一个适应我国期货市场特点的执法机制，关键在于对行政监管机构和一线监管机构的恰当定位和合理分工。交易所宜发挥技术系统和专业力量的优势，定位于对违规交易行为的事先防范、事中监控和及时处理，防范违规行为后果的扩大；证监会的监管宜充分利用调查和行政处罚权，定位于对违法违规行为的威

慑、调查和处罚。[40]

就期货操纵方面的规则分工而言,交易所作为市场的一线组织者,应从异常交易行为的角度,完善相关业务规则,禁止操纵行为,并建立对操纵行为的快速反应和处置机制。[41] 在业务规则中针对可能发展成为"市场操纵行为"的"异常交易行为"进行明确界定,侧重描述相关异常交易行为的客观表现形态,简化主观方面的要求或者将主观方面作为认定异常交易时的情节予以考虑。在交易所层面,及时制止短线操纵行为是第一位的。因此,交易所应积极采取警告、约见谈话、现场走访等监管措施,建立快速的应对机制。证监会的职责重点在于制定关于期货市场操纵行政违法行为的认定指引,将关于市场操纵异常交易行为标准和处理措施交由交易所进行规定,以更好地发挥交易所专业和灵活的一线监管优势,更好地适应对期货操纵类异常交易行为的监管需要。从期货操纵方面的监管执法分工而言,当交易所发现相关异常交易行为涉嫌违法违规时,应当及时向证监会进行移送,由证监会立案稽查,立案后证监会通过行使法律赋予的调查权进行调查,交易所则应当通过提供数据查询和分析等方式,配合证监会做好协助调查工作。

2. 统一对期货市场操纵行为的认识,明确执法标准

期货交易与证券交易既存在密切的联系,也存在显著区别:(1)我国期货采用的是 T+0 交易,而证券采用的是 T+1 交易;(2)期货交易的对象是合约,而证券交易的对象是财产权凭证;(3)期货不存在发行环节,而证券须经发行程序;(4)期货交易的功能在于风险定价和转移,而证券交易的功能在于资本形成即融资。[42] 正是由于交易机制上的差异,在具体操纵行为类型上,期货市场与证券市场有很大不同,如期货市场具有的囤积和挤压轧空等传统力量型操纵在证券市场比较少见。因此,在期货市场打击操纵的执法实践中,既要充分借鉴打击证券操纵行为的成功经验,又要防止简单套用关于证券市场操纵认定标准和程序的简单化做法。建议证监会在加强对期货市场操纵行为查处中关键问题和难点问题研究,特别是在加强对期货市场操纵行为构成要件、认定标准和认定方法研究的基础上,适时出台关于期货市场操纵行为的认定指引。统一执法人员对期货市场操纵行为的认识,为相关执法实践提供明确的执法标准和操作规范。

在认定期货市场操纵行为时应强调"人为价格"的核心地位,目前我国期货法

---

〔40〕 参见袁开洪:《美国期货市场监管体系刍议》,载《价格月刊》2008 年第 7 期。

〔41〕 参见袁开洪:《商品期货市场操纵的监管:美国 CFTC 的经验和借鉴》,载《金融与经济》2007 年第 12 期。

〔42〕 李明良、李虹:《期货市场内幕交易的内涵:以美国为中心的考察》,载黄红元主编:《证券法苑》(第 13 卷),法律出版社 2014 年版,第 281 页。

规操纵对象混淆不清,前后表述不一致,时而采取“操纵期货交易价格”的表述,时而又采用“影响期货交易价格或者期货交易量”的表述,这不利于准确认定操纵行为。单就“影响期货交易量”而言,美国已有判例显示,通过“成交量”或“交易量”的认定仅能证明行为人可能有影响市场的力量或能力,但不一定构成操纵。因此,建议将期货市场操纵行为的操纵对象明确为“交易价格”。在具体构成要件上,我国可以参考美国的通行做法,重点考察行为人影响价格的能力、存在人为价格、制造人为价格的特定故意、因果关系四要素。对于新型操纵行为,例如高频程序化交易等,要充分认识到单纯的技术优势并不构成操纵,具体行为的认定还是要回到操纵行为构成要件上。

当然,也要认识到期货市场操纵认定标准难以量化这一普遍性难题,为此有必要赋予监管机构在执法过程中一定程度的自由裁量权,以面对各类花样翻新的操纵行为。即使经过百余年发展的美国期货市场,也未形成市场操纵的量化标准(如持仓量或交易量在全市场达到一定占比时即构成操纵)。市场操纵案件本身较为复杂,简单地以量化指标来判断是否违法的确有难度,其合理性也有待探讨。

3. 加强司法协作,完善保障和支持期货市场发展的良好司法环境

美国 CFTC 十分注重与司法机关的联合执法工作,并积极协助司法机关的司法调查和诉讼工作。CFTC 通过在执法、共同起诉、技术经验交流等方面共享信息,为其他机构提供必要的执法支持,有效提升了监管执法效果。近年来,中国证监会积极推动公安部、最高人民检察院和最高人民法院出台了一系列打击证券期货刑事犯罪和证券侵权民事赔偿方面的司法文件,有效发挥了司法机关在维护证券期货市场秩序中的积极作用。为进一步提升行政司法联合执法效果,建议积极借鉴境外成熟市场的经验和做法,加强证监会与公安机关、法院和检察院等司法机关在打击期货操纵方面的执法合作,维护保障和支持期货市场发展的良好司法环境,做好行政执法与刑事、司法衔接工作,建立针对操纵行为的立体防范和协同打击机制,不断提高监管执法效果。此外,在当前缺乏司法实践的情况下,建议加强期货市场操纵行为的联合研究,先就某些问题达成理论共识,以为未来确定具体的认定标准和执法标准提供理论支持。

此外,有必要推动反操纵条款相关司法解释的完善,加大对新型操纵行为的打击力度。近年来,我国期货市场在交易品种、交易量、投资者数量等方面,都发生了翻天覆地的变化。短短数十年,我国实现了从商品期货到金融期货,从期货产品到期权产品的飞跃。但火爆市场的背后,也伴随着违法主体多元化、违法行为多样化等问题,围绕期货市场反操纵条款的司法适用产生的理论争议和实务困惑也呈日益激烈之势。上述问题的解决,不仅关涉罪刑法定原则在金融刑法中的

践行，而且是信息化时代中国期货市场健康发展亟须解决的重大问题。为此，有必要进一步完善反操纵条款相关司法解释，明确操纵案件刑事追诉标准。证监会以及期货交易所可以结合行政监管和一线监管中发现的突出问题，建议最高人民法院出台对新型操纵行为的司法解释，加大对幌骗、信息型操纵等新型操纵行为的打击力度。[43]

(三)自律监管层面

1. 从法律以及自律规则层面，进一步完善持仓限额制度

为防范行为人在期货市场利用资金优势和持仓优势等从事价格操纵行为，各国在期货市场立法和监管实践中普遍实施持仓限额制度。以美国为例，相关立法将交易者拥有或者实际控制的交易账户视为一个账户，合并计算各账户持仓后适用持仓限额制度，有效防范了交易者通过分仓来规避交易所的持仓限额制度进而从事价格操纵行为。[44] 我国在设计期货市场的相关规则时借鉴境外先进经验引入了持仓限额制度。在监管实践中，我国还通过建立实际控制关系账户报备制度，对期货市场操纵防范机制进行了有益的探索。不过，我国目前仅由交易所在规则中规定，尚未上升到法律法规层面。建议在期货法立法中对此予以考虑，将违反持仓限额上升到违法违规行为的高度，加大对意图通过集中持仓优势操纵市场行为的打击力度。此外，在交易所层面，也应结合我国期货监管实际，不断丰富持仓限额制度的内涵，最大限度地发挥其防范操纵的效用。

2. 充分发挥自律监管优势，加强期货市场异常交易行为监控

为防止出现操纵市场等违法违规情况，交易所应当加强相关异常交易行为的监控。首先，在业务规则层面，适当提升异常交易相关规定的层级，优化规则内容。改变部分不合理的豁免条款，明确实控账户组合并计算规则，完善异常交易情形和认定标准等。其次，在日常监管层面，应从严监管自成交、频繁报撤单等行为。不过也要注意到频繁报撤本身不是异常交易行为，但考虑到该指标在一定程度上可控制成交量、抑制高频交易，建议将撤单次数与撤单率合并作为一个综合指标，即规定撤单次数达到一定次数且撤单率超过设定的标准，为异常交易行为。一旦市场参与者行为达到异常交易预警阀值，交易所应及时采取措施。对于会员或者客户的违规行为，交易所有权采取相应的监管措施或者纪律处分措施。

---

[43] 杨阳等：《美国如何认定衍生品市场操纵行为——2016年市场操纵案例剖析》，载《中证政研简报》2017年第11期。

[44] 参见周强龙、常鑫鑫：《美国CFTC持仓限额与豁免新规研究——境外期货持仓限额制度系列研究之二》，载《金融期货研究》2017年第7期(内部报告)。

交易所监管实践表明,严格落实异常交易管理制度是抑制过度交易、防范操纵、引导市场平稳发展的有效手段。而有效的监控取决于技术含量高、针对性强的监控系统。以美国芝加哥期货交易所为例,为了有效防范市场操纵行为,实现对潜在操纵行为的有效监控,其专门开发了一系列专门的交易行为监控系统。从我国的情况来看,由于期货交易从一开始就采用先进的电子化交易方式,交易所在监管系统建设和利用方面具有更好的后发优势,已经初步形成了适应我国期货市场监管要求的监控系统。建议继续借鉴境外成熟期货市场的监控系统的设计经验,针对期货交易的发展趋势和特点,不断完善防范操纵行为的监控系统,科学设置动态监控指标,通过监控系统的预警提示,及时发现潜在的违法违规行为,并将其消灭在萌芽状态,以防止其演变为价格操纵行为。

期货及衍生品法律评论
第一卷，第 103 ~130 页

期货跨市场操纵的界定与立法完善

汤　欣[*]　杨青虹[**]

摘要：经济全球化的推进与市场关联度的增加，为期货跨市场操纵提供了契机。期货跨市场操纵利用多个市场的价格关联，比单一市场操纵更具危害性，严重损害证券及期货市场"三公"原则及投资者利益，甚至引发系统性风险。期货跨市场操纵案件的日益增多及操纵手段的日益复杂化考验着立法的时效性与成熟度。国内期货跨市场操纵立法严重不足，而学者针对该种操纵的界定及相关法律责任制度完善路径的研究依然薄弱。本文尝试在对期货跨市场操纵行为进行界定的基础上，探讨该种违法行为的理解分析路径，分析相关案例，并提出反期货跨市场操纵立法的完善建议。

关键词：期货市场　操纵行为　跨市场操纵　立法完善

一、问题的缘起

国际证券监督管理委员会组织（International Organization of Securities Commissions，IOSCO）在 2000 年《调查与起诉市场操纵》报告中明确指出，基于金融商品、基础资产之间的价格关联而实施的跨市场操纵，在全球金融市场一体化背景下

---

* 清华大学法学院教授，法学博士。
** 安邦保险集团股份有限公司法务部。

操作越发便利、监管则日趋困难。[1]

中国证监会对海南大印集团有限公司等的行政处罚则,在中国国内将期货跨市场操纵置于舆论焦点,[2]2015年"股灾"期间我国股市的惨烈暴跌将期货跨市场操纵推至风口浪尖,[3]中国证监会表示将严肃依法打击跨市场操纵行为。[4] 2015年9月25日,中国证监会新闻发言人张晓军通报了另一起期现跨市场操纵案例——"甲醇1501案",并宣布对此案中的当事人姜某进行顶格处罚,同时采取终身期货市场禁入措施。[5] 按照后文所述的分类方法,此案操纵

---

[1] 金融市场全球化与市场关联度加强为期市操纵提供了重要"机遇",也使交易所监测、行政机构监管、刑事调查等控制市场操纵的措施在执行过程中越发艰难。操纵证券、期货、衍生品或(及)其基础资产的交易行为可能发生在特定市场或者司法区,而操纵者可能在其他国家和地区。行为人会在某个特定的市场中操纵证券、衍生品价格从而影响其他市场(境内或境外)的证券、衍生品或其基础资产的交易价格,如操纵本国或者本地区股指期货成分股交易价格,影响以本国或者本地区的股指期货为基础的外国衍生品交易。随着金融衍生产品市场的发展,操纵基础资产市场行为的激励将可能不断得以强化,如操纵证券交易价格可以在衍生品市场交易(可转换优先股、证券互换等)中获取利润。See "Technical Committee of the International Organization of Securities Commissions, Investigating and Prosecuting Market Manipulation", May 2000, pp. 2 - 3, Accessed March 10, 2017. http://www.iosco.org/library/pubdocs/pdf/IOSCOPD103.pdf.

[2] 此案中,海南龙盘园农业投资有限公司为海南大印集团有限公司的控股子公司,王某为两家公司的实际控制人,也是此案的策划组织者和主要责任人。海南万嘉实业有限公司与王某控制的公司作为长期贸易伙伴,有密切的利益关系。海南万嘉与海南龙盘园采用自买自卖、虚假申报、互为对手方交易等方式对天然橡胶RU1010期货合约的结算价格进行了操纵,海南大印借此结算价格被操纵虚高之机卖出相关仓单,在仓单交易现货市场再度获利。其中,海南万嘉在期货市场上违法所得共计221,475元,海南龙盘园在期货市场上违法所得共计289,200元,海南大印在仓单交易中的非法获利共计241,410元。中国证监会对上述三公司分别没收违法所得,并处以违法所得2倍罚款,并对直接负责的主管人员和其他直接责任人员予以警告并处以罚款。详情参见《中国证监会对海南大印、海南龙盘园、海南万嘉等操纵市场的行政处罚决定书》,载中国证券监督管理安全网:http://www.csrc.gov.cn/pub/zjhpublic/G00306212/201401/t20140124_243101.htm,最后访问日期:2017年3月10日。此案是中国证监会官网可查的首例期货跨市场操纵处罚案例。

[3] 《A股暴跌大数据:六成个股跌幅超过40%》,载新浪网:http://finance.sina.com.cn/stock/data/20150704/115422591274.shtml;《股指期货史上首次全线跌停,港股创七年最大跌幅》,载澎湃网:http://www.thepaper.cn/newsDetail_forward_1350199,最后访问日期:2017年3月10日。

[4] 《证监会:严肃依法打击跨市场操纵的违法违规行为》,载新华网:http://news.xinhuanet.com/fortune/2015-07/02/c_127978511.htm,最后访问日期:2017年3月10日。

[5] 此案中,姜某作为现货市场最大的甲醇贸易商,控制42个期货账户,采取集中资金优势、持仓优势,连续买卖期货合约,同时囤积现货以期影响期货市场行情,操纵期货交易价格。参见《终身市场禁入:轰动期货市场的1501甲醇逼仓案尘埃落定》,载和讯期货网:http://futures.hexun.com/2015-09-26/179503381.html;《被证监会顶格处罚的姜为究竟做了什么?还原"甲醇1501"操纵案》,载http://www.gunmi.cn/v/50d122,最后访问日期:2017年3月10日。

行为涉及期货市场和现货市场，应当属于期货跨市场操纵，[6] 但囿于《期货交易管理条例》没有明确规定期货跨市场操纵，且此案尚可依据“为影响期货市场行情囤积现货”的规定对此操纵行为进行规制，所以在相关报道中，中国证监会未将此案界定为期货跨市场操纵。

现行《期货交易管理条例》对期货跨市场操纵制度的规定很不完善，没有规定操纵期货市场影响现货市场价格的操纵行为。在前述“海南大印案”中，中国证监会顺应大宗商品市场期现货联动的发展形势，扩展期货跨市场操纵行为的内涵，将此案中发现的新型操纵手法列入法律规制范围。海南大印集团有限公司等行为人在期货和现货市场均有不当得利，构成了期现联动的跨市场操纵行为。[7] 然而中国证监会在此案件的行政处罚决定书中并没有直接以期货跨市场操纵定性，而是仍然依据原《期货交易管理条例》第 74 条中有关操纵期货交易价格的规定，[8] 将其定性构成操纵市场的情形，将该规定中的“违法所得”扩大解释，延伸到现货市场的得利，并对“违法所得”一并进行没收，其合

〔6〕 关于期货跨市场操纵的定义颇有争论，各立法例和学说的态度有所不同，本文将在后文期货跨市场操纵界定、期货跨市场操纵立法模式部分简要提及。

〔7〕《证监会查处“海南大印、海南龙盘园、海南万嘉”等公司操纵期货市场违法违规案报道》，载中国证券监督管理委员会网：http://www.csrc.gov.cn/pub/zhejiang/xxfw/zjgzjx/201403/t20140304_244975.htm，最后访问日期：2017 年 3 月 10 日。此案行为人在现货、期货市场均有不当得利，但在期货和现货市场上均有不当得利并非期货跨市场操纵的要件。根据跨市交易策略，在一个市场亏损，而在另一个市场获利，总体获利的情况是存在的；此外，也存在操纵行为因其他方的原因失败，在相关市场无获利的情形。

〔8〕 原《期货交易管理条例》是指 2007 年 3 月 6 日以中华人民共和国国务院令第 489 号公布的版本。此案发生在 2010 年，《期货交易管理条例》还未经修订，应适用违法行为发生时的法律。2007 年《期货交易管理条例》第 74 条的规定同 2013 年修订的《期货交易管理条例》第 71 条、2016 年修订的《期货交易管理条例》第 70 条的规定，完全相同。任何单位或者个人有下列行为之一，操纵期货交易价格的，责令改正，没收违法所得，并处违法所得 1 倍以上 5 倍以下的罚款；没有违法所得或者违法所得不满 20 万元的，处 20 万元以上 100 万元以下的罚款：(1) 单独或者合谋，集中资金优势、持仓优势或者利用信息优势联合或者连续买卖合约，操纵期货交易价格的；(2) 蓄意串通，按事先约定的时间、价格和方式相互进行期货交易，影响期货交易价格或者期货交易量的；(3) 以自己为交易对象，自买自卖，影响期货交易价格或者期货交易量的；(4) 为影响期货市场行情囤积现货的；(5) 国务院期货监督管理机构规定的其他操纵期货交易价格的行为。单位有前款所列行为之一的，对直接负责的主管人员和其他直接责任人员给予警告，并处 1 万元以上 10 万元以下的罚款。

法性基础存疑,[9]且理论自洽性不足。[10] 上述原《期货交易管理条例》第74条第1款末项中的兜底性条款——"国务院期货监督管理机构规定的其他操纵期货交易价格的行为"如何进行解释,也可进行讨论。

随着我国期货、期权等金融衍生品的陆续推出,[11]原油期货的蓄势待发,[12]沪港通、深港通的实行,沪伦通的筹备,[13]以及中欧国际交易所的开业,[14]利用离岸市场进行跨境的跨市场操纵可能不断增加,[15]如何防范与控制期货市场与相关市场间的跨市场操纵风险,日益具有理论和实践意义。期货市场在国内属于新兴市场,国内研究缺乏对期货跨市场操纵行为的界定、其类型及方式的总结,对期货跨市场操纵的法律规制也研究甚少。如果法律制度不能及时跟进市

---

〔9〕 中国证监会适时将此案中发现的新型操纵手法列入法律规制范围值得肯定,但中国证监会能否将违法所得扩大解释到现货市场则值得商榷。

〔10〕 有必要针对期货跨市场操纵行为进行单独立法。将期货跨市场操纵行为附属于单一市场操纵,采用将"违法所得"进行扩大解释的方法自洽性不足。当期货跨市场操纵同时操纵两个以上市场且相关市场均存在市场操纵立法时,因附属的单一市场不同,可能导致对同一期货跨市场操纵行为同案不同罚的结果;当相关市场的监管部门不同时,还可能导致监管权竞争及过度处罚的可能。参见杨青虹:《期货跨市场操纵认定与监管研究》,清华大学法学院2015年硕士学位论文,第37页。

〔11〕 2015年2月9日,国内首只场内期权产品上证50ETF期权在上海证券交易所上市交易,首个商品期权豆粕期权在大连商品交易所亮相,2017年4月19日,白糖期权将于2017年4月19日在郑州商品交易所上市交易,证监会将推出更多期权产品上市。分别参见《上证50ETF期权挂牌上市》,载财经网:http://finance. sina. com. cn/focus/szetfoptions/;《首个商品期权豆粕期权今亮相》,载中国证券网:http://news. cnstock. com/news, bwkx - 201703 - 4057815. htm;郑商所:《白糖期权上市准备工作已经就绪4月19日上市交易》,载中证网:http://www. cs. com. cn/xwzx/201703/t20170317_5211432. html;方星海:《证监会将推出更多期权产品上市》,载中国证券网:http://news. cnstock. com/news, bwkx - 201703 - 4057812. htm,最后访问日期:2017年3月10日。

〔12〕 《等了5年!中国原油期货今年或将上市》,载新浪网:http://cj. sina. com. cn/article/detail/5993531560/247785? cre = financepagepc&mod = f&loc = 3&r = 9&doct = 0&rfunc = 64,最后访问日期:2017年5月13日。

〔13〕 《上海清算所落户伦敦沪伦通有望年内成行》,载财经网:http://finance. sina. com. cn/roll/2017 - 03 - 23/doc-ifycspxn9472686. shtml,最后访问日期:2017年3月16日。后期深伦通、沪纽(纽约)通和沪新(新加坡)通等均有望成为现实,直至中国股市完全成为国际市场的一部分。

〔14〕 《中欧国际交易所开业》,载网易网:http://news. 163. com/15/1119/04/B8ONH5DK00014AED. htm,最后访问日期:2017年3月16日。中欧国际交易所由上海证券交易所、中国金融期货交易所与德意志交易所集团共同成立,其主要职能是主要职能是研发和上市交易以离岸人民币计价的证券和衍生产品,按照国际化交易所的标准开展上市、交易和清算服务。

〔15〕 操纵市场案件中,已经出现了跨市场操纵、跨境操纵等多起案件,呈现了传统案件加速演变、更趋复杂的特点。载中国证券监督管理委员会网:http://www. csrc. gov. cn/pub/newsite/jcj/gzdt/201702/t20170227_312733. html,最后访问日期:2017年3月18日。

场的发展，将出现法律漏洞或法律空白，一些新的跨市场违法操纵行为将可能因缺乏法律依据而无法被规制。

为规制期货跨市场操纵行为，有必要对其进行纵深性界定，类型化细分，总结提出理解分析路径，在掌握期货跨市场操纵机理基础上进行合法、合理且有针对性的立法完善。限于篇幅，本文在我国反期货跨市场操纵立法完善部分，仅给出期货跨市场操纵在期货法中的立法条文建议，其他配套监管措施及具体构成要件认定将不在本文中专述。

二、期货跨市场操纵界定及理解分析路径

（一）期货跨市场操纵概念界定

"操纵市场"一词起源于现货市场，后被引入证券市场及期货市场。[16] 在证券市场中，目前学术界普遍接受艾伦（Allen）和加莱（Gale）的分类，艾伦和加莱在《股票价格操纵》（Stock-Price Manipulation）一文中将股票市场操纵形式分为三种：[17] 基于交易的操纵（Trade-based）、[18] 基于信息的操纵（Information-based）[19] 和基于行动的操纵（Action-based）。[20] 上述分类对期货市场操纵形式的划分具有借鉴意义，但由于期货市场和股票市场的差异，期货市场的操纵模式呈现和股票市场不同的特点。在期货市场操纵中，学者一般将期货市场操纵分为市场力量型操纵、[21] 交易型操纵、信息型操纵和其他操纵行为。[22]

期货跨市场操纵是新型的期货市场操纵形式，其属于市场操纵的违法行为大类。美国作为判例法国家，其市场操纵行为的内涵和外延处于动态更新之中，跨市场操纵并没有从市场操纵中独立出来，而是统一规制。其实在美国，也没有

---

〔16〕 张国炎：《期货犯罪与防范论》，人民法院出版社 2005 年版，第 42 页。

〔17〕 Allen, F. K and Gale, D., "Stock-Price Manipulation", *Review of Financial Studies*, Vol. 5, 1992, pp. 503 – 529.

〔18〕 基于交易的操纵，是指操纵者通过交易的方式，来干扰市场价格进而对市场操纵。

〔19〕 基于信息的操纵，是指操纵者通过散布、传播虚假信息，利用信息的不平等误导投资者的操纵。

〔20〕 基于行动的操纵，是指操纵者通过行动改变资产的真正价值或可预见的价值进而改变公司股价的操纵。

〔21〕 市场力量型操纵主要是利用自己的经济实力控制期货或现货市场上的头寸，包括囤积、挤压轧空形式。从本质上来说市场力量型操纵也属于行为型操纵。不过学者根据期货市场的鲜明特征，多以市场力量型操纵指代。

〔22〕 鲁东升等：《期货市场操纵行为的认定与标准研究》，载应勇主编：《金融法治前沿》（2011 年卷），法律出版社 2011 年版，第 826 ~ 838 页。

对市场操纵的立法定义。美国联邦法院和监管机构从市场操纵判例实践中,逐步建构出一套构成市场操纵的分析性框架,这套分析性框架包括下述四个构成要件:(1)涉案的行为主体有影响市场价格的能力(ability);(2)该行为主体有影响市场价格的特定故意(intent);(3)形成人为价格(artificial price);(4)人为价格由该行为主体所引发(causation)。[23]

当前境内外对期货跨市场操纵缺乏明确的界定,在现有的学术文献中,相关界定存在不足,如未明确期货跨市场操纵与跨市场操纵的区别;对期货市场操纵、单一期货市场操纵和期货跨市场操纵的逻辑关系理解不清;对期货跨市场操纵内涵的界定未涵盖其所有子类型;对相关市场的界定不清;对期货跨市场操纵行为细分到单一市场的操纵行为具体形态认识不全面等。

简言之,以操纵行为是否跨越两个市场以上为界定标准,市场操纵可以类型化为单一市场操纵与跨市场操纵。[24] 跨市场操纵行为必然涉及两个以上市场,期货市场操纵可以类型化为单一期货市场操纵和期货跨市场操纵,期货跨市场操纵涉及的两个以上市场中必然包含期货市场。对于期货跨市场操纵而言,要注意一种特殊的形式,即跨境的期货跨市场操纵行为,[25] 国际上已经出现了多

---

〔23〕 Markham, Commodities Regulation: Fraud, Manipulation & Other Claims, § 15:1. Background, p. 4; See e. g., In re Cox, Comm. Fut. L. Rep. (CCH) 23,786 (C. F. T. C. 1987). 其后美国《多德 - 弗兰克法》全面放松了上述四要件,明确了"试图操纵"的构成要件,只要满足操纵故意和实施相应行为就可以,欺诈型操纵的主观要件从故意(intention)放松至轻率(recklessness)。

〔24〕 类似观点可参见谢杰:《跨市场操纵行为监管研究》,载《上海金融》2015 年第 10 期。以交易行为是否跨越证券、期货市场为标准,市场操纵可以类型化为单一市场与跨市场连续交易操纵。此观点指出了跨市场操纵与单一市场操纵的区别,跨市场操纵涉及两个市场,但不严谨。首先跨市场操纵采用的行为模式并非只有基于交易的操纵;其次跨市场操纵,并非仅限于证券、期货市场,还可能涉及商品现货市场、其他衍生品市场(如场外交易、互换等)。后来其在《跨市场操纵的经济机理与法律规制》一文中将其更新为:以金融商品交易行为是否跨越证券市场与期货、期权等衍生品市场为标准,市场操纵可以类型化为单一市场操纵与跨市场操纵。这一论述对前述观点进行了一定补足。谢杰:《跨市场操纵的经济机理与法律规制》,载《证券市场导报》2015 年第 12 期。

〔25〕 广义的跨市场操纵包括跨境跨市场操纵,即操纵行为涉及的市场有两个以上的司法权;狭义的跨市场操纵是指行为人在境内不同资本市场上进行的交易,只有一个司法权。"Technical Committee of the International Organization of Securities Commissions, Investigating and Prosecuting Market Manipulation", May 2000, p. 76, Accessed March 10, 2017. http://www.iosco.org/library/pubdocs/pdf/IOSCOPD103.pdf.

起跨境的期货跨市场操纵案例。[26]

刘凤元在《现货市场与衍生品市场跨市监管研究》一文中认为，跨市场间联合操纵，是指操纵者利用几个或几个市场中的投资产品进行价格操纵。[27] 此定义失之宽泛，从定义来看，包含了现货市场相关联产品的跨产品操纵，而该文主要是研究期货、期权等衍生品与现货市场的跨市场操纵问题，应当对定义再进行限定。

鲁东升等在《期货市场操纵行为的认定与标准研究》一文中，将期货跨市场操纵界定为操纵者利用股票市场、债券市场等现货市场与期货市场的关联性和价格联动机制，[28] 通过在其中某一市场上的操纵行为，影响另一相关市场交易价格的行为。鲁东升等在研究中以操纵方向为依据，将期货跨市场操纵分为两类：(1)操纵现货影响期货交易价格，即行为人通过操纵现货市场价格进而影响期货市场价格；(2)操纵期货影响现货市场价格。上述定义也存在不足：一是未涵盖期货跨市场操纵的所有子类型，如未包括同时操纵现货市场和期货市场及操纵某期货市场影响其他期货市场的操纵类型；二是将期货跨市场操纵界定为两个市场，忽略了期货跨市场操纵涉及多个市场的可能；三是将相关市场界定为现货市场，忽略了场外市场（远期、场外期权、互换等）。该文将期货市场操纵分为市场力量型操纵、交易型操纵（又细分为真实交易型操纵和虚假交易型操纵）、信息型操纵、跨市场操纵，将跨市场操纵与前三种操纵相并列，并不是从操纵手法上进行区分。事实上，跨市场操纵和前述几种市场操纵并不是简单的并列关系，跨市场操纵和单一市场操纵都属于市场操纵，[29] 其与单一市场操纵的区别在于其行为效果涉及多个市场。跨市场操纵行为或效果必然落实在两个以上的单一市场上，细分后在单一市场上的操纵行为根据细分市场的操纵形态特征可

---

[26] 如后文列举的"2010 德意志银行操纵韩国 KOSPI 200 股指期权交割结算价案"、"住友铜案"(In re Sumitomo)和"野村证券案"(Nomura-case)等，See "Technical Committee of the International Organization of Securities Commissions, Investigating and Prosecuting Market Manipulation", May 2000, pp. 78, 82 - 84, Accessed March 10, 2017. http://www.iosco.org/library/pubdocs/pdf/IOSCOPD103.pdf。

[27] 刘凤元：《现货市场与衍生品市场跨市监管研究》，载《证券市场导报》2007 年第 9 期。

[28] 鲁东升等：《期货市场操纵行为的认定与标准研究》，载应勇主编：《金融法治前沿》(2011 年卷)，法律出版社 2011 年版，第 826 ~ 838 页。相同观点亦可见梁忠辉：《中国股指期货市场价格发现和监管问题研究》，东北财经大学法学院 2012 年硕士学位论文，第 85 页。

[29] 单一市场操纵和跨市场操纵的区别在于市场操纵行为涉及的市场数目的不同，单一市场操纵指发生在一个市场上的操纵行为，往往通过洗售、对敲、虚假申报等操纵手段操纵市场价格，其操纵行为相比跨市场操纵要简单得多。单一市场操纵相比跨市场操纵通常具有规模较小、价格操纵幅度不大、操纵期很短、操纵频率高的特点。

以归为力量型操纵、[30]交易型操纵、信息型操纵、行动型操纵[31]或其他操纵中的一种或多种。跨市场操纵和单一市场的操纵在市场操纵属概念下属于同一位阶的种概念。

美国商品期货交易委员会（Commodity Futures Trading Commission，CFTC）前主席菲利普·麦克布莱德·约翰逊（Philip McBride Johnson）在研究大量实务案例的基础上，将期货市场操纵行为界定为期货市场的操纵（manipulation），又称价格操纵（price manipulation），是指分别在现货市场或期货市场，或者同时在现货市场和期货市场，拥有供给或需求的支配性地位，消除现货市场和/或期货市场上的有效价格竞争，并运用其支配性地位故意制造人为高价或人为低价。当然，操纵者有时也通过使价格凝固（stabilize price）而获利。[32] 此定义点明了期货跨市场操纵的三种类型：通过操纵现货市场影响期货市场，通过操纵期货市场影响现货市场或同时操纵现货市场和期货市场。[33] 但未包含通过操纵某一期货市场影响其他期货市场的情形，[34]且上述定义主要规定了市场力量型操纵［囤积（Corner）和挤压轧空（Squeeze）两种形式］，其外延未包括信息型操纵（如散布不实资讯）、交易型操纵［如冲洗买卖（Wash Sales）、相对委托（Cross

---

〔30〕 市场力量型操纵主要是利用自己的经济实力控制期货或现货市场上的头寸达到垄断，包括囤积、挤压轧空形式。从本质上来说市场力量型操纵也属于行动型操纵。不过学者根据期货市场的鲜明特征，多以市场力量型操纵指代。参见何晓春：《基于反跨市场联合操纵的监管探讨》，载《现代商贸工业》2008年第11期。

〔31〕 股票市场操纵常用行动型操纵表述，艾伦和加莱在《股票价格操纵》（Stock-Price Manipulation）一文中将股票市场操纵形式分为三种：基于交易的操纵、基于信息的操纵、基于行动的操纵。基于交易的操纵，是指操纵者通过交易的方式，来干扰市场价格进而对市场操纵；基于信息的操纵，是指操纵者通过散布、传播虚假信息，利用信息的不平等误导投资者的操纵；基于行动的操纵，是指操纵者通过行动改变资产的真正价值或可预见的价值进而改变公司股价的操纵。See Allen，F. K and Gale，D.，"Stock-Price Manipulation"，*Review of Financial Studies*，Vol. 5，1992，pp. 503－529.

〔32〕 Philip McBride Johnson，"Commodities Regulation，Little，Brown and Company"，Volumn II，1982，pp. 231，238，261－265. 转引自上海期货交易所《期货法》课题——《期货交易禁止行为研究》的部分摘编：《多德－弗兰克法》关于期货市场操纵行为的最新规定和变化。

〔33〕 此观点亦出现在王昊、李松的《浅议股指期货市场操纵行为的法律界定》中，作者将股指期货市场操纵中跨市操纵定义为：任何单位或个人，采取不法手段，以影响股票和期货市场价格为目的，分别或同时操纵现货或期货市场交易量或价格，通过现货市场和期货市场的相互作用，分别或同时在现货市场或期货市场上获利的行为。

〔34〕《干货：新华富时A50指数期货详解》，载搜狐网：http://mt. sohu. com/20150902/n420344518. shtml，最后访问日期：2017年3月25日。

Trade)]等其他操纵类型,[35]因此失之片面。

综观上述国内外关于期货跨市场操纵的观点,都包含了操纵现货影响期货市场价格的期货跨市场操纵类型。因此本文认为,前述"甲醇1501"案"为影响期货市场行情囤积现货"的操纵行为,应当属于期货跨市场操纵的类型。事实上,将操纵期货影响现货市场价格的操纵行为界定为期货跨市场操纵,而将操纵现货影响期货市场价格的操纵行为排除在期货跨市场操纵之外,不合逻辑,因为这两种行为的区别仅在于操纵方向不同而已。[36]

本文认为,期货跨市场操纵是指行为人违反相关市场法律规定,利用期货市场与股票市场、债券市场等现货市场、另外期货市场、场外市场等相关市场之间的关联性和价格联动机制,单独或合谋通过在一个或多个市场上采取不正当手段,影响期货或相关市场价格,扰乱市场正常价格竞争秩序的行为。从操纵地域上划分,包括境内期货跨市场操纵和跨境期货跨市场操纵。从操纵方向上划分,期货跨市场操纵可以划分为五类:[37](1)操纵现货市场影响期货市场;(2)操纵期货市场影响现货市场;(3)同时操纵期货市场和现货市场使二者互相影响;(4)操纵某一期货市场影响另外期货市场;[38](5)同时操纵两个以上期货市场使其互相影响。

(二)期货跨市场操纵实质界定——价格关联操纵

期货跨市场操纵的内在经济机理是期货衍生品与衍生品的基础资产或类似

[35] 有关囤积和挤压轧空等"其他形态的操纵行为",参见郭土木:《期货交易管理法规》,台北,三民书局股份有限公司2017年版,第365~368页。

[36] 囿于人类的认识规律及法律不可避免地落后于现实,跨市场操纵属于相对较新的操纵类型,未发生或极少发生跨市场操纵的国家和地区多半没有跨市场操纵的明确法律规定,跨市场操纵多发的国家和地区相关的法律规定则比较完善。本文认为不能因认识所限或法律未规定或规定不明确,而否认此种行为属于期货跨市场操纵的定性。不同国家和地区的立法传统、立法模式及法系归属的不同,对于跨市场操纵的法律规定及解释路径也不尽相同。随着对跨市场操纵的认识加深,境内外市场对于跨市场操纵的规定逐渐呈完善趋势。如美国主要通过判例不断丰富跨市场操纵内涵,韩国主要是通过对跨市场操纵单独立法。本部分将在境内外市场期货跨市场操纵立法模式部分简要提及。

[37] 为行文方便,此处期货跨市场操纵分类以限定在现货市场和/或期货市场之间为例举,场外市场等相关市场暂不考虑,对应于后文期货跨市场操纵理解分析路径部分图2期货跨市场操纵的类型。实际跨市场操纵案例中存在跨期货市场、场外市场或跨现货市场、期货市场、场外市场的情况,可依此逻辑分类进行推演。

[38] 此类型主要是利用了不同期货交易所(包含境内与境外)的上市产品之间的关联性进行的操纵,监管此种操纵行为需要不同交易所之间的合作。

衍生品等之间的价格关联。跨市场操纵行为的实质是价格关联操纵。[39]

境内期货与相关产品的关联性主要体现在境内期货与基础资产的关联性。[40] 在商品期货方面,随着豆粕期权的上市,未来可能存在商品期货、现货、相应商品期权的期货跨市场操纵行为。原油期货上市后,跨境内期货交易所的期货跨市场操纵存在可能。在金融期货方面,以股指期货为例,沪深300股指期货同沪深300指数、沪深300指数基金(沪深300ETF)、沪深300指数权重股或行业板块有直接关联,并且同上证指数相对应的产品、权重股、期权间也有间接关联,存在期货跨市场操纵的可能。[41] 随着上证50ETF期权的上市,未来可能存在金融期货、金融期权跨市场操纵。

当境内期货产品的定价权和国际日益接轨时,其期货价格往往容易受到国外期货价格的影响。此种情形下的操纵主要表现为:通过操纵国外的相关期货价格影响我国境内期货产品的价格,或进而影响国内相应的现货市场。此种情形下的期货跨市场操纵具有跨境操纵的特征,使跨市场操纵的外延得以扩展。[42] 金融全球化背景下的金融衍生品交叉上市,[43] 使境内市场对金融资产定价权的掌

---

〔39〕 谢杰:《跨市场操纵的经济机理与法律规制》,载《证券市场导报》2015年第12期。价格关联操纵是利用金融商品市场交易价格与其他市场中的金融商品、现货、基础资产、非监管市场交易或者私有契约价值之间的关联性,基于控制特定金融商品市场价格在其他市场中实现自身利益。在价格关联操纵中,行为人获取的利润并不源自操纵性交易行为本身或者买卖行为所指向的金融商品交易市场,而是源自以受操纵金融商品市场交易价格为结算依据的衍生品市场或者其他协议。基于上述相关产品价格关联性实施的跨市场操纵行为规模发展到最高垄断性程度时就会出现价量操纵,如轧空。上述利润来源的观点失之绝对,跨市场操纵行为类型、手段多样,获利形式也多样。

〔40〕 还包括境内期货市场和相关场外市场,如期货市场和远期市场等。跨期货交易所的跨期货品种的市场操纵可能性很低。我国现有的期货交易所有上海期货交易所、大连商品交易所、郑州商品交易所、中国金融期货交易所,各期货交易所的上市期货合约产品几乎完全不一样。

〔41〕 参见《从权证投机窥期指操纵——股指期货系列报告之十报告》,载国泰君安证券网:http://report.inv.org.cn/detail_m.php? id=87222&chinese=traditional,最后访问日期:2017年4月10日;亦可参见梁忠辉:《中国股指期货市场价格发现和监管问题研究》,东北财经大学法学院2012年博士学位论文。

〔42〕 跨境跨市场操纵的认定、监管较为困难,这也是跨市场操纵行为新趋势逐渐强化的原因之一。

〔43〕 交叉上市(cross listing)又称为跨境上市或互相挂牌,是指金融产品同时在不同国家的交易所挂牌上市。在其他国家的交易所内,已经出现了多个以我国金融资产为基础资产的金融衍生品,主要包括货币类衍生品与股指类衍生品两大类。其中,货币类衍生品主要为在中国香港期货交易所以及新加坡交易所上市的人民币无本金交割期货产品。股指类衍生品主要包括芝加哥期权交易所推出的中国指数期货、香港期货交易所推出的新华富时中国25指数期货/期权与H股金融指数期货、芝加哥商品交易所推出的新华富时中国25指数期货;摩根士坦利国际资本公司推出的摩根士坦利中国外资自由投资指数,以及新加坡交易所推出的新华富时A50股指期货。除新华富时A50股指期货以外,其他几种股指衍生品在严格意义上,并非金融衍生品的交叉上市,其所指向的资产价格并非A股市场的股票价格,而分别是在H股、N股以及B股上市的中国公司的股票价格。

控力下降,逐渐成为价格操纵从境外传导到境内市场的渠道。

(三)期货跨市场操纵理解分析路径

前文通过考察、分析当前学者对期货跨市场操纵的概念,明晰了期货跨市场操纵的内涵、外延和类型。本部分将通过系列图表总结并简要展示前文期货跨市场操纵的理解分析路径,厘清现存的期货跨市场操纵理解误区,以期提高期货跨市场操纵的识别度,为后文期货跨市场操纵案例研判、反期货跨市场操纵立法完善部分的内容夯实基础。

期货市场操纵、期货跨市场操纵、单一期货市场操纵的关系,期货跨市场操纵的类型,期货跨市场操纵细分到单一市场的操纵行为具体形态可用图1和图2表述:

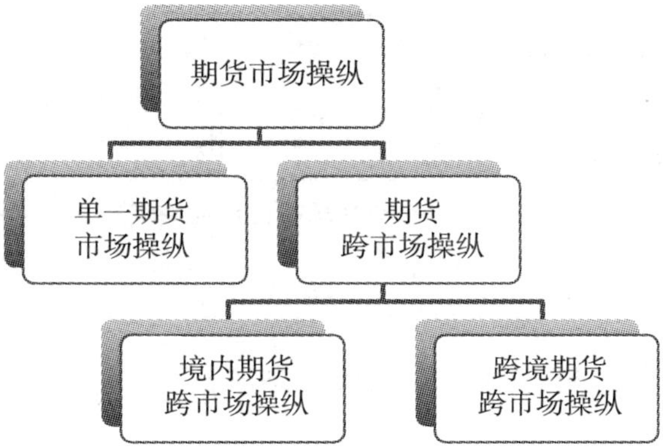

图1 期货市场操纵、期货跨市场操纵、单一期货市场操纵的关系

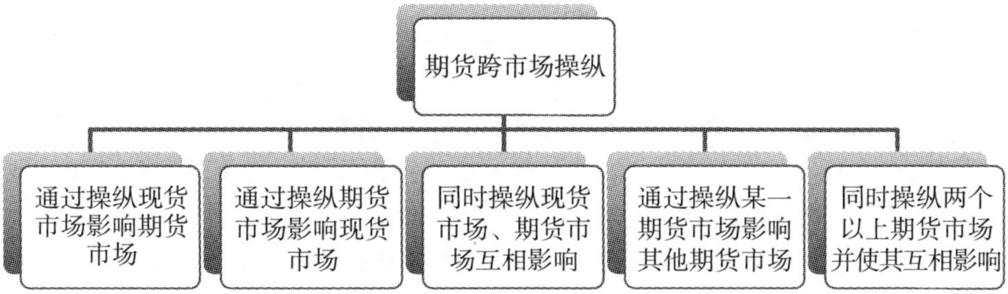

图2 期货跨市场操纵的类型

通过前文期货跨市场操纵概念界定及上述逻辑图表,明晰了期货跨市场操纵、单一期货市场操纵、期货市场操纵的关系(见图1),提出了一条期货跨市场操纵的理解分析路径——依据操纵地域、操纵方向将期货跨市场操纵类型化细分(见图1、图2),相对宏观地界定决定了期货跨市场操纵必然涉及两个以上市场的本质属性;期货跨市场操纵具体形态是学理上对其细分到单一市场的操纵行为的分类(见图3),相对中观的概念将具体的市场操纵手段方式类型化处理,便于对有共性的市场操纵手段进行研究规范,相对简洁。而相对微观的各种具体操纵手段方式则普遍存在于各国相关的法律文件中,对具体行为模式进行规定,便于规制具体的操纵行为,体现了法律的明确性要求。

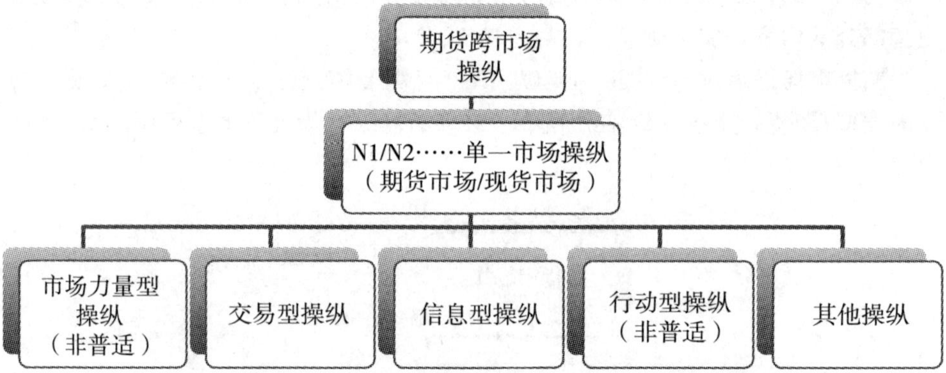

图3　期货跨市场操纵细分到单一市场的操纵行为具体形态

三、期货跨市场操纵经典案例概览及研判

本部分简要列举期货跨市场操纵的经典案例,用前文所提出的跨市场操纵理解分析路径分析境内外市场跨市场操纵案例类型、具体操纵形态、具体手段方式,验证分析路径的普适性,以对期货跨市场操纵的内涵和外延有更为直观及深入的理解。

从收集到的期货跨市场操纵案例来看,美国、韩国、日本、印度、中国香港特别行政区、中国台湾地区等市场,都发生过期货跨市场操纵的事件。期货跨市场操纵已经成为期货市场操纵的新趋势,在商品期货、金融期货市场均有涉及,也出现了跨境跨市场操纵的案例;被操纵的对象呈现多样化趋势,如期货、期权、股票同时操纵;操纵主体越来越复杂;操纵形式日渐翻新,如伪装成套期保值操纵市场,外资与国内公司联合操纵国内市场;等等。

(一)"住友铜案"〔44〕

"住友铜案"是国际市场上典型的商品期货跨市场操纵案件。日本住友公司成立于1919年,其经营范围包括销售金属铜。其通过金属铜分部买卖实物铜,并运用期货进行套期保值,以转移实物铜市场的风险。其首席铜交易员滨中泰男,伪装成套期保值,进行了未经授权的期货交易和操纵市场计划,这一过程长达10年,通过控制期货、现货市场的绝对头寸来操纵铜价格。

此案属于通过同时操纵期货市场和现货市场互相影响的期货跨境跨市场操纵行为,具体形态为市场力量型操纵。此案伪装成套期保值并利用套期保值的头寸持有优势进行跨市场操纵,说明了应当对套期保值账户进行适当监管。豁免套期保值账户的头寸限制,并不构成其操纵市场行为的豁免。套期保值者应当与投机者面临同样被指控为操纵的可能。〔45〕 对于套期保值者应当进行后期

---

〔44〕 该案具体过程如下:1989年,滨中遇到大卫坎贝尔(David Campbell),RST资源非公开金属交易公司总裁,传达试图操纵铜价的意图。1989年到1992年滨中与RST大量合作,成为最大客户。1993年坝贝尔从RST辞职,成立全球矿物和金属公司(Global Minerals & Metals Corp.)。滨中结束与RST合作并与全球矿物和金融公司合作。全球矿物和金融公司促使滨中实施一系列操纵计划:与坝贝尔达成1994~1997年住友每月从全球矿物和金融公司购买铜协议;全球矿物和金融公司从赞比亚铜产商购买铜仓单,全球矿物和金融公司把铜卖给住友,住友再如数卖给赞比亚铜产商。最终实现了"合法和真正的获得实物铜的商业需要"假象,提供了"虚假的商业正当理由"来建立大量的期货头寸和虚构的交易义务对冲。同时,滨中开始筹划建立巨量期货头寸,其选择了监管宽松的伦敦金属交易所(London Metal Exchange, LME),因为美国有严格的披露要求。在美林(Merrill)证券执行董事建议下,其在美林开立B账户,伪造文件授权全球矿物和金融公司代理住友交易,购买期货合约。并在现货市场拥有支配性地位,建立起强有力的多头期货头寸,开始了实际交割期货合约来减少期货头寸,实施控制铜的现货供应和最终攫取巨额利润的计划。美林通过B账户向全球矿物和金融公司提供交割LME仓单需要的资金。1995年11月,住友实际控制了LME100%铜仓单。1995年11月24日,仅通过美林账户,就控制了8666张LME舱单中的8098张(93%),整个季度住友维持了LME铜期货的支配和控制头寸。但由于1994年年末LME决定在加利福尼亚长滩(Long Beach)设立一个交割仓库,导致住友案被发现调查。LME期铜价格和美国期货交易所的期铜价格直接关联,LME铜期货价格高于美国铜期货价格导致美国期货交易所的仓库的铜流入LME在长岛的仓库,导致CFTC在1995年秋季末进行调查。起初,LME不配合。操纵的铜价达到每吨2800美元的历史性高点。1996年4月,在大量投诉和CFTC的压力下,英国监管机构和住友公司同意配合CFTC调查。后因住友一员工发现滨中在美林和其他小经济公司擅自开立的账户,报告给上级;后于1996年5月9日,撤除滨中首席铜交易员的职务;1996年6月5日,滨中向上司电话坦白了一切。CFTC和众多美国的个人投资者指控住友操纵铜期货价格,CFTC根据CEA有关规定获得住友案管辖权。1998年5月11日,住友向CFTC提交了和解方案(Offer of Settlement),同意支付1.5亿美元以换取CFTC结束对住友的调查,CFTC接受了其调解请求。

〔45〕 See Philip McBride Johnson, Commodities Regulation, Little, Brown and Company, Volume Ⅱ, 1982, p. 56.

跟踪,防止其伪装成套期保值从事市场操纵。在此案件的调查过程中,美国商品期货交易委员会(Commodity Futures Trading Commission,CFTC)、英国金融服务管理局(Financial Services Atuthority,FSA)、日本政府等进行了紧密合作,共同侦破了此期货跨境操纵案件,说明了跨境监管合作的必要性。

(二)"1996年芬丘奇(Fenchurch)公司操纵美国10年期国债期货案"〔46〕

就大部分金融衍生品而言,由于采用现金交割方式结算,一般不产生囤积和轧空情况,但"1996年芬丘奇(Fenchurch)公司操纵美国10年期国债期货案"却提出了值得警戒的特殊问题,因其采用实物交割规则。采取现货交割的金融期货品种,比采取现金交割的金融期货产品更容易受到操纵。芬丘奇公司能实施操纵,主要原因就是美国国债票据期货采取实物交割,这对于我国的国债期货操纵有一定的警示作用。

此案操纵行为涉及期货和现货两个市场,属于操纵现货市场影响期货市场,具体形态为市场力量型操纵,采用的具体手段为囤积相关现货影响期货市场。在"芬丘奇案"中,美国证券交易委员会(Securities and Exchange Commission,SEC)、芝加哥商品交易所(Chicago Board of Trade,CBOT)及纽约联邦储备银行联合行动,加快了侦查工作,使芬丘奇(Fenchurch)公司的操纵行为受到了应有的制裁。此案说明了在跨市场操纵案件中,相关监管机构、期货交易所及其他相关机构诸如银行等之间的合作机制有利于案件及时高效地侦查和处理,在我国期货跨市场操纵的监管中,也应注意此方面的机制建构。

(三)"1998年香港金融风暴国际炒家操纵恒指期货案"

梁忠辉在《中国股指期货市场价格发现和监管问题研究》一文中叙述了此案

〔46〕 芬丘奇资产管理(Fenchurch Capital Management)公司是在CFTC登记的商品交易顾问和商品基金运营商,在美国政府证券现货及期货市场上从事交易活动。在交割期的最后四天内及6月合约的最后一天,芬丘奇公司有意收集并持有了大量的6月合约的最便宜国债票据,期货合约的空方不能拿出足够的票据,只能用贵的有价证券进行交割。1993年6月21日,10年期国债6月合约的最后交易日,芬丘奇公司作为多头持有12,700份合约等待交割。其持仓占当时该合约空盘量的76%,是CBOT上市10年期国债期货以来第三大等待交割的头寸。1996年7月10日,CFTC宣布了关于芬丘奇公司操纵市场的行为的行政性起诉的裁定。同时CFTC接受芬丘奇公司提出的支付600,000美元作为民事罚款及采取补救性措施的调解请求。

案情。[47] 此案是典型的操纵现货市场影响期货市场的跨市场操纵案件，操纵者先在期货市场建立相应的头寸，之后利用资金和信息上的优势操纵现货市场价格并最终在期货市场获利，其操纵形态为信息型操纵、交易型操纵并用，具体手段包括连续卖出合约、囤积现货指数权重股、散布虚假信息等。

（四）"2001 年机构投资者利用中国移动、中国联通股票操纵恒生指数和恒指期货案"

郎咸平在《操纵》一书中介绍了"2001 年机构投资者利用中国移动、中国联通股票操纵恒生指数和恒指期货案"。[48] 此案属于涉及现货、股指期货的跨境跨市场操纵，类型为操纵现货市场影响期货市场，其主要操纵形态为信息型操纵与囤积行为相结合，具体手段包括利用股指的重要成分股操纵股指期货，通过囤积与信息事件相关的股指成分股作为操纵筹码，部署大量股指期货空头合约，利用信息事件趁机沽空相关股票，打压股指，在股指期货上平仓获利。

（五）"2003 年国际投行利用中国电信操纵 MSCI 指数及其有关衍生品案"

郎咸平在《操纵》一书中介绍了有关摩根士坦利国际资本中国外资自由投资指数（以下简称 MSCI 中国自由指数）的跨市场操纵案例，[49] MSCI 中国自由指数作为非内地投资者投资中国股票市场的渠道，投资者可通过香港交易所买卖 MSCI 中国自由指数期货合约进行投资和对冲。在 MSCI 中国自由指数成分股

---

〔47〕 案情简介：在 1997 年东南亚金融危机中，以索罗斯为首的国际对冲基金在马来西亚、印度尼西亚等地区不断沽空当地货币，获得巨大收益。随后对冲基金转战中国香港地区，希望借中国香港地区的联系汇率制度攻击中国香港地区的金融市场。对冲基金的基本手法就是在恒指期货合约建立大量空头仓位，同时借阻击港币，引起香港股票市场的动荡，进而在期货合约上获利。对冲基金采用多种市场操纵手段，比如在市场中散布人民币将大幅贬值等虚假信息引起市场恐慌，通过证券中介借入大量恒指成分股如汇丰股票等进行囤积准备在市场沽空。如果任由对冲基金肆意操纵市场，将会严重威胁香港金融市场的安全。中国香港当局采取了针锋相对的措施。首先是针对虚假信息和谣言及时进行澄清，稳定市场情绪，降低抛售压力。同时在现货市场大量吸纳恒生指数权重股，警告经纪公司停止拆借股票给对冲基金，在现货和期货两个市场稳步推高指数。双方在金融市场的角力在 8 月 28 日即期指合约结算日迎来高潮。双方不断买入和抛售，成交量直线上升，市场指数也稳步上升。最终指数收于 7800 点，高于对冲基金的建仓点位，最终国际对冲基金在香港无功而返。

〔48〕 事件简介：2001 年 6 月 1 日起联通纳入恒指成分股后，联通的市场价值和移动的市场价值，占了恒指的 22%，能够影响恒指 1/5 以上的升跌。因此大型基金或机构投资者，只要操控了联通及移动股价，便可操纵恒生指数期货。从 2001 年 5 月起，机构投资者就开始"沽空"联通，并借助市场传闻、自己发布制造消息等方式操纵股价沽空获利。在 2001 年 8 月中旬利用移动公司公布中报股价下跌的时机，大肆沽空联通，使联通的走势与移动一致，从而达到操纵股指和股指期货的目的。郎咸平等：《操纵》，东方出版社 2010 年版。

〔49〕 MSCI 中国指数（MSCI China Index）是由摩根士坦利国际资本公司（Morgan Stanley Capital International，MSCI）编制的跟踪中国概念股票表现的指数。

中只有中国电信和中国移动两只电信业股。[50] 郎咸平认为,这是一起国际投资者利用中国电信和中国移动股价操纵 MCSI 中国自由指数的事件。但从香港交易所的资料中可以看出,MSCI 中国自由指数期货合约的成交量极低,且基于此事件中中国电信与 MSCI 中国自由指数事实上的异常高关联性,因此推测可能存在与 MSCI 中国自由指数关联的其他投资衍生工具,机构投资者通过香港特别行政区境内或境外的场外买卖交易跨市场套利。

此案属于现货市场、期货市场、场外市场的跨市场操纵行为,操纵具体形态为信息性操纵、交易型操纵。此案中,操纵者利用股指的重要成分股操纵场外期货衍生品合约。操纵者利用信息优势,针对将要发生的信息事件,寻找合适的操纵时机,囤积与事件相关的股指成分股作为操纵筹码,影响期货价格,在场外市场部署大量股指期货的衍生品合约,利用信息事件发生的影响,趁机沽空相关股票,打压股指,在场外市场中的股指期货衍生品合约中获利。

这一操纵手段具有较强的隐秘性,因其意图获利的资产不是股指期货,而是股指期货合约的有关衍生品,而场外交易市场使其操纵行为不在监管范围内,这无疑增加了监管难度。当前境外存在许多基于中国股票及指数的衍生产品,如中国概念指数期货、结构性票据、股票互换、A 股指数远期、衍生权证等产品。市场有传言,基于我国对 QFII 交易合规、决策程序监管度不高,QFII 进入 A 股市场之前,可能在境外发售一些与我国 A 股股票指数挂钩的结构性票据与衍生权证,通过影响我国股指价格从而获利。我国国内发生的多起追踪中国股市指数的基金,通过 QFII 调仓交易而引发股市尾市异动的事件,也说明了此种模式的可能性。2004 年印度证监会查出瑞士银行在 2004 年 5 月 17 日通过大量做空印度股票,在其早已发售的结构性票据中获利的案件更是警钟长鸣。

我国现今已经推出了沪深 300 股指期货,境外的国际机构投资者在境外市场也可能创设一些与股指和股指合约相关的金融衍生品合约,通过利用上述操纵手段操纵沪深 300 指数,进而在境外市场获利。此种跨市场行为隐秘且难以

---

[50] 2003 年 6 月 2 日数据显示,中国电信 H 股及中国移动 H 股已分别占了中国自由指数加权资本市值的 4.50% 及 29.76%。二者加总的变动就可以带动 MSCI 中国自由指数。故操纵中国电信及中国移动,就可以操控 MSCI 中国自由指数的波动。相关的异常迹象表明中国电信正被一股强大的背后力量操控着,在此期间,中国电信股价、中国移动股价与 MSCI 中国自由指数的走势可谓相当一致,中国电信与 MSCI 中国自由指数的关联系数为 0.94,中国移动与 MSCI 中国自由指数的关联系数高达 0.97。中国电信在非操纵期间,与 MSCI 中国自由指数关联系数近为 0.66,与操纵时期情况相差甚远。中国电信与中国移动股价的关联系数亦由未受操纵时的 0.59 上升至 0.91。机构投资者在吸入完操纵所需的筹码后,各大投资银行不约而同相继发出了一些利好消息,使其股价上扬,在股价拉高后大量沽空,利用资金实力急剧打压 MCSI 中国自由指数。

察觉，监管机构需要密切关注境外与沪深300指数有关的衍生品，加强对国际机构投资者在境内股票市场和股指期货市场活动的监管，加强境外投资者参与A股市场交易的透明度和合规性监管，防止境外资本操纵我国市场。

（六）“2006年头彩（Jackpot）公司利用到期日操纵韩国KOSPI 200指数期货与股指期权案”〔51〕

此案属于韩国境内关于股指期货、股指期权与股指间的跨市场操纵行为，发生时间恰好在股指期货合约和期权合约的共同到期日，表现出典型的到期日效应。头彩公司主要是通过操纵期货合约影响股指价格，进而获利。其采用的具体形态为交易型操纵，具体手段是连续买卖合约。首先，利用资金优势，部署大量的股指买入期权；其次，利用到期日效应，根据有利于股指期权的方向，直接买入股指期货合约来拉升股指；再次，在股指期权获利后，依靠资金优势，转为做空股指期货，进一步打压股指；最后，在股指期货合约上获利。

从掌握的股指期货和现货跨市场操纵案例来看，韩国、中国台湾地区、印度、澳大利亚均已发生到期日操纵案件，对此特定时间的跨市场操纵应当引起足够重视。到期日操纵的发生往往与结算价的确定方法有关，我国已经注意到了这个问题，在金融期货结算价确定问题上采取了相对难以操纵的确定方法。在未来个股期权推出过程中，尤其应当精心设计个股期权合约，提高抗操纵性，加强监控及引导。

（七）“2010年德意志银行操纵韩国KOSPI 200股指期权交割结算价案”〔52〕

此案属于跨市场操纵案件，属于通过操纵现货市场影响期货市场的期货跨

---

〔51〕 此案案情如下：在2006年的韩国Jackpot操纵KOSPI 200指数事件中，同样是一起股指、股指期货与股指期权跨市场操纵的代表案例。Jackpot当时持有5月执行价在190点位置的KOSPI 200股指买入期权，而在行权日的最后一个小时，Jackpot利用雄厚的资金实力在该时间段内，建立了达6000手以上的头寸，大幅拉升了KOSPI 200在5月股指期货价格，由此导致股指期货合约价格对股票现货价格超过2000亿韩元的多头套利。随后，Jackpot开始平仓并加开空头，将前一日收盘时的股指价格打压至180点附近，再次引发了超过股指期货对股票现货5000多亿韩元的空头套利。

〔52〕 此案案情如下：在2010年11月11日14:19:50至14:49:59，该案当事人通过各类期权组合的方式，提前买入了超出正常套利范围的大量KOSPI 200看空期权，并在现货市场收盘前10分钟里，连续发出7条大额卖出指令，抛出KOSPI 200指数中价值2.4424万亿韩元（约合22亿美元）的199只成分股。这些股票中包括他们在2010年通过指数套利交易以低于最新成交价4.5%至10%的价格购买的三星电子（KOSPI 200指数的最大成分股，权重占14%以上）。正是通过这些操纵性卖出指令，致使KOSPI 200指数短时暴跌2.79%。该案当事人从中非法牟利448.7亿韩元（约合4050万美元）。此案材料来源参考中国金融期货交易所法律部《期货法》立法主要研究成果汇编（中册）。

境跨市场操纵行为,其具体形态为交易型操纵,采用了连续交易的操纵方式。

在此案中,韩国证券期货委员会(SFC)调查后发现,德意志银行(亚洲)香港分行绝对收益策略组的负责人AAA和德意志银行(纽约)证券公司绝对收益策略组的负责人DDD,涉嫌与德意志银行(韩国)证券公司全球权益类衍生品部的负责人EEE一道,在韩国KOSPI股指期权和现货市场间从事了跨市场操纵行为,并将嫌疑人及其不当行为通报相应的外国金融监管机构,其监管效果和威慑性值得借鉴。我国以后也应当加强跨市场和跨境监管协作,提升监管措施的针对性、威慑性和实效性。

四、反期货跨市场操纵的立法完善

(一)境外市场期货跨市场操纵立法模式及借鉴

本部分主要通过考察境外市场关于期货跨市场操纵的立法例及相关实践,总结境外市场期货跨市场操纵的立法模式,分析并借鉴境外市场对期货跨市场操纵的具体法律规定,以期完善我国反期货跨市场操纵立法。

综合考察美国、欧盟、英国、德国、韩国、澳大利亚、新加坡、中国香港特别行政区及中国台湾地区等市场对期货跨市场操纵的法律规定,发现其大致分为三个方面:一是法律法规;[53]二是执法实践;[54]三是市场自律组织自律规则。[55]

境外市场对期货跨市场操纵的法律规定一般主要采用如下模式:

一是在成文法中简要提及期货跨市场操纵,但将其同单一期货市场操纵一起进行规制,统一纳入期货市场操纵,通过对市场操纵的解释进行规制。如美国[56]作为判例法国家,除了成文法外,还通过判例形成规则。在认定期货跨市场操纵行为时,我国可借鉴其丰富的立法、执法实践。美国禁止操纵期货市场的法律规定,主要规定在美国《商品交易法》(Commodity Exchange Act,CEA)中。该

---

[53] 在法律法规层面,几乎都没有对期货跨市场操纵概念进行明确定义,但对期货跨市场操纵行为进行了或多或少的规定:有的通过成文法和判例对其界定,如美国;有的从性质上进行归类或类型化界定市场操纵行为,如中国香港特别行政区、中国台湾地区等;有的采用行为特征原则规定加列举行为相结合,如欧盟;有的采取间接方式概括规定市场操纵行为,如英国。

[54] 此处执法实践指的是相关的监管机构通过执法确定的期货跨市场操纵界定。

[55] 一般指作为防范操纵行为的一线监管机构交易所基于自律监管制定的一系列规则或办法中对期货跨市场操纵行为的规定。

[56] 美国的期货市场操纵(包含期货跨市场操纵)立法、执法、司法实践处于国际前列。

法第6条(c)款及第9条(a)款第(2)项原则性规定了期货市场操纵的类型。[57] 美国2000年《商品期货交易现代化法》(Commodity Futures Modernization Act of 2000,CFMA)对其进行了部分修改,美国《多德－弗兰克法》对美国《商品交易法》进行了重大修改。其第753条对美国《商品交易法》第6条(c)项作了修改,[58] 修改后的第6条(c)款细化和完善了市场操纵行为的认定。[59] 为了落实

---

〔57〕 美国《商品交易法》第9(a)(2)条规定:Any person to manipulate or attempt to manipulate the price of any commodity in interstate commerce,or for future delivery on or subject to the rules of any registered entity,or of any swap,or to corner or attempt to corner any such commodity or knowingly to deliver or cause to be delivered for transmission through the mails or interstate commerce by telegraph,telephone, wireless,or other means of communication false or misleading or knowingly inaccurate reports concerning crop or market information or conditions that affect or tend to affect the price of any commodity in interstate commerce,or knowingly to violate the provisions of section 4,section 4b,subsection(a)through (e)of subsection 4c,section 4h,section 4o(1)or section19. 主要规定了价格操纵。

〔58〕 Dodd-Frank Wall Street Reform and Consumer Protection Act,Sec 753,July,2010. 美国《多德－弗兰克法》第753条对CFTC反操纵的权力边界进行了进一步拓展:(1)CFTC打击操纵的范围从期货产品扩展到场外衍生品,如掉期等;(2)规定在期货交易中的错误、误导性的或不准确的报告或陈述的行为均属违法;(3)对于CFTC在CEA中的反价格操纵行为予以保留,并进而增加了虚假不实报告的操纵行为;(4)将CEA和美国普通法实践认定"操纵"的四要件中的"故意"(intent)放宽到"放任",对于虚假不实报告的操纵行为不再要求存在"人为价格"或"造成价格扭曲"。参见李明良、李虹:《〈多德－弗兰克法〉期货市场反操纵条款研究》,载张育军、徐明主编:《证券法苑》(第5卷),法律出版社2011年版,第1201页。

〔59〕 第6c条:(1)PROHIBITION AGAINST MANIPULATION.—It shall be unlawful for any person, directly or indirectly,to use or employ,or attempt to use or employ,in connection with any swap,or a contract of sale of any commodity in interstate commerce,or for future delivery on or subject to the rules of any registered entity,any manipulative or deceptive device or contrivance,in contravention of such rules and regulations as the Commission shall promulgate by not later than 1 year after the date of enactment of the Dodd-Frank Wall Street Reform and Consumer Protection Act,provided no rule or regulation promulgated by the Commission shall require any person to disclose to another person nonpublic information that may be material to the market price, rate, or level of the commodity transaction,except as necessary to make any statement made to the other person in or in connection with the transaction not misleading in any material respect. (2) PROHIBITION REGARDING FALSE INFORMATION-It shall be unlawful for any person to make any false or misleading statement of a material fact to the Commission,including in any registration application or any report filed with the Commission under this Act,or any other information relating to a swap,or a contract of sale of a commodity,in interstate commerce,or for future delivery on or subject to the rules of any registered entity,or to omit to state in any such statement any material fact that is necessary to make any statement of a material fact made not misleading in any material respect,if the person knew,or reasonably should have known,the statement to be false or misleading. (3) OTHER MANIPULATION.—In addition to the prohibition in paragraph(1),it shall be unlawful for any person,directly or indirectly,to manipulate or attempt to manipulate the price of any swap,or of any commodity in interstate commerce,or for future delivery on or subject to the rules of any registered entity。其中(1)宽泛地规定禁止基于欺诈而实施的操纵行为;(2)增设了虚假信息型操纵;(3)兜底规定了"其他操纵行为"。

修改后的第6条(c)款第(1)项和6条(c)款第(3)项,CFTC根据美国《多德-弗兰克法》的授权和要求,制定了《反操纵最终规则》(Anti-Manipulation Final Rules)。[60]

二是单独规定期货跨市场操纵条款,如韩国《金融投资服务与资本市场法》第176条第4款,[61]规定了实施变动或者固定该场内衍生商品的基础资产的市场价格影响场内衍生商品交易市场的跨市场操纵行为,实施变动或固定场内衍生商品市场价格影响场内衍生商品基础资产和证券基础资产交易市场的跨市场操纵行为,实施变动或者固定场内衍生产品的基础资产一样的或者类似的衍生产品的市场价格的行为影响衍生产品的跨市场操纵行为。从该跨市场操纵条款来看,韩国的跨市场操纵立法已经处于前沿,涵盖了场内衍生品市场、场外市场、衍生品的基础资产市场等,其立法经验值得我国证券、期货等相关立法借鉴。

三是将期货跨市场操纵和单一期货市场操纵同时规定在同一条款中,不单独规定期货跨市场操纵条款,如中国台湾地区、新加坡等。中国台湾地区"期货交易法"第106条对期货市场操纵行为进行了列举式规定,并通过"期货或相关

[60] 为了执行美国《多德-弗兰克法》,CFTC有30多个领域需要制定具体的实施细则,主要包括综合监管场外互换的交易商和大户、清算、交易、数据报告、产品规划、执法和限仓等,其中,反操纵和妨碍交易秩序的行为都属于执法部分的内容。详细内容参见http://www.cftc.gov/LawRegulation/DoddFrankAct/Rulemakings/DF_23_DFManipulation/index.htm。

[61] 韩国《金融投资服务与资本市场法》第176条第4款于2013年5月28日修订。该款规定,无论何人,从事上市证券或者场内衍生品的买卖,不得行使下列行为:(1)在场内衍生商品的买卖中,以获取不当利益或者使第三人获取不当利益为目的,实施变动或者固定该场内衍生商品的基础资产的市场价格的行为;(2)在场内衍生商品基础资产的买卖中,以获取不当利益或者使第三人获取不当利益为目的,实施变动或者固定该场内衍生商品市场价格的行为;(3)在证券买卖中,以获取不当利益或者使第三人获取不当利益为目的,实施总统令规定的变动或者规定与该证券相关的证券市场价格的行为;(4)在证券基础资产的买卖中,以获取不当利益或者使第三人获取不当利益为目的,实施变动或者固定该场内衍生商品市场价格的行为;(5)在衍生产品的买卖中,以获取不当利益或者使第三人获取不当利益为目的,实施变动或者固定该场内衍生产品的基础资产一样的或者类似的衍生产品的市场价格的行为。

现货”的文字表述规定了期货跨市场操纵行为。[62] 但上述跨市场操纵立法存有不足,如没有规定通过操纵期货市场价格影响现货市场价格的跨市场操纵类型。新加坡《证券期货法》第208条和新加坡《商品交易法》第46条规定了期货市场和现货市场的操纵行为,新加坡《证券期货法》第208条通过“期货合约和期货合约的基础商品”的文字表述规定了期货跨市场操纵,[63] 新加坡《商品交易法》第46条通过“商品合约或商品期货合约下的商品”的文字表述规定了期货跨市场操纵行为。[64]

欧盟融合了上述第二种、第三种模式,在2005年的《市场滥用行为实施细则报告(一)》第4.12条规定了价格控制行为,即跨市场操纵:[65] (1)尾市操纵,即在收盘环节买入或者卖出证券或者期货等衍生品,影响交易收盘价格……[66] (6)关联市场价格控制,即基于不正当地影响相关市场的金融工具交易价格的目的而在某市场进行交易。该条影响其他市场相关衍生品价格而在股市交易、为影响商品期货合约而在对应的基础资产市场上交易等行为,并指出单纯的合法

---

〔62〕 中国台湾地区“期货交易法”(2002年6月12日修正)第106条规定,对于期货交易,不得影响期货交易价格而为下列行为之一:(1)自行或与他人共谋,连续提高、维持或压低期货或其相关现货交易价格者。(2)自行或与他人共谋,提高、维持或降低期货部位或其相关现货之供需者。(3)自行或与他人共谋,传述或散布不实之信息者。(4)直接或间接影响期货或其相关现货交易价格之操纵行为者。中国台湾地区“期货交易法”规定的市场操纵形式相对比较原则,在实务中,可以参考证券市场对操纵行为的规定。2012年修正后的“证券交易法”第155条规定,操纵有价证券的行为包括:(1)在集中交易市场委托买卖或申报买卖,业经成交而不履行交割,足以影响市场秩序;(2)意图抬高或压低集中交易市场某种有价证券之交易价格,与他人通谋,以约定价格与自己出售,或购买有价证券时,使约定人同时为购买或出售之相对行为;(3)意图抬高或压低集中交易市场某种有价证券之交易价格,自行或以他人名义,对该有价证券,连续以高价买入或以低价卖出;(4)意图造成集中交易市场某种有价证券交易活络之表象,自行或以他人名义,连续委托买卖或申报买卖而相对成交;(5)意图影响集中交易市场有价证券交易价格,而散布流言或不实资料;(6)直接或间接从事其他影响集中交易市场有价证券交易价格之操纵行为。上述规定于证券商营业处所买卖有价证券准用之。此条规定了不履行交割、约定交易、连续交易、连续申报或委托、散布流言或不实资料等操纵行为,其中不履行交割是独特的立法。

〔63〕 新加坡《证券期货法》第208条规定:任何人不得直接或间接地——(a)操纵或试图操纵可能在期货市场上交易的期货合约的价格,或任何该期货合约的基础商品的价格;或(b)囤积或试图囤积任何期货合约的基础商品。

〔64〕 新加坡《商品交易法》第46条规定:任何人不得直接或间接——(a)操纵或试图操纵商品市场或商品期货市场中任何商品合约或商品期货合约的价格;或者(b)囤积或试图囤积任何商品合约或商品期货合约下的商品。

〔65〕 “Market Abuse Directive:Level 3 – first set of CESR guidance and information Off the common operation of the Directive”,Accessed March 15,2017. http://www.esma.europa.eu/system/files/04_505b.pdf.

〔66〕 由于欧盟市场中相关期货、衍生品的交易价格与证券交易中的收盘价格挂钩,故尾市操纵的目的大部分是为了在相关期货、衍生品交易中获取优势价格。

利用金融工具及基础资产的不同价格而套利的交易不属于市场操纵。[67]

德国对期货跨市场操纵的立法模式比较特殊,其采用"大证券"立法,在德国《证券交易法》第20a(1)条规定了具体的市场操纵行为,包括以下类型:(1)提供虚假性或误导性的对金融工具估价具有重要影响的信息,或违反法律规定保留一定信息,且该信息对本国证券交易所或金融工具市场价格或者其他欧盟成员国或欧洲经济区域条约国境内有组织市场的金融工具的价格具有潜在影响;(2)实施证券交易或发布交易指令,可能产生影响供求关系、交易所或金融工具市场价格的虚假性或误导性的信号,或者制造人为的价格水平;(3)实施对于本国交易或金融工具市场价格或者其他欧盟成员国或欧洲经济区域条约国境内有组织市场的金融工具的价格具有潜在影响的欺诈行为。[68] 从上述市场操纵规定来看,德国《证券交易法》的效力范围跨越了金融工具品种和国界,金融工具适用于经许可在德国证券交易所、其他受监管场内交易市场与场外交易市场,以及其他欧盟成员国或欧洲经济区域条约国的受监管市场中交易的金融工具,市场操纵行为的禁止规定适用于境内其他欧盟成员国或欧洲经济区域条约国的相应监管市场。这对于期货跨市场操纵(含跨境期货跨市场操纵)行为具有重要的规范作用。

德国立法规范适用于境内场外交易及其他欧盟成员国或欧洲经济区域条约国的相应监管市场的规定,在未来我国期货法立法中,可以对此做初步借鉴,将期货法适用范围扩大到一些场外市场及与中国有相应条约、协议安排等形式的境外市场,具体须综合考虑我国经济市场的发展状况、外交现实、监管合作、立法技术、立法原则等相关因素。

中国香港特别行政区对于操纵证券、期货市场犯罪的立法与日本相似,经历了分别立法到统一立法的过程。2003年中国香港特别行政区立法机构对相关金融商品、证券期货市场和证券期货业及相关联的活动与其他事宜的法律、相关规管进行综合修订,制定了中国香港特别行政区《证券及期货条例》,该条例第275条规定了

---

〔67〕 第4.12(f)规定:Trading on one market to improperly position the price of a financial instrument on a related market. This practice involves undertaking trading in one market with a view to improperly influencing the price of the same or a related financial instrument in another market. Examples might be conducting trades in an equity to position the price of its derivative traded on another market at a distorted level or trading in the underlying product of a commodity derivative to distort the price of the derivative contract。(Transactions to take legitimate advantage of differences in the prices of financial instruments or underlying products as traded in different locations would not constitute manipulation.)

〔68〕 上海期货交易所"境外期货法制研究"课题组编:《德国期货市场法律规范研究》,中国金融出版社2007年版,第56页。

在证券和期货市场上进行的价格操纵行为,并意在将维持、提高、降低或稳定在有关境外市场交易的证券或期货合约的价格或者造成价格波动的行为纳入规范范围,[69] 其余条款也有相应规定。可见,中国香港证券期货市场上的特色立法是,其不仅对在中国香港期货市场的操纵行为予以禁止。同时对在中国香港从事"操纵行为"但损害结果发生在境外市场的行为也予以禁止。这体现了主观属地管辖权原则。[70] 中国香港《证券及期货条例》第282条规定了不构成市场失当行为的三种情况,并特别规定了意图影响有关境外市场交易的证券或期货合约而在香港从事的操纵行为,应满足在此境外市场所在的地方从事相应行为属于违法时,

---

〔69〕 中国香港《证券及期货条例》275条规定,(1)如任何人—(a)在香港或其他地方直接或间接订立或履行任何当中不涉及实益拥有权转变的证券买卖交易,而该宗交易具有以下效果:维持、提高、降低或稳定在有关认可市场或透过使用认可自动化交易服务交易的证券的价格,或引致该等证券的价格波动;或(b)意图使任何虚构或非真实的交易或手段具有以下效果,或罔顾该宗交易或该手段是否具有以下效果,而在香港或其他地方直接或间接订立或履行该宗交易或采取该手段:维持、提高、降低或稳定在有关认可市场或透过使用认可自动化交易服务交易的证券的价格或期货合约交易的价格,或引致该等证券的价格或期货合约交易的价格波动,则操控价格的行为即告发生。(2)如任何人—(a)在香港直接或间接订立或履行任何当中不涉及实益拥有权转变的证券买卖交易,而该宗交易具有以下效果:维持、提高、降低或稳定在有关境外市场交易的证券的价格,或引致该等证券的价格波动;或(b)意图使任何虚构或非真实的交易或手段具有以下效果,或罔顾该宗交易或该手段是否具有以下效果,而在香港直接或间接订立或履行该宗交易或采取该手段:维持、提高、降低或稳定在有关境外市场交易的证券的价格或期货合约交易的价格,或引致该等证券的价格或期货合约交易的价格波动,则操控价格的行为即告发生。(3)就第(1)(b)款及第(2)(b)款而言,一宗交易的各方是或曾是打算该宗交易按其条款具有效力此一事实,并非断定该宗交易是否不属虚构或非真实的交易的决定性因素。(4)如任何人证明买卖有关证券的目的,并非在于(亦并不包括)就证券的价格造成虚假或具误导性的表象,则不得以通过第(1)(a)款或第(2)(a)款提述的证券买卖交易而发生的操控价格的行为为理由,而视他为曾从事市场失当行为。(5)在本条中——(a)提述证券买卖交易之处,包括提述买卖证券的要约,及以明示或隐含方式邀请他人要约买卖证券的邀请(不论实际如何称述);及(b)提述订立或履行买卖交易之处,如属(a)段提述的要约或邀请的情况,须解释为作出该项要约或邀请(视属何情况而定)。

〔70〕 又称行为发生地说,指凡是行为在一国领土内发生的就视为是该国领土内的行为,即可适用属地管辖原则。换言之,强调行为发生的地点,并以行为发生地作为实行管辖权的依据。

才可以视为操纵行为。[71]

此项立法规定了跨境操纵和跨市场操纵,扩大了中国香港法律的权力疆域,在立法上保障了主动地位。在完善内地的期货跨市场操纵立法时,可考虑对此借鉴。规定在中国内地司法境内从事的对境外市场有影响的操纵行为有权规制,这既有利于我国树立司法权威,也有利于净化境外市场。在“沪港通”“深港通”背景下,考虑先以试验的形式将在内地从事的影响香港市场的跨境操纵行为纳入规范范围,尤其具有重要意义。这种立法上的确定性安排优于我国内地和香港特别行政区监管机构和司法机构基于备忘录、合作协议、司法协助等协议对跨境市场操纵的监管。

(二)我国期货跨市场操纵立法现状及不足

当前期货跨市场操纵立法规定主要散见于《期货交易管理条例》第70条,[72]《股

---

〔71〕 中国香港《证券及期货条例》第282条规定:(1)无论本部有任何规定,如任何人证明有关行为按照在第(2)款下订立的规则不得视为构成市场失当行为,则不得以本部任何市场失当行为为理由,而视该人为曾从事市场失当行为。(2)为施行第(1)款,证监会如认为订立规则订明在何种情况下,任何根据本部本会构成市场失当行为的行为不得视为构成市场失当行为,是符合公众利益的,则可在咨询财政司司长后订立该等规则。(3)不论本部有任何规定,如(a)某人因某行为而被指称曾从事第274条、第275条或第278条所指的市场失当行为;及(b)该项指称是基于该行为是就在有关境外市场交易的证券或期货合约而作出的,而非就在有关认可市场或通过使用认可自动化交易服务交易的证券或期货合约而作出的,除非证明假使该行为在该有关境外市场所在的地方作出,即属违法,否则不得视该人为曾从事市场失当行为。

〔72〕 《期货交易管理条例》(2016年修订)第70条规定,任何单位或者个人有下列行为之一,操纵期货交易价格的,责令改正,没收违法所得,并处违法所得1倍以上5倍以下的罚款;没有违法所得或者违法所得不满20万元的,处20万元以上100万元以下的罚款:(1)单独或者合谋,集中资金优势、持仓优势或者利用信息优势联合或者连续买卖合约,操纵期货交易价格的;(2)蓄意串通,按事先约定的时间、价格和方式相互进行期货交易,影响期货交易价格或者期货交易量的;(3)以自己为交易对象,自买自卖,影响期货交易价格或者期货交易量的;(4)为影响期货市场行情囤积现货的;(5)国务院期货监督管理机构规定的其他操纵期货交易价格的行为。单位有前款所列行为之一的,对直接负责的主管人员和其他直接责任人员给予警告,并处1万元以上10万元以下的罚款。

票期权交易试点管理办法》第 3 条、[73] 第 25 条、[74] 第 27 条。[75] 《股票期权交易试点管理办法》首次明文将"跨市场操纵"入法,在此之前,跨市场操纵多属于因应现实提出的概念,无明确的法律依据。

从上述立法条文来看,现行《期货交易管理条例》仍存在对操纵定义和对象混淆不清、类型列举不全面、某些操纵行为表述不严谨、跨市场操纵规定付之阙如等问题,亟须进一步完善。中国金融期货交易所关于中华人民共和国期货法的草案内部建议稿及《中华人民共和国证券法》修订草案均因应跨市场操纵行为规制现实,规定了跨市场操纵。

中国金融期货交易所《中华人民共和国期货法》草案内部建议稿第 118 条第 7 项,规定了"通过囤积现货或者影响现货市场价格,影响期货交易价格"的期货

---

[73] 《股票期权交易试点管理办法》经 2014 年 11 月 25 日第 68 次主席办公会议审议通过,2015 年 1 月 9 日中国证券监督管理委员会令第 112 号公布,自公布之日起施行。《股票期权交易试点管理办法》第 3 条规定,从事股票期权交易活动,应当遵循公开、公平、公正和诚实信用的原则。禁止欺诈、内幕交易、操纵股票期权市场以及利用股票期权交易从事跨市场操纵、内幕交易等违法行为。

[74] 《股票期权交易试点管理办法》第 25 条规定了跨市场操纵行为:任何单位或者个人不得编造、传播有关股票期权交易的虚假信息扰乱市场秩序,不得通过《期货交易管理条例》第 71 条规定的手段以及操纵相关标的证券市场等手段操纵股票期权市场,不得利用《期货交易管理条例》第 82 条第 11 项规定的内幕信息、相关标的证券市场的内幕信息以及其他未公开信息从事股票期权交易,或者向他人泄露上述信息、使他人利用上述信息从事股票期权交易。任何单位或者个人不得通过操纵股票期权市场等手段操纵相关标的证券市场,不得利用股票期权市场的内幕信息从事相关标的证券交易,或者向他人泄露上述信息、使他人利用上述信息从事相关标的证券交易。该条提及的《期货交易管理条例》为 2013 年修订版。

[75] 《股票期权交易试点管理办法》第 27 条规定,任何单位或者个人违反期货法律、法规、规章以及该办法,中国证监会及其派出机构按照《期货交易管理条例》以及中国证监会的相关规定对其采取责令改正、监管谈话、出具警示函等监管措施;应当给予处罚的,按照《期货交易管理条例》以及中国证监会的相关规定进行处罚;涉嫌犯罪的,依法移送司法机关追究刑事责任。任何单位或者个人违反该办法第 25 条第 2 款的规定,操纵相关标的证券市场或者进行相关标的证券内幕交易的,中国证监会及其派出机构按照《中华人民共和国证券法》以及中国证监会的相关规定对其采取责令改正、监管谈话、出具警示函等监管措施;应当给予处罚的,按照《中华人民共和国证券法》以及中国证监会的相关规定进行处罚;涉嫌犯罪的,依法移送司法机关追究刑事责任。任何单位或者个人违反本办法以及《期货交易管理条例》的规定,在股票期权交易中从事违法违规行为,给投资者造成损失的,应当依法承担赔偿责任。

跨市场操纵行为。但其规定依然有限,存在很大的完善空间。[76]

全国人大常委会审议的《中华人民共和国证券法(修订草案)》第95条,规定了衍生品和衍生品基础资产间的跨市场操纵行为,[77]即禁止任何人从事下列跨市场操纵行为:(1)为了在衍生品交易中获得不正当利益,通过拉抬、打压或者锁定等手段,影响衍生品基础资产市场价格的行为;(2)为了在衍生品基础资产交易中获得不正当利益,通过拉抬、打压或者锁定等手段,影响衍生品市场价格的行为;(3)国务院证券监督管理机构认定的其他跨市场操纵行为。

《中华人民共和国证券法(修订草案)》网传二审稿第58条规定了证券跨市场操纵:……利用在其他相关市场的活动操纵证券市场。[78] 对比《中华人民共和国证券法》修订草案一读稿和二读稿,二读稿采用其他相关市场和证券市场代替了衍生品市场和衍生品基础资产市场,并在表述外观上对跨市场操纵的操纵方向进行了限缩,没有规定通过证券市场的活动影响操纵其他相关市场的情形,且相关市场和证券市场的内涵外延尚不清晰,需要进行法律解释。上述草案在跨市场操纵领域属于相对前沿的立法尝试,但未能涵盖跨市场操纵的所有情形,相比于韩国《金融投资服务与资本市场法》第176条的跨市场操纵条款,仍存在诸多不足。

《股票期权交易试点管理办法》作为期权市场的立法,规定了操纵相关标的证券市场等手段操纵股票期权市场和操纵股票期权市场等手段操纵相关标的证

---

[76] 中国金融期货交易所《〈期货法〉草案内部建议稿》(2013年9月版)第118条规定,禁止任何单位或者个人以下列手段操纵期货交易价格:(1)单独或者通过合谋,集中资金优势、持仓优势或者利用信息优势联合或者连续买卖合约,影响期货交易价格;(2)与他人串通,以事先约定的时间、价格和方式相互进行期货交易,影响期货交易价格;(3)在自己实际控制的账户之间进行期货交易,影响期货交易价格;(4)编造、传播虚假信息诱导投资者参与期货交易,影响期货交易价格;(5)通过不以成交为目的的频繁申报和撤销申报,误导其他投资者,影响期货交易价格;(6)持有相关合约,并利用特定身份、地位对相关期货品种做出评价、预测或者投资建议,影响期货交易价格;(7)通过囤积现货或者影响现货市场价格,影响期货交易价格;(8)国务院期货监督管理机构规定的他操纵手段。操纵期货交易价格行为给投资者造成损失的,行为人应当依法承担赔偿责任。

[77] 《中华人民共和国证券法修改一读草案》,载百度网:https://wenku.baidu.com/view/44803567e009581b6ad9eb50.html,最后访问日期:2017年3月20日。

[78] 《中华人民共和国证券法修改二读草案》第58条规定,禁止任何人以下列手段操纵证券市场,影响或者意图影响证券交易价格或者证券交易量:(1)单独或者通过合谋,集中资金优势、持股优势或者利用信息优势联合或者连续买卖;(2)与他人串通,以事先约定的时间、价格和方式相互进行证券交易;(3)在自己实际控制的账户之间进行证券交易;(4)不以成交为目的,频繁或者大量申报并撤销申报;(5)利用虚假或者不确定的重大信息,诱导投资者进行证券交易;(6)对证券、其发行人公开作出评价、预测或者投资建议,并进行反向证券交易;(7)利用在其他相关市场的活动操纵证券市场;(8)操纵证券市场的其他手段。

券市场的期权跨市场操纵行为,是我国期货跨市场操纵最为前沿的现行立法,但其尚未涵盖期权跨市场操纵的所有类型(如同时操纵相关标的证券市场和股票期权市场等),且其仅适用于涉及股票期权市场的期货跨市场操纵,无法直接适用于股票期权之外其他期货产品的期货跨市场操纵。然而,其相对前沿的规定指引着我国反期货跨市场操纵立法的完善方向。

(三)我国反期货跨市场操纵立法完善

我国期货跨市场操纵立法已严重滞后于现实,亟须完善。通过前文考察美国、欧盟、德国、韩国、新加坡、中国香港特别行政区、中国台湾地区等市场期货跨市场操纵的立法,梳理我国期货跨市场操纵立法现状及不足,在分析总结境外期货跨市场操纵的立法借鉴基础上,结合现行跨市场操纵规定,提出未来期货法中反期货跨市场操纵的条文建议。

在期货跨市场操纵类型方面,可重点借鉴欧盟、韩国的规定,如其对关联市场、相关市场的界定;在反期货跨市场操纵的效力范围方面,可重点借鉴德国、中国香港特别行政区关于跨境跨市场操纵的规定,这有利于拓展司法权威,净化境外市场,在跨境操纵日益增多的趋势下,具有重要意义;在条文规定模式上,建议参照现行《期货交易管理条例》第 70 条的规定模式,保持条款形式的一致性。建议对期货跨市场操纵规定如下:

“以下行为属于期货跨市场操纵:(一)通过影响境内外相关市场的交易价格,影响境内期货交易价格的;(二)通过影响境内期货交易价格,影响境内外相关市场交易价格的。

前款中的相关市场指与期货市场相关的衍生品的基础资产、类似衍生品或相关产品的市场,包括场内、场外等交易市场。

当期货跨市场操纵行为涉及境外市场时,应满足在此境外市场所在的地方从事相应行为即属于违法时,才可以将其视为期货跨市场操纵行为。”

上述法条涵盖了所有期货跨市场操纵的类型,能够应对未来层出不穷的期货跨市场操纵行为,并赋予国家司法权弹性拓宽。[79] 如选择保守稳步推进立法,

---

〔79〕 也许会有人质疑此条款的实效性和宏大性,不可否认,对于涉外的案件,执法、司法效率及实效的确打折扣,不过仍彰显价值意义。本文认为即使在没有同相关国家建立司法协助、监管合作等情况下,可暂以如下路径规制。对于第 1 项,试举一例,假如中国境内甲和 A 国乙合谋,由乙操纵 A 国某期货合约价格,甲在中国境内做相应部署,上述操纵行为影响了中国境内与 A 国被操纵的合约有关联的期货合约的价格,且甲获利。如果排除其他影响因素,得出甲、乙合谋行为对中国境内此期货合约的人为价格有因果关系,构成期货跨市场操纵,则应没收甲的获利,并科以处罚。虽然跨境执法、司法实效打折,对乙很难进行实质规制;但对中国市场而言,对甲进行处罚,没收

可将上述建议条款中的“境内/境内外”去掉,待时机成熟后,再进行较完整的涉外立法。

违法所得,在一定程度上有利于维护中国市场秩序、保护投资者合法权益。不过随着原油期货等允许外国投资者投资的期货产品陆续推出,当外国投资者利用海外原油期货市场、其他相关市场与中国原油期货市场的价格关联进行期货跨市场操纵时,此情形下的期货跨市场操纵行为可能被实际处罚,因为允许外资投资中国国内相关市场产品,必定会通过一系列准入制度、协议安排、相关法律规定等设定处罚的正当性权源。因此对涉外的期货跨市场操纵立法,有利于为以后推出的国际性产品保驾护航。

期货及衍生品法律评论
第一卷,第131~141页

我国操纵期货市场罪适用与完善问题研究

李昱丞* 陈 献**

摘要:《刑法》与《关于公安机关管辖的刑事案件立案追诉标准的规定(二)》共同构成了我国操纵期货市场罪的规制体系,《关于公安机关管辖的刑事案件立案追诉标准的规定(二)》作为司法解释的效力存在不确定性,对法院审判不具有强制适用的效力。境外国家和地区大多不存在确定的数额标准,此类标准存在罪刑失衡的风险,不符合刑事诉讼发展潮流。建议完善司法解释,通过该解释明确操纵期货市场罪的实质与定罪量刑的标准,将囤积、幌骗行为解释为《刑法》规定的其他操纵方法,并及时修正前置法规,完善期货市场法律体系。

关键词:操纵期货市场罪 立案追诉标准 确定的数额标准

一、国内操纵期货市场罪立法现状

(一)操纵期货市场罪立法情况之概述

1999年颁布实施的《中华人民共和国刑法修正案》对《中华人民共和国刑法》(以下简称《刑法》)第182条进行了修正,这标志着我国的法律体系开始将操纵期货市场的行为

* 南京大学法学院硕士研究生。

** 中国金融期货交易所法律部员工。

纳入刑事法律视野进行评价。此次修正将为获取不正当利益或转嫁风险而采用联合或连续交易、对敲、洗售及其他方法影响交易价格且情节严重的行为规定为操纵期货交易价格罪。后来由于操纵期货市场罪在适用过程中出现了一系列的问题,2006 年施行的《中华人民共和国刑法修正案(六)》对《刑法》第 182 条再次进行修正,删除了"获取不正当利益或转嫁风险"这一构成要件,并将"操纵期货交易价格"修正为"操纵期货市场",罪名也从原先的操纵期货交易价格罪变更为操纵期货市场罪。修正后的操纵期货市场罪仍包括联合或连续交易、对敲、洗售三种行为方式,并且包括"以其他方法操纵期货市场"这一兜底条款。

2010 年 5 月 7 日,最高人民检察院与公安部联合发布《关于公安机关管辖的刑事案件立案追诉标准的规定(二)》[以下简称《标准(二)》],并将其作为各级公安机关立案侦查,各级检察机关审查批捕、审查起诉的依据。《标准(二)》第 39 条对于操纵期货市场罪的立案追诉标准进行了具体规定:从行为方式来看,操纵市场罪包括联合或连续买卖、对敲、洗售、频繁报撤单四种行为方式;从具体情节来看,操纵市场罪的各种行为必须达到某一具体标准才应当被追究刑事责任,如频繁报撤单的行为就要求撤回申报量占当日该种期货合约总申报量 50% 以上。

(二)司法实践中《标准(二)》之适用

目前,我国刑事法领域对于操纵期货市场的行为仅有《刑法》与《标准(二)》两处规定。毋庸置疑,《刑法》既是公民的行为规范,又是司法机关的裁判规范。但《标准(二)》的性质与效力层级比较模糊,这给司法活动带来适用上的窘境,使普通交易者难以在期货交易中规范自身的行为,同时对行业自律监管带来了一定的困惑。

1.《标准(二)》作为司法解释的效力存在不确定性

对于《标准(二)》是否属于司法解释,理论上多有争议。根据我国法律规定,刑事司法解释权仅仅赋予最高人民法院与最高人民检察院,公安部没有司法解释制定权。实践中存在的司法解释有三种:审判解释、检察解释、审判检察联合解释。[1] 因此,从严格的形式角度上来看,将最高人民检察院与公安部联合下发的《标准(二)》定性为司法解释是存在瑕疵的,其作为司法解释的效力存在不确定性。

但是,《标准(二)》对于公安机关与检察机关却具有强制性的规范效力。该标准在程序上决定着公安机关、检察机关对某种行为能否启动刑事追诉程序。

---

〔1〕 杨书文:《经济犯罪立案追诉标准的理解与适用》,载《江西警察学院学报》2013 年第 2 期。

对于符合立案追诉条件的行为，公安机关应当立案侦查，检察机关应当审查起诉。公安机关、检察机关只能针对符合《标准(二)》规定的行为，依法采取措施，侦查犯罪，收集证据，向人民法院提起公诉，只有人民法院才有权判定相应行为是否构成犯罪并判处刑罚。换言之，公安机关依据该标准予以刑事立案的行为仍然存在经审判机关审理后作出无罪判决的可能性。

2.《标准(二)》对法院审判不具有强制适用的效力

由于《标准(二)》不属于严格意义上的司法解释，其对法院审判不具有强制约束力，人民法院可以根据案件具体情况自主选择适用该标准，这一点从人民法院的内部规定与生效判决的观点中可以发现。

最高人民法院于2010年10月27日面向全国法院系统发布的《关于在经济犯罪审判中参照适用〈最高人民检察院、公安部关于公安机关管辖的刑事案件立案追诉标准的规定(二)〉的通知》中指出，最高人民法院对相关经济犯罪的定罪量刑标准没有规定的，法院可以参照适用《标准(二)》，但在参照适用的过程中，如认为该标准不能适应案件审理需要，要结合案件具体情况和本地实际，依法审慎稳妥处理好案件的法律适用和政策把握，争取更好的社会效果。这一通知明确了《标准(二)》对法院仅具有参照适用的意义，而不具有强制适用的效力，法院可以结合案件具体情况与本地实际，灵活把握定罪量刑的标准。

上海市第二中级人民法院对“徐某非法进行节育手术罪案”作出的生效裁判文书中即指出：“立案追诉标准是对公安机关管辖的刑事案件立案追诉标准所作的规定，而非案件审判的依据。”[2]滁州市中级人民法院对“孙某等骗取贷款罪案”作出的生效裁判文书中也认为：“认定骗取贷款罪的构成要件‘其他严重情节’，要全面考量是何种性质的欺骗手段、是否存在阻却事由等因素，综合分析其行为的法益侵害性，整体审查其行为的社会危害性是否达到了应受刑罚处罚的程度，而不能片面地、孤立地理解与适用《标准(二)》第二十七条‘以欺骗手段取得贷款数额在一百万元以上的，应予立案追诉’的规定，否则就等同于将使用欺骗手段取得金融机构贷款，数额较大的行为，都认定为骗取贷款罪。”[3]该案在被告人骗取贷款数额符合《标准(二)》的情形下，法院仍认为其行为的法益侵害

---

[2] 《徐甲(徐乙)非法进行节育手术罪一案二审刑事裁定书》，载上海市高级人民法院网：http://www.hshfy.sh.cn/shfy/gweb/flws_view.jsp?pa=adGFoPaOoMjAxMaOpu6a2/tbQ0MzW1dfWtdox Mjm6xSZ3c3hoPTc3ODkxOQPdcssPdcssz，最后访问日期：2017年9月17日。

[3] 《安徽天鹰实业有限公司、孙某甲骗取贷款、票据承兑、金融票证二审刑事裁定书》，载中国裁判文书网：http://wenshu.court.gov.cn/content/content?DocID=dd33d364-4938-4ed3-81d9-9bc6891a97db，最后访问日期：2017年9月17日。

性尚未达到值得科处刑罚的程度,最终宣告被告人无罪。

3. 当立案追诉标准与司法解释冲突时,司法解释优先适用

由于立案追诉标准仅对公安机关与检察机关存在适用上的强制效力,对人民法院没有强制约束力,而司法解释则是人民法院审判工作中必须遵守的规范。因此,从效力位阶上来看司法解释在审判中的效力优于立案追诉标准,当二者发生冲突时,应当优先适用司法解释的相关规定。例如,最高人民法院、最高人民检察院《关于办理生产、销售伪劣商品刑事案件具体应用法律若干问题的解释》第1条与《关于公安机关管辖的刑事案件立案追诉标准的规定(一)》第16条对"不合格产品"的定义不一致,武汉市中级人民法院即在朱某等假冒注册商标罪案中认为此时司法解释的适用应当优先于立案追诉标准,最终采纳了司法解释中对"不合格产品"的定义。[4]

二、境外期货操纵犯罪的规制模式

(一)美国期货操纵犯罪

美国关于期货操纵犯罪的规定,分散于其《商品交易法》之中。按照操纵行为及其危害的不同期货操纵犯罪被分为轻罪与重罪两大类,并经美国《多德-弗兰克法案》的第747条、第753条等条款进行了修改与补充,纳入了更多新型操纵行为。

美国《多德-弗兰克法》第6条(c)款与第6(d)条共同规定了期货操纵犯罪的轻罪。其中,第6条(c)款第(1)项规定了一般性的反操纵条款,即在特定交易中使用或试图使用操纵或欺骗性手段者,皆属违法。第6条(c)款第(2)项规定了直接与间接故意的虚假陈述或重大遗漏,皆属违法。第6条(c)款第(3)项为兜底条款,规定了除本款(1)项禁止的行为外,任何直接或间接操纵或试图操纵特定交易价格者,皆属违法。第6(d)条对上述行为规定了刑罚,该款规定商品交易委员会可以对正在违反或已经违反本条(c)款的任何人发出责令停止行为的命令,故意不服从该命令的,经法院判决有罪后应单处或并处不高于14万美元或其货币性收益三倍金额的罚款(以较高者为准)或者一年以下(含)监禁。

---

[4] 《湖北省武汉市江岸区人民检察院指控原审被告人朱某某、杨某某犯假冒注册商标罪一案刑事裁定书》,载中国裁判文书网:http://wenshu.court.gov.cn/content/content?DocID=f709d728-67c6-4383-9350-a7a30007863f,最后访问日期:2017年9月17日。

第9条(a)款和第4c条(a)款共同规定了期货操纵犯罪的重罪。其中,第9条(a)款第(2)项禁止囤积居奇和散布有关产量与市场的虚假或不准确信息以影响市场价格的行为。第4c条(a)款禁止洗售、配合交易、虚假交易、做尾盘、幌骗、违反买卖报价规则以及造成不真实的价格被报道、登记和记录的行为。第9条(a)款第(2)项规定上述操纵行为应属重罪,可单处或并处不高于100万美元的罚款或10年以下(含)监禁,并承担控诉费用。美国法院于2016年7月就援引美国《商品交易法》第4c条(a)款的规定,对被告人柯西亚(Coscia)通过幌骗手段操纵期货市场的行为判处3年监禁。

(二)欧盟期货操纵犯罪

2012年12月,欧盟通过了《内幕交易和市场操纵刑事追责指令》,其核心内容即为强化对内幕交易与市场操纵行为的刑事追责,要求成员国对故意实行市场操纵行为的行为人、帮助者与教唆者追究刑事责任,同时规定部分企图实行的市场操纵行为也可构成犯罪。根据《内幕交易和市场操纵刑事追责指令》第4条的规定,下列行为属于市场操纵犯罪行为:(1)提供虚假或具有误导性的针对一个金融工具或者相关现货商品合同的供给、需求或价格;(2)保持一个或多个金融工具或相关现货商品合同价格处在异常或者虚假的水平;(3)采用虚拟设备或者任何其他形式的欺骗或计谋进行交易、下单或任何其他在金融市场的活动影响一个或多个金融工具或相关现货合约的价格;(4)散播信息,导致金融工具或者相关现货合同的信号出现虚假或误导性,并以散播这些信息为自己或他人营利为目的。

值得注意的是,《内幕交易和市场操纵刑事追责指令》虽不具有强制执行力,需要转化为欧盟各成员国的国内法才能实施,但它的通过反映了欧盟各成员国对于严重的期货市场操纵行为的价值取舍,欧盟各成员国认为上述四种行为的社会危害已经严重到需由刑法调整的程度。

(三)日本期货操纵犯罪

日本对于期货操纵犯罪通过日本《商品交易所法》和日本《金融商品交易法》两部法律分别予以规定,其中日本《商品交易所法》规定了操纵商品期货的相关犯罪,日本《金融商品交易法》规定了操纵金融期货的相关犯罪。

日本《商品交易所法》第88条对各种操纵期货市场的行为作了明确规定,主要包括了虚假买卖、对敲、幌骗、通过散布虚假消进行息操纵等行为方式。同时,该法第154条规定,从事各种操纵商品期货市场行为者,将被处以3年以下有期徒刑或300万日元以下罚金或两者并处。

日本《金融商品交易法》第159条规定,任何人不得为使他人误解该等交易的状况,使他人误解有价证券买卖或金融衍生品交易正在繁荣地进行而实施操纵行为。至于操纵行为的具体形态,一般认为至少包括虚假买卖、对敲、幌骗、通过散布虚假消息或虚假陈述操纵等行为方式。同时,该法第197条规定了从事各种操纵金融期货市场行为者,将被处以10年以下有期徒刑或者1000万日元以下罚金,或并处之。此外,以取得财产性利益为目的,从事该法第159条规定之行为,对金融衍生品等行情产生影响,并通过该影响进行相关交易的行为人,将被处以10年以下有期徒刑或者3000万日元以下罚金。

(四)新加坡期货操纵犯罪

新加坡《期货交易法》第50条规定,任何人不得对期货市场的期货合同之自动交易造成或促使造成任何弄虚作假或制造假象的业务,也不得对期货市场的期货合同交易价格或市场情况造成或促使造成任何弄虚作假或制造假象的业务。该法第53条规定,任何人不得直接或间接:(a)操纵或企图操纵可能在期货市场交易的期货合同的价格或属期货合同性质的任何商品的价格;(b)囤积居奇或企图囤积居奇属于期货合同性质的任何商品。该法第56条(a)款规定,如果个人违反前款规定,单处不超过250,000新加坡元的罚金,单处或并处7年以下有期徒刑;(b)款规定,如果单位违反规定,判处不超过500,000新加坡元的罚金。

(五)我国台湾地区期货操纵犯罪

我国台湾地区对期货操纵犯罪的规定体现在台湾地区"期货交易法"第106条,根据该条的规定,行为人不得意图影响期货交易价格而为下列行为之一:(1)自行或与他人共谋,连续提高、维持或压低期货或其相关现货交易价格者;(2)自行或与他人共谋,提高、维持或降低期货部位或其相关现货之供需者;(3)自行或与他人共谋,传述或散布不实之信息者;(4)直接或间接影响期货或其相关现货交易价格之操纵行为者。同时,我国台湾地区"期货交易法"第112条第7款规定,违反第106条规定的,判处7年以下有期徒刑,可并处300万新台币以下罚金。

(六)境外期货操纵犯罪立法模式的启示

总体来看,无论是大陆法系还是英美法系的国家与地区,对于期货操纵犯罪均未规定确定的入罪数额标准,而是采用了"立法定性,司法定量"的立法模式。此种立法模式仅在成文法中对犯罪的行为类型及刑罚后果进行定性描述,明确何种行为应当处以刑罚。而在司法的过程中,由法官根据案情而非预先设定的数额标准进行个别性判断,最终得出行为人是否有罪的结论。境外的定罪量刑模式与我国现有的通过立案追诉标准及相关司法解释划定的具体数额或数量标准进行罪与非罪区分的模式存在较大区别。

从境外的监管实践来看，除传统型的操纵方式如连续买卖、对敲、洗售等均同我国一样被纳入刑法禁止范围外，大部分国家和地区还重点关注了幌骗与囤积两种行为方式，如美国、日本、新加坡均规定了囤积的操纵方式，美国与欧盟也将幌骗纳入刑法的视野，这都在一定程度上反映了囤积与幌骗两种行为对于期货市场正常秩序及其他投资者合法权益的严重侵害性，这对于我国打击操纵期货市场的行为具有启示意义。

三、国内操纵期货市场罪存在的问题

（一）《标准（二）》的部分规定存在不当之处

1. 确定的数额标准存在罪刑失衡的风险

刑罚的轻重与行为人所犯罪行和应承担的刑事责任相适应是刑法的基本原则之一，《标准（二）》对操纵期货市场罪的规定存在导致罪刑失衡的风险。例如，该标准第 39 条第 5 项规定对于当日连续申报买入或者卖出期货合约并在成交前撤回申报，撤回申报量占当日该种期货合约总申报量 50% 以上的幌骗行为应当立案追诉。但实践中，某些交易不活跃的期货合约每日申报量极其有限，投资者正常的报撤单操作就有可能触及当日合约总申报量 50% 的立案追诉标准，但此种操作既未对期货市场的秩序造成破坏，也未侵害其他投资者的合法权益，执行该标准所确定的数额会使客观行为不存在社会危害的投资者陷入被刑事追诉的风险，造成投资者承担与其行为不相适应的刑事责任。

2. 确定的数额标准不符合刑事诉讼发展潮流

上述国家和地区仅仅规定了期货操纵犯罪的行为方式与罚则，而立案追诉与法院裁判均没有规定具体的数额或数量标准。简单理解，其无须具体的数字标准来划定罪与非罪的界限。当然，这与英美法系判例法的裁判制度及当事人主义的审判制度有关：遵循先例的判例法制度不依赖于成文的数字标准，而是通过对犯罪情节、手段、危害结果等因素的分析，参照先例进行审判；当事人主义的审判制度采用对抗式诉讼，检察官与被告人拥有平等的法律地位，法官通过二者的对抗最终形成裁判观点。此外，辩诉交易、巨额赔偿等制度的实施，也决定了成文的数字标准对定罪量刑的意义不大。

但与我国同属于大陆法系的日本及我国台湾地区，同样不存在具体的数额与数量标准，这是由于二者在原有的职权主义诉讼格局中，吸收、引进了当事人主义的许多诉讼制度和原则，更加注重刑事审判中的控辩对抗，具体的数字标准同样失去了存在的空间。确定的数额标准已不符合当下刑事诉讼的发展潮流,我国当下进行的司法体制改革在刑事诉讼中也吸收了当事人主义的部分制度,要求增强庭审的实质化,加强控辩双方的对抗性。因此,应当在实体法上作出相应的修改,体现这一趋势。

3. 简单地罗列行为方式,未能明确操纵期货市场罪实质

《标准(二)》对于操纵期货市场罪仅仅规定了连续交易和联合操纵、对敲、洗售、幌骗四种行为方式,但对于操纵期货犯罪的实质并未予以明确,这就导致了司法机关对于实质上不存在法益侵害但形式上符合数额标准的行为也只能定罪处罚,这在一定程度上阻绝了该标准出罪的功能。此外,部分实质上严重扰乱了期货市场秩序,给其他投资者带来严重损失但又不符合《标准(二)》规定的行为,如连续对敲 19 日且成交量累计达到期货合约同期总成交量 50%,其社会危害显然不低于《标准(二)》规定的连续对敲 20 日且成交量累计达到期货合约同期总成交量 20%。此时,仅仅能通过将此种行为解释为"其他情节严重的情形"进行入罪,但在罪名的实质不明的情况下对兜底条款进行解释容易违反罪刑法定原则,有损刑法的明确性,从而产生罪刑擅断的风险。

从世界范围来看,多数国家和地区在对操纵期货市场的犯罪行为进行列举的同时,还归纳了该类犯罪的实质。例如,我国台湾地区"期货交易法"第 106 条第 4 项"直接或间接影响期货或其相关现货交易价格之操纵行为者"明确了该罪的实质为操纵现货或期货的价格。又如,新加坡《期货交易法》第 50 条"不得对期货市场的期货合同交易价格或市场情况造成或促使造成任何弄虚作假或制造假象",指出了该罪的实质为操纵期货合同交易价格或市场情况。我国的司法机关可以在把握期货操纵犯罪实质的前提下,根据法益侵害的有无自主解释操纵期货市场罪的行为方式,实现罚当其罪。

(二)前置法规欠缺,违法与犯罪衔接失洽

近年来,从境内外监管实践中发现,传统的期货操纵行为由于立法的禁止及监管力度的加强已日渐式微,行为人转而寻求其他的行为方式以达成操纵期货市场的目的,幌骗则是其中的代表。《标准(二)》参考境外立法经验,将幌骗的行为方式纳入操纵期货市场罪的行为类型之中,但由于操纵期货市场领域行政立法的滞后,《期货交易管理条例》仅仅规定了连续和联合交易、对敲、洗售、囤积四种行为方式,未能将幌骗行为纳入行政违法的范畴之中,从而导致对新型的违法操纵行为应对不足。

此外，操纵期货市场罪属于法定犯，一般认为，法定犯具有二次违法性的特征，[5]即行为严重违反前置的法律法规为第一次违法，违反刑法为第二次违法。刑事违法性的前提在于前置法的违法性，如果在前置法中无法得出违法性的结论，刑法就不应该启动。换言之，法定犯的违法行为在违反刑法之前，必须有其他法律法规来调整，否则刑法不得介入。在行政法规尚未对于幌骗行为进行规制的前提下，《标准（二）》率先将其规定为犯罪行为，违反了法定犯立法时应坚持的二次违法原则，使违法与犯罪之间衔接失洽，给操纵期货市场罪的适用带来了疑惑与障碍。

四、启示及建议

我国对于期货市场的立法正处在逐步完善阶段，期货法已列入 2017 年立法工作计划，有关操纵证券期货市场刑事案件的司法解释正处在征求意见阶段，《期货交易管理条例》距离修订也已 5 年之久，诸多规定稍显滞后，亟待修正。我国刑事法视野下的操纵期货市场罪存在上文提及的诸多问题，这些问题均需要通过期货法、《期货交易管理条例》及司法解释的制定与修正逐步解决，最终形成多层次、多领域，平衡自洽的法律规制体系。

（一）完善司法解释，明确定罪量刑的标准

虽然立案追诉标准对法院无强制适用效力，但在无其他司法解释的前提下，人民法院在审判实践中仍倾向于依据《标准（二）》判断罪与非罪的界限，而非从实质上考虑其法益侵害性是否存在处刑之必要。这就导致了《标准（二）》中对于各种操纵行为的立案追诉标准会在定罪时被法院参照适用，如报撤单量达到当日总申报量 50% 的行为就易被机械地认定为有罪，从而导致了实质上的不正义。由于司法解释的效力位阶高于立案追诉标准，因此在二者出现冲突时，法院应当依据司法解释而非立案追诉标准进行定罪量刑。因此，及时填补操纵期货市场罪司法解释的空白能够最大限度地限制确定的数额标准在法院审判中的适用空间。

---

[5] 参见杨兴培、田然：《刑法介入刑民交叉案件的条件——以犯罪的二次性违法理论为切入点》，载《人民检察》2015 年第 15 期；张建：《新经济形态中刑法评价的再考量》，载《苏州大学学报》（哲学社会科学版）2015 年第 5 期；金华捷：《虚构标的型保险诈骗行为的刑民交叉问题分析——兼谈刑法的“二次违法性”》，载《江西警察学院学报》2014 年第 3 期。

由于确定的数额标准存在诸多问题,建议在司法解释中仅仅明确操纵期货市场罪的行为方式,避免对具体的数额或比例标准进行规定,而对于取消这一确定的数额标准后可能造成的定罪量刑尺度上的混乱,应当同时对其他影响定罪量刑的因素进行规定,如可规定司法机关于定罪量刑时应当综合考量行为的时间,空间,行为的手段、方法、对象及结果等因素,重点关注行为的法益侵害,而非仅仅关注其中个别标准,否则会存在与《标准(二)》一样导致罪刑失衡的风险。

(二)明确操纵期货市场罪的实质,指导对行为方式的解释

一般认为,操纵期货市场罪的实质,是通过价量操纵(操纵交易价格或交易量)或资本操纵(资本的流动与配置)的方式,侵害期货市场的正常运行秩序和投资者的合法权益的行为。[6] 投资者能够平等、公平地参与到证券市场中的前提是期货市场的有序运行,而操纵者的操纵行为却人为地改变了市场正常的供求关系,市场的竞争机制难以发挥作用,使价格与价值严重偏离,这必然会破坏期货市场的正常秩序。投资者基于对期货市场的信赖而为投资行为,操纵者实施的操纵行为会误导投资者作出错误决策从而造成投资者的损失。

操纵期货市场罪在解释与适用上之所以出现众多问题的重要原因之一即未能明确该罪的实质。应当在司法解释中指出该罪的实质,方便法院具体适用。如最高人民法院《关于审理非法集资刑事案件具体应用法律若干问题的解释》第1条即对"非法吸收公众存款"的行为本质做了解释,并规定了构成该行为的四个条件。第2条才对部分行为方式进行了不完全列举。而这种列举仅仅是注意规定性质的列举,对于其他未予列举但满足非法吸收公众存款行为条件的其他行为方式,也可以被解释入罪,这就避免了由于解释上的混乱而造成的违反罪刑法定原则的风险。

因此,建议司法解释在明确规定操纵期货市场罪实质的前提下,再对具体的行为方式进行列举,此种方式既能保证典型的操纵行为被明确禁止,又能弥补由于立法技术及认知的局限造成的立法上的滞后性,更好地保护操纵期货市场罪的法益,实现刑法法益保护之机能。

(三)将囤积、幌骗行为解释为"其他操纵方法"

我国《刑法》第182条除规定连续交易和联合操纵、对敲及洗售三种行为方式外,还规定了"以其他方法操纵期货市场的"兜底条款,但对其的解释应当把握住与三种明示的行为具有同质性和相当的法益侵害性的原则,在明确操纵期货市场罪实质的前提下,将囤积、幌骗的行为方式解释为《刑法》规定的其他操纵

〔6〕 刘宪权、谢杰:《市场操纵犯罪的实质解构:法律与经济分析》,载《现代法学》2014年第6期。

方法。

值得注意的是，幌骗与程序化交易存在一定差异。幌骗常见的手法是，不以成交为意图，在一个方向频繁地报撤单，以制造出虚假的交易信息，误导其他投资者跟风投资，使自己另一方向的订单得以成交，这属于对市场交易状况的一种操纵。而程序化交易泛指利用计算机技术制定交易策略、自动执行、订单管理等使用计算机辅助交易的行为，其是计算机技术的普及和发展在期货交易领域的运用，其在境内外交易市场中占有较高的比例。境外对程序化交易曾有质疑，但随着对程序化交易研究的深入，目前主流观点认为程序化交易只是一种中性的技术手段，其本身并不具有违法性，但须警惕因其被滥用而可能产生的隐患。期货市场交易中存在的幌骗行为即利用中性的程序化手段达到行为人操纵的目的。从本质上来说，真正违反规范，存在法益侵害的行为是具有操纵目的的幌骗行为，而非作为手段行为的程序化交易。因此，立法者应当注意到二者的区别，将幌骗作为操纵期货市场罪的行为方式之一，而排除程序化交易的违法性。

囤积的行为方式多表现为操纵者通过控制或者支配可供交割的现货商品，迫使空头（多头）接收器任意设定的更高或更低的价格平仓，以履行其合约义务的行为。囤积多发生在商品期货市场和需要现货交割的金融期货市场。囤积的行为利用对现货的支配性地位扭曲期货交易价格，严重破坏了期货市场的正常运行秩序，造成其他投资者合法权益受损，其与《刑法》第182条规定的三种行为方式具有同质性和相当的法益侵害性，建议将其解释为刑法规定的其他操纵方法。

（四）及时修正前置法规，完善期货市场法律体系

法定犯的立法中，应当坚持对于其他法律法规未认定为违法的行为不能使用刑法调整的原则。为解决未能坚持这一原则所导致的违法与犯罪衔接失洽的问题，建议在期货法立法及《期货交易管理条例》的修正中将操纵期货市场罪所规制的行为明确为违法，如幌骗、囤积行为等。此外，该罪的法益包括投资者的合法权益，也即投资者在合法权益受到犯罪行为侵害时仍可以单独或者附带提起民事诉求，要求行为人赔偿损失。但《期货交易管理条例》和《刑法》虽然分别明确了期货操纵的行政责任与刑事责任，但尚缺乏相关法律法规明确该行为的民事责任。民事责任通过其过错推定、连带责任、损害结果推定等内在规则，不但能够弥补行政责任的欠缺，而且可以激活受损害投资者寻求法律保护的欲望，使权利义务得以合理修复。而由于期货操纵案件中投资者对于自身损失与操纵行为之间因果关系的举证存在客观条件上的障碍，适用侵权法中对于一般侵权行为的认定标准会难以保障其利益，因此建议立法机关重视此种障碍，于期货法的立法中进行完善。

期货及衍生品法律评论
第一卷,第142～155页

期货内幕交易相关法律问题研究

杨宏芹* 张 岑**

摘要:光大异常交易事件经历了行政处罚、行政诉讼、民事诉讼等阶段,其为我国资本市场首次发生的新型案件。我国有关期货内幕交易的立法存在许多不确定的地方,不能给监管者和投资者一个确定的行为指引。内幕信息具有重要性、非公开性以及准确性三个特征,修正的"知悉标准"是认定内幕交易较为合理的标准。预设交易计划抗辩有利于维护正常的交易秩序,但我国的规定应当进一步细化,防止该抗辩事由被滥用。在期货内幕交易民事诉讼中,投资者只需要证明"损失因果关系"的存在。

关键词:期货内幕交易 内幕信息知情人 因果关系

一、引言

2013年8月16日11时5分光大证券股份有限公司(以下简称光大证券)在进行ETF申赎套利交易时,因程序错误,其所使用的策略交易系统以234亿元巨量申购180ETF成分股,实际成交达72.7亿元,引起沪深300指数、上证综合指数等大盘指数和多只权重股短时间大幅波动(以下简称"乌龙指"事件)。在该信息披露前,光大证券卖空IF1309、IF1312

---

* 上海对外经贸大学法学院副教授,法学博士。

** 上海市锦天城律师事务所律师。

股指期货合约共6240张,获利7414万元。2013年11月1日中国证券监督管理委员会(以下简称证监会)正式对光大证券异常交易事件作出行政处罚,认定光大证券构成股指期货内幕交易,并对该事件的当事人之一杨某某采取了终身的证券市场禁入措施。该事件虽然已经过去许久,证监会的处罚结果也已尘埃落定,但对该事件的讨论从未停息。2014年伊始,杨某某状告证监会。一审法院经审理认为,被诉处罚决定认定事实清楚,证监会作出被诉处罚决定的程序亦无违法之处。2015年5月4日北京市高级人民法院对此案作出《行政判决书》[(2015)高行终字第943号],维持原审判决。自2014年5月起,投资者相继向上海市第二中级人民法院起诉,对光大证券提起内幕交易民事索赔诉讼。2015年9月30日起,上海市第二中级人民法院陆续对这些案件作出一审判决,支持了投资者共计66万余元的赔偿款。

光大异常交易事件历时近3年,经历了行政处罚、行政诉讼、民事诉讼等阶段,在各阶段的法律文书中,监管部门、法院均认为,此案为我国资本市场上首次发生的新型案件,更是国内首例投资者胜诉的内幕交易民事诉讼。因此,光大异常交易事件性质的认定,是对我国期货内幕交易立法的一次考验,也说明了我国期货内幕交易立法仍然存在许多不足。本文拟从内幕信息的认定、知情人的认定、内幕交易行为的认定标准,以及内幕交易民事诉讼中因果关系的认定四个方面对期货内幕交易的相关法律问题进行分析,以期为我国期货立法提出意见和建议。

二、内幕信息的认定

(一)期货内幕信息的跨市场性

在讨论光大证券是否构成内幕交易时,有观点认为,"乌龙指"事件并不构成内幕信息,原因在于根据《期货交易管理条例》的相关规定,[1]期货内幕信息指

[1] 《期货交易管理条例》第82条第11项规定:"内幕信息,是指可能对期货交易价格产生重大影响的尚未公开的信息,包括:国务院期货监督管理机构以及其他相关部门制定的对期货交易价格可能发生重大影响的政策,期货交易所作出的可能对期货交易价格发生重大影响的决定,期货交易所会员、客户的资金和交易动向以及国务院期货监督管理机构认定的对期货交易价格有显著影响的其他重要信息。"

的是期货“单市场”信息,不应该包括股票市场交易信息。[2] 这一观点的不合理之处,在于没有认识到期货交易和证券交易的实质区别。

证券市场是有价证券发行和交易的场所,影响证券价格的关键是证券发行主体的经营状况,因此内幕信息主要指与证券发行主体有关的信息,如并购,更换董事、监事或高级管理人员,公司增资等情形。而期货市场存在和发展的根源在于为市场参与者提供价值风险转移机制,[3]其交易对象是以一定商品或资产为基础的标准化合约。这就决定了期货内幕交易中的内幕信息具有跨市场性的特点,与基础商品或资产的价格及走势相关的信息虽然不形成于期货交易市场,但其也在很大程度上影响了期货交易及其价格。因此,不能因为相关信息不直接产生于期货市场就否认其为内幕信息,一项信息是否构成内幕信息的关键不是其来源,而是其是否符合内幕信息的特征。

(二)内幕信息的特征

在美国,内幕信息的定义是从判例法中发展起来的,具体包括实质性和秘密性两个要素。[4] 而欧盟在2003年的《内幕交易与市场操纵(市场滥用)指令》第1条规定:“内幕信息,是指未被公开的,直接或间接地与一种或多种金融工具或其发行者有关的,一旦公开将会对这些金融工具及其相关衍生品的价格产生重大影响的准确信息。”[5]由此可见,欧盟认为内幕信息具有重要性、非公开性、相关性和准确性四个特征。日本《金融商品取引法》则规定,内幕信息,是指与上市公司业务或者其他重要问题有关的重要事实。[6] 我国《期货交易管理条例》规定,内幕信息具有重要性和未公开性两个特征。笔者认为,非公开性应为内幕信息的题中之意,此点毋庸置疑。如果内幕信息不具有重要性,则法律根本不需要对内幕交易进行规制,因此重要性(实质性)应为内幕信息的特征之一。另外,准确性应当为内幕信息的特征。转播或利用虚假信息虽然也会对期货市场秩序造成影响,但其造成影响的途径与内幕交易不同。内幕交易通过损害投资者知情

---

[2] 《光大证券是否构成内幕交易律师观点大PK》,载网易网:http://money.163.com/13/0821/08/96PPS17K00254IU1_all.html,最后访问日期:2013年11月24日。

[3] 谢杰:《最新内幕交易犯罪司法解释的缺陷与规则优化》,载《法学》2012年第10期。

[4] 刘宪权、谢杰:《证券期货犯罪刑法理论与实务》,上海人民出版社2012年版,第252页。

[5] “DIRECTIVE 2003/6/EC OF THE EUROPEAN PARLIAMENT AND OF THE COUNCIL of 28 January 2003 on insider dealing and market manipulation (market abuse)”, Accessed October 19, 2013. http://eur-lex.europa.eu/LexUriServ/LexUriServ.do? uri = OJ:L:2003:096:0016:0025:EN:PDF.

[6] 张小宁:《论内幕交易罪中“内幕信息”的界定》,载《昆明理工大学学报》(社会科学版)2009年第3期。

权来影响市场秩序，而传播或利用虚假信息则是通过影响投资者对市场的信心影响市场秩序的。至于相关性是否应当是内幕信息的特征之一，笔者将在下文具体论述。

1. 重要性

美国和欧盟虽然都认为“重要性”是内幕信息的特征，但二者对重要性的理解角度是不同的。美国所谓的实质性影响，是指该信息公开后，会影响投资者是否愿意以当前的价格购买或出售证券。〔7〕而欧盟则是从内幕信息会对价格产生重大影响这一点上来理解“重要性”。相比之下，美国的标准更合理。内幕交易行为主要侵害的是投资者对信息平等的知情权，而是否知悉信息直接影响的是投资者的判断。同时，影响期货价格的因素十分复杂，不对期货价格产生影响不代表该信息不重要，仅仅以价格因素来界定该信息是否具有重要性，人为地缩小了内幕信息的范围。当然，此处的“投资者”不应指某一个投资者，而应当是理性投资者的概念，包括“投机”和“保守”投资者的合理投资判断。同时，也不需要证明投资者知道了该事实就一定会作出不同的决定，只要求证明具有这种可能性即可。

虽然具有了一定的标准，但重要性的判断仍然十分抽象，这时下列角度可作为旁证：(1)消息公开之后期货价格的变化。价格的变化虽然不是判断“重要性”的唯一因素，但不可否认信息对于期货价格的重要影响。实际上，在证券内幕交易领域，“观察某上市公司股价的突然变化常常是证券管理部门追踪内幕交易案件的主要方法之一。”〔8〕(2)涉嫌内幕交易人的行为。嫌疑人违反惯常交易习惯或当时的市场形势的交易行为，往往说明嫌疑人知道了某些内幕消息。(3)信息的拥有者对信息的态度。例如，公司对某项信息采取保密措施或是公司的高层人员对此项信息表示关注和兴趣时，往往可以说明该信息的重要性。在行政处罚决定书中，证监会认为“乌龙指”事件“可能影响投资者判断，对沪深300 指数，180ETF、50ETF 和股指期货合约价格均可能产生重大影响”，〔9〕因此属于重大信息，即结合了投资者判断及价格影响力两个因素。

2. 非公开性

判断非公开性的要点在于两个时间节点，即内幕信息的形成时间和内幕信息的公开时间。2012 年最高人民法院和最高人民检察院共同颁布的《关于办理

〔7〕 顾肖荣、张国炎：《证券期货犯罪比较研究》，法律出版社 2003 年版，第 174 页。

〔8〕 同上书，第 175 页。

〔9〕 参见《中国证监会行政处罚决定书》〔2013〕59 号。

内幕交易、泄露内幕信息刑事案件具体应用法律若干问题的解释》(以下简称《内幕交易解释》)规定了两种内幕交易的形成时间:(1)针对《期货交易管理条例》中规定的内幕信息,如政策、决定等,这些政策、决定的形成时间即为内幕信息的形成时间。(2)针对影响内幕信息形成的动议、筹划、决策或者执行人员,其动议、筹划、决策或者执行初始时间,应当认定为内幕信息的形成之时。笔者认为,内幕信息对期货价格的影响并非仅从其完全形成时才开始。内幕信息虽然具有确定性的特征,但确定性不等于要形成完整的信息。上述第1项规定将政策、决定等的形成时间规定为内幕交易的形成时间,人为地推后了内幕信息的形成时间,给行为人利用内幕信息交易提供了便利。另外,内幕信息不是单纯的静态内容,而是从萌芽、发展、形成直至最后公开的动态过程。[10] 换言之,任何种类的信息都有影响其形成的动议、筹划等,即绝大部分的内幕信息的形成时间都将适用上述第2项规定,从而造成第1项规定形同虚设。并且第2项规定也存在不足之处。影响内幕信息的动议、筹划等在初始时,内幕信息可能只是一个雏形,其对期货交易价格还不会产生影响,这样就会人为地提早内幕信息价格敏感期。

在内幕消息的判断标准中,非公开性是对该信息形式上的要求,重要性才是一项信息是否能够成为内幕信息的实质性要求。如果一项信息不具有重要性,即使没有公开也不会构成内幕信息。因此可以说,当一项信息开始具有重要性时,就是内幕信息开始形成之时。因此,内幕信息的形成时间可以结合内幕信息的重要性判断标准进行规定。当一项信息具有重要性时,即该信息作为内幕信息的形成时间。另外,与重要性的判断一样,可以列举一些典型的事实作为内幕信息形成的旁证,此点可以借鉴《上市公司信息披露管理办法》中关于信息披露的规定。《上市公司信息披露管理办法》第33条规定了几项上市公司必须披露信息的时间点,包括董事会或者监事会就该重大事件形成决议时、有关各方就该重大事件签署意向书或者协议时等。上市公司之所以要进行信息披露,原因即在于所披露的信息会对投资者的判断造成影响,规定上市公司要在上述时间点进行披露,即说明在上述时间点所披露的信息形成。

关于内幕信息公开的时间节点,存在两种观点:形式公开说和有效市场说。形式公开是指内幕信息只要在法律指定的媒体上公开之后即不构成内幕信息。有效市场说则认为由某信息公布之日算起,到市场消化、吸收该信息并引起股票价格变动之时,才认为信息已经真正的公开。至于这一段时间究竟有多长,美国

---

〔10〕 刘宪权、谢杰:《证券期货犯罪刑法理论与实务》,上海人民出版社2012年版,第256页。

的司法判例认为，应视公司规模的大小和公司知名度的高低来判断，知名度高的公司比低的公司需要的时间要短一些。[11] "有效市场理论"的考虑是，内幕信息的知悉人本身对内幕信息就十分熟悉，内幕信息刚刚公开，当其他投资人还没有反应过来的时候知悉人就可以立即行动，这仍然对投资人不公平。笔者认为，形式公开说较合理，原因如下：(1)期货市场上对投资者的保护不是绝对的保护，期货市场本来就是高风险的市场，对参与者的洞察力、收集信息的能力有很高的要求，不能要求内幕信息的公开者为投资人的能力负责。何况有效市场说也无法确定一个标准，究竟内幕信息什么时候才算为市场所接受？这一标准的模糊反而为内幕交易人规避法律提供了便利。(2)在证券交易中，涉及内幕信息时的临时停牌制度能够对形式公开进行补充，[12] 在期货交易中也可对此制度进行借鉴。在内幕信息形式公开前，如果发生信息难以保密或已经泄露的情况，期货交易所可以提高保证金、调整涨跌停板幅度、限制会员或者客户的最大持仓量、暂时停止交易等紧急措施。《内幕交易解释》适用的也是形式公开说。[13]

3. 相关性

根据范围的大小，内幕信息的相关性特征主要有两种观点：一是欧盟的立法将相关性限定在"直接或间接地与一种或多种金融工具或其发行者有关的"；二是我国《期货交易管理条例》没有将内幕消息限定于对某一种期货的价格有重大影响。[14] 对比上述两种观点，我国立法的内幕信息范围更大，其是指不会影响某一种期货价格但会对整个期货市场造成影响的信息，如政局变动、基本经济政策的改变等都有可能成为内幕信息。笔者认为，内幕信息的判断本身就十分复杂，应当结合具体情况而定。因此，立法不应当人为地限定内幕信息的范围。期货内幕交易侵犯的法益是期货交易秩序，而并非具体的某一种期货的交易价格。进一步说，如果某一信息会对整个期货市场造成影响，则更应当将其视为内幕信

---

[11] 郭锋：《内幕交易民事责任构成要件探讨》，载《法律适用》2008 年第 4 期。

[12] 例如，《上市公司重大资产重组管理办法》第 41 条规定："上市公司预计筹划中的重大资产重组事项难以保密或者已经泄露的，应当及时向证券交易所申请停牌，直至真实、准确、完整地披露相关信息。停牌期间，上市公司应当至少每周发布一次事件进展情况公告。"

[13] 《内幕交易解释》第 5 条规定："内幕信息的公开，是指内幕信息在国务院证券、期货监督管理机构指定的报刊、网站等媒体披露。"

[14] 《期货交易管理条例》第 82 条规定："内幕信息，是指可能对期货交易价格产生重大影响的尚未公开的信息，包括：国务院期货监督管理机构以及其他相关部门制定的对期货交易价格可能发生重大影响的政策，期货交易所作出的可能对期货交易价格发生重大影响的决定，期货交易所会员、客户的资金和交易动向以及国务院期货监督管理机构认定的对期货交易价格有显著影响的其他重要信息。"

息,因为其一旦被用于内幕交易,造成的危害将更大。因此,不应当用相关性来限定内幕信息的范围。

综上所述,笔者认为内幕信息的特点应为重要性、非公开性及准确性,其中重要性和非公开性为判断内幕信息的重要特征。因此,中国证监会在行政处罚决定书中认为"内幕信息有两个基本特征,包括信息重大和未公开性"是合理的。

(三)"乌龙指"事件是否构成内幕信息的分析

综合上文的分析,笔者认为:首先,虽然"乌龙指"事件并非直接发生在期货市场,但期货内幕信息不应当局限于发生在期货市场上的信息,因此这不能成为否认"乌龙指"事件构成内幕信息的理由。其次,"乌龙指"事件符合内幕信息的特征。"乌龙指"事件发生于11时5分,但直到14时22分光大证券才通过法定的披露程序公告该事件。在这段时间,"乌龙指"事件具有"非公开性"的特征。虽然杨某某声称,"乌龙指"事件在下午的对冲交易之前已被主要媒体报道了,成了公开信息,所以应该不属于内幕信息。但是回看当时的报道,在该事件正式公开之前,媒体所使用的还是"据悉""获悉"这种不确定的词汇。[15] 最后,这些媒体在投资者中的受众多少,权威度高低并不一致,所谓"主要媒体"也没有一个确定的标准,如果认为被媒体报道就意味着信息的公开,只会使投资者在面对众多媒体报道时失去判断力,导致市场的混乱。在光大异常交易事件民事诉讼的一审判决书中,法院也就媒体已经披露了错单交易信息是否导致信息已经公开进行了论述。法院认为,媒体报道并非光大证券主动披露,且媒体报道提及的"独家获悉"之类的用语往往体现了财经媒体报道的消息来源为私下、非公开渠道。因此,媒体报道只能为受众提供参考,不能视为内幕信息已经具有公开性。就重要性而言,在该事件未公开期间,光大证券的总裁、董事会秘书等高级管理人员均对该事件表示出高度的关注,并且在13时至14时22分,光大证券作出了卖空IF1309、IF1312股指期货合约共6240张这样大手笔的异常交易行为。这些事实都能够说明"乌龙指"事件具有"重要性"的特征。笔者认为,"乌龙指"事件构成期货内幕信息。

[15] 载搜狐网:http://business. sohu. com/20130816/n384337116. shtml, http://www. 21cbh. com/2013/8-16/wNMzEwXzc0MzgwNA. html,最后访问日期:2016年4月14日。

三、知情人范围的认定

知情人是指知悉内幕信息的人。根据《内幕交易解释》，知情人分为两类：(1)基于特殊的身份能够接触或者获得内幕信息的人员；(2)非法获得期货交易内幕信息的人员。其中非法获得内幕信息的人员又分为三种，用非法手段获取内幕信息的人员、内幕信息知情人员的近亲属或者其他与内幕信息知情人员关系密切的人员以及在内幕信息敏感期内，与内幕信息知情人员联络、接触的人员。此分类产生了一个问题，即不具有特殊身份，又未主动地向具有特殊身份的人员探听内幕消息，而是被动地得知内幕信息的人员是否属于知情人员？

有观点认为，被动获悉内幕信息的人员对内幕信息不具有保密义务，其行为手段也不具有非法性，因此不应当规定为知情人。笔者认为不然。

首先，《内幕交易解释》使用“非法”一词是不恰当的。无论知情人基于其身份或是通过其他途径知悉内幕信息，都不会构成“非法”状态，因为知悉内幕信息本身并不违反法律。当然，如果知悉人是通过非法手段获取的内幕信息，可能涉及侵犯商业秘密或国家秘密，但这不是内幕交易调整的范围。

其次，被动型知悉人也对内幕信息履行保密义务。原因有以下几点：(1)理论上，就知情人范围问题，美国司法判例中经历了从“古典特殊关系理论”到“信息泄露理论”再到“盗用理论”的转变。“古典特殊关系理论”认为只有当知情人与发布内幕信息的主体存在特殊的诚信关系才对内幕信息具有保密义务。“信息泄露理论”的要旨在于通过认定信息泄露者为了个人利益而泄露信息给接受者，从而首先认定泄露者的违法责任，并进而追究接受者的连带责任。而“盗用理论”则认为任何盗用内幕信息的人员，都应当对内幕信息承担“披露或戒绝”义务。该处的“盗用”并非指行为人偷取了内幕信息，而是“行为人可能接触或获得内幕信息，便可以断定‘盗用’了内幕信息”。美国司法理论的变更显示了知情人员的范围正在不断扩大，这一趋势具有合理性。在实践中，内幕交易的情形十分复杂，法律不应当人为地缩小知情人的范围，从而为一部分内幕交易行为提供便利。(2)内幕交易行为损害的是期货市场交易秩序以及其他投资者的利益。因此，只要知情人利用了该信息进行内幕交易即对上述法益造成了侵害，无论知情人获取信息的渠道如何。

综上所述，判断知情人应当以其是否知悉内幕信息为唯一的标准。当然，从主观上来说，具有特殊身份的知情人以及利用非法手段取得内幕信息的人主观恶性更大,一旦内幕交易行为曝光,更容易动摇投资者对市场的信息,应加重对其打击力度。根据中国证监会行政处罚决定书,某券商法定代表人作为直接负责的主管人员,其他人员作为责任人员,基于管理身份和岗位职责获取了“乌龙指”的信息,均为内幕信息的知情人。

四、内幕交易行为的认定标准

(一)认定标准之争

内幕交易行为的认定标准,一直有“利用标准”和“知悉标准”两种。在“利用标准”下,要认定内幕交易存在就必须证明行为人知道并利用了内幕信息。而“知悉标准”则认为,要认定内幕交易存在只需证明行为人在进行证券交易时“知悉”与该交易有关的内幕信息,而其是否利用了该信息在所不问。美国第二巡回法庭认为“知悉”内幕信息就足以构成内幕交易,但美国第十一巡回法庭和第九巡回法庭则认为构成内幕交易需要行为人“利用”内幕信息。〔16〕 在我国的立法实践中,不同的法律法规存在适用标准不统一的现象。例如,《期货交易管理条例》第70条〔17〕以及《中华人民共和国证券法》第73条〔18〕均采取了“利用标准”,而《中华人民共和国刑法》第180条〔19〕采取的是“知悉标准”。在光大证券异常交易事件中,相关当事人即辩称,对冲交易是按照既定计划进行的必然性和常识性操作,没有利用内幕信息,可见适用标准的明确和统一对内幕交易认定的重要性。

其实,“利用标准”和“知悉标准”都存在显而易见的弊端。“利用标准”要求监管部门在证明行为人知悉内幕信息的同时对行为人“利用”内幕信息这一主观

〔16〕 Nilene R. Evans, of counsel, Morrison & Foerster LLP, Frequently Asked Questions about Rule 10b 5 – 1 Plans, Accessed May 30, 2016. http://www.mofo.com/files/Uploads/Images/FAQ10b51.pdf.

〔17〕 《期货交易管理条例》第70条规定:“期货交易内幕信息的知情人或者非法获取期货交易内幕信息的人,在对期货交易价格有重大影响的信息尚未公开前,利用内幕信息从事期货交易,或者向他人泄露内幕信息,使他人利用内幕信息进行期货交易的,没收违法所得,并处违法所得1倍以上5倍以下的罚款……”

〔18〕 《中华人民共和国证券法》第73条规定:“禁止证券交易内幕信息的知情人和非法获取内幕信息的人利用内幕信息从事证券交易活动。”

〔19〕 《中华人民共和国刑法》第180条规定:“证券、期货交易内幕信息的知情人员或者非法获取证券、期货交易内幕信息的人员,在涉及证券的发行,证券、期货交易或者其他对证券、期货交易价格有重大影响的信息尚未公开前,买入或者卖出该证券,或者从事与该内幕信息有关的期货交易,或者泄露该信息,或者明示、暗示他人从事上述交易活动……”

心理状态进行证明,这让监管者承担了过于繁重的举证任务。而“知悉标准”则太过严苛。从法理上讲,知道内幕信息本身并不违法,利用内幕信息交易才会侵害其他投资人的利益。从实践上讲,如果行为人在知悉内幕信息之前早已制订好商业计划,就因为知悉的事实而要放弃执行,对正常的交易秩序也是一种破坏。正因为二者都存在弊端,各国在实践中开始对二者进行修正。

(二)修正的“利用标准”和“知悉标准”

修正的“利用标准”仍然承认利用内幕交易是构成内幕交易的一个要件,但是其将行为人究竟有否利用相关信息的举证责任进行了倒置。[20] 修正的“利用标准”减轻了监管者的举证负担,但其重要弊病是,由于没有明确的抗辩事由,而将行为人没有利用内幕交易这一事实交由行为人自行举证,赋予了行为人太过宽泛的抗辩权,使行为人只要故意制造一些抗辩事由即可逃避内幕交易的惩罚,如故意制造小幅亏损,或者只出售或购买少量的证券。相比之下,修正的“知悉标准”赋予行为人的抗辩权则较明确。修正的“知悉标准”由美国证券交易委员会(Securities and Exchange Commission,SEC)在2000年颁布的规则10b5-1确立。该规则首先确定了,如果行为人买卖证券时知悉内幕信息,则行为人的行为构成内幕交易,即确定了“知悉标准”的适用。但是,在规则10b5-1(c)中又为行为人规定了三项积极的抗辩事由,即如果行为人能够证明,在其知悉内幕信息之前,他已经(1)订立了一个买卖该证券的具有约束力的合同;(2)指示他人买卖该证券;或者(3)制订了交易该证券的书面计划,那么,行为人买卖证券的行为将不构成内幕交易。修正的“知悉标准”一方面能够降低监管者的举证难度,另一方面由于抗辩事由法定,使行为人不容易逃避法律责任,是较合理的标准。《内幕交易解释》也接受了修正的“知悉标准”,规定了四项内幕交易的抗辩事由。[21]

(三)内幕交易抗辩事由——预设交易计划抗辩

在规定10b5-1(c)的抗辩事由中,第三项事由的“书面计划”被称为“10b5-1计划”,《内幕交易解释》也对其进行了规定,我国有学者将其称为“预设交易计划抗辩”。[22] 在光大证券异常交易事件中,杨某某即称,对冲行为是按照光大证

---

〔20〕 李响:《内幕交易中的因果关系证明探析》,载《现代财经》(天津财经大学学报)2011年第12期。

〔21〕 分别是:(1)持有或者通过协议、其他安排与他人共同持有上市公司5%以上股份的自然人、法人或者其他组织收购该上市公司股份的;(2)按照事先订立的书面合同、指令、计划从事相关证券、期货交易的;(3)依据已被他人披露的信息而交易的;(4)交易具有其他正当理由或者正当信息来源的。

〔22〕 谢杰:《最新内幕交易犯罪司法解释的缺陷与规则优化》,载《法学》2012年第10期。

券《策略投资部业务管理制度》进行的,符合这一抗辩事由。

在美国的法律规定中,一项计划要构成"10b5－1 计划"必须满足四个条件:[23] (1)该项计划必须是在行为人未知悉内幕信息时制订的;(2)该项计划必须详细地规定交易证券的数量、价格、交易日期,或者必须包含能够确定上述信息的公式;(3)行为人不得再对如何、何时以及是否执行该计划有进一步的干预和影响;(4)行为人必须是善意地制订该计划,而非出于规避内幕交易责任的目的。之所以对"10b5－1 计划"规定如此详细的构成要件,是因为抗辩一旦成立,行为人就不构成内幕交易,为了不使行为人轻易利用抗辩事由,必须保证行为人的行为与内幕信息完全无关。即便如此,在美国仍然存在"10b5－1 计划"抗辩被滥用的担忧,因此有人要求 SEC 对构成要件进行进一步的细化。[24] 反观《内幕交易解释》,其并没有对"按照事先订立的书面合同、指令、计划从事相关证券、期货交易"作出更为细化的规定,使行为人容易利用预设交易计划抗辩来逃避法律责任。

具体到光大异常交易事件,光大证券《策略投资部业务管理制度》第 9 页关于市场中性策略型交易管理制度指引第 15 条规定:如果因市场出现流动性急剧下降、市场压力、系统故障以及其他原因而导致交易异常,应考虑采用合适的对冲工具(包括但不限于股指期货、ETF 等)及时控制风险,进行对冲交易,以保证部门整体风险敞口处于可控范围,保持市场中性。[25] 上述规定只是对风险控制的笼统规定,没有对证券交易的数量、价格、交易时间进行事前规定,不能够保证对冲交易的发生与内幕信息完全无关。如果用一个笼统的规定就能够排除所有内幕交易的风险,会使内幕交易更加不可控制。出于维护正常交易秩序的需要,预设交易计划抗辩应当存在,但相关立法应当对其进行进一步的细化,防止该抗辩事由被滥用。

---

〔23〕 Wilson Sonsini Goodrich & Rosati, "RULE 10B5 - 1 TRADING PLANS: CONSIDERATIONS IN LIGHT OF INCREASED SCRUTINY", Accessed May 30, 2016. http://www.wsgr.com/PDFSearch/Rule-10b5-1-trading-plans.pdf.

〔24〕 Michael Kaplan, Rule 10b5 - 1 Plans: What You Need to Know, The Harvard Law School Forum on Corporate Governance and Financial Regulation.

〔25〕 载网易网:http://money.163.com/14/0214/12/9L203HL000251LIE_4.html,最后访问日期:2016 年 5 月 30 日。

五、内幕交易民事诉讼因果关系的认定

除行政责任和刑事责任之外，在内幕交易的规制体系中，民事责任也是不可或缺的。刑事责任、行政责任重在对行为人起到威慑、制止再犯的作用，而民事责任具有填补受害人损失的功能，三者相辅相成，最终才能达到维护投资者信心的目的。但是，在期货市场上，交易主体众多，且期货的价格敏感度高，价格形成原因复杂，很难将其中某一个原因从众多原因中剥离。同时，内幕交易民事诉讼制度应当考虑各方利益的平衡。虽然防止内幕交易、保护投资者是内幕交易民事诉讼制度必须考虑的问题，但公司的正常经营也是规则制定者必须考虑的价值。因此，制度的天平不能仅仅向投资者一方倾斜。以上种种，导致了内幕交易侵权的因果关系认定与传统民法上的侵权相比更为复杂。在光大异常交易事件民事诉讼过程中，因果关系的认定也是法院着重论述的争议焦点。〔26〕

（一）投资者应证实的因果关系类型

所谓"因果关系类型"，是指在期货内幕交易民事诉讼中，投资者应当证明存在"交易因果关系"还是"损失因果关系"。所谓"交易因果关系"，是指"被告的违法行为与原告的交易有事实上的联系，即如果没有被告的违法行为，原告就不会进行交易"。〔27〕 在光大异常交易事件的审理过程中，光大证券提出答辩意见称，投资者从事交易系自主判断和自主决策，不受光大证券内幕交易行为的影响。而"损失因果关系"，即指投资者只需要证明其损失是由行为人的内幕交易行为引起的。

笔者认为，在期货内幕交易民事诉讼中，不应当要求投资者证明存在"交易因果关系"。交易因果关系的核心在于投资者基于对行为人的信赖而从事相关投资行为，但内幕交易对投资者的影响方式与虚假陈述是不同的。具体而言，虚假陈述的行为人通过主动"诱惑"投资者买卖的方式影响市场，而内幕交易则更为私密，行为人主观上希望投资者不要注意到内幕信息，因此投资者没有条件对行为人产生信赖。在这种情况下，反而要投资者提供证据证实该等信赖的存在，

---

〔26〕 由于案件数量较多，且案件事实基本一致，本文在光大异常交易事件中一审、二审阶段各选取一份民事判决书作为论述参考。所引一审判决书案号为(2014)沪二中民六(商)初字第76号，二审判决书案号为(2016)沪民终146号。

〔27〕 杨峰：《美国、日本内幕交易民事责任因果关系比较研究》，载《环球法律评论》2006年第5期。

无疑不符合内幕交易行为的特征。

(二)损失因果关系的证明

即便如此,要证明损失因果关系的存在,也不是一件容易的事。从国外立法和司法实践来看,对于损失因果关系的证明,亦存在不同的做法。从日本的法院判决可以看出,在日本,要证明被告的交易行为与原告损失之间有因果关系,“就必须证明被告卖出的股票恰好由原告取得”,[28]即交易标的必须是一一对应的关系。而在美国,投资者只需要证明其在内幕交易行为人交易的同时进行了反向交易,法律即可推定因果关系成立。[29] 从上述论述可以看出,除非行为人与投资者面对面进行交易,否则要根据日本的司法实践证明损失因果关系的存在几乎是不可能的。而证券期货交易市场恰恰是以计算机网络技术为基础的市场,行为人与投资人并不直接对应或解除,投资者交易的标的无法与行为人交易的标的一一对应。从上述特点来看,采用“同时交易”的做法,推定当投资者与在内幕交易行为人交易的同时进行了反向交易,其产生的损失即与内幕交易行为具有因果关系,这一做法更为合理。在光大异常交易事件民事诉讼一审过程中,法院亦注意到,虽然我国目前法律法规并未对内幕交易中的损失因果关系作出定义,但与之最为相似的最高人民法院《关于审理证券市场因虚假陈述引发的民事赔偿案件的若干规定》对在虚假陈述中认定因果关系的规定,正是采取了“同时交易”这种推定的因果关系理论。[30]

(三)同向交易的投资者是否应当获得赔偿

光大异常交易事件一审判决后,有部分投资者提起上诉。上诉理由之一是,在光大证券内幕交易期间,投资者的同向交易损失也应当赔偿。上文已述及,虽然保护投资者的利益是内幕交易民事诉讼制度应当考虑的重点,但是应当在保护投资者和保护公司利益之间取得适当的平衡。采用“损失因果关系”理论,并且适用因果关系的推定,是适应了期货市场的特点,将举证责任的天平倾向了投资者。但是,这种倾斜不应当是无限制的。对于同向交易的投资者,美国的相关

---

[28] 杨峰:《美国、日本内幕交易民事责任因果关系比较研究》,载《环球法律评论》2006年第5期。

[29] 同上。

[30] 最高人民法院《关于审理证券市场因虚假陈述引发的民事赔偿案件的若干规定》第18条规定投资人具有以下情形的,人民法院应当认定虚假陈述与损害结果之间存在因果关系:(1)投资人所投资的是与虚假陈述直接关联的证券;(2)投资人在虚假陈述实施日及以后,至揭露日或者更正日之前买入该证券;(3)投资人在虚假陈述揭露日或者更正日及以后,因卖出该证券发生亏损,或者因持续持有该证券而产生亏损。

法律直接从诉讼主体的地位上对其进行了否定。[31] 笔者认为,对成熟司法体系的借鉴,还应当考虑我国的具体情况。不同于美国丰富的司法实践,内幕交易民事诉讼在我国属于新型案件,光大异常交易事件更是投资者获得赔偿的首例案件。在此前提下,如果直接否认同向交易者的诉权,未免对投资者太过严苛。并且,投资者可能不仅仅进行了一种交易,要求法院的立案部门直接对投资者的证据进行审查,从中认定哪些交易系同向交易、哪些是反向交易,在我国司法实践上根本不具有可操作性。因此,虽然从因果关系的认定理论上看,同向交易的投资者不应当获得赔偿,但不应当采取直接否认诉权的方式,而是应当交由审判庭根据案件的具体情况进行判断。

六、结论

对光大异常交易事件的争论,说明了我国有关期货内幕交易的立法存在许多不确定的地方,不能给监管者和投资者一个确定的行为指引。基于这一现实,本文从内幕信息的认定、知情人的认定、内幕交易行为标准的认定,以及内幕交易民事诉讼因果关系的认定四个方面对期货内幕交易的相关法律问题进行了研究,认为内幕信息具有重要性、非公开性以及准确性三个特征,修正的"知悉标准"是认定内幕交易的较为合理的标准。预设交易计划抗辩有利于维护正常的交易秩序,但我国的规定必须进一步细化,防止该抗辩事由被滥用。在期货内幕交易民事诉讼中,投资者只需要证明"损失因果关系"的存在。

---

〔31〕 杨峰:《美国、日本内幕交易民事责任因果关系比较研究》,载《环球法律评论》2006年第5期。

#【业务探讨】

期货及衍生品法律评论
第一卷,第 159 ~174 页

期货市场中央对手方:理论内涵与制度构建

叶　林* 　邹启钊** 　钟　维***

摘要:期货结算机构成为中央对手方的解释路径,包括合约更替、公开要约与合同权利义务的概括转移。其中合约更替更有优势,而合同权利义务的概括转移在我国现行法律制度下也是一个可替代的选择。期货结算机构作为期货交易的中央对手方,在合约履行中应当承担直接的合同责任,而非担保责任。我国现行一些法规、司法解释认为期货结算机构是期货交易的一般保证人,此种观点与中央对手方制度的要求不符,应当予以妥当解释。应当从明确概念和制度构建两方面同时入手,在我国期货法中正式建立中央对手方制度。

关键词:中央对手方　期货结算　期货清算　期货交割

期货市场的运作可分为两个基本环节:一是被称为"前台"的期货交易环节;二是被称为"后台"的期货结算环节。期货结算虽然隐于幕后,却是期货市场的核心,关系整个期货市场运行的健康、高效和安全。而符合现代期货市场风险管理要求的结算制度即为中央对手方制度。中央对手方也称共同对手方,系英文"Central Counterparty"的中译,指"介入一个或多个金融市场进行交易的合约对手方之间而成为

* 中国人民大学法学院教授、博士研究生导师,中国人民大学民商事法律科学研究中心研究员。

** 中国人民大学法学院博士后。

*** 中国社会科学院法学研究所博士后、助理研究员。

每一个卖方的买方和每一个买方的卖方的实体”。[1] 与一般的交易不同,中央对手方成为每一个卖方的买方和每一个买方的卖方,其目的并非在于通过交易获利,而是为集中结算提供法律基础,并为确定结算中各主体间权利义务提供分析框架。在中央对手方制度下,期货结算机构作为期货交易合同的主体对期货交易进行结算,在理论上主要涉及两个方面的法律问题:一是期货结算机构何以成为期货交易合同的主体;二是其成为期货合同主体后,在期货合同履行方面承担何种义务与责任。

一、期货结算机构成为中央对手方的解释路径

期货结算机构的目的是为期货交易提供结算服务,以提高结算效率及控制期货交易的风险,这与一般期货交易以投机营利或套期保值为目标迥然有异。在中央对手方制度下,作为提供结算服务的期货结算机构,却以期货交易当事人的身份介入原始交易对手间的期货交易,这是通过何种法律机制实现的?期货结算机构作为期货交易的当事人既然只是以期货结算为目的,其与一般的期货交易当事人又有何区别呢?2004 年十国集团中央银行支付结算体系委员会和国际证监会组织技术委员会联合发布了《关于中央对手方的建议》,指明各国支持中央对手方运行的法律基础,主要是合约更替与公开要约两种制度。[2] 2011 年十国集团又发布了《金融市场基础设施原则(征求意见稿)》,指出中央对手方除基于合约更替与公开要约外,还包括“其他类似法律设计”,从而为缺失合约更替与公开要约制度的国家与地区实行中央对手方提供了制度上的可能性。[3]

(一)合约更替

合约更替源于罗马法上债的更新(novatio)制度,指用一项新的债权债务关系代替并消灭一项旧的债权债务关系。在英美法中,合约更替是债务消灭的原因之一。

在一般情况下,合约更替涉及原有合同双方及新加入的一方。合约更替后,原合同的一方当事人退出交易,原合同消灭,而新来的一方成为合同的主体,与

[1] “Committee on Payment and Settlement System & Technical Committee of the International Organization of Securities Commissions, Recommendations for Central Counterparties”, Consultative Report, p. 45.

[2] Ibid., p. 11.

[3] Ibid., p. 22.

原合同的另一方建立新的合同关系。不过，由于英美法并不严格定义概念，因此对合约更替并无统一的理解。例如，美国一些州的制定法就将合约更替定义为一项新的义务替代一个现有的义务，这样，两个主体间的替代合同（substituted contract）也被视为了合约更替。[4]

在英美法上，合约更替与其说被视为一项法律制度，不如说被理解为一种法律效果，即新的义务替代现有的义务，而为达成这种法律效果，法律上存在不同的具体方法。第一种方法，是原合同下的权利义务被取消并被原合同一方与新来的一方之间的新合同下内容相同的权利与义务取代。在第二种方法中，原合同一方将其合同下的权利与义务转让给新来者，且新来者与原合同双方约定，由新来者承担原合同一方的义务而原合同另一方免除该方的义务。也就是说，这种方式包含了债权的转让及债务的承担与免除。[5] 英国主要用第一种方法，因为第二种方法的债务承担在英国须产生印花税。但在美国，第二种方法更普遍，因为在美国无须为债务承担缴税。[6]

与合约更替的一般概念相比，中央对手方的合约更替有其特别之处。通常意义上的合约更替系以一个新合同取代并消灭原来的合同，但在中央对手方的合约更替中，系以两个新合同取代并消灭原来的合同，即原始期货合同的卖方与期货结算机构成立期货合同，期货结算机构成为其买方，而原始期货合同的买方同时与期货结算机构成立期货合同，期货结算机构成为其卖方。分析其实现路径，如果利用合同自由原则，在业务规则中详细规定，由于法律不禁止此类更替，因此不会产生障碍。但是，如果利用法律体系中既有的制度或制度组合，则用债权的转让及债务的承担与免除作为解释路径，会引发理解上的困难：卖方（或买方）将权利转让给期货结算机构、期货结算机构承担卖方（或买方）的义务且买方（或卖方）免除其义务后，买方（或卖方）与期货结算机构建立新的期货合同，但卖方（或买方）退出期货合同关系，其无法再用合约更替与期货结算机构建立新的期货合同关系。如果说卖方与买方同时将权利义务转给期货结算机构且各自的义务被免除，则直接的后果是卖方与买方将不承担任何义务，这显然与实际情况不符。因为无论是买方还是卖方，均对期货结算机构负有与原期货合同下

---

〔4〕 参见《加利福尼亚民法典》第1530条、第1531条。

〔5〕 在英美法下，债务一般不能像权利一样进行转让，其只可代为履行（delegation），此时原债务人仍须承担履行义务。如果债权人同意代为履行，且解除债务人的义务，则构成合约更替。参见Claude D. Rohwer and Gordon D. Schaber, *Contracts*（影印版），法律出版社1999年版，第360页。

〔6〕 See Philip R. Wood, *International Loans, International Bond Issues, Guarantees, Legal Opinions*, London, Sweet & Maxwell Press, 2007, p. 178.

相同的义务,尽管双方均与期货结算机构建立新合同。此外,在一般情况下,将权利义务转出的一方,既退出原期货合同,也不进入新期货合同,准此以论,若卖方与买方同时将权利义务转给期货结算机构,则买卖双方均不能与期货结算机构建立新期货合同,这显然也与事实不符。不过,从实际交易角度理解合约更替,上述疑惑可迎刃而解:原合同一方将原合同下的权利义务转给第三人(新合同的新加入者),并非没有原因,在一般情况下,其与第三人间应当存在关于将原合同下的权利义务进行转让的协议,只是由于该协议不属于合约更替制度关注的内容,因此未予提及。但在理解中央对手方合约更替时,该协议获得了重要性:卖方(或买方)将权利转让给期货结算机构、期货结算机构承担卖方(或买方)的义务且买方(或卖方)免除其义务后,买方(或卖方)与期货结算机构建立新的期货合同。同时,由于期货结算机构必须保持合同的中立性,其在接受卖方(或买方)原期货合同下的权利与义务时,必须另以合同向卖方(或买方)给予相同的权利与义务,而这份合同其实就是卖方(或买方)与期货结算机构的新期货合同。这样,卖方(或买方)在新期货合同下拥有的权利与承担的义务与原期货合同完全一样,而期货结算机构与买方(或卖方)以通常意义上的合约更替建立了期货合同关系。

合约更替需要三方的一致同意,因此,中央对手方合约更替在法律机制上如何使三方达成同意,便成为关键。期货交易参与者人数众多,且呈现匿名交易的特点。因此,要使每一个期货合约的双方均与期货结算机构单独达成意思表示上的一致,实践中几乎没有可能。于是,采用合约更替方式的期货结算机构均在其结算规则中明确规定了合约更替制度,并且一般均明确规定结算规则系期货结算机构与结算会员间的合同,而结算会员成为其会员之时便意味着同意其结算规则,这当然也意味着其同意合约更替制度。

合约更替被很多期货结算机构采用并规定在业务规则中,并且有些国家还在法律中对此进行明确的规定。美国《商品交易法》(Commodity Exchange Act)第1a条第(9)款(A)项(i)目规定:“衍生品结算机构是指处理有关协议、合约或交易的结算所、结算协会、结算公司,或类似实体、机构、系统或组织——(i)使协议、合约或交易各方能够通过合约更替或其他方式来替代更新其在衍生产品结算机构中的信用状况。”新加坡《证券期货法》第48条规定:“市场合约是指(a)根据合约更替(不论称谓如何),不论在违约处理程序发生之前还是之后,指定结算结构与参与者之间签订的、受该指定结算结构业务规则制约的合约;且该合约更替与该业务规则一致,并以使用该指定结算机构的结算设施进行交易清算或结算为目的……”

(二)公开要约

公开要约是要约的一种方式。根据合同法一般理论,要约是指要约人向受要约人发出的意思表示,该意思表示内容具体确定并须表明要约人在得到受要约人承诺时即受该意思表示约束。公开要约则是指要约人公开发出的要约,受要约人是不特定的公众。与一般要约不同,公开要约更强调要约的不可撤销性,要约人无权撤销其已经发出的公开要约,因此,其对受要约人利益的保护更为有利。

以公开要约作为期货结算机构成为中央对手方的法律基础的理论认为,期货结算机构是发出公开要约的要约人,而其结算会员则是公开要约的受要约人。期货结算机构公开要约的内容,是期货结算机构欲与成功配对的两份交易指令的发出者各自成立一份期货合同,而两份交易指令的成功配对则是发出这两份交易指令的结算会员对期货结算机构所发出的公开要约的承诺。新加坡《清算机构规则指南》第3.3(b)条规定:"公开要约是清算机构成为中央对手方的另一种方式,中央对手方作为对手向所有参与人发出公开要约,并于一项交易成立时介入参与人之间。"在公开要约中,结算会员发出的交易指令本身非要约也非承诺,而交易指令配对成功也并不在结算会员间成立期货合同。经成功配对的两份交易指令是发出指令的交易商对期货结算机构的承诺。因此,在公开要约方式中,买方结算会员与卖方结算会员之间从未建立过期货合同法律关系,双方都直接与期货结算机构建立了合同关系,如根据期货结算规则买卖双方与期货结算机构间的交易无效,则不仅在买卖双方与期货结算机构间不存在期货交易合同,在买卖双方间也不存在期货交易合同。相反,在合约更替制度下,如果期货结算机构不接受对所提交的期货合同进行结算,只是合约更替不能发生,即期货结算机构未能与买卖双方成立新合同,但买卖双方间的原始合同将不受影响地继续存在。〔7〕

在世界范围内,采用公开要约成为中央对手方的期货结算机构并非绝无仅有。如《欧洲期货与期权交易所清算股份公司清算规则》第1章第1.2.1条规定:"结算会员,其清算业务由欧洲期货与期权交易所清算股份公司根据以下章节负责,在市场体系内通过配对产生的交易应当仅成立于欧洲期货与期权交易所清算股份公司与其结算会员之间。"该规则第6章第1.1.4条规定:"欧洲期货与期权交易所清算股份公司向结算会员发出一份公开要约,并应于根据第六章提交清算的两份证券指令在爱尔兰证券交易所交易体系电子配对时进入一份中

〔7〕 See Clearing Rules and Procedures of HKCC, Chapter Ⅲ Rules 308 A(d).

央对手方合同。上述配对构成每一个发出被配对指令的交易参与方在爱尔兰证券交易所对公开要约的承诺,且欧洲期货与期权交易所清算股份公司与相关结算会员之间立即产生一份中央对手方合同。"《LCH. Clearnet 结算通则》第 62 条规定:"结算机构对进入股权清算合同的股权清算成员发出公开要约……结算机构在股权清算合同中应当成为卖方股权清算成员的买方;结算机构在股权清算合同中应当成为买方股权清算成员的卖方。"《瑞士交易所第 24 号指令》第 1.2.1 条规定,"当一项交易作为两位交易参与方指令的配对而产生时,该配对被认为是交易参与方对中央对手方公开要约的承诺。公开要约是中央对手方规则中界定的概念。公开要约是订立合同的意思表示,具有一旦受要约人表示接受而对要约人即刻产生约束力的意思。根据中央对手方规则,下列合同经配对在以下当事人之间产生:(1)卖方结算会员与中央对手方;及(2)买方结算会员与中央对手方。对中央对手方公开要约的承诺,将在中央对手方与其结算会员间产生合同。对中央对手方公开要约的拒绝将是得合同被注销。"

与合约更替相比,公开要约存在一定缺陷:[8] 首先,当采用公开要约方式时,原始交易双方之间自始不存在合同关系,如果根据相关法律和交易规则,结算机构与原始交易者之间的期货交易合同无效或被撤销,或结算机构拒绝为交易者的该笔业务进行结算,那么该交易者也无法依据与另一方交易者的原始交易合同获得救济。而当采用合约更替方式时,此种情况的结果只是合约更替不发生,原始交易合同仍然有效,交易双方还可以依据原始交易合同进行双边清算。其次,对于中央对手方在场外市场发挥作用的情形,公开要约理论在解释上也存在困难。在中央对手方运用于场外市场的情况下,实际是由交易双方首先达成交易,再把该项交易提交给结算机构进行结算。也就是说,在提交中央对手方结算之前,交易双方之间已经存在合同关系。但在公开要约的解释模型中,原始交易双方之间自始是不存在合同关系的,相关交易必须有结算机构的参与才能达成,这就在理论上产生了难以调和的矛盾。因此,作为中央对手方制度的理论基础,合约更替相对于公开要约而言是更好的选择。

(三)合同权利义务的概括转移

我国合同法并未规定合约更替,但理论上存在合同变更的概念,二者有一定的相似性。合同变更有广义与狭义之分。狭义的合同变更指合同内容的变更,而广义的合同变更,则不但包括合同内容的变更,还包括合同主体的变更。由于合约更替时只是合同主体发生变化,因此,狭义的合同变更与其没有交集,只能

---

[8] 参见钟维:《期货市场中央对手方制度研究》,载《社会科学》2015 年第 12 期。

以广义的合同变更中的合同主体的变更与其进行比较。

合同主体的变更实际上是合同权利义务的转让,包括合同权利的转让、合同义务的承担,以及合同权利义务的概括转移。合同权利义务的概括转移与合约更替比较,二者在形式上都发生了合同主体的更替,但二者实际上存在本质区别,即在合同权利义务概括转移的情形下,原合同并不消灭,合同关系保持同一性,原合同转让人在合同中所享有的抗辩权也一并移转。反之,合约更替时原合同消灭、新合同诞生,合同不具有同一性,原合同转让人的抗辩权灭失。[9]

既然我国法律并无合约更替的对应概念,那合约更替的法律效果能否在我国得到实现呢?如前所述,合约更替有两种具体的方法:一是当事人直接约定原合同灭失且被新合同替代;二是利用法律体系中既有的制度或制度组合达成合约更替的法律效果。毫无疑问,第一种方法并不为我国的法律所禁止。但是,由于其体现的是合同自由原则,而不涉及任何具体的合同法制度,因此在讨论我国中央对手方的法律基础时其并非重点。在我国法律体系中的既有法律制度方面,合同权利义务的概括转移虽然在合同是否具有同一性方面与合约更替存在区别,但配合混同制度,在期货结算机构合同中立性的原则下,其可作为中央对手方的法律基础,详述如下:

首先,甲乙双方指令配对,建立期货合同关系(原期货合同)。

其次,甲方将其期货合同下的权利义务概括转移给期货结算机构,原期货合同的主体变成期货结算机构与乙方。此时,原期货合同在期货结算机构与乙方间继续存续,合同具有同一性。

与此同时,由于合同权利义务的概括转移一般须基于当事人与第三人之间的合同而发生,[10]更因为期货结算机构必须保持期货交易的合同中立性,因此期货结算机构必须同时与甲方建立另外一份合同("第一份新期货合同")。在该合同下,期货结算机构向甲方给予相同的权利与义务,以使期货结算机构不因此而实际享有期货交易下的权利或承担期货交易下的义务,从而保持期货交易的中立性。此时,甲方与期货结算机构间建立第一份新期货合同,甲方在第一份新期货合同下的权利义务与其在原期货合同下的权利义务一致。

最后,乙方将其期货合同下的权利义务概括转移给期货结算机构,原期货合同的主体变成期货结算机构与其自身。此时,原期货合同因为混同而消灭。

与此同时,期货结算机构必须同时与乙方建立另外一份合同("第二份新期

[9] 崔建远主编:《合同法》,法律出版社2000年版,第161页。

[10] 同上书,第186页。

货合同")。在该合同下,期货结算机构向乙方给予相同的权利与义务,以使期货结算机构不因此而实际享有期货交易下的权利或承担期货交易下的义务,从而保持期货交易的中立性。此时,乙方与期货结算机构间建立第二份新期货合同,乙方在此期货合同下的权利义务与其在原期货合同下的权利义务一致。

经过上述过程,其结果:一是原期货合同因为合同双方的权利义务均概括转移至期货结算机构而混同消灭;二是因甲乙双方均将其在原期货合同下的权利义务概括转移至期货结算机构以及期货结算机构在期货交易中合同中立性的要求,甲乙双方均与期货结算机构成立新的期货合同。新期货合同与原期货合同没有同一性,但在新期货合同下,甲乙双方的权利与原期货合同下的权利一致,但各自的相对方均为期货结算机构。可见,上述过程达成了合约更替的效果。因此,合同权利义务的概括转移在期货结算机构中立性的特定条件下,可以起到合约更替的作用,其可被视为我国期货结算机构取得中央对手方地位的法律基础。

合同权利义务的概括转移,可以是基于当事人之间的法律行为而产生的,即意定概括转移,也可以是基于法律的规定而产生的,即法定概括转移。法定概括转移一般发生于合同主体发生合并分立的情形或租赁物所有权发生变动的情形。作为期货结算机构成为中央对手方法律基础的合同权利义务概括转移,应认为是意定概括转移,这与合约更替在英美被认为是基于当事人合意是一致的。合同权利义务的意定概括转移需要满足"三方同意"这一要件,即原始期货合同的双方及期货结算机构须就概括转移达成合意。《中华人民共和国合同法》第88条规定:"当事人一方经对方同意,可以将自己在合同中的权利和义务一并转给第三人。"换言之,当期货交易的任何一方与期货结算机构达成概括转移的合意时,均须得到其原始交易对方的同意。但实际情况是,由于期货交易的大量发生,更由于期货交易的匿名性,通常意义下的三方同意根本不具有可实现性。因此,通过期货结算机构的业务规则而达成"三方同意"成为现实的选择。

总之,合同权利义务的概括转移与合约更替虽然在概念本身上有所不同,但在期货结算机构合同中立性的原则下,合同权利义务的概括转移可以达成合约更替的法律效果。因此,合同权利义务的概括转移也可以成为我国期货结算机构取得中央对手方地位的法律基础。

二、中央对手方在期货合约履行中的责任

中央对手方介入买卖双方的交易，成为卖方的买方与买方的卖方。中央对手方成为期货交易的合同当事人后，其必然的逻辑就是，作为合同当事人对期货合同进行履行，承担直接的合同责任。在此，我们主要以期货合约交割为例，讨论中央对手方在期货合约履行中的责任性质及相关问题。

（一）交割配对的法律基础

期货交割，是指在期货合约到期时，期货交易双方通过对期货合约中的标的资产所有权实际转移或以现金支付标的资产差价，最终了解未平仓期货合约的过程。期货交割属于期货交易的一部分，是期货结算的重要形式之一。如果期货合同在到期日之前仍未被对冲平仓，则必须进行期货交割，以了结期货交易中的权利义务，因此期货交割是期货交易的结束环节。

期货交割涉及多方当事人，如期货卖方投资者、期货买方投资者、期货结算机构卖方结算会员、期货结算机构买方结算会员、期货结算机构、交割仓库等，在这些当事人中，谁是期货交割的法律主体呢？

在中央对手方结算下，期货结算机构是期货合同的当事人，原始期货合同双方不再存在合同关系，因此其不得向原始对方主张合同权利，也不得再对原始对方负有任何合同义务。原期货合同买方直接对期货结算机构主张权利和承担义务，原期货合同卖方也直接对期货结算机构主张权利与承担义务。由于期货交割在性质上属于期货合约的履行，因此不具期货合约合同关系的买方结算会员与卖方结算会员之间不能直接进行期货交割，只能与各自的合同对手期货结算机构进行期货交割。

但在期货交割实践中，期货结算机构多将买方结算会员与卖方结算会员配对，二者进行实物交割。《大连商品交易所交割细则》第 3 条规定："客户的实物交割须由会员办理，并以会员名义在交易所进行。"《上海期货交易所交割细则》第 4 条规定："在合约最后交易日后，所有未平仓合约的持有者须以实物交割方式履约。客户的实物交割须由会员办理，并以会员名义在交易所进行。"《郑州商品交易所交割细则》第 3 条规定："客户的期货交割须由会员办理，并以会员名义在交易所进行，交割结果由客户承担。"《中国金融期货交易所结算细则》第 4 条规定："交易所实行会员分级结算制度。交易所对结算会员结算，结算会员对其客户、受托交易会员结算，交易会员对其客户结算。"从理论上来说，卖方结算会

员与买方结算会员配对后的交割,属于依照期货结算机构的指示而向第三人交割,其支付在法律效果上是对期货结算机构的交割,发生消灭其对期货结算机构的合同义务的效果;买方结算会员的从卖方结算会员的受领在法律上是向期货结算机构的受领,发生消灭期货结算机构对其合同义务的效果。期货结算机构具有中央对手方地位,意味着所有卖方都须对其履行交割义务,而其也须对所有买方进行交割。因此,其可指定任何卖方对任一买方进行交割,并发生上述法律效果。

(二)期货交割中中央对手方的法律责任

期货结算机构作为期货交割的法律主体之一,其在期货交割中对卖方结算会员与买方结算会员承担的是直接的合同法律责任。具体而言,其须对买方结算会员承担交付标准仓单并开具增值税专用发票的法律责任,对卖方结算会员承担支付交割货款的法律责任。期货结算机构对买方结算会员承担的交付标准仓单的法律责任与对卖方结算会员承担的支付交割货款的法律责任是相对独立的,即使卖方结算会员未能向期货结算机构履行交付标准仓单的义务,期货结算机构依然应当对买方结算会员承担交付标准仓单的法律责任。因为这两个义务基于两个相互独立的合同,因此二者也是相互独立的。

由于期货交割的实际操作,是期货结算机构对卖方结算会员与买方结算进行配对,由二者进行直接交割。如果二者有人发生违约,未能适当履行交割义务,将在两个层面上产生法律效果:一是该违约会员对期货结算机构构成违约,应承担违约责任;二是期货结算机构仍须对对方结算会员履行。最高人民法院《关于审理期货纠纷案件若干问题的规定(一)》第 44 条规定:“在交割日,卖方期货公司未向期货交易所交付标准仓单,或者买方期货公司未向期货交易所账户交付足额货款,构成交割违约。构成交割违约的,违约方应当承担违约责任;具有合同法第九十四条第(四)项规定情形的,对方有权要求终止交割或者要求违约方继续交割。征购或者竞卖失败的,应当由违约方按照交易所有关赔偿办法的规定承担赔偿责任。”可见,在我国如发生结算会员交割违约,其对期货结算机构承担违约责任。但同样是最高人民法院《关于审理期货纠纷案件若干问题的规定(一)》,其第 48 条规定:“期货公司未按照每日无负债结算制度的要求,履行相应的金钱给付义务,期货交易所亦未代期货公司履行,造成交易对方损失的,期货交易所应当承担赔偿责任。期货交易所代期货公司履行义务或者承担赔偿责任后,有权向不履行义务的一方追偿。”根据该条规定,在一方违约时,期货结算机构向另一方履行,是代为承担责任。可见,我国期货结算机构目前并非采取完全的中央对手方对场内期货交易进行结算。

此外，最高人民法院《关于审理期货纠纷案件若干问题的规定（一）》第47条规定："交割仓库不能在期货交易所交易规则规定的期限内，向标准仓单持有人交付符合期货合约要求的货物，造成标准仓单持有人损失的，交割仓库应当承担责任，期货交易所承担连带责任。期货交易所承担责任后，有权向交割仓库追偿。"根据此条规定，在期货交割中，如果交割仓库发生违约行为，那么期货结算机构对交割仓库的违约行为承担连带责任。应当说，此条的规定符合中央对手方结算方式的应有之义，因为期货结算机构是期货合同的主体，其应当对期货交割承担最后的法律责任。期货结算机构并不直接将交割商品交付给买方结算会员，而是将仓单交付给买方结算会员，再由买方结算会员向期货结算机构指定的交割仓库提取交割商品。由于交割仓库一般由期货结算机构指定，因此，其可以被视为期货结算机构的代理人，其违约应视为期货结算机构的违约。不过，关于期货结算机构与交割仓库的关系，也可以有另外的理解。交割仓库可以被理解为为了期货市场公益而设立的机构，其应当遵守自律性的标准与规则，并独立承担妥善仓储的职责。这样，期货结算机构交付符合期货合约的仓单后，便完成了对期货合约的交割履行，如期货交易者从交割仓库提取的货物与仓单不符，则交割仓库须承担赔偿责任而与期货结算机构无关。在这种结构下，可以对期货结算机构的责任进行一定的限制，这有利于期货结算机构提升期货结算服务与风险控制。

三、我国期货市场现行结算制度评析

（一）期货结算机构法律地位的制度现状

目前，我国期货市场还没有关于期货交易的基本法律，但是在行政法规、规章、司法解释、交易所规则等层面，都有涉及结算机构法律地位及相关责任的制度规则，比如《期货交易管理条例》第37条第1款，《期货交易所管理办法》第84条，最高人民法院《关于审理期货纠纷案件若干问题的规定（一）》第48条，《中国金融期货交易所结算细则》第73条，《上海期货交易所结算细则》第78条、第79条，《大连商品交易所结算细则》第84条、第85条，《郑州商品交易所结算细则》第68条、第69条等。在我国，期货结算机构是期货交易所的内设机构，由期货交易所作为结算机构对外的代表并承担责任，因此这些条文中的期货交易所也就承担了本文所讨论的期货结算机构的职能。

《期货交易管理条例》第37条第1款规定："会员在期货交易中违约的，期货交易所先以该会员的保证金承担违约责任;保证金不足的,期货交易所应当以风险准备金和自有资金代为承担违约责任,并由此取得对该会员的相应追偿权。”仅从这一规定来看并不能明确期货交易所的法律地位,但《期货交易所管理办法》第 84 条规定:“会员在期货交易中违约的,应当承担违约责任。期货交易所先以违约会员的保证金承担该会员的违约责任,保证金不足的,实行全员结算制度的期货交易所应当以违约会员的自有资金、期货交易所风险准备金和期货交易所自有资金承担;实行会员分级结算制度的期货交易所应当以违约会员的自有资金、结算担保金、期货交易所风险准备金和期货交易所自有资金承担。期货交易所以结算担保金、期货交易所风险准备金和期货交易所自有资金代为承担责任后,由此取得对违约会员的相应追偿权。”这一规定将违约会员的自有资金加入了承担违约责任的财产范围,并置于会员保证金之后和结算担保金之前,并且最高人民法院《关于审理期货纠纷案件若干问题的规定(一)》第 48 条规定:“期货公司未按照每日无负债结算制度的要求,履行相应的金钱给付义务,期货交易所亦未代期货公司履行,造成交易对方损失的,期货交易所应当承担赔偿责任。期货交易所代期货公司履行义务或者承担赔偿责任后,有权向不履行义务的一方追偿。”该条规定期货交易所应当代期货公司承担违约责任,履行给付义务,未履行给付义务造成交易对方损失的应当承担赔偿责任。由此,这三个条文共同组成的制度规则就是:期货交易所会员在期货交易中违约的,应当承担违约责任,期货交易所应当代违约会员履行义务。期货交易所先以违约会员的保证金承担该会员的违约责任,保证金不足的,实行全员结算制度的期货交易所应当以违约会员的自有资金、期货交易所风险准备金和期货交易所自有资金承担违约责任;实行会员分级结算制度的期货交易所应当以违约会员的自有资金、结算担保金、期货交易所风险准备金和期货交易所自有资金承担违约责任。期货交易所代违约会员履行义务后,有权向其追偿。期货交易所未代违约会员承担履行义务的违约责任,造成交易对方损失的,期货交易所应当承担赔偿责任,之后期货交易所有权向该违约会员追偿。

《中华人民共和国担保法》第 17 条规定了一般保证:“当事人在保证合同中约定,债务人不能履行债务时,由保证人承担保证责任的,为一般保证。一般保证的保证人在主合同纠纷未经审判或者仲裁,并就债务人财产依法强制执行仍不能履行债务前,对债权人可以拒绝承担保证责任。有下列情形之一的,保证人不得行使前款规定的权利:(一)债务人住所变更,致使债权人要求其履行债务发生重大困难的;(二)人民法院受理债务人破产案件,中止执行程序的;(三)保证人以书面形式放弃前款规定的权利的。”因此,前述制度组合很接近《中华人民共和国担保法》第17条所规定的一般保证。但依据该条第2款，一般保证的保证人在主合同纠纷未经审判或者仲裁，并就债务人财产依法强制执行仍不能履行债务前，对债权人可以拒绝承担保证责任。而在前述制度规则中，期货交易所承担责任是不以这些为前提条件的。不过依据该条第3款第3项，保证人以书面形式放弃前款规定的权利的，保证人不得行使前款规定的权利拒绝承担保证责任。在这里，所谓"书面形式"就是期货交易所的结算规则，如《中国金融期货交易所结算细则》第73条规定："结算会员无法履约时，交易所有权按照规定依次采取下列保障措施：（一）暂停开仓；（二）强行平仓，并用平仓后释放的保证金履约赔偿；（三）动用该违约结算会员缴纳的结算担保金；（四）动用其他结算会员缴纳的结算担保金；（五）动用交易所风险准备金；（六）动用交易所自有资金。交易所代为履约后，取得对违约会员的相应追偿权。"[11]可见，期货交易所通过结算规则排除了《中华人民共和国担保法》第17条第2款的适用，前述规则的组合符合一般保证的构成要件。因此，依据目前我国期货市场的结算制度，期货结算机构在期货交易中处于一般保证人的法律地位，并承担相应的保证责任。然而，这与中央对手方制度的要求是不符的。因为，结算机构对非违约方承担违约责任和对违约方行使求偿权分别是基于与这两方当事人的两个合约，而不是代违约方承担违约责任，并由此取得对该违约方的追偿权。

（二）相关条文的妥当解释

据中国证监会副主席姜洋介绍，2012年在修改《期货交易管理条例》时，有一种意见要求把"中央对手方"写进去。另一种意见则认为期货交易所是期货交易的担保人，不是期货交易关系的当事人，只为期货交易提供担保，因此，不宜将期货交易所具有"买方的卖方，卖方的买方"的中央对手方地位写明确。同时，这个制度国外是什么样还不清楚，国内研究也不充分，因此不赞成直接在条款中表述。最后的妥协是在《期货交易管理条例》里写了一条，即"期货交易所为期货交易提供集中履约担保"，另外在《期货交易管理条例》的起草说明中写上"期货交易所具有中央对手方的职责"。因此，《期货交易管理条例》对"中央对手方清算"实际上是采取了分开处理的办法。[12] 但是在实践中，这在一定程度上偏离了中央对手方清算的轨道。最典型的是，在最高人民法院《关于审理期货纠纷案

---

〔11〕《上海期货交易所结算细则》第78～79条，《大连商品交易所结算细则》第84～85条，《郑州商品交易所结算细则》第68条、第69条中也有类似规定。

〔12〕参见姜洋："序言一"，载叶林主编：《期货期权市场法律制度研究》，法律出版社2017年版，第1页。

件若干问题的规定(一)》的制定过程中,最高人民法院的基本意见就是设定期货交易所承担一般保证责任,即代为赔偿责任。[13] 在最高人民法院公报案例"中青基业发展中心诉平原总公司期货交易纠纷案"[14]中,原审法院认为:"在期货交易过程中,期货交易所应承担保证期货合约履行的责任。任何一方不能如期全面履行期货合约规定的义务,交易所均应代为履行,其代为履行后,取得对违约金的追偿权。"并依据这一规则认可了期货交易所对为会员垫付的违约金的追偿权,这一认定得到了最高人民法院的维持。可见,期货交易所作为期货交易的一般保证人,这一观点不仅体现于最高人民法院制定的司法解释当中,而且在审判实践中也被贯彻执行。

结算机构不是期货交易当事人而是担保人的观点,主要来源于《期货交易管理条例》第10条中"期货交易所履行下列职责……(四)为期货交易提供集中履约担保"和"期货交易所不得直接或者间接参与期货交易"的表述。但此种解释与中央对手方制度的要求并不相符,在期货法正式确立中央对手方制度并对之予以更妥当表述以前,现阶段对《期货交易管理条例》第10条的解释不应局限于字面文义,而应做实质性的体系解释:首先,所谓"提供集中履约担保"实为一种功能性的表述,指的是结算机构通过成为所有交易的对手方,将市场中的双边信用风险集中于自身,并运用自己较高的信用等级确保所有交易的履行,结算机构这一功能的发挥并不意味着它所充当的是保证人的角色。其次,从《期货交易管理条例》第10条"期货交易所不得从事信托投资、股票投资、非自用不动产投资等与其职责无关的业务"的规定来看,我们对前面的"直接或者间接参与期货交易"应当做限缩解释,即仅指投资性交易行为。而在中央对手方制度中,结算机构并非进行投资交易,它没有主动参与交易,其交易地位是依交易规则获得的,所谓交易行为是程式化的职责行为,最终的交易意思表示主体实际上只有期货交易者。由此,中央对手方承担的仅仅是合约不履行导致的信用风险,而不承担价格波动导致的市场风险。[15]

四、我国期货市场中央对手方制度的构建

中央对手方通过多边净额结算,简化了参与人交收过程,减少了实际交收的

---

〔13〕 参见吴庆宝主编:《期货诉讼原理与判例》,人民法院出版社2005年版,第217~218页。

〔14〕《中青基业发展中心诉平原总公司期货交易纠纷案》,载《最高人民法院公报》2005年第4期。

〔15〕 参见钟维:《期货市场中央对手方制度研究》,载《社会科学》2015年第12期。

资金与商品数量，大大提高了结算效率。同时，在中央对手方结算机制下，交易是匿名的，交易对手方无法知道其真实交易对手，从而有利于提高市场参与者的积极性，提高市场流动性，保障交易安全。中央对手方作为市场所有交易结算的中心，可以全面掌握市场交易数据，提供全面准确的市场信息，这能够提高市场尤其是场外市场的透明度，有助于提高监管效率。同时，中央对手方结算机制大大减少了敞口头寸，这也有助于管理交易风险。因此，在我国期货市场立法中构建中央对手方制度是一个必然的选择。

（一）我国期货市场构建中央对手方制度的思路

首先，我们需要考虑，如果没有规定中央对手方制度，其他制度能否实现同样功能的问题。我们知道，中央对手方清算机制是多边净额结算的完全结算模式，与之相对应的是直接结算和环形结算，〔16〕其中最主要的是直接结算。直接结算中实行的是传统的双边清算交收模式，即买卖双方"一对一"谈判并达成成交协议后，委托第三方进行清算交收，由第三方进行逐笔全额交收，但第三方并不为交收承担担保义务，对手方风险由交易双方各自独立承担。与中央对手方机制相比，直接结算效率低、风险大，不利于发挥期货市场价格形成功能，也不利于争夺大宗商品、人民币及其相关金融产品的国际定价权，与国际期货市场的发展趋势也不符。

其次，我们需要考虑，如果没有明确中央对手方概念，对制度的实现会产生怎样的障碍的问题。在我国期货法律层面，正是因为关于中央对手方概念以及期货交易所在中央对手方制度条件下的地位并不明确，导致我们难以明确期货交易中复杂的法律关系，以及以期货交易所为核心的各方主体的权利和义务。

综上，我国建立中央对手方制度最优的选择，应当是采取制度组合与明确概念相结合的方式。制度组合是中央对手方清算机制的一种功能表达，其所解决的是如何通过立法技术形成一系列的法律条文，从而组成逻辑严谨的中央对手方制度体系的问题。明确概念是中央对手方清算机制的一种概念表达，其所解决的是如何在法律条文中通过对法律概念的明确规定，或者是对专业法律概念的定义，从而有利于该法律制度的理解和运用的问题。

（二）构建我国期货市场中央对手方制度的立法建议

目前我国立法上的最佳选择，应是从概念和制度两方面同时入手，在期货市场法律中正式建立中央对手方制度。

第一，从中央对手方的概念出发，在期货法立法中明确建立中央对手方制

〔16〕 参见叶林主编：《期货期权市场法律制度研究》，法律出版社2017年版，第112～121页。

度。不仅要有明确的"中央对手方"概念表述,而且要有关于中央对手方的制度组合的表述。一方面,将中央对手方本身定位为一种结算制度,在该制度中,结算机构作为中央对手方,以合约更替或合同权利义务概括转移的方式介入交易关系中,充当所有买方的卖方和所有卖方的买方;另一方面,明确赋予采用中央对手方结算的期货交易所或其他集中清算机构中央对手方的法律地位。

第二,将场外部分适于集中清算的衍生品纳入中央对手方结算体制中,即所谓"场外交易,场内结算"。适于中央对手方结算的场外衍生品的判断标准,就理论上而言,应当满足几个方面的要求:能够标准化;在通常情况下能够获得有效的定价及具有充分的市场流动性;中央对手方有能力管理相关风险。〔17〕除此之外,中央对手方对场外衍生品合约介入的时间点和程序等也非常重要。至于具体的规则,建议由期货法授权国务院期货监管机构另行制定。

---

〔17〕 参见周宇知:《信用衍生品的法律规制:国际改革趋向及启示》,载《社会科学》2011年第5期。

期货及衍生品法律评论
第一卷,第175～196页

期货品种上市制度研究

焦增军*

摘要:因杠杆交易机制存在一定风险,期货市场在不同国家和地区普遍受到严格监管。对期货品种的上市进行监管是期货市场监管的重要部分,而如何在监管机构和交易所之间配置期货品种上市的决定权,是这一制度的核心。完善我国期货品种上市制度,一在制度之外,主要包括捋顺政府和市场关系、推动市场对外开放和提升对期货市场的认识等;二在制度自身,主要包括规范上市审批的性质和程序、区别对待不同品种和慎重进行所谓创新等。

关键词:期货品种　上市制度　审批

与股票交易的对象是一个个在证券交易所挂牌的上市公司的股票类似,期货交易的对象是一个个在期货交易所挂牌的期货品种,具体表现为期货交易所挂牌的一系列期货合约和期权合约。作为衍生品市场,期货市场的价值主要在于通过发现未来价格和为实体企业提供风险管理工具的方式服务实体经济。而决定期货市场服务实体经济效果的关键,在于期货合约、期权合约的设计,当然前提是这些合约可以在交易所挂牌交易。因此,决定合约如何得以挂牌交易的期货品种上市机制,直接决定了期货市场服务实体经济的

---

* 中国人民大学法学院博士研究生。

本文系教育部人文社会科学重点研究基地重大项目"期货期权市场法律制度研究"(项目编号:14JJD820007)的成果之一。

效率。

期货市场虽然是一个管理风险的市场,但由于杠杆交易机制本身蕴含一定的风险,而且其价格发现的功能对实体经济影响较大,因此期货市场发达的国家和地区普遍对其进行严格监管,对期货品种的上市过程进行监管是其中重要的一个部分。在对期货品种上市进行监管的制度设计中,如何在监管机构和期货交易所之间配置期货品种上市的决定权,是核心问题。本文通过对我国期货期权品种上市制度的历史沿革进行梳理,分析现行上市制度中存在的问题,并在借鉴境外主要期货期货市场期货品种上市制度经验教训的基础上,提出我国期货期权品种上市制度的完善建议。

一、我国期货品种上市制度的历史沿革、现状及问题

(一)我国期货品种上市制度的历史沿革

以 1988 年 3 月第七届全国人大第一次会议《政府工作报告》提出“加快商业体制改革,积极发展各类批发贸易市场,探索期货交易”为起点,我国开始重新探索期货市场。[1] 1990 年经国务院批准,从远期现货起步,以期货交易为发展目标的中国郑州粮食批发市场成立,标志着我国期货市场正式启动。

1992 年年初,邓小平同志发表南方谈话,指出“市场经济不等于资本主义,社会主义也有市场。计划与市场都是经济手段”,[2] 解除了人们思想认识上的束缚,发展市场经济的改革开始加速,期货市场也迎来了发展时机。1992 年 10 月 9 日,深圳有色金属交易所推出第一个标准化期货合约——特级铝标准合约。

但受行业利益驱动,加上市场缺乏监管,这一时期期货交易所和交易品种的数量迅猛增加。到 1993 年年底,经各部门和地方政府批准开展期货交易的商品交易所(或批发市场)共有 40 多家,其中 38 家开业。[3] 此时,由于各项规章制

---

〔1〕 作为市场经济发展的产物,中国期货市场(专指大陆,不包括中国港、澳、台地区)最早于 20 世纪 20 年代诞生,于 30 年代抗日战争爆发后消失。中华人民共和国成立后,由于迅速建立了计划经济体制,作为市场经济产物的期货市场没有存在的理由。一直到中国共产党十一届三中全会后,不断推进对计划经济进行的市场化改革,才为期货市场的再生奠定了基础。参见常远:《中国期货史(1921—2010)》,天津古籍出版社 2011 年版,第 2 页。

〔2〕 中共中央党校教务部编:《十一届三中全会以来党和国家重要文献选编》(修订本),中共中央党校出版社 2015 年版,第 183 页。

〔3〕 孙尚清主编:《中国市场发展报告》,中国发展出版社 1994 年版,第 55 ~ 77 页。

度都在建立之中,期货品种上市的决定权基本在交易所。而为了经济利益,各个交易所盲目上市期货品种,到1993年年底我国共有期货品种7大类50多个,期货品种的盲目上市严重干扰了正常的经济秩序。[4] 1994年全国冠以"商品交易所""期货交易所"字样的期货市场进一步增加到50多家,接近当时世界期货市场的总和。[5]

针对这种乱象,1993年11月4日国务院下发《关于坚决制止期货市场盲目发展的通知》(国发〔1993〕77号),开始了我国期货市场的第一次整顿。《关于坚决制止期货市场盲目发展的通知》明确期货市场试点工作要坚持"规范起步,加强立法,一切经过试验和严格控制"的原则,且决定对期货市场试点工作的指导、规划和协调、监管工作由国务院证券委员会负责,具体工作由中国证监会执行。针对当时交易所泛滥、上市品种过多过滥且某些品种风险频发等现象,整顿工作采取了调整交易所数量、对上市期货品种进行限制、对爆发严重风险事故的期货品种采取暂停交易的处理办法等措施。《关于坚决制止期货市场盲目发展的通知》还停止了金融期货试点,规定未经相关部门批准,一律不得从事金融期货业务和进行外汇期货交易。

经过整顿,中国证监会确定了15家期货交易所。[6] 但由于交易所数量仍然较多,又过于集中,使各交易所的上市品种重复雷同,一些不适合开展期货交易的商品也被列为期货交易品种。如1994年年初全国有15家交易所上市钢材品种,7家交易所上市白糖,9家交易所上市铜、铝等有色金属,8家交易所上市石油品种。有的同一城市的两家交易所近在咫尺,却同时做同一品种的期货交易。[7]

1994年4月6日《国务院办公厅转发国务院证券委〈关于停止钢材、食糖、煤炭期货交易请示〉的通知》(国办发〔1994〕52号)明确规定:"各交易所今后一律不得自行决定上市新的期货品种。新品种上市要经过充分的论证后,报中国证券监督管理委员会审批。"同年5月16日,《国务院办公厅转发国务院证券委〈关于坚决制止期货市场盲目发展若干意见的请示〉的通知》中规定,各期货交易所

---

〔4〕 胡连恩:《改善期货品种上市机制》,载《中国金融》2013年第16期。

〔5〕 邹海涛、侯述礼:《期货品种创新与我国期货市场的发展》,载《山东财政学院学报》1999年第6期。

〔6〕 1995年10月,其中一家试点交易所长春联合商品交易所因交割风险被取消试点资格,试点交易所变为14家。

〔7〕 邹海涛、侯述礼:《期货品种创新与我国期货市场的发展》,载《山东财政学院学报》1999年第6期。

要以商品期货交易为主,一律不得开展国内股票指数和其他各类指数的期货业务,人民币汇率期货和国债期货由中国证监会分别商国家外汇管理局、财政部后确定。

这里需要注意的是,第一次整顿期间,期货市场交易呈现了小品种活跃、大品种清淡的特点。尤其是第一次整顿的后期,市场中活跃的主要是一些与国计民生关系不是太大的、生产和流通量较小的品种,如绿豆、红小豆、咖啡等。原因主要是监管机构对与国计民生关系密切的大品种监管更严格。这些品种期货交易中一旦发生价格剧烈波动或者风险事件,会对实体经济产生不良影响。为了避免其对实体经济产生不良影响,监管机构往往对其采取停止或暂停交易的措施。因此,小品种成了期货交易所以及投机资金比较青睐的选择。但因为小品种具有生产、流通量小的特点,交易过程中风险事件频发,使期货市场在社会公众心目中留下了很差的印象。

1998 年 8 月 1 日以国务院《关于进一步整顿和规范期货市场的通知》(国发〔1998〕27 号)发布为标志,国家开始对期货市场进行第二次整顿。这次整顿明确了"继续试点,加强监管,依法规范,防范风险"的原则。整顿后,试点交易所的数量进一步减少至 3 家,23 个商品期货交易品种被取消。而且,对保留品种,也要求期货合约要重新设计,经中国证监会审核批准后再上市交易。同时,明确规定"今后,中国证监会可以根据市场需要调整上市品种"。

1999 年 9 月 1 日我国第一部关于期货的法律性质文件《期货交易管理暂行条例》正式实施,该条例主要是清理整顿工作经验的总结。其中第 17 条规定,期货交易所上市、中止、取消或者恢复期货交易品种,应当经中国证监会批准。至此,我国开始在法律层面正式建立了期货品种上市机制。

《期货交易管理暂行条例》虽然明确了中国证监会对期货交易品种上市等的审批权,然而在实践中,期货品种的上市并不完全由中国证监会决定。中国证监会在批准期货交易所上市期货品种前,往往需要请示国务院同意。而由于推出一个期货品种,还涉及现货相关部门,在请示国务院之前或请示期间,中国证监会还需要征求相关部委的意见。为此,2007 年 4 月 15 日国务院修改《期货交易管理暂行条例》为《期货交易管理条例》,对我国期货品种上市机制予以了相应完善。《期货交易管理条例》增加规定:"国务院期货监督管理机构批准期货交易所上市新的交易品种,应当征求国务院有关部门的意见。"

(二)我国现行的期货新品种上市机制

我国现行期货新品种上市机制,基本上按照《期货交易管理条例》的规定展开,即"期货交易所上市、中止、取消或者恢复期货交易品种"应当经国务院期货监督管理机构批准和“国务院期货监督管理机构批准期货交易所上市新的交易品种,应当征求国务院有关部门的意见”。但是,由于《期货交易管理条例》规定得比较简略,未对审批标准、程序等进行具体规定,而具体负责实施的中国证监会在其规章层面对此也没有细化规定,导致目前社会公众对期货新品种的审批细节并不完全知晓。

在实践中,我国现行的期货新品种上市基本流程是:期货交易所首先向中国证监会提出申请,中国证监会认为具备上市条件后,开始征求国家相关部委、现货管理部门等单位的意见,并在汇总各方意见后再上报国务院,由国务院作出同意或者不同意的批示,其次由中国证监会依照《期货交易管理条例》的规定向期货交易所作出批复。[8] 当然,具体的操作过程比这个基本流程更复杂,如期货交易所在对一个期货品种进行初步研究并正式请示中国证监会前,会与中国证监会之间有多次、反复的沟通。

中国证监会内部负责期货市场监管的部门——期货监管部,还专门出台了指导期货交易所开展品种上市工作的指引,其部分地起到了对《期货交易管理条例》规定进行细化的作用。指引强调期货交易所要选择对国家经济发展有重要作用的品种,而且新品种上市应当有助于现货市场的稳定运行和健康发展。在上市条件和程序上,指引弥补了《期货交易管理条例》规定的空白,明确了新品种上市应具备的条件和必经的立项、预审两阶段程序。在新品种的选择上,指引强调我国不是以上市后是否交易量会很大作为选择品种的标准,而是注重对实体经济发挥的功能和作用。在立项过程中,从产业地位的角度看新品种的重要性,从现货市场的角度看新品种是否具备发挥功能作用的条件。在新期货品种的合约设计上,指引要求从合约设计这个新品种的源头就围绕经济功能发挥和风险防范开展工作。在预审阶段,对合约标准、交割制度、持仓限制制度、套期保值制度等进行广泛的调研和深入的论证,以保证期货市场和现货市场的高融合度,增强企业利用期货品种进行套期保值的便利性,同时有效地防范市场风险。[9]

综合目前我国期货新品种上市机制来看,可以认为我国对期货新品种的上市采取了审批制。但在整个审批过程中,具有法定审批职责的中国证监会更像是一个“牵头人”,不仅相关部委的意见有时在审批过程中非常重要,而且最终对

---

[8] 在2015年3月之前,中国证监会批准期货品种,其实包括两个层次的内容:一是批准新的期货品种;二是批准期货合约。2015年3月,国务院发布《关于取消和调整一批行政审批项目等事项的决定》,取消了一批行政审批项目,其中包括期货交易场所上市、修改或者终止合约审批。

[9] 郭晓利、马瑾:《期货品种成败及影响因素研究》,载《证券市场导报》2011年第8期。

期货新品种上市具有决定权的是国务院。因此,在某种意义上,现行期货品种上市机制可以认为是一种联合审批制或者国务院审批制。

(三)现行期货新品种上市机制的成绩及存在的问题

1.现行期货新品种上市机制的成绩

从我国期货市场的历史沿革来看,现行期货品种上市机制是在期货市场清理整顿过程中逐渐形成并最终被法规确认的,这也反映了监管制度随着监管者的认识而不断建立健全的过程。由于一开始既缺法规又缺管理,市场在品种研发和创新方面问题重重:一是期货交易所数量过多,导致交易品种重复。〔10〕二是期货品种的开发脱离现货市场的发展状况,失去了期货市场应有的作用。三是期货交易所对品种创新缺乏足够重视,随便推出一些期货品种上市,品种上市成功率较低。四是对期货品种的开发创新缺乏足够的研究,由于缺乏可行性研究,品种上市后难以长久。〔11〕

现行期货品种上市机制,直接针对和有效解决了上述问题:一是品种资源因地制宜,分布于三家商品期货交易所(后来增加了一家金融期货交易所),避免了品种重复和雷同。二是四家期货交易所之间扬长避短、分工合作,集中资源做好自己的品种,提高了品种研发的质量。三是监管机构严格审批,确保品种上市前得到充分论证,杜绝了不符合条件的品种上市。四是监管机构通过开展品种功能发挥情况评估等工作,督促、指导各交易所及时完善已上市品种合约规则,促进了市场功能的发挥。

在现行期货品种上市机制下,近年来期货市场取得了长足进展。截至2017年6月30日,在商品期货方面,三家商品期货交易所,即上海期货交易所、郑州商品交易所和大连商品交易所,共上市了47个商品期货品种。其中农林产品类21个,能源类5个,化工类6个,金属类13个,期权2个;在金融期货方面,中国

〔10〕 同质化竞争是国际上大量期货品种失败的直接原因,以美国为例,截至2007年,因为同质化竞争造成品种退市的数量占到下市品种总数的一半以上。我国也走过同样的弯路,20世纪90年代初,国内期货市场近八成的品种属于重复上市,品种间恶性竞争导致风险事件不断。

〔11〕 邹海涛、侯述礼:《期货品种创新与我国期货市场的发展》,载《山东财政学院学报》1999年第6期。

金融期货交易所、上海证券交易所上市了股指期货、国债期货和股票期权等品种。[12] 从上市新品种的进度来看,2004 年国务院发布《关于推进资本市场改革开放和稳定发展的若干意见》后,期货市场品种上市工作进程明显加快,每年上市 3 ~ 4 个新品种;2013 年和 2014 年期货市场全面扩容,分别上市了 8 个和 6 个新品种;2015 年以来,新品种上市步伐减缓,全年仅上市 2 个新品种。

2. 现行期货新品种上市机制存在的问题

虽然取得了成绩,但是我国现行期货品种上市制度存在的问题也是比较突出的。

一是影响市场创新。现行期货品种上市制度,通过监管机构对上市品种的严格审批,有效遏制并扭转了我国期货市场早期出现的盲目发展、重复竞争、风险频发、秩序混乱的局面,为市场规范发展奠定了基础。但是,严格审批、过于强调行政主导的上市方式,降低了市场的效率,影响了期货交易所的积极性,进而阻碍了期货市场服务实体经济的功能发挥。例如,全球成熟期货市场的已上市期货品种大部分都配套了期权,新上市品种也大多是期货和期权同时上市或先后上市,期货、期权形成相辅相成的局面。但我国期货交易所虽然已经研发多年,但直到 2017 年上半年才上有两个商品期权品种上市。期货公司只能主要利用场外期权尝试以"保险 + 期货"的模式服务"三农",但因场外期权缺乏流动性且成本较高,制约了期货公司服务实体企业的能力和效率。

二是造成资源浪费。期货品种的研发是一个耗日持久且需要大量人力、物力投入的过程。如果研发中的新品种在合约设计、交易规则中有较多创新设计,可能还涉及期货交易所、期货公司,甚至客户在内市场主体的人员培训、技术升级改造等多方面工作。这些投入和付出,只有在品种获批并上市时才有其意义。但是,由于审批标准不明确、参与审批的主体多、审批的程序欠规范,期货新品种的审批成了一个连具有法定审批职责的中国证监会有时都难以把握的事情。这就极易给行业造成资源的浪费。固然一个品种上市后也未必就一定是成功的,

[12] 截至 2017 年 6 月,在上海期货交易所上市的期货品种有铜、铝、锌、铅、镍、锡、黄金、白银、螺纹钢、线材、热轧卷板、燃料油、沥青、天然橡胶;在郑州商品交易所上市的期货品种有强麦、普麦、棉花、白糖、PTA、菜籽油、早籼稻、甲醇、玻璃、油菜籽、菜籽粕、动力煤、粳稻、晚籼稻、铁合金以及白糖期权;在大连商品交易所上市的期货品种有玉米、玉米淀粉、黄大豆 1 号、黄大豆 2 号、豆粕、豆油、棕榈油、鸡蛋、纤维板、胶合板、线型低密度聚乙烯、聚氯乙烯、聚丙烯、焦炭、焦煤和铁矿石以及豆粕期权。在中国金融期货交易所上市的期货品种有沪深 300 指数期货、上证 50 指数期货、中证 500 指数期货、5 年期国债期货、10 年期国债期货;在证券交易所上市的期货品种有上证 50ETF 期权。

但市场行为最好由市场自身来选择、判断。即使一个品种上市后失败了，失败的教训也可以成为下一次研发的借鉴。监管机构的严格审批，相当于是不给市场“试错”机会，这在某种程度上也剥夺了市场发展的机会。

三是法律性质不清。中国证监会审批期货品种的行为，法律性质究竟如何，是不明确的。长期以来，中国证监会是按照非行政许可审批事项执行的。但2015年5月10日，国务院发布《关于取消非行政许可审批事项的决定》（国发〔2015〕27号），明确规定今后不再保留“非行政许可审批”这一审批类别。至此，在法律性质上给期货品种上市审批制度只留下了“行政许可”一种解释途径。但是《期货交易管理条例》对审批的标准、程序的规定并不明确，中国证监会如果仅仅按照《中华人民共和国行政许可法》规定去审批期货品种，在现实中难度很大。这导致中国证监会2015年至今无法完全按照行政许可的要求对其进行规范。而且，《期货交易管理条例》规定，中国证监会应当征求国务院有关部门的意见，但这里征求意见的性质是什么，有关部门意见的依据是什么、效力如何，均不太清晰。正是因为法律规定的不明确、不完善，导致期货品种上市无法程序化、规范化，审批中容易出现周期过长、市场预期不明确等弊病。

四是责任界限模糊。按照现行期货品种上市机制，上市品种的决定权从法律上看在监管机构，但具体负责设计和组织交易的是各期货交易所。如果某一个品种上市后因产品设计原因发生了风险事件，究竟应该谁来承担责任呢？这个问题从法律角度来回答，答案似乎是清晰的。但是，在目前的实践中，除了期货交易所要承担后果，中国证监会往往也难辞其咎。问题的根源在于，在现阶段我国期货市场，监管机构不仅承担了监管职责，而且担当了市场培育和发展的职责。而恰恰是这种虽然不见之于法律但是在实践中确实存在的约束，使监管机构在审批期货品种时更加多了一份审慎甚至警惕。实践的效果就变成了监管机构不得不主动站出来替市场为品种的上市“把关”，于是，现实就成了是政府而不是市场自身来决定期货品种上市的资源配置。

二、境外期货品种上市制度之借鉴

研究美国、欧盟及其他部分国家期货品种上市制度，探索其中一些内在规律，可资我国完善相关制度时借鉴。鉴于美国期货市场的地位，将重点对美国期货市场进行分析。

(一)美国

美国期货市场是全球上市品种最多、交易规模最大的期货市场,因此其期货品种上市制度最具有代表性。从美国第一家现代意义的期货交易所——芝加哥期货交易所(Chicago Board of Trade, CBOT)于1848年成立至今,美国期货市场品种上市制度经历了无须审批到严格审批,再到备案制三个阶段。

1. 无须审批阶段

美国期货市场完全是自发形成的。在芝加哥期货交易所成立后相当长的时期内,市场仅依靠期货交易所自律规则运行。美国联邦政府层面并没有出台与期货交易相关的法律法规。一些州针对期货交易行为,曾出台过一些规定,如1874年伊利诺伊州立法机构通过了《反逼仓条例》(Anti-corner Statute)。还有很多州都通过了禁止在期货市场进行赌博式交易的法令。[13] 但就品种上市而言,新品种上市无须政府审查,各交易所完全根据自己对市场的判断上市新的期货品种。

由于缺乏政府监管,市场上出现了大量囤积现货、炒作期货价格、欺诈等现象。为了调整这些混乱局面,美国政府曾于1916年出台了《棉花期货法》(Cotton Futures Act)。但该法仅就棉花的等级予以规定,并未对期货交易行为加以规范,因此并不是真正意义上的期货交易法。[14]

第一次世界大战后商品期货价格的大幅下跌,导致期货领域的美国联邦立法陆续出台。第一部试图对期货交易进行联邦监管的立法,是1921年的美国《期货交易法》(Futures Trading Act)。这个法案最主要的内容是规定了交易所必须满足美国农业部(The United States Department of Agriculture, USDA)制定的最低标准才有资格成为"合约市场"(contract market)。同时对那些不在政府指定的交易所进行的期货和期权交易征收一定的限制性税收。[15] 但在1922年,美国联邦最高法院在一起案件中,认为该法案对国会税收权利的运用违反了宪法。美国国会于是很快对相关条款进行了修订,并出台了第一项全国性的期货交易管理法规——美国《谷物期货法》(Grain Futures Act of 1922)。该法开创了期货市场立法监管的历史,建立了市场主要依靠期货交易所自我管理、但同时受美国农业部监督的管理框架。在品种方面,该法明确联邦政府仅对已上市的品

---

〔13〕 [美]杰瑞·W.马卡姆:《商品期货交易及其监管历史》,大连商品交易所本书翻译组译,中国财政经济出版社2009年版,第13页。

〔14〕 上海期货交易所"境外期货法制研究"课题组:《美国期货市场法律规范研究》,中国金融出版社2007年版,前言。

〔15〕 这里的合约市场就相当于我国的期货交易所。

种实施监管,如有新的品种挂牌进行期货交易,联邦政府不能对其实行监管。

1929年美国股票市场崩盘,对商品期货市场也产生了巨大损害。商品期货价格开始急剧下跌,致使美国联邦政府不得不出面稳定市场价格。但市场上依然投机行为盛行,从而促使美国联邦政府进一步采取措施加大市场监管力度。同时,这一时期商品期货的品种在不断增加,而根据美国《谷物期货法》,美国联邦政府对新增加的期货品种并不能实行监管。这些促成了1936年美国《商品交易法》(The Commodity Exchange Act of 1936)的出台。美国《商品交易法》加强了联邦政府对期货交易的管理,将期货监管延伸到其他新的已上市交易的商品期货上,同时禁止所有被监管商品期货的期权交易。在期货交易所认定和新期货品种上市程序上,美国《商品交易法》并没有进行限制,各期货交易所在这一时期可以继续自主开发新的期货品种。不过,由于美国《商品交易法》并没有修改美国《谷物期货法》确立的通过明确列举才将期货品种纳入监管范围的做法,导致其后不得不随着期货交易所新品种的不断增加而不断修改法律,扩充监管范围。

2.严格审批制阶段

经过第二次世界大战以及战后的市场动荡、20世纪70年代的色拉油崩盘等各种市场混乱,伴随着层出不穷的市场操纵、欺诈等风险事件,美国对政府在期货市场的监管定位、监管方式等认识逐渐深入。随着各种监管制度日渐健全,美国逐渐从各期货交易所自律监管向联邦政府统一监管过渡。1974年10月美国国会通过了美国《商品期货交易委员会法》(Commodity Futures Trading Commission Act of 1974),该法成为联邦政府监管期货市场的制度核心。根据该法《商品期货交易委员会法》授权成立的商品期货交易委员会(Commodity Futures Trading Commission, CFTC),是一个独立的政府监管机构,其拥有更为广泛的监管权,对所有的商品期货市场行使联邦管理权职责。1974年以前不受联邦政府法规约束的多种期货合约,如金融期货合约、金属期货合约以及未来可能将上市的所有品种的期货合约,均被置于CFTC的管辖范围之内。同时,该法还加大了CFTC的执行和监督力度,包括对特定的违规行为进行罚款和命令期货交易所进入市场紧急状态。

1975年CFTC出台了1号管理指引,规定对期货新品种的上市采取审批制度,将期货品种上市的审核权收归至联邦政府,这结束了美国期货市场成立120多年来品种上市不受约束的历史。1号管理指引中规定,如果已通过认证的指定合约市场(期货交易所)想上市新的期货合约,必须向CFTC提交申请,同时提交详细的现货市场报告、合约规则和条款设计报告、新品种服务国民经济的详细解释,以及说明拟上市的期货品种与公众利益不发生冲突。拟上市品种得到CFTC的批准后,作为指定合约市场的期货交易所才可以挂牌交易新的品种。CFTC的审查集中于通过可交割量分析新期货品种被操纵的可能性。

3. 备案制阶段

自1974年CFTC成立后直至1999年,美国的期货市场对新品种上市实行严格的审批制度。CFTC行使期货品种上市的审批权,虽然可以在一定程度上起到规范市场的作用,但是其受到的挑战也越来越多:一方面,由于受到行政效率等因素的制约,美国期货交易所在新期货品种上市上长期落后于美国本土之外的对手,处于非常不利的竞争地位。尤其是在20世纪90年代后期,电子化交易涌入期货市场,美国的期货交易所直接受到非美国本土期货交易所的竞争。期货交易所对此怨声载道。另一方面,美国本土放松金融监管的呼声越来越高,这一呼声无论是在学术层面还是在政治层面都具有了压倒性的优势。

在这样的大背景下,2000年12月美国国会通过了美国2000年《商品期货现代化法》(Commodity Futures Modernization Act,CFMA)。该法赋予CFTC调整现有期货监管法律制度,建立更为灵活市场结构的广泛权力。根据该法案的规定,CFTC取消了长期被各界诟病的期货品种上市的审核制度,对新品种上市机制实行备案制。换言之,期货交易所可以根据自己的需要上市新的期货品种,只需上市前向CFTC提交相关备案材料,无须获得CFTC的批准即可上市。实行备案制后,美国期货市场的交易量开始实现几何级增长,根据统计,美国期货市场自2000年以后年交易量增长均在20%以上,近几年更是达到30%。目前,美国期货交易所共上市交易30类600多个期货品种,种类丰富,覆盖农产品、能源、金属、金融、宏观经济等方方面面。[16]

(二)欧洲

欧洲也是期货市场比较发达的地区。铜、锡等金属期货对英国成为全球世界工厂和全球金融中心功不可没。20世纪90年代,经过合并形成的欧洲两大交易所——欧洲期货交易所和泛欧交易所,以股指期货和利率期货产品为核心,交易规模一度超过美国,排名世界第一。欧洲的立法体现在两个层面:欧盟层面和各成员国层面。欧盟有关期货品种上市制度主要体现在欧盟指令中,各成员国再对这些指令进行转化而形成国内法。

在欧盟层面,《第2004/39/EC号指令》(《金融工具市场指令》)确立了期货品种上市的基本标准,并将审核期货品种上市的权力下放给成员国与受管制的

---

〔16〕 大连商品交易所:《期货品种上市机制研究》,2011年9月20日,第8页。

市场。同时,还规定当某金融工具不再符合受监管市场规则时,受监管市场运营者可以暂停或终止该金融工具的交易,暂停或终止交易可能对投资者利益或市场有序运行造成重大损害的除外。[17] 旨在实施《金融工具市场指令》的《第1287/2006/EC号指令》对其予以了进一步细化规定。

鉴于德国EUREX交易所在全球期货市场,尤其是金融衍生品市场上占据着重要地位,试以德国为例来看欧盟成员国的相关立法。德国没有专门调整期货交易的法律,德国《证券交易法》和德国《交易所法》主要针对证券,但同时适用于期货。在法规层面,联邦金融局和各州制定并颁布的条例大多是监管性质的,真正对期货交易履行一些监管职能的还是交易所,交易所负责管理期货品种的上市和交易等具体业务。交易所的管理委员会负责管理交易所,其职责之一就是批准合约的上市并决定交易的开始、暂停、中止。管理委员会在评判某种产品是否具备上市条件时,考虑的因素偏重市场需求和风险。交易所的管理委员会仅仅是代表理交易所理事会承担经营管理交易所的职责,上市新产品,甚至无须交易所理事会批准,更不要监管机构的批准或者核准。[18] 可见,德国交易所的上市机制是非常灵活和自由的,这种近乎完全市场化的上市机制,为交易所参与全球竞争提供了较大优势。

(三)其他国家

1. 日本

日本《交易所法》实行期货新品种上市的"无害论",即交易所根据发展需要,可以先行试验上市任何期货新品种,经过两年试运行并论证对社会无害之后,再报政府主管部门部长批准正式上市,这样简化了上市程序,提高了市场效率。在此之前,日本一直实行"有益论"上市机制,即上市的新期货品种必须征得现货商的完全同意,以证明该品种对社会有益,然后再报期货市场主管部门批准。但是,出于既得利益的考虑,现货商往往很少同意上市新的期货品种。随着全球性金融衍生品交易的不断发展,东亚市场的期货交易所面临来自欧美成熟市场的巨大竞争压力,同时新兴市场的崛起也推动东亚各国期货市场的监管者反思如何增强本国期货上市品种的国际竞争力。在这样的背景下,日本改革了期货新品种的上市机制,从1990年开始采取了更灵活的"无害论",简化了上市

[17] 欧洲议会与欧盟理事会关于金融工具市场的第2004/39/EC号指令,第40条、第41条。

[18] 上海期货交易所"境外期货法制研究"课题组:《德国期货市场法律规范研究》,中国金融出版社2007年版,第17页、第21页、第29页。

品种的程序，缩短了新品种的上市时间。[19]

2. 韩国

韩国在1995年颁布实施的韩国《期货交易法》中规定，交易所上市新品种、修改期货合约月份、停止某品种交易、修改交割方式、修改交易规则等必须要获得韩国金融监管委员会的批准。而韩国金融监管委员会在作出批示前，则必须要征求韩国财经部部长的意见。在严格的审批制下，韩国交易所历经7年的时间才于1997年推出了明星产品KOSPI 200股指期货期权合约，其一经推出就获得了巨大的成功。近年来，KOSPI 200股指期货期权一直是全球交易量最大的期货品种。[20]

3. 新加坡

新加坡调整期货市场的主要法律有两部，即新加坡《证券期货法》和新加坡《商品交易法》。前者所适用的主要类型是金融期货和能源期货，该法案明确规定新加坡金融管理局为期货市场的政府监管机构，赋予其广泛的监管权力。该法案的第二章规定，任何期货合约要在期货交易所或合法的市场经营者经营的期货市场上市交易，则须经过金融管理局的批准，并且金融管理局还有权为期货合约的交易设定交易条件或限制。[21] 新加坡金融管理局作为对期货行业进行监管的政府机构，有权力审核、批准进入期货市场的商品种类，审查和决定新加坡国际金融交易所经营的期货合约类型。交易所提出开展何种商品期货交易及采用何种类型的期货合约买卖，政府拥有最终决定权和否决权。这项权力使期货市场交易的品种处于政府监管之下。[22]

4. 印度

印度作为一个期货市场新兴国家，在期货新品种上市方面较为宽松，对三家全国性商品交易所（印度国家多种商品交易所、印度国家商品及衍生品交易所和印度多种商品交易所）限制较少。根据印度《远期合约管理法案》的规定，新产品上市仅需上报监管机构（Forward Markets Commission，FMC）审核，FMC通常会在1~2个月内审核完毕，并且原则上都会通过。除上述三家全国性商品交易所之外的其他21家地区性交易所也可以在全国市场开展业务，但是这些地区性交易所在上市每一个新品种时，都必须先获得政府的批准。在这种相对宽松的

---

〔19〕 大连商品交易所：《期货品种上市机制研究》，2011年9月20日，第11页。

〔20〕 同上书，第12页。

〔21〕 唐波：《中国期货市场法律制度研究——新加坡期货市场相关法律制度借鉴》，北京大学出版社2010年版，第18页。

〔22〕 雷晓冰：《我国期货交易品种上市机制反思》，载《河南金融管理干部学院学报》2006年第5期。

上市机制下,近年来印度上市了上百个期货品种,金融衍生品的发展上呈现一种迅猛增长的态势。[23]

(四)经验总结

通过对上述国家期货品种上市制度进行归纳,可以得出以下经验:

1.对品种进行审批是监管的重要方式。从境外期货市场发展的历史来看,无论是发达国家还是新兴国家,无论现在是审批制、核准制还是备案制,各国政府均对期货交易进行严格监管,而且绝大多数国家、地区均将对上市期货品种进行审批作为一个重要的监管方式。这是因为,期货交易本身蕴含较大风险,在一个没有监管的市场,各种操纵、欺诈将肆虐成灾。而且,并不是任何品种都适合开展期货交易,开展期货交易需要具备易于标准化、市场规模足够大、价格形成市场化等条件。如前所述,期货交易本身就是期货品种的交易,期货品种是由合约和交易规则共同组成的。因此,监管机构除在交易环节重点打击操纵、欺诈等违规行为外,在源头把好期货品种"设计关",使期货品种在设计时就增加抗操纵能力,就成了各国和各地区不约而同的选择。我们看到,即使美国,其历史上也有一段对期货品种是严格审批的。即使后来出于在竞争中保持优势等各种原因,许多国家和地区调整了期货品种上市制度,各国和各地区仍然不同程度地保留了监管机构依法否决或者撤销、中止某上市品种的权力。而新兴市场国家,往往更加注重发挥政府在经济发展中的作用,大多坚持政府对期货品种上市的审核权。因此,我们可以说,世界各国和各地区,政府对期货品种上市都是在"把关"的,只是具体方式和程度因市场所处的主客观环境不同而有所区别。

2.竞争是促使各国调整期货品种上市制度的主要原因。对上述各国期货市场历史进行比较,还可以得出一个经验:当一个市场比较封闭、没有竞争时,监管机构会不断自我强化,采取的监管制度和措施会越来越丰富,监管之网越织越密。在品种上市制度方面,也会倾向于采取审批制,而且要求交易所报的审批材料,会越来越详细;当一个市场面临别的市场竞争,或者后进市场希望赶超先进市场时,监管机构的权力往往会被限制或者约束,会给市场更多的创新空间。在品种上市方面,赋予交易所更多的自主权就成了共同的选择。此时,即使在期货品种上市过程中仍然保留了审批环节,审批的程序和要求也会大大简化。概言之,虽然整体上看,市场经济发达国家在品种上市环节更注重发挥市场作用,但是,审批制却与是否是发达国家没有必然联系。只有在市场面临竞争压力时,各国才更注重用市场化的品种上市制度激发市场热情,推动市场创新。

---

〔23〕 大连商品交易所:《期货品种上市机制研究》,2011年9月20日,第12页。

3. 监管机构的职责应当重点在于事中事后监管。从上述各国期货市场的历史中,我们还可以得出一个结论:采用审批制的市场并没有比别的市场更成功。这其实应该是一个不难得出的结论。期货品种的研发是一项要求很高的工作,既需要知识,更需要经验。在进行期货品种设计时,监管机构的工作人员并不见得比期货交易所的工作人员水平更高,二者的差别主要还在于立场不同、关注的焦点不同。前者更关注市场风险、市场参与者利益保护;后者更关注品种挂牌后市场是否认可、是否给交易所带来效益。而监管机构在品种上市前所审核的内容,理论上是可以放在上市后通过事中事后监管来做的。这就意味着,期货品种上市前的审核,并不是品种上市的必要条件。因此,为了提高市场的效率,监管机构应当不断简化上市审核程序和流程,同时增加事中事后监管。因为后者才是自己义不容辞的职责。

总的来看,期货品种上市制度,是各国实践中产生的,一国的制度难以完全复制、嫁接到别的国家。适合自己国情、市情的,才是最好的上市制度。

三、结合我国实际分析我国可行之选择

(一)对我国期货市场品种上市制度现存问题原因的分析

如前所述,当前我国在期货品种上市制度方面存在影响市场创新、造成资源浪费、法律性质不清、责任界限模糊等问题。解决问题的前提,是要分析清楚问题产生的原因。笔者认为,原因主要有以下几个方面:

一是我国经济的市场化改革仍在进程中。虽然1992年党的十四大报告中已经正式提出了“我国经济体制改革的目标是建立社会主义市场经济体制”,党的十八届三中全会进一步提出要使市场在资源配置中起决定性作用,但是由于我国市场化改革现在还不到位,尤其在处理政府和市场的关系时,具体到期货市场,就是代表政府进行监管的监管机构定位不太清楚。在市场经济条件下,监管机构应当定位一个“裁判者”,依法监管市场各参与主体的行为,维护市场秩序,而交易所应当作为一个真正的市场主体并按照市场规律去经营。但从我国的现状来看,各交易所更像是监管机构的“下级”单位,其高管人员由监管机构任免,其重大事项需要向监管机构请示。交易所在经营中发生问题后,监管机构往往难以“撇清”关系。在这样的背景下,监管机构既要考虑市场发展,还得考虑自身风险,难以完全将市场以及市场需求放在第一位。具体到品种审批过程中,监管机构的定位不清,导致其在审批时瞻前顾后,操心过多,不可避免地会影响审批

效率。而所谓的法律性质不清,本身就是目前监管机构和交易所之间这种复杂关系的直接反映。在政府(监管机构)真正为自己定位清楚之前,现在品种上市过程中存在的问题,难以根本解决。

二是期货市场运行的客观环境欠成熟。首先,市场主体的不成熟致使期货市场风险很容易被人为加剧,进而引出政府的严格监管。由于我国始终未经历过成熟市场经济的熏陶,社会上各类主体在参与市场经济活动时表现并不成熟。在期货交易中的典型表现就是炒作成风、投机过度,更有一些人操纵市场肆无忌惮,尤其在我国期货市场刚起步时更是如此。正所谓"治乱世、用重典",政府难免用严格管制的方法来监管市场。其次,社会认识不到位束缚了期货市场的发展,进而让政府难以放松管制。期货市场的发展,是建立在现货市场基础之上的。由于我国现货市场本身还有许多不成熟、不完善的地方,其运行中的问题也必然反映在期货市场中。但是,由于人们对期货市场规律、功能认识不到位,结果往往会将期货市场误认为罪魁祸首,认为是期货市场影响了现货市场。这种认识反过来又为期货市场进一步发展造成了障碍。最后,政府治理市场经济的能力和经验不足,造成了期货业的过度规制。我国经济的市场化进程还不够长,政府在总体上仍然缺乏治理期货市场足够的经验。具体到期货监管上,当期货市场因为各种原因出现问题时,政府不能具体分析其中原因,采取有针对性的措施解决问题,往往会采取比较简单甚至粗暴的方式一关了事、一限了事。之后,又会出于一朝被蛇咬十年怕井绳的心理,迟迟难以让市场恢复到正常状态。最终,必然以妨碍市场创新和发展为代价。

三是期货市场自身发展还很不完备。首先,已经上市期货品种的市场功能还有进一步的发挥空间。期货市场的功能主要是发现价格和套期保值。目前已经上市的期货品种,功能发挥情况并不理想,无法赢得社会的普遍认同,导致市场想进一步创新时无法得到社会的广泛支持。其次,期货市场投资者结构不合理。较之发达国家机构投资者结构多元化的情况,我国期货市场机构投资者结构非常单一,而且仍以中小散户投资者为主。这样的投资者结构决定了监管机构在推进市场创新时只能更加审慎。最后,我国的期货市场截至目前,还基本上是一个相对封闭的市场。既没有"走出去",也没有"引进来"。市场的封闭,不仅影响了价格发现的效率,更重要的是使市场缺乏了竞争,失去了创新发展的压力和动力。

(二)从期货市场未来发展看市场对期货品种上市制度的需求

分析导致我国期货市场品种上市制度存在问题的深层次原因,不免使人略感悲观。因其大多是我国经济社会发展阶段决定的,是客观的、短期内无法根本改观的，但是，我国经济体制市场化改革的目标是既定的，现阶段我国社会各领域的发展势头是蒸蒸日上的，因此更应该以积极的、发展的眼光来看待期货市场发展中存在的问题。

一是社会对期货市场的重要地位作用逐渐达成共识。从战略上来看，期货市场的发展对我国经济全局具有重要现实意义。2012 年，中国 GDP 超过日本正式成为世界第二大经济体，我国已经是许多大宗商品的第一生产国、消费国。但我国还远未在国际大宗商品定价体系中确立应有的地位，绝大多数对国民经济具有重大影响的大宗商品价格仍然受欧美一些重要期货交易所的主导，争取大宗商品的国际定价权关系我国经济发展与安全的大局。现在，已经有越来越多的人认识到期货市场在争夺大宗商品定价权中的重要作用，认识到在经济全球一体化的背景下，谁能够建立强大的期货市场，谁就有可能成为国际商品定价中心，从而推动本国经济的繁荣与发展。其实，2004 年以来国家对期货市场重要性的认识已经有显著提升，上市新的期货品种的步伐明显加快就是证明。这种在国家和社会层面的共识，将会为期货市场的发展创造更好的条件，也提出更高的要求。

二是期货市场近年来发展取得的成绩是有目共睹的。近年来，我国商品期货交易量已经连续多年稳居世界第一。经过 20 多年的探索，我国期货市场已经形成了一套具有中国特色的法规制度体系，建立了统一开户制度、期货保证金安全存管监控制度等中国独有的基础制度，并经受住了 2008 年国际金融危机的考验，没有发生大的风险事件。经过多年来的多次整顿规范和持续的投资者教育工作，我国的期货市场发展已经逐步趋于理性和规范。各家期货交易所在风险的预防和管控方面已经积累了比较丰富的经验，各项规章制度逐步完善，风险处置能力和水平也得到了大幅提高。可以说，目前我国的期货市场的发展已经趋于理性和成熟，具备了根据经济发展形势的要求和市场的现实需求来进一步创新发展的条件。

三是期货市场未来发展需要创新品种上市制度。期货市场的创新，主要表现在期货品种的创新。未来期货市场在服务供给侧结构性改革、发挥市场在资源配置中的决定性力量，都需要期货市场上市更多的品种。而期货市场上市新品种的空间还有很大。第一是完善期货上市品种产业链，更好地满足实体企业需要，需要上市更多新品种。如我国已经上市 21 个农产品期货品种，但许多现货市场规模大、市场需求也大的如红枣、苹果、生猪、活牛、化肥、马铃薯、奶粉等农产品尚未开展期货交易。在进一步完善产业链品种和增加行业覆盖面方面，还有比较的大的空间。第二是根据经济发展中出现的新行业及随之产生的新的风险管理需求,需要不断加大相关期货产品创新力度。第三是上市期权。我国期权产品严重缺乏,尤其是商品期权。经过20多年的发展,我国商品期货市场已经基本具备了推出更多期权品种的基础和条件。面对避险工具单一的现状,投资者迫切要求上市商品期权品种,丰富投资工具,以利于不同投资者对多样化、组合型避险工具的选择。满足上述市场发展过程中的品种上市需求,靠现行品种上市制度已经不够。

(三)结合实际看我国期货品种上市制度完善之路径和建议

在《21世纪金融监管》一书的序言中,刘鹤写道:每一次金融危机都意味着政府与市场关系的严重失调。政府与市场的关系,总是在政府多一点和市场多一点之间摆动,难点就是在不同的发展阶段如何实现有效平衡、发挥最大合力。〔24〕 同样在该书的英文版序言中,该书编者写道:"监管是一门技艺而非科学,我们只能致力于持续不断地提高技能。"〔25〕这些话语都可以用来指导我们完善我国期货品种上市制度。

完善期货品种上市制度,核心是平衡好政府和市场的关系问题;而如何平衡,是技艺,并非科学,没有量化的标准。只能围绕目标去尝试、去试错,然后不断用实践来检验我们的选择是否正确。国外的经验教训,我们不能照搬,但其背后反映的共同规律,我们也无法回避。有关国家和地区的经验表明,即使发展历史不长,只要政府规制得当,后起市场实现跨越性发展的例子还是很多的,如印度、新加坡以及韩国。这是因为对于那些后起市场的国家和地区而言,由于已经有了发达国家比较成熟的期货市场发展经验可供参考,那就可以避免期货先行国家所走过的弯路,进而充分发挥后发优势。

笔者将结合前面对我国期货市场品种上市制度存在问题的分析,以及境外期货市场经验,对学者目前关于完善我国期货市场品种上市制度的意见、建议进行评判,并提出建议。

1. 学者观点综述

首先,关于期货品种上市机制。

学者大多把期货品种上市机制归纳为审批制、核准制和注册制(或备案制)三种模式。〔26〕 审批制是指交易所在开发新品种时,只有经期货主管机关审查才

〔24〕 [荷]乔安妮·凯勒曼、雅各布·德汗、费姆克·德弗里斯编:《21世纪金融监管》,张晓朴译,中信出版社2016年版,第12页、第17页。

〔25〕 同上。

〔26〕 持有这种分类观点的学者较多,不再一一列举。

能上市。审批制带有浓厚的政府干预色彩,往往容易忽视市场的需求。核准制介于审批制与注册制之间。核准制是指在规则中规定交易所新品种开发的程序及新品种上市的实质条件,监管机构依据规则对上市品种进行合规性审查。只要新品种具备上市的法定条件,它就可以在经主管部门核准之后开始交易。注册制,又叫自我许可制(self certification),其推崇“看不见的手”的市场导向思想,将提供合适上市品种的义务赋予交易所,始终强调市场本身功能的最大限度发挥,力求避免对市场过多干预。也有根据审批是否需要监管机构同意,直接将上市机制直接分为审批制和备案制两种的。〔27〕 依笔者意见,两种分类均无不可。分类的核心是政府审不审、审什么。如果以审不审来分类,似乎两分法已经足够,因为审批制和核准制,同样政府都要审,区别只是审的程度不一样,核准制更像是规范后的审批制。

其次,关于如何完善我国期货品种上市制度。

学者大都建议改良制。比如,有学者认为在市场价值取向已经确定的情况下,将核准制和注册制作为期货新品种上市机制改革的长远目标是适宜的。但鉴于我国期货市场的发展阶段以及经济体制转型现状,改良审批制应是目前的最佳选择。〔28〕 有的学者在此基础上,进一步,提出渐进性改革的具体措施:第一步,改良审批制。成立期货品种上市审批委员会(也有称为期货新品种委员会的),实行“一站式”的审批制度,解决现行多部门联合审批的制度造成新品种上市时间过长、预期性不强、阻碍期货市场发展的问题,提高期货品种上市的效率。第二步,逐步过渡到核准制。在核准制下,通过修改法律,将决定期货品种上市与否的权力完全交由中国证监会,由其作出是否同意上市的决定。而且,除非特殊情况,中国证监会原则上都应当同意。同时,建议借鉴日本做法,实行期货品种试运行制度。第三步,最终发展为注册制。将上市期货新品种的权力交由交易所,交易所主要依照法律规定将有关新品种上市的文件在中国证监会备案就可以了。〔29〕 在笔者看来,就完善我国期货品种上市制度本身而言,学者结合我国实际和世界主要国家经验,提出的意见和建议还是比较中肯的。

2. 笔者的建议

如上所述,造成目前期货品种上市制度中存在问题的原因是深层次的。不

---

〔27〕 大连商品交易所:《期货品种上市机制研究》,2011 年 9 月 20 日,第 12 页。

〔28〕 田晓军:《期货品种上市机制研究》,载《证券市场导报》2005 年第 9 期。

〔29〕 雷晓冰:《我国期货品种上市机制面临的问题及解决——〈期货交易管理条例〉实施两周年之际的反思》,载《河北法学》2009 年第 4 期。

解决这些问题,单独就期货品种制度本身提出完善建议,就好像是不“釜底抽薪”,而只“扬汤止沸”,是治标不治本。笔者认为,完善我国期货品种上市制度,其路径至少应当包括两个方面:首先是上市制度之外;其次是上市制度自身。其具体举措建议如下:

首先,上市制度之外。旨在铲除问题产生的土壤,因而也是最重要的。否则,下一部分的建议也不可能真正有用。

一是推进交易所体制改革,捋顺政府与市场关系。应当以党的十八届三中全会确立的使市场在资源配置中起决定性作用为指导和要求,持续深入推动交易所体制改革:其一是优化交易所与监管机构之间的关系,目标是让交易所真正成为一个市场主体,担负其市场职责;而使监管机构回归监管本位,主要精力放在事中事后的监督问责。当然这一点做到,光靠中国证监会和交易所是不行的,还需要国务院和相关部门的支持。其二是重新认识交易所的地位作用,尝试以适当方式增加交易所竞争。交易所是争夺定价权的重要国家战略资源,但是,并不因此就可以使其安居于垄断地位。“宝剑锋从磨砺出”,只有引入竞争,激发交易所主动性、能动性,才能改善期货市场环境,为市场创新营造良好氛围。从成熟市场经验来看,每一个对全球资源配置具有影响力的价格基准都是在竞争中优胜劣汰的产物。在期货市场中引入竞争机制是建立价格基准的必由之路。我国上市期货品种虽然分布于不同的交易所,但每个品种都是一个垄断性的市场,这种状况虽然维护了交易所对品种的所有权,却大大削弱了期货市场通过竞争寻找优势品种的功能,在一定程度上降低了我国出现符合实体经济需求的、具有国际影响力的期货品种的可能性。交易所之间的竞争可以包括两个层面:品种之间的竞争和交易所之间的竞争。为此,在品种方面,可以尝试在一定范围内允许交易所上市相似品种,如此可以把交易所的关注点从单纯集中在新品种竞争上,有效延伸到合约规则设计的科学性、对投资者服务质量的提升上,从而形成交易所间的适度、有序竞争,提高期货交易所效率,促进期货市场功能发挥,切实增强市场服务实体经济的能力。〔30〕 在交易所层面,可以考虑引入增量,促进竞争。其三是以市场化手段来管理交易所。包括探索交易所公司制改造、以市场化方式来招聘高管及工作人员、构建市场化的薪酬体制,等等,以此增加交易所的竞争力。

二是促进市场对外开放。期货市场本质上是一个国际市场。由于商品的

---

〔30〕 郑赜瑜等:《美国期货品种创新与产业转型镜鉴——兼论期货交易所交易品种的多元化》,载《证券市场导报》2014 年第 4 期。

“一价”定律的存在，建设国际定价中心，迫切需要市场对外开放。只有引入国际投资者，期货市场形成的价格才是国际价格。也只有国际投资者参与了，我国期货市场定价的效率才能得以提升。对外开放，同时能更好地满足国内企业套期保值的需求。而在市场对外开放的过程中，随着交易所之间竞争的加剧，也必然会给期货品种上市制度的完善提出更多需求，从而为推动期货品种上市制度改革创造条件。从国外期货市场发展的历史我们可以看出，由于期货市场国际化带来的境外交易所的竞争，是监管机构改变监管的重要推手。

三是提升对期货市场的认识。期货品种上市制度及其实践中存在的问题，只是表象，其背后实质是体制机制问题，但最核心的是人的认识问题。由于对期货市场认识不到位，人们对期货市场的创新本能地持有警惕心理。这里讲的认识主体，主要指的是政府、社会公众，而并非监管机构。因为一旦期货市场有风险事件发生，社会公众的情绪会影响政府，政府进而会施压给具体负责监管的机构，这样就导致监管机构在重压之下往往反应过度。因此，只有做好期货市场知识的普及教育工作，提升政府、社会公众对期货市场的认知水平，才能为市场包括品种上市制度在内的各种创新营造良好环境和空间。

其次，期货品种上市制度自身。

就期货品种上市制度自身而言，就像学者主张的，既然确定了市场化为目标，注册制必然是目标。但受制于各种主客观因素，注册制的目标实现起来非常困难。因此，虽然笔者认同学者提出来的三步走的渐进措施，但目前的着眼点还应当放在完善现有审批制度上。

一是明确审批性质、规范审批程序。这是最直接，也最迫切需要解决的问题。通过修改《期货交易管理条例》或者借期货法立法之机，将中国证监会目前仅在内部适用的工作指引上升为法律，明确期货品种审批的标准、要求和程序，将其纳入行政许可范围予以规范。尤其要明确审批的期限，这对提高审批的效率非常有必要。至于在审批过程中征求部委意见、请示国务院，这本身属于负责审批的监管机构与部委、国务院之间的工作协调、上下级请示关系，并没有必要写入法律中。只要法律明确了审批的条件和程序，就做实了监管机构一家审批制，协调和请示上级的事情交给监管机构自己去处理即可。明确审批期限还有一个好处就是，批与不批，监管机构届时都得给市场一个说法，这样就给了市场一个明确的预期，便于市场各主体合理安排资源，避免浪费。

二是尝试区别品种采用不同上市审批流程。就像前面谈到的，监管机构对品种上市进行审核的实质是防范市场风险、防止市场违规和保护投资者利益。但由于不同品种其风险点是不完全相同的，因此在对新品种上市审批过程中，也可以进行区别对待:对一般品种,可以采用核准制,只要交易所上报的材料符合法律规定的要求,允许监管机构对其适用较短的审批期限、较快捷的审批程序,而且原则上监管机构均同意交易所的请求。但法律中保留监管机构可以根据审慎原则延长品种审批期限、提高审批要求的规定,用以对个别的、特殊重要的品种进行审核。对特殊的品种,法律也要规定审批期限,避免几年也无法作出审核决定的情形出现。

三是慎重引入委员会、试运行等创新。笔者对有学者提出的设立委员会方式以提高审批效率、通过试运行方式鼓励交易所创新等观点,并不赞同。首先,关于设立委员会,笔者认为,提出设立所谓的委员会,本意是简化向部委征求意见的程序,但效果可能适得其反。因为部委、行业协会和其他相关单位,大多代表了现货行业的利益,并不了解期货市场运行的规律。本来只是发表意见供参考,现在变成了正式表决。结果可能是没有解决老问题,又滋生了新问题。其次,对于试运行,学者提出该制度本意也是鼓励交易所试错。但是,试运行也是运行,如果试错的结果监管机构可以承受,正式运行的结果监管机构也不会不可承受。试运行和直接上市,二者并无实质区别。笔者以为,这些措施并不符合中国实际。其实,只要按照本文前面提出的建议,品种上市的效率提高了,这些措施自然也就无用武之地了。

期货及衍生品法律评论
第一卷,第197~209页

期货保证金基础法律关系及相关制度完善研究

张翼飞*

摘要:保证金制度的构建,是期货市场风险管理的核心,也是整个期货市场效率和市场风险管理之间平衡的关键。在现有法律框架下,对期货保证金制度相关的法律属性,以及不同类型资产作为保证金使用时相关主体的法律关系,规定并不明确。这造成了实务中对于保证金认识的困扰,从而使期货市场系统安全与债权人利益的保护平衡未形成一致认识。本文旨在厘清保证金的基础法律属性,梳理相关主体的法律关系,并提出解决和完善保证金有关问题的思路和制度建议。

关键词:保证金　有价证券　质押　物权法

实行保证金交易是期货市场基本特征之一,保证金制度的构建是期货市场风险管理的核心,也是整个期货市场效率和市场风险管理之间平衡的关键。目前,在我国期货市场中期货法仍然缺位,国务院发布的《期货交易管理条例》(以下简称《条例》)及中国证监会出台的部门规章以及最高人民法院关于审理期货纠纷案件的两个司法解释,构建了我国期货行业法规规范体系。《条例》第81条第3项规定:“保证金,是指期货交易者按照规定交纳的资金或者提交的价值稳定、流动性强的标准仓单、国债等有价证券,用于结算和保证履约。”可见,在现行法规层面,保证金的概念包含两类:一是人

* 上海期货交易所法律事务部高级经理,法学博士。

民币、外币的资金;二是特定的有价证券资产。然而具体到资金和资产在作为保证金使用时的法律属性以及相关主体间的法律关系,《条例》并未明确规定。在具体分析时,必然涉及期货市场的保证金在传统民商事法律中的定位,这也会直接影响发生纠纷司法介入时,司法机关认定和采取相关措施时,对于期货市场系统安全与债权人利益的保护平衡。因此,有必要对期货市场保证金的法律属性、资金和有价证券作为保证金的异同,以及在现行法律框架和期货业务模式下面临的困境进行逐一探讨,以期明确问题的解决思路。

一、期货保证金的法律属性

期货保证金制度,指在期货交易中,期货买方和卖方必须按其所买卖期货合约价值的一定比率缴纳资金,用于结算和保证履约。因此,保证金在期货交易中,实际上起到了"担保"功能。期货市场保证金的担保功能,主要体现在两个方面:一是在期货合约成交后,期货交易者有义务按照期货市场逐日盯市的风险管理制度,根据结算时合约价值变动情况,确保当日保证金符合最低标准。在该阶段,保证金是期货交易者持仓得以存续的担保,如在规定时间内保证金不能达到规定标准,其持仓即面临强行平仓的风险。二是在期货合约到期时,为了保障期货合约的标的物所有权转移或者按规定结算价进行现金轧差方式,履行期货合约规定义务时,保证金起到担保交割正常完成的功能。一旦发生交割违约,保证金即可用于交割违约的罚款和赔偿金。

问题在于,保证金的"担保"属性如何与民商法上具有担保功能的概念相对应,这在理论上可以有多重理解,目前主要包括违约金、定金、预付款以及质押担保,下文将逐一分析。

(一)期货保证金与违约金

由于在交割环节,当发生交割违约时,交易者的保证金可能被用于交割违约赔偿金,因此有观点认为期货保证金属于违约金。然而期货保证金与违约金存在本质的不同,二者在支付时间、支付主体、支付据以发生的法律事实、资金功能方面均有不同(见表1):

一是支付的时间不同。违约金并不一定要在合同订立时或履行时支付,相反,其具有明显的事后支付性,守约方并不享有资金占用的时间价值。而期货保证金必须在期货交易提交结算前支付,其具有事前支付性,即只要参与期货交易,所有期货交易参与者均须向期货结算机构缴纳一定数额的保证金。

二是支付的主体不同。合同双方当事人虽然约定了违约金条款,但是具体由哪方主体支付则并不确定,而是完全取决于合同履行过程中何方出现违约事由,因而其具有不确定性。但是对于期货保证金来说,期货交易的买卖双方均须按期货合约价值的一定比例交纳保证金,从这个角度来讲,其具有确定性和双向性。

三是支付据以发生的法律事实不同。违约金的支付是附条件的,即以发生法定或约定的违约事由为前提,若在合同履行过程中不存在违约事由,则亦不发生支付事宜。期货保证金的支付与是否发生违约事实无关,即使没有发生违约行为,期货结算会员依然应为其提交结算的期货交易支付保证金。

四是资金的功能有所不同。违约金由违约方支付给守约方,具有补偿性和惩罚性双重功能,而期货保证金由会员支付给期货交易所,仅仅具有补偿性,且由于给付金额仅为期货合约价值的一定比率,其补偿性存在一定限度,并不能实现填补损失的作用,更不具备惩罚性。

表1　期货保证金与违约金的差异

项目	期货保证金	违约金
支付时间	交易时	违约发生后
支付主体	交易各方	违约方
支付据以发生的法律事实	合约成交及存续	发生法定或约定的违约事由
功能	补偿性	惩罚性

(二)期货保证金与定金

不可否认,期货保证金和定金〔1〕从担保形式、担保目的和法律效果上来看,具有相似性,但二者也存在显著差异(见表2):

一是资金的功能不同。定金兼具补偿性和惩罚性,而期货保证金仅具有补偿性。二是定金的产生需要明确约定。最高人民法院《关于适用〈中华人民共和国担保法〉若干问题的解释》(以下简称《担保法司法解释》)第118条规定:"当事人交付留置金、担保金、保证金、订约金、押金或者定金等,但没有约定定金性质的,当事人主张定金权利的,人民法院不予支持。"由此可见,除非期货结算双方约定

〔1〕　根据《中华人民共和国合同法释义》,定金是债的一种担保方式,是指合同当事人一方为了担保合同的履行而预先向对方支付一定数额的金钱。《担保法》第89条对定金作出了规定,即"当事人可以约定一方向对方给付定金作为债务的担保。债务人履行债务后,定金应抵作价款或者收回。给付定金的一方不履行约定的债务的,无权要求返还定金;收受定金的一方不履行约定的债务的,应双倍返还定金"。

期货保证金具有定金的法律性质,否则期货保证金不构成《担保法》第89条所称的定金。三是定金的交付数额具有确定性,且在合同未履行完毕前无权要求返还定金,其变动须双方达成一致意见。而期货保证金具有动态变动性,为保证期货保证金的数额高于价格波动给期货交易人可能造成的亏损数额,会员可能被要求随时追加期货保证金。

表2 期货保证金与定金的差异

项目	期货保证金	定金
功能	补偿性	按照"定金罚则",兼具补偿性和惩罚性
产生的法律依据	期货保证金作为定金没有法律依据	《担保法司法解释》第118条规定,当事人没有约定定金性质的,当事人主张定金权利的,人民法院不予支持
数额	浮动(按照合约价值的变化逐日调整)保证金不足时,须追加补足至最低额度要求	固定

(三)期货保证金与预付款

期货保证金和预付款都有预先给付的性质,但从具体法律特征来看,二者存在较大差异(见表3):

一是与期货保证金不同,预付款仅是合同一方主体向交易对方交付的一部分货款,是一种支付手段,其目的是帮助接受预付款的一方解决资金上的困难,不具有担保性质,若当事人拒绝履行合同而导致合同解除,一方已交付的预付款应当先予返还,再按照合同的约定进行违约责任处理。二是期货保证金合同是一种从合同,主合同为期货合约;而给付预付款则是主合同的内容之一,属于给付义务的履行条款。三是预付款支付后,所有权就不再属于支付人,而是转移给货物出卖人,但期货保证金的所有权在期货合约完成结算之前,都属于存放人。

表3 期货保证金与预付款的差异

项目	期货保证金	预付款
类型	资金和有价证券	资金
功能	担保合约的存续和履行	无担保性,当事人拒绝履行合同而导致合同解除,一方已交付的预付款应当先予返还,再按约定进行违约责任处理
所有权归属	会员交纳的保证金属于会员所有,客户交纳的保证金属于客户所有	交付后所有权转移至收款方

从以上分析可以看出，期货保证金的担保功能，无论从形式还是内容上，均与违约金、定金、预付款不同，很难将其解释为这三种属性。

（四）期货保证金与质押担保

首先需要明确期货保证金是否可以作为质押担保的标的物。《条例》第81条规定的期货保证金形式为符合规定的资金或者有价证券。《中华人民共和国物权法》（以下简称《物权法》）第223条规定了可以设定质权的权利类型，仓单、债券等权利可以设定质权。关于资金形式的期货保证金是否可以设定质权，物权法理论认为，金钱在未特定化之前，只作为一种流通凭证和支付手段，但特定化之后，在性质上与一般动产并无二致，具有完整的占有、使用、收益、处分的财产所有权权能。对于此类特定化的金钱，可以设定质押以担保债务的履行。《担保法司法解释》第85条规定："债务人或者第三人将其金钱以特户、封金、保证金等形式特定化后，移交债权人占有作为债权的担保，债务人不履行债务时，债权人可以以该金钱优先受偿。"〔2〕该规定将保证金质押规定为动产质押的一种，明确了保证金的法律地位。我国期货市场保证金在进入期货市场保证金封闭运行圈〔3〕后，其流转、存放都有特殊的账户要求，因此期货保证金符合特定化形式应无疑义。因此，作为期货保证金的资金，具备设定动产质押的法律基础。因此，期货保证金可以作为质押担保的标的物，应无疑义。

《物权法》第208条规定："为担保债务的履行，债务人或者第三人将其动产出质给债权人占有的，债务人不履行到期债务或者发生当事人约定的实现质权的情形，债权人有权就该动产优先受偿。"根据《物权法》关于动产质权和权利质权的规范，对于期货保证金的担保功能和《物权法》的质权规范，可以看出，从所有权归属、占有主体、担保价值变动的处理方式、功能等方面我国期货保证金与质押担保均高度吻合（见表4）。

表4　期货保证金与质押担保的比较

项目	期货保证金	质押担保
所有权归属	会员交纳的保证金属于会员所有，客户交纳的保证金属于客户所有	出质人仅转移质物占有，不转移质物所有权

〔2〕参见崔建远：《物权：规范与学说——以中国物权法的解释论为中心》，清华大学出版社2011年版，第871页。

〔3〕根据《期货经纪公司客户保证金封闭管理暂行办法》，期货保证金按照规定实行封闭运行。

续表

项目	期货保证金	质押担保
占有主体	会员交纳的保证金由期货交易所占有,客户交纳的保证金由会员占有	动产质权自出质人交付质押财产时设立(《物权法》第 212 条); 权利质权自权利凭证交付质权人时设立;没有权利凭证的,质权自有关部门办理出质登记时设立(《物权法》第 224 条)
担保主债权价值变动的处理方式〔4〕	浮动(按照合约价值的变化逐日调整)保证金不足时,须追加补足至最低额度要求	《物权法》第 222 条规定,出质人与质权人可以协议设立最高额质权。参照《物权法》第 203 条有关最高额抵押权的规定,最高额质押是债务人或者第三人对一定期间内将要连续发生的债权将其动产出质给债权人占有,债务人不履行到期债务或者发生当事人约定的实现质押权的情形,质押权人有权在最高债权额限度内就该担保财产优先受偿
担保品价值变动的处理方式	逐日核算担保品的市场价值,保证金不足时,须追加补足至最低额度要求	因质押物价值变化不足以覆盖其担保的主债权时,债权人可以要求补充质押担保
功能	担保期货合约存续及合约履行	担保主债权实现

综上所述,如果将期货保证金概念置于我国现行民商法律框架下,将其解释为一种质押担保制度,符合期货保证金的运行规律,也基本符合现行法律关于担保功能实现的途径的法律规范。

〔4〕 有观点认为,保证金金额是变动的,由此决定了对应担保物可能发生补足或者划转行为。这与传统的担保制度中要求担保物必须特定化和确定性的要求相左。依据《担保法》第 65 条规定进行质押时必须明确"被担保债权的种类和数额",从而可能导致无法在这些不断变动的保证金上设立一个有效的质押。本文认为,《物权法》第 222 条规定,出质人与质权人可以协议设立最高额质权。可见,对于不确定的浮动债权,也可以适用《物权法》的质押规范,不存在本质的法律障碍。但目前较少看到学者援引最高额质权规范解释期货保证金制度。参见赖梦茵:《浅析保证金质押的设立》,载北京大学金融法研究中心网:www. finlaw. pku. edu. cn,最后访问日期:2017 年 11 月 20 日。

二、期货保证金业务的制度障碍

可以看到,按照质押担保的法律逻辑,保证金的归属和担保对象都可以明确。然而,在现行法律框架下,理顺期货市场保证金制度的法律关系,存在现实的法律障碍。

(一)资金保证金的制度障碍

从期货交易实践来看,期货保证金的运行路径如图1所示。作为保证金的资金在运行过程中,客户和期货交易所并不直接产生资金的划转。根据分层交纳保证金的制度安排,期货结算也实行分级结算制度,这是期货市场风险控制的重要依托。

图1　期货保证金运行路径

按照《条例》第28条规定,期货公司、期货交易所收取的保证金,应当与自由资金分开,专户存放。同时,由于目前期货公司仅能做经纪业务,还未开放自营业务,因而期货公司会员向期货交易所交纳的保证金实际来源于客户交纳保证金。按照质押关系,客户向期货公司交纳保证金,并成立质权,期货公司在其质权范围内设立转质,期货交易所作为转质权人,该关系中保证金的所有权不发生转移,同时保证金的担保功能得以实现。

然而,《条例》第28条明确规定,期货交易所向会员收取的保证金,属于会员所有;期货公司向客户收取的保证金,属于客户所有。依据该条规定,保证金在流转中存在事实上的同一笔资金成立两个所有权,有悖于物权法上的一物一所有权基本原则。保证金法律关系的不确定,在有价证券作为保证金使用时更突出,且直接导致在现有法律框架下,相关权利人利益得不到有效保护的法律后果。

(二)有价证券作为保证金的制度障碍

保证金法律关系的不确定,也同样影响了有价证券作为保证金时的业务开展。以上海期货交易所、郑州商品交易所以及大连商品交易所三家商品期货交易所的业务模式来看,[5]期货公司会员的法律地位,更类似于客户向期货交易所交存有价证券的通道,代理客户从事保证金业务。这与保证金的质押担保中,期货公司作为转质人,对客户享有优先受偿权的法律地位截然不同。现有模式主要存在以下两个方面的问题:

一是可能与我国期货市场的分层结算体系不相符合。按照《条例》第24条和第28条的规定,在期货交易所进行期货交易的应当是期货交易所会员,期货公司接受客户委托为其进行期货交易,期货交易所向会员、期货公司向客户收取保证金。然而在有价证券作为保证金的业务安排中,期货公司的法律地位似乎变为了代理人。

二是期货公司会员的业务风险无法通过担保制度加以有效防范。按照期货市场当日无负债结算制度,当客户的账户出现保证金不足时,期货公司应当及时向客户追加保证金,在每日结算时,对于期货公司会员的保证金,低于期货交易所要求时,交易所有权要求期货公司追加保证金或者强行平仓。交易所已经留存了客户的有价证券作为释放保证金额度的担保,期货公司即便未获得客户追加的保证金,也需要按照结算结果先与期货交易所结算完毕,然后再向客户进行追偿。一旦在此过程中,客户有其他债务纠纷或申请破产,期货公司由于并非质权人,仅能以普通债权人身份向客户主张权利,面临极大法律风险。

司法实践中相关案件已然涌现,2012年"绍兴金源物资公司诉一德期货案""2015年广永期货诉广西翔吉贸易公司案",都是非常典型的有价证券作为保证金的业务纠纷案件。

三、期货保证金制度障碍原因分析

可以看出,保证金业务的开展实际与法律规定产生了一定程度的背离,造成该现象的原因是多方面的,可能主要有以下方面:

一是《条例》规范逻辑不严密。2007年《条例》第85条第1款第3项规定的保证金,是指期货交易者按照规定标准交纳的资金,用于结算和保证履约。有价证券本身并非保证金,按照《期货交易所管理办法》的规定,其可以被用于"充抵"保证金,但充抵的法律性质并未明确。直至2012年《条例》修订时,将有价证券直接

[5] 参见《上海期货交易所结算细则》第68条、第71条和《上海期货交易所标准仓单管理办法》第28条;《郑州商品交易所结算细则》第52条、第57条;《大连商品交易所结算细则》第76条。

纳入保证金概念下，但自始至终，无论是《条例》还是《期货交易所管理办法》，均未明确保证金的法律属性。此外由于《条例》第28条双重所有权的规定，更使该问题在法律逻辑上出现混乱，期货交易所、期货公司在具体业务模式、交易规则和协议设计过程中，为避免与上位法直接冲突，也采取了模糊处理方式，以使业务得以开展。但在出现纠纷时，其处于无法自圆其说的尴尬境地。

二是《物权法》与《担保法司法解释》对于转质押的态度存在不确定性。2000年最高人民法院颁布的《担保法司法解释》第101条规定："以票据、债券、存款单、仓单、提单出质的，质权人再转让或者质押的无效。"国债、标准仓单，都属于该条规范之列。尽管《物权法》并未明确禁止权利质权转质，[6]但是根据上位法优于下位法，新法优于旧法的法律适用原则，权利质权转质似乎并无法律障碍，而且从司法实践来看，在《物权法》颁布后，也未查到援引该条否定质权效力的案件。囿于司法的不确定性和《条例》规范逻辑的混乱，行业内对该问题仍倾向于持保留态度。

三是质权的效力存在不确定性。该问题目前主要存在于标准仓单作为保证金使用中。《物权法》第224条规定："以汇票、支票、本票、债券、存款单、仓单、提单出质的，当事人应当订立书面合同。质权自权利凭证交付质权人时设立；没有权利凭证的，质权自有关部门办理出质登记时设立。"目前，我国权利质权的法定登记机构有两家，即中国证券登记结算公司和中国债券登记结算公司（以下简称中证登和中债登），二者分别承担证券质权登记和债券质权登记。由于目前期货交易所为了提高标准仓单业务效率，避免纸质标准仓单在业务流转中的道德风险，增强标准仓单的流通性，已全面推行无纸化电子标准仓单，但是对于无纸化的电子标准仓单在设定质权时，是否必须由法定的物权登记机关登记，法律上并未明确。因此，对于在期货交易所的电子仓单管理平台上，将标准仓单作为保证金进行质押登记时，其是否设立质权，产生公信力和对抗力，也有不同认识。

观点一认为，标准仓单属于动产质押。与其他权利质权不同，标准仓单持有人拥有对仓单记载货物的权利，标准仓单转让意味着货物所有权的转移。同理，标准仓单质押，也代表着货物被设定质权。由于货物一直由仓库保管，不存在货

---

[6] 《物权法》"权利质权"一节未对转质问题作出规定，但第229条规定，权利质权除适用该节规定外，适用该章第一节动产质权的规定。"动产质权"一节中，第217条规定，质权人在质权存续期间，未经出质人同意转质，造成质押财产毁损、灭失的，应当向出质人承担赔偿责任。是否可以理解为《物权法》允许权利质权的承诺转质？在讨论仓单转质问题时，也明确引用了《物权法》第229条和第217条内容。参见崔建远：《物权：规范与学说——以中国物权法的解释论为中心》，清华大学出版社2011年版，第911页。

物转移占有的问题,因此在标准仓单项下货物上设立的质权,应当通过标准仓单实现。在法律没有规定明确的标准仓单登记机构时,承认期货交易所电子仓单管理系统标准仓单的质押登记效力,不违反法律规定,也符合行业惯例。

观点二认为,标准仓单属于有权利凭证的权利质押。[7] 期货交易所标准仓单管理从纸质标准仓单过渡到电子化仓单管理系统,是提高交易效率,增加流通属性的创新实践,不能因噎废食,反而认定电子化标准仓单不进行法定机关的登记不生效。同时,法律对于"权利凭证"形式,并未明确,但按照最高人民法院 2015 年颁布的《关于适用〈中华人民共和国民事诉讼法〉的解释》第 362 条的规定:"实现票据、仓单、提单等有权利凭证的权利质权案件,可以由权利凭证持有人住所地人民法院管辖;无权利凭证的权利质权,由出质登记地人民法院管辖。"可见在司法实践中对仓单应采有权利凭证的权利质押,因而无须以法定物权登记机构登记为设立要件。

观点三认为,电子化的标准仓单已无书面权利凭证,只能通过登记方式转让和设定质权,因此未经法定质权登记机关登记,其效力存疑。在实践中,一旦标准仓单的交割仓库不诚信,将标准仓单项下的货物再次生成普通仓单,转让给善意第三人,由于标准仓单系统不具有公示性,第三人无从查明,不具有对抗效力也会导致司法实践认定存在不确定,这可能造成标准仓单作为保证金、交割以及所外质押流通各项业务参与主体的法律风险。

可见,期货保证金的制度障碍,是多因多果的系统性问题,法律框架的不确定性,也造成业务模式的不合理。问题的解决,需要从法律层面到具体业务模式的全面完善和统一。

四、期货保证金制度的完善思路

显然,解决期货保证金相关制度的核心,在于厘清保证金制度的基础法律关系。期货市场是一个规则导向型的市场,完备的法律制度体系是推动期货市场各方主体归位尽责、促进期货市场进一步发挥功能、保持健康规范运行的关键。期货参与者较多,法律关系复杂,以保证金为代表的特殊交易机制,需要完善的法规

[7] 关于仓单质押应归属于动产质押还是权利质押,学界仍有争论,本文拟采《物权法》的分类,对两者争论不做讨论。参见崔建远:《物权:规范与学说——以中国物权法的解释论为中心》,清华大学出版社 2011 年版,第 909 页。

制度体系和高效的监管机制加以保障。笔者认为,完善思路有二:一是以解决现存问题为导向;二是以建立与国际接轨的担保品管理体系为目标。

(一)从金融市场担保制度层面完善担保相关制度体系

从境外衍生品市场来看,保证金的种类、管理方式、法律关系等问题,均属于担保品管理的范畴。从境外市场担保品规模来看,无论是期货市场还是场外衍生品市场,均呈现担保品的多元化特征,而资金类担保品规模也仅占不到总规模的1/10。境外担保品制度框架的确定性,减少了金融交易中使用担保品的法律制度风险,这无疑是促进担保品管理得以在全球范围内广泛适用的关键。

欧美在金融担保关系方面,均有较为成熟的规范,其将金融担保与普通民商事担保加以区分,明确对金融担保的特殊性进行规范。例如,欧盟2002年制定了《金融担保协议指令》,[8]该指令的重要目的是建立便捷、安全的金融担保制度安排,排除破产法的适用,消除欧盟各国关于金融担保适用的法律不确定性,提高金融市场系统性风险防范能力。国际统一私法学会(UNIDROIT)于2009年制定了《日内瓦证券公约》,该公约在第五章关于"担保交易的特别规定"中,专门讨论了商事领域中以担保制度为原理设计的担保交易的特殊制度安排。[9]

美国《商品交易法》将担保品区分为现金和非现金。对于非现金担保品,其明确了只要有利于维护市场财务完整性以及金融体系的稳定性,就应当纳入担保品范畴。[10] 基于金融市场的特殊性,美国《统一商法典》第九章对金融担保品处置的进行了专门规定,这为衍生品交易中质权人行使质权提供了便利。该法第9-610(b)条允许质权人以合理的方式出售质物并就所得优先受偿,而不需要得到出质人的许可和配合。该法第9-611(d)条规定,如果担保物可以在公开市场上出售,则无须出质人同意。

可见,在境外发达金融市场上,不仅对金融担保品有专门的法律规范,更基于担保品在金融行业的广泛适用,通过更高层级的商法典或是单行立法方式,统一对金融担保区别于其他法律的特殊规范予以规定。

在现代高度发达金融市场中,交易的效率和安全已经提高到相当高的水准,更多的标准化产品设计使传统分散的小规模民事交易转化为集中的大规模商事活动,集中的大规模交易行为,在提高效率的同时集聚了风险。金融市场风险防

---

〔8〕 Directive 2002/47,由2009/44/EC指令于2009年修订。

〔9〕 牛文婕:《"法"眼看创新——以法律的视角观察证券市场创新兼议〈日内瓦证券公约〉的借鉴意义》,证券公司创新发展研讨会,2012年5月7日。

〔10〕 见美国《商品交易法》第4s条(e)款第(3)项(C)目。

范,不仅是市场参与各方利益的维护,风险处置的及时和有效更关乎守住金融系统性风险底线,关乎国家经济安全。从金融市场整体出发构建金融担保制度,在明确基础法律关系的前提下,进行有别于传统民事法律规范的全面制度构建,是推动金融市场的国际化的重要步骤,也是担保品制度完善的长期目标。

(二)期货法立法中建立以质押关系为基础的期货保证金制度

从境外交易所的管理实践来看,如表5所示,境外交易所担保品的管理,主要以“交存”转移占有为特征,其核心是要保障期货交易所对担保品的控制权。

由上可见,境外对担保品的管理要旨,与我国《物权法》上关于质权的设立宗旨吻合。立足于期货市场,应当推动明确期货保证金制度是以质押关系为基础的保证金制度体系,此规范思路既符合国际成熟市场的一致模式,也具备现行民商事法律基础。在期货市场上,可以通过正在制定中的期货法,在上位法层面将保证金制度的基础法律关系明确为质押关系,并对保证金的处置、孳息收益以及豁免破产取回权等特殊制度予以规范。

表5 境外交易所担保品管理制度

交易所	可接受的担保品	担保管理
芝加哥商品交易所(CME)	多国货币现金,黄金,外国主权债,美国国债、政府机构和资产支持债券,指定银行发行的信用证,标准普尔500指数成分股票,CME发行的货币市场基金	CME规定结算会员须将抵缴的担保品交付交易所,或存入指定存放机构的交易所账户中,以确保交易所对所有抵缴担保品的控制权
欧洲期货交易所(EUREX)	多国货币现金,欧洲各国政府和市政债券,公司和抵押支持债券,DAX、EuroStoxx 50、SMI指数成分股票	结算会员须将有价证券存入交易所在法兰克福明讯国际结算托管银行或SegaInter Settle Zurich开立的有价证券担保品账户
台湾期货交易所(TAIFEX)	现金、中央登录公债、国际债券和股票	交易所在中国台湾地区集中保管结算股份有限公司和六家清算银行分别开设了抵缴保证金专户,抵缴保证金的有价证券必须缴存至交易所有价证券抵缴专户
香港交易所(HKEX)	港元、欧元、日元、人民币和美元,银行担保,外汇基金票据及债券,另外期货结算公司接受美国政府债券,期权结算公司接受股票	有关外汇基金票据和债券必须转移至结算所在中国香港金融管理局的账户,美国政府债券必须转移支付至结算所在指定银行或存管处开立的账户

（三）推动解决标准仓单等非资金保证金的现实问题

推动建立期货保证金质押关系体系，无法绕开前述关于权利质权转质的法律评价以及标准仓单等质权设立的登记效力问题。应当从两个方面推动问题的解决：

一是推动立法明确权利质权转质的合法性。由于《担保法司法解释》在司法纠纷解决中具有类似法律的适用效力，因此一方面，要达成行业共识，积极推动最高人民法院《关于适用〈中华人民共和国担保法〉若干问题》的修订，以及《物权法》司法解释的完善；另一方面，要通过推动在期货法中明确期货市场保证金质押的法律效力，从而有效解决期货行业保证金业务发展的困境。

二是推动标准仓单法定质押登记机构设立。目前，国债等有价证券均由法定的质押登记机关办理质押手续。如上文所述，尽管对标准仓单质权设立的效力有不同认识，但在国际化的期货市场上，由法定登记机关的质押登记，确立担保品的担保效力，可以明确标准仓单的对抗效力，为标准仓单增信也将促进其流通性功能，促进期货市场担保品管理的国际化。此外，设立标准仓单法定登记机构，也有利于诉讼管辖。依据最高人民法院《关于适用〈中华人民共和国民事诉讼法〉的解释》第 362 条规定，实现票据、仓单、提单等有权利凭证的权利质权案件，可以由权利凭证持有人住所地人民法院管辖；无权利凭证的权利质权，由出质登记地人民法院管辖。标准仓单的高流通性，权利凭证持有人遍布各地，如仓单涉诉，极易产生案件管辖权纠纷。为更好地保护标准仓单法律关系各方利益，应统一由标准仓单登记机构所在地法院管辖。

综上，完善期货保证金的相关制度，还需要期货行业共同努力，形成行业共识。同时，也呼吁人民法院在处理涉及期货保证金纠纷时，谨慎处之，充分考量金融市场的特殊性，保护期货交易相对方以及期货交易所的合法权益，降低相关主体的交易风险，增强期货投资者的信心，建立良好的司法环境，为期货市场的良性发展和国际化保驾护航。

期货及衍生品法律评论
第一卷,第210~228页

金融期货市场错单交易处理制度研究

李明良* 普丽芬**

摘要:错单交易,是境外交易所较普遍的一个制度。该制度包括了一些基本核心要素,即适用范围、处理方法和处理程序等,同时需要具有相应的制度保障。近年来随着我国金融期货市场"乌龙指"事件的增多,错单交易处理制度也开始被频繁提及。不过,在我国引入错单交易处理制度,还面临上位法依据不足、配套保障制度缺失、交易所业务规则空白,以及目前环境下易受质疑等问题。构建金融期货市场错单交易处理制度需要从立法、交易所业务规则等多个角度进行全面研究和设计。

关键词:错单交易 取消交易 调整价格

对错单交易(Error Trade),目前并没有一个统一的定义。较权威的定义是国际证监会组织(International Organization of Securities Commissions, IOSCO)在其《错单交易政策》(*Policies on Error Trades*)中,基于问卷调查的反馈,从最广泛的角度将错单交易定义为因市场使用者的行为或者交易系统的失灵而被错误执行的交易。[1] 不过,IOSCO同时也

* 上海国际金融资产交易平台公司(筹)负责人。
** 中国金融期货交易所法律部员工。

〔1〕 "Technical Committee of the International Organization of Securities Commissions: Policies on Error Trades" (October 2005), Accessed September 20, 2017. http://www.iosco.org/library/pubdocs/pdf/IOSCOPD208.pdf.

在报告中说明,尽管有许多交易所将错单交易制度用于解决使用者和系统的错误,但是,同样也有一些交易所将错单交易制度限定在人为错误导致的交易中。[2] 因此,从目前实践来看,错单交易本身应当是交易所各自定义的概念,定义的核心和定义的差别主要在于错单交易引发的原因。为便于讨论,本文以下讨论的错单交易,将采用最小范围的定义,即仅指因人为错误引发的错单交易。

一、错单交易处理制度的理论基础

错单交易处理制度,顾名思义,就是对错单交易进行处理的制度。而从境外交易所的相关规则来看,处理措施通常包括取消错单交易或者调整错单交易的价格。鉴于效率的考虑,证券市场、期货市场等采取集中竞价机制的市场,都会以成交结果不得更改为原则。突破该原则必然需要有足够的理由和理论基础。以下从法律和金融期货市场功能角度说明错单交易处理制度存在的理论基础。

(一)错单交易与民法意思表示错误

金融期货市场进行的是期货交易。而目前我国期货交易的定义,是采用公开的集中交易方式或者国务院期货监督管理机构批准的其他方式进行的,以期货合约或者期权合约为交易标的的交易活动。[3] 从法律关系来看,金融期货市场交易的虽然是一种特殊的标的(标准化合约),但买卖双方之间的法律关系依然是一种合同关系。只是相对于一般的合同关系,金融期货交易中买卖双方除买卖标的、买卖价格、买卖数量具有有限范围内的决定权外,[4] 大部分合同条款都由期货交易所通过标准化的方式统一约定。不过,这些都不能改变金融期货交易是一种民事行为的本质。

因此,错单交易处理制度的法理基础应当源自民事相关理论。从制度内容来看,最接近的应当是民法中的误解。目前我国民法中提到的误解,相当于德国、日本等国家民法和我国台湾地区"民法"中的错误,即指表意人所表示出来的

---

[2] "Technical Committee of the International Organization of Securities Commissions: Policies on Error Trades" (October 2005), Accessed September 20, 2017. http://www.iosco.org/library/pubdocs/pdf/IOSCOPD208.pdf.

[3] 参见《期货交易管理条例》第2条。

[4] 价格申报会受到交易所每日价格涨跌停板的限制,买卖数量也可能受到交易所日内开仓数量的限制。

意思与其真实意思不一致,而这种不一致是表意人为意思表示时所不知或误认的。[5] 民法为私法,以尊重当事人意思自主为原则,并兼顾相对人信赖保护及交易安全。[6] 因此,对于表意人一定类型的错误,大多数国家和地区的民法中都会给予相应的法律救济,即赋予表意人对符合规定的错误意思表示撤销权。这既可以让表意人得以实现其内心真实的意思,也有利于在交易双方之间实现公平。

具体到金融期货市场中的错单交易,如前文所定义的,错单交易本身就是指交易一方的错误而产生的交易,是交易一方在买卖标的、买卖价格或者买卖数量方面的意思表述与其真实意思不一致。当这个错误符合民法中规定的错误意思表示时,当事人也应当享有一定的撤销权。不过,鉴于错误一般都可归责于表意人,相对人对此一般无责任,[7] 因此对作出错误表示的表意人的保护也应当是有限度的,只有符合法律规定条件的错单交易才能得到相应的法律救济。

(二)错单交易处理与金融期货市场价格发现功能

金融期货作为期货的一种类型,具有期货的基本功能,即风险规避和价格发现。[8] 价格发现功能是指期货市场通过特有的交易运行机制,形成具有预期性、连续性、公开性和权威性的期货价格。[9] 金融期货价格发现的功能使金融期货的价格能够快速反映市场的走势,为投资者和相关机构提供各种金融资产的有效价格信息,其有助于减少投资者的信息搜寻成本和谈判成本,提高交易效率。[10] 要实现期货市场的价格发现功能,核心在于期货市场形成的价格要能真实地发现市场情况,而不存在价格的失真。

然而,错单交易由于其产生并不是基于交易一方对信息的判断,而是源自自己的错误(如"胖手指"或者"乌龙指"),因此基于该错误产生的错单交易形成的价格,本身也不具有真实性。一旦一个错单交易形成,错误的交易信息将被扩散,其他交易者也将基于该信息采取行动。特别是,考虑到电子化交易技术使交易信息传播速度更快,各类金融创新使很多金融产品之间相互关联,因此错单交易给市场带来的负面影响更严重。例如,一个错误的严重偏离现有交易范围的衍生品市场指令一旦被执行,不仅该市场,而且对应的现货市场的其他交易者都

---

〔5〕 崔建元:《合同法总论》(上卷),中国人民大学出版社2011年版,第352页。

〔6〕 王泽鉴:《民法总则》,北京大学出版社2009年版,第349页。

〔7〕 崔建元:《合同法总论》(上卷),中国人民大学出版社2011年版,第352页。

〔8〕 刘鸿儒:《金融期货》,中国金融出版社2010年版,第8页。

〔9〕 史家亮等:《上证50股指期货核心功能研究》,载《当代经济》2017年第4期。

〔10〕 刘鸿儒:《金融期货》,中国金融出版社2010年版,第9页。

将会基于该成交信息采取行动。此外，错单交易还可能自动触发其他交易指令的执行条件。[11] 最终引发的连锁反应将会给市场参与者和监管者传递更多的误导性信息，导致期货市场形成的价格失去应有的意义。

因此，为确保期货市场（包括金融期货市场）是基于市场信息形成的，反映的是真实的市场需求，境外较多交易所都在其业务规则中对符合规定的错单交易规定了相应的处理制度，目的之一就是纠正因错单交易带来的期货交易价格的偏离，从而真正发挥期货市场的价格发现功能。

（三）错单交易处理制度与公平原则

IOSCO 确定的证券市场监管的核心原则包括：（1）投资者保护；（2）公平、效率和透明；（3）减少系统性风险。[12] 其中，错单交易处理制度与公平原则直接相关。如前所述，错单交易是因交易一方的错误而形成的交易。从微观上来说，错单交易使错误一方因自己的失误承担了损失，而且有时这个损失是巨大的。例如，在 2005 年“日本瑞穗证券乌龙指”事件中，瑞穗证券最终的损失高达 407 亿日元。[13] 相应地，与犯错误一方进行的交易的另一方则可能单纯因为对方的错误而获得较大利益。而且，如果不对错单交易进行公开或者处理，因一个错单交易产生的交易信息可能引发更多的投资者做出错误的判断，从而承担其不应当承担的损失或者获得其不应当获得的利益。因此，从个体来看，错单交易会直接导致错单交易双方之间的存在不公平，甚至是显失公平，间接还会导致因该错单交易作出决策的其他投资者进行的交易存在不公平。而从整个金融期货市场来说，错单交易处理制度对个体交易之间公平性的损害，也会最终对市场的整体公平性造成不利影响，从而减损投资者对市场的信心。

二、错单交易处理制度的核心要素

错单交易制度既要实现对当事人的救济，从而降低错单交易对市场公平性

---

〔11〕 “Technical Committee of the International Organization of Securities Commissions: Policies on Error Trades”（October 2005），Accessed September 20，2017. http://www.iosco.org/library/pubdocs/pdf/IOSCOPD208.pdf.

〔12〕 “International Organization of Securities Commissions: Objectives and Principles of Securities Regulation”（June 2010），Accessed September 20，2017. http://www.iosco.org/library/pubdocs/pdf/IOSCOPD323.pdf.

〔13〕 ［日］上村达男、［中］吴祺：《浅析日本瑞穗证券“乌龙指”事件背后的法律问题》，载张育军、徐明主编：《证券法苑》（第 5 卷），法律出版社 2011 年版，第 677～692 页。

的不利影响,还要兼顾交易的可预期性,避免事后随意撤销交易影响投资者对市场确定性的信心。为了尽可能地平衡好这些关系,各交易所在最初设计错单交易处理制度时必然是费尽心思。而经过多年的逐步完善和相互借鉴,目前各交易所的错单交易处理制度逐渐走向趋同。除具体指标和流程的差异外,错单交易处理制度包括了一些基本的核心要素。以下首先介绍 IOSCO 报告中总结的核心要素,其次再结合境外几家交易所的具体规定介绍金融期货错单交易处理制度的实践。

(一)IOSCO 推荐的错单交易处理制度相关内容

IOSCO 在总结各交易所错单交易处理制度内容的基础上,就建立错单交易处理制度提出了九个问题。[14] 具体如下:

1. 适用范围、定义、谁有权发起适用错单交易处理制度的程序。主要包括以下几个问题:错单交易的构成要件;错单交易处理制度适用哪些交易系统;可以提起适用的具体环境(例如,交易价格或者数量的错误、系统的错误);哪些人可以提起适用该制度(例如,作为交易一方当事人的交易所参与人、非交易一方当事人、结算参与人,交易所或者其他任何第三人);提出适用错单交易处理制度的第三方的权利;可以被取消的交易类型(例如,触发交易、Contingent trades);提起适用该制度的程序。

2. 关联交易和触发交易的第三方。错单交易双方相关的关联交易的处理,以及受错单交易影响的触发交易或非触发交易的第三方提起适用该制度的能力。该制度下将会被质疑的交易类型的明确特征,便于市场使用者可以评估如何使用市场以及采取保护措施的必要性(例如,中介机构可以决定对交易罚款的非确定性收取额外的费用)。

3. 不可撤销范围。主要包括以下几个问题:适用不可撤销范围的交易所,范围以及范围的确定方法,交易所在不可撤销范围内是否可以取消交易(例如,为避免系统引起的不公平的结果或者经双方同意),期货交易所是否就不取消交易保留灵活性和自由裁量权(例如,如果有合理的理由认为,提起适用错单交易制度是市场操纵的一部分,或者是为了试图“欺骗”系统)。

4. 决定是否取消交易的过程、通知和提起上诉的权力。交易所官方或者办公室决定,认定是否取消或者不取消一个交易的书面标准、是否要求当事人同

[14] “Technical Committee of the International Organization of Securities Commissions: Policies on Error Trades”(October 2005), Accessed September 20, 2017. http://www.iosco.org/library/pubdocs/pdf/IOSCOPD208.pdf.

意、时间表、决定必须通知的范围以及对决定提起申诉的权利。

5. 取消和当事人的自愿行动。交易所决定取消一个交易时其采取的行动，以及交易所决定不取消交易而仅是调整交易价格时采取的行动，双方维持交易但自愿调整价格的能力，如果不取消成交还有哪些救济，双方利用其他技巧(如预先商定的抵消交易)翻转交易的能力。

6. 通知。当一个交易被提起审查，交易所接受进行审查和取消一个交易时，是否要求交易所发布通知。如果要发布通知，必须通知的范围、通知的机制、时间表，以及让这个通知引起接收人关注的特殊程序。

7. 费用或罚款。取消交易的任何费用或罚款。

8. 争议解决机制。存在争议解决机制、解决争议的义务、损失的分担、双方同意做财务调整以弥补损失的能力。

9. 预防措施。旨在降低错单交易发生概率的措施。例如，将价格限制写入交易系统的程序中，自动限制允许的买入或者卖出的价格范围。

上述九个问题可以简单归为四类：一是错单交易处理制度的适用范围，包括适用于哪些交易、适用于哪些人；二是错单交易处理措施，包括取消交易、调整交易价格或其他救济措施；三是错单交易处理程序，包括各种提起的程序、作出决定的程序、各类通知程序，以及后续提请复议的程序等；四是相关事项，主要是费用、责任分担等。IOSCO 报告提到的预防措施，应当属于交易所的交易制度内容，一般不会体现在具体的错单交易处理制度中。

(二)境外交易所的实践

正如 IOSCO 在其报告中指出的一样，错单交易处理制度没有一个统一的或者最佳的实践，各交易所可以结合各自的情况加以规定。以下将重点介绍美国芝加哥商品交易所(Chicago Merchnntile Exchange，CME)、新加坡交易所、中国香港期货交易所有关金融期货错单交易处理制度的相关内容，以便了解错单交易处理制度的具体实践。需要特别说明的是，错单交易处理制度在实践中不断发展，以下将主要以当前几家交易所生效的相关规则为依据进行介绍，有些规则与早期各家交易所在处理错单交易中的做法可能已有区别。

此外，为便于全面理解错单交易处理制度落地的制度基础，以下除介绍错单交易制度规则外，对相应交易所制定该规则的上位法依据，以及相应的制度保障(主要是交易所责任豁免相关规定)一并予以介绍。

1. 芝加哥商品交易所

(1)法律规定及制度保障

美国《商品交易法》第 5 条第(9)款指定合约市场的核心原则——交易执

行,规定交易所应为交易的执行提供有竞争力、公开且高效的市场和机制,以保护交易场所的集中市场的交易价格发现过程。[15] 这是芝加哥商品交易所在其业务规则中规定包括错单交易处理制度在内的交易制度的法律依据。

此外,美国通过判例,确立了交易所民事责任豁免原则,即只要交易所在善意执行法律或者自己的规则、履行自律管理的公共职能过程中,即便给被管理者造成了利益损害,交易所及其管理人员无须承担违反契约或侵权之类的民事责任,主要是民事赔偿责任。[16] 这为交易所对错单交易采取相应措施免除了后顾之忧。

(2)业务规则具体规定

《芝加哥商品交易所规则手册》(*Rule Book*)第 588 条规定了交易取消和价格调整相关规定。

①适用范围

《芝加哥商品交易所规则手册》明确规定,取消交易或者调整成交价格,是为了消除因执行并发布背离市场真实情况的交易给市场完整性带来的负面影响,同时需要考虑维护市场参与者对交易确定性的合法期待。[17] 基于这个目的,错单交易处理规则主要适用于因不当或者错误使用电子交易系统,或者因电子交易系统缺陷导致的扰乱市场的情形。

②处理方法

交易系统审核中心在对错单交易进行审核时,首先需要确定相关交易的成交价格是否处于规则规定的不可撤销价格区间(No Reviewable Range)。[18] 期货合约的不可撤销价格区间由交易所直接在规则中规定(例如,迷你标普 500 期货合约和标普 500 期货合约不可撤销价格区间为 6 个指数点),期权合约的不可撤销价格区间则需要综合考虑多个因素计算。[19]

如果合约交易价格处于不可撤销价格区间范围之外,交易系统审核中心应当把成交价格调整到待审核交易发生时的市场公允价格。交易涉及的市场主

---

〔15〕 美国《商品交易法》(Commodity Exchange Act of U. S. A),第 5 条第 9 项。

〔16〕 卢文道:《证券交易所自律管理论》,北京大学出版社 2008 年版,第 146 页。

〔17〕 CME Rulebook(《芝加哥商品交易所规则手册》),588A, Accessed September 21, 2017. http://www.cmegroup.com/rulebook/CME/I/5/5.pdf.

〔18〕 CME Rulebook(《芝加哥商品交易所规则手册》),588C, Accessed September 21, 2017. http://www.cmegroup.com/rulebook/CME/I/5/5.pdf.

〔19〕 CME Rulebook(《芝加哥商品交易所规则手册》),588H, Accessed September 21, 2017. http://www.cmegroup.com/rulebook/CME/I/5/5.pdf.

体、成交价格或者成交合约较多的,交易系统审核中心有权取消交易。如果期货合约成交价格处于不可撤销价格区间范围内,交易应当有效。[20]

此外,芝加哥商品交易所还为当事人合意处置留有空间。经过交易系统审核中心同意,交易双方达成合意后,可以取消已调整过成交价格的交易,或者把已被撤销的交易按照规则规定的方式调整成交价格后继续执行。[21]

③幻影指令(Phantom order)

除上述错单交易外,芝加哥商品交易所还对幻影指令作出了特别规定。幻影订单指符合以下情形之一的订单:第一,由于交易所系统、服务或者设施错误、失灵或者操作疏忽发出的,未经授权的指令;第二,由于交易所系统、服务或者设施错误、失灵或者操作疏忽导致的、未经授权而改变订单内容(如合约类别、合约月份、数量、价格或者方向)的指令。[22] 对于幻影指令,无论交易成交价格是否处于不可撤销价格区间,交易系统审核中心均有权撤销相关交易或者调整相关交易的成交价格。

④程序要求[23]

交易系统审核中心可以依申请或者依自身独立判断,来决定是否需要调整成交价格或者取消相关交易。依申请进行时,申请应当在相关交易执行后 8 分钟内通过电话向交易系统审核中心提出申请。交易系统审核中心决定对某一交易进行审核的,应当立即警示市场相关交易正在接受审核。无论最终审核结果是交易有效、取消交易还是调整成交价格,交易所都应当发布公告告知市场。

⑤责任分担及费用

对任何因交易系统审核中心采取的调整成交价格或者取消交易措施导致的损失,交易所不应当承担任何责任。导致调整成交价格或者取消交易的交易一方应当为对手方的损失承担责任。[24] 交易所取消交易或调整价格后,引发错单的交易一方应按照 500 美元/次错单交易的标准向本所缴纳手续费。如果当事

[20] CME Rulebook(《芝加哥商品交易所规则手册》),588C, Accessed September 21, 2017. http://www.cmegroup.com/rulebook/CME/I/5/5.pdf.

[21] CME Rulebook(《芝加哥商品交易所规则手册》),588D, Accessed September 21, 2017. http://www.cmegroup.com/rulebook/CME/I/5/5.pdf.

[22] CME Rulebook(《芝加哥商品交易所规则手册》),588F, Accessed September 21, 2017. http://www.cmegroup.com/rulebook/CME/I/5/5.pdf.

[23] CME Rulebook(《芝加哥商品交易所规则手册》),588B, Accessed September 21, 2017. http://www.cmegroup.com/rulebook/CME/I/5/5.pdf.

[24] CME Rulebook(《芝加哥商品交易所规则手册》),588E, Accessed September 21, 2017. http://www.cmegroup.com/rulebook/CME/I/5/5.pdf.

方不是依《芝加哥商品交易所规则手册》第400条认定的会员或者拒绝缴费,结算会员应当负责支付该笔费用。[25]

2. 新加坡交易所

(1)法律规定及制度保障

新加坡《证券及期货法》第16条规定,交易所应当制定相应规则,确保证券、期货合约交易场所的公平、有序和透明。这是新加坡交易所制定业务规则的法律依据。[26] 此外,新加坡《证券及期货法》第36条还以成文法形式明确了交易所民事、刑事责任豁免原则,即交易所及为交易所利益行事的任何人,在履行交易所法定和业务规则规定的职责时,只要是有合理的注意并出于真诚,则不因其作为或者疏忽不作为而承担刑事或者民事责任。[27]

(2)业务规则具体规定

新加坡交易所有关错单交易的规定主要在第4.1.8号监管通知中(Regulatory Notice 4.1.8)。

①适用范围

新加坡交易所规则中的错单交易指因一个随后撮合成交的买入或者卖出指令的错误而导致的在交易系统形成的交易。[28]

②处理方法

一般来说,如果一方提出申请,且成交价格在该合约当天错单交易价格区间

[25] CME Rulebook(《芝加哥商品交易所规则手册》),588G, Accessed September 21, 2017. http://www.cmegroup.com/rulebook/CME/I/5/5.pdf.

[26] Securities and Futures Act of Singapore(《新加坡证券期货法》)(Chapter 289), 16, Accessed September 21, 2017. http://statutes.agc.gov.sg/aol/search/display/view.w3p; ident = 31f037b6 - 8b24 - 4082 - bd05 - e8c13be4b84a; page = 0; query = CompId%3A4cfe0106 - a826 - 4adc - a05a - 847ad3cff1c6%20ValidTime%3A20170921000000%20TransactionTime%3A20170921000000; rec = 0; resUrl = http%3A%2F%2Fstatutes.agc.gov.sg%2Faol%2Fbrowse%2FtitleResults.w3p%3Bletter%3DS%3Btype%3DactsCur#pr16 - he -.

[27] Securities and Futures Act of Singapore(《新加坡证券期货法》)(Chapter 289), 36, Accessed September 21, 2017. http://statutes.agc.gov.sg/aol/search/display/view.w3p; ident = 31f037b6 - 8b24 - 4082 - bd05 - e8c13be4b84a; page = 0; query = CompId%3A4cfe0106 - a826 - 4adc - a05a - 847ad3cff1c6%20ValidTime%3A20170921000000%20TransactionTime%3A20170921000000; rec = 0; resUrl = http%3A%2F%2Fstatutes.agc.gov.sg%2Faol%2Fbrowse%2FtitleResults.w3p%3Bletter%3DS%3Btype%3DactsCur#pr16 - he -.

[28] Regulatory Notice 4.1.8 - SGX - DT Market Error Trade Policy(《新加坡交易所衍生品交易监管通知第4.1.8号——市场错单交易政策》),2.1.1, Accessed September 21, 2017. http://rulebook.sgx.com/en/display/display_main.html? rbid = 3271&element_id = 2993.

(Error Trade Range)[29]外,新加坡交易所有权:(1)部分或者全部取消一个错单交易(只有所有错单交易涉及的交易方在交易所发出公告后15分钟内同意,交易所才会采取此项措施);[30](2)将部分或者全部错单交易的成交价格调整至最接近错单交易价格区间的价格。[31] 错单交易价格区间的具体确定原则在新加坡交易所业务规则中予以明确。

如果成交价格在错误价格区间内,交易所将支持该交易,且不会采取进一步行动。特殊的是如果为了维护相关市场的完整性、声誉或者利益,交易所有权对成交价格在错单交易价格区间内的错单交易采取取消或者调整相关成交价格的措施。[32]

交易所决定是否调整成交价格或者取消相关交易时,可以考虑以下几个因素:第一,错单交易成交价格和相关合约之前成交价格之间的差异;第二,合约在错单交易发生时的市场流动性等市场状况;第三,如果错单交易被调整或者取消(或者不被调整、不被取消)所涉及的各方当事人的金钱损失和财务影响;第四,导致错误发生的交易一方给出的理由;第五,错单交易是否是部分或者全部因交易所系统错误导致;第六,其他任何相关因素。[33]

③处理程序[34]

会员授权的联络人应在交易发生后10分钟内联系衍生品市场监控中心(Derivatives Market Control,DMC),并且申请调整交易成交价或者取消相关交

---

〔29〕 Regulatory Notice 4.1.8 – SGX – DT Market Error Trade Policy(《新加坡交易所衍生品交易监管通知第4.1.8号——市场错单交易政策》),2.2,Accessed September 21,2017. http://rulebook.sgx.com/en/display/display_main.html? rbid=3271&element_id=2993.

〔30〕 Regulatory Notice 4.1.8 – SGX – DT Market Error Trade Policy(《新加坡交易所衍生品交易监管通知第4.1.8号——市场错单交易政策》),2.6.2(b),Accessed September 21,2017. http://rulebook.sgx.com/en/display/display_main.html? rbid=3271&element_id=2993.

〔31〕 Regulatory Notice 4.1.8 – SGX – DT Market Error Trade Policy(《新加坡交易所衍生品交易监管通知第4.1.8号——市场错单交易政策》),2.1.2,Accessed September 21,2017. http://rulebook.sgx.com/en/display/display_main.html? rbid=3271&element_id=2993.

〔32〕 Regulatory Notice 4.1.8 – SGX – DT Market Error Trade Policy(《新加坡交易所衍生品交易监管通知第4.1.8号——市场错单交易政策》),2.1.4,Accessed September 21,2017. http://rulebook.sgx.com/en/display/display_main.html? rbid=3271&element_id=2993.

〔33〕 Regulatory Notice 4.1.8 – SGX – DT Market Error Trade Policy(《新加坡交易所衍生品交易监管通知第4.1.8号——市场错单交易政策》),2.3,Accessed September 21,2017. http://rulebook.sgx.com/en/display/display_main.html? rbid=3271&element_id=2993.

〔34〕 Regulatory Notice 4.1.8 – SGX – DT Market Error Trade Policy(《新加坡交易所衍生品交易监管通知第4.1.8号——市场错单交易政策》),2.6,Accessed September 21,2017. http://rulebook.sgx.com/en/display/display_main.html? rbid=3271&element_id=2993.

易。一旦 DMC 判断一个错单交易值得关注,将向所有交易系统终端发布公告,告知特定交易可能有错误。只有所有错单交易涉及的交易方在 DMC 发出公告后 15 分钟内同意取消交易,交易所才会根据其判断,部分或者全部取消一个交易。最终,由 DMC 通过交易系统终端发送信息,告知市场交易所关于任何取消交易或者调整交易价格的请求的处理决定。

④责任分担及费用

如果是双方当事人同意取消而被取消的错单交易,相关内容(包括任何支付的赔偿)都是当事人同意的。交易所不介入这个过程,也不介入因此而产生的任何纠纷。[35] 申请调整错单交易价格或者取消错单交易的,每次须支付 500 新加坡元的交易审查管理费。如果交易所认为错单交易较严重,则交易所可以收取一笔比交易审查管理费更高的费用。会员应当在交易所指定的时间内支付交易审查管理费。[36]

3. 香港期货交易所

(1)法律规定及制度保障

我国香港特别行政区《香港证券及期货条例》第 23 条规定,交易所可以为了相关市场的妥善规管和有效运作制定相应规章。这是香港期货交易所制定相关业务规则的依据。[37] 此外,该条例第 22 条规定了交易所民事责任豁免原则,即交易所在执行法定职能时,只要是出于真诚,则不因其作为或者不作为而承担任何民事法律责任。[38]

(2)业务规则具体规定

香港期货交易所错单交易处理的规定在《香港期货交易所规则、规章和程序》第 819B 条。

①适用范围

HKATS 电子交易系统内有以偏离交易所制定的价格参数水平成交的交易,且之后该交易的一方当事人声称价格有误,交易所将会按照第 819B 条规定的程

---

〔35〕 Regulatory Notice 4.1.8 – SGX – DT Market Error Trade Policy(《新加坡交易所衍生品交易监管通知第 4.1.8 号——市场错单交易政策》),2.4,Accessed September 21,2017. http://rulebook.sgx.com/en/display/display_main.html? rbid = 3271&element_id = 2993.

〔36〕 Regulatory Notice 4.1.8 – SGX – DT Market Error Trade Policy(《新加坡交易所衍生品交易监管通知第 4.1.8 号——市场错单交易政策》),2.5,Accessed September 21,2017. < http://rulebook.sgx.com/en/display/display_main.html? rbid = 3271&element_id = 2993 >.

〔37〕《香港证券及期货条例》(Securities and Futures Ordinance of HK),第 23 条。

〔38〕《香港证券及期货条例》(Securities and Futures Ordinance of HK),第 22 条。

序处理。[39] 以价格参数范围内水平成交的交易，或者在规定的时间外才向交易所报告的交易，不适用第819B条规定。

②处理方法

各方交易者均同意取消，且无其他交易所参与者提出反对，相关交易将被取消。如果有交易方不同意取消，或者其他交易所参与者向交易所提出反对，或者无法联络错单交易的所有交易方，则必须立即召开特别的HKATS电子交易系统错单交易评审委员会。[40]

HKATS电子交易系统错单交易评审委员会在考虑所有相关事实，包括交易进行之前、进行期间及之后的市场情况以及多方对手交易中的任何一方是否认为有关交易有效等因素后，决定报称的错单交易是否需要取消。

③取消交易的程序要求[41]

交易一方当事人必须在交易发生后10分钟（如果交易经过中央买卖盘账目执行）或者30分钟内（如果交易是经过交易议价板买卖盘账目执行）通知交易所。交易所在收到通知后会立即在电子交易系统中发布警示信息，告知市场相关交易被交易方报称为错单交易，可能要被注销。

警示信息发布10分钟内，如果无法依据相关处理原则作出取消交易的决定，则必须立即召开特别的HKATS电子交易系统错单交易评审委员会。该委员会需要在召开后的10分钟内（除非有特殊情况）作出决定，并尽快在所有HKATS工作站发布。

相互同意或者委员会决定取消错单交易后30分钟内，错单交易的每一方必须根据交易所要求填写相关表格，并通过传真或亲自递交的方式将表格提交给交易所。否则，交易所将视作已获的交易各方授权代其注销错单交易。

④修正交易的程序要求[42]

除了取消交易，香港期货交易所也有修正交易的程序，不过修正错单交易的时间要求没有取消交易的严格。一般来说，要求修正交易的一方当事人应当在拟修正的错单交易发生后的下一个工作日，向交易所提交相关报告，详细说明所执行的错单交易、错单交易的原因，以及报告人为防止同类事情发生已采取或者

---

〔39〕《香港期货交易所规则、规章和程序》（Rules, Regulations and Procedures of the Futures Exchange），第819B条。Accessed September 21, 2017. http://www.hkex.com.hk/eng/rulesreg/traderules/hkfe/documents/fe-viii.pdf.

〔40〕同上。

〔41〕同上。

〔42〕同上。

将要采取的措施。

⑤责任分担及费用

《香港期货交易所规则、规章和程序》没有对责任分担作出具体规定。在费用方面,香港期货交易所规定,交易所参与者应当就其报备的每单错单交易,向交易所支付3000港元的费用。[43]

三、我国金融期货市场引入错单交易处理制度存在的问题

在2004年10月IOSCO问卷调查过程中,已经至少有28家交易所建立了错单交易处理制度。[44] 从中可以看到,错单交易处理制度已经是一项比较普遍的制度。不过,我国境内金融期货市场中尚未引入该制度。这并不是说我国境内金融期货市场不存在错单交易,相反,自2013年“光大乌龙指”事件后,我国金融期货市场近年来因下单人错误而导致的错单交易发生的概率正在上升。错单交易处理制度也在被广泛讨论。不过,结合境外的制度来看,我国境内金融期货市场要引入该制度,还存在一定障碍。

(一)上位法依据不足

从上述介绍三家交易所错单交易处理制度来看,境外错单交易处理制度在上位法中只是笼统地对交易所进行授权,明确其可以就交易制度制定规则,以维护交易秩序。类似授权我国《期货交易管理条例》中也有。[45] 不过,鉴于我国其他法律的规定以及《期货交易管理条例》的行政法规属性,目前的规定还不足以给交易所制定错单交易处理制度提供充分的上位法依据。

首先,目前我国金融期货市场还没有基础法律,《中华人民共和国证券法》(以下简称《证券法》)的规定有时候会被援引作为参考。而《证券法》第120条明确规定“按照依法制定的交易规则进行的交易,不得改变其交易结果”。该条规定还没有任何例外。《期货交易管理条例》目前虽然没有类似的规定,但是,同

---

〔43〕《香港期货交易所规则、规章和程序》(Rules, Regulations and Procedures of the Futures Exchange), 819B, Accessed September 21, 2017. http://www.hkex.com.hk/eng/rulesreg/traderules/hkfe/documents/fe-viii.pdf.

〔44〕Technical Committee of the International Organization of Securities Commissions: Policies on Error Trades (October 2005), Accessed September 20, 2017. http://www.iosco.org/library/pubdocs/pdf/IOSCOPD208.pdf.

〔45〕《期货交易管理条例》第10条。

样没明确说期货交易所可以制定交易取消制度。这使无论是我国证券市场还是金融期货市场,在引入错单交易制度时都可能面临违法的可能。

其次,如前所述,错单交易处理制度的法理基础在于错误的意思表示。结合《中华人民共和国民法总则》和《中华人民共和国合同法》来看,基于重大误解实施的民事法律行为,行为人有权请求人民法院或者仲裁机构予以撤销。[46] 该条可以成为错单交易被撤销的一个重要依据,但该条也成为交易所建立错单交易处理制度中的一个法律障碍。因为法律明确规定,重大误解实施的民事法律行为,只能请求"人民法院或者仲裁机构"撤销。交易所既不是人民法院,也不是仲裁机构。而基于金融期货市场对于交易效率的要求以及金融期货市场的专业性,错单交易不可能也不应该交由人民法院或者仲裁机构处理。

(二)交易所民事责任豁免原则缺失

错单交易处理制度涉及多方权益。基于金融期货交易的匿名性和连续性,即便在错单交易发生后很短时间内进行处理,该笔交易涉及的当事方以及后续的交易可能已经很多。且考虑到能够对市场产生影响的错单交易往往数量较多,受影响的投资者就会很多。此外,如前所述,在错单交易处理制度中,为尽快解决错单交易,同时也考虑到现实的复杂性,各家交易所在错单交易处理制度中都不得不给予交易所一定的自由裁量权。而这些自由裁量权往往容易引发投资者的质疑。也因此,错单交易处理制度相比一般的制度,更容易引发纠纷。鉴于此,正如前文介绍,引入错单交易处理制度的交易所,所在司法辖区内大多会有对应的交易所民事责任豁免的规定。

我国目前立法中,并没有对交易所民事责任豁免原则作出过明确规定。司法实践中,上海市第一中级人民法院在2016年年底在"郭某某诉光大证券、上交所、中金所期货内幕交易责任纠纷案"的判决中对交易所民事责任豁免原则予以了说明:"无论交易所在行使其监管职权过程中作为或不作为,只要其行为的程序正当、目的合法,且不具有主观故意,则交易所不应因其自主决定的监管行为而承担民事法律责任,否则其监管职能的行使将无从谈起。"[47] 该判决相比此前的司法实践,已经有了很大的进步。不过,鉴于我国不是判例法国家,且上海市第一中级人民法院只是中级人民法院,所作判决对其他法院参考作用有限。该判决中阐述的交易所民事责任豁免原则在实际司法实践中究竟有多大借鉴作用,还值得观察。而在该原则确定之前,如果交易所贸然引入错单交易处理制

---

〔46〕《中华人民共和国民法总则》第147条。

〔47〕上海市第一中级人民法院民事判决书(2013)沪一中民六(商)初字30号。

度,可能使交易所在未来面临承担民事赔偿责任的压力。

(三)交易所业务规则层面缺少相关规定

从目前我国境内六家交易所的业务规则来看,鉴于上位法的空白,六家交易所都没能在各自业务规则中对错单交易处理制度作出规定。

证券交易所在业务规则中有关于认定交易无效或者取消交易的内容。例如,《上海证券交易所交易规则》规定:(1)因不可抗力、意外事件、交易系统被非法侵入等原因造成严重后果的交易,交易所可以采取适当措施或认定无效;(2)违反交易规则,严重破坏证券市场正常运行的交易,交易所有权宣布取消,由此造成的损失由违规交易者承担。[48] 也就是说,取消交易这一措施主要适用于因当事人以外的其他原因导致的具有严重后果的交易,或者是违反规则且破坏市场正常运行的交易。因当事人自身原因导致的错单交易并不属于此范围。与错单交易最接近的是显失公平的交易。对此证券交易所规定,对显失公平的交易,经交易所认定并经交易所理事会同意,可以采取适当措施,并向中国证监会报告。[49] 显失公平的交易能否采取认定交易无效或者取消交易的措施,没有明确规定。

相比证券交易所,期货交易所业务规则中缺少的内容更多。首先,目前期货交易所业务规则规定的异常情况仅包括危及整个市场交易安全的重大事件,除此之外对个体交易之间显失公平的其他情形没有考虑。以《中国金融期货交易所业务规则》为例,在异常情况列举中,仅包括:(1)因地震、水灾、火灾或者计算机系统故障等导致交易无法正常进行;(2)会员出现结算、交割危机,对市场正在产生或者将产生重大的影响;(3)出现同方向连续涨跌停板单边无连续报价或者市场风险明显增大情况,交易所采取相应措施后仍未化解风险。[50] 其次,在应对异常情况可以采取的措施上,期货交易所目前可以采取的措施包括调整开收市时间、暂停交易、调整涨跌停板幅度、提高交易保证金、限期平仓、强行平仓、限制出金等措施,[51]但没有认定交易无效或者取消交易的措施。

(四)错单交易处理制度可能使交易所面临一定的风险

从境外错单交易处理制度介绍可以看出,虽然交易所规则都会对错单交易取消或者调整程序作出明确规定,不过决定是否取消交易或者调整交易成交价

---

[48] 《上海证券交易所交易规则》第3.6.5条第2款、第4款。

[49] 《上海证券交易所交易规则》第3.6.5条第3款。

[50] 《中国金融期货交易所交易规则》第66条。

[51] 同上。

格时，如果交易各方无法达成合意，通常都由交易所依据其自由裁量权作出最终判断。这一模式主要是考虑错单交易种类繁多，各个交易都具有自身独特的因素需要考虑，需要交易所结合市场情况进行灵活处理。但另外，因为缺乏刚性的规定，交易所在处理此类问题时就会面临更多质疑。因此，境外交易所目前在取消交易时秉持谨慎的态度，取消交易一般都需要征得交易各方的同意。

然而，我国资本市场投资者结构以散户为主。如果采取错单交易处理措施，面临的实施对象可能是数量庞大的散户，协调、沟通成本高，在这些散户中达成合意的可能性很低。这可能导致错单交易处理制度最终都依赖交易所自由裁量权决定取消交易或者调整交易成交价格，交易所受质疑的可能性增大。此外，更重要的是取消交易或者调整交易成交价格后受影响的人群也极可能是人数众多的中小投资者。这些中小投资者较之机构投资者，更难理解错单交易处理制度的目的，且对取消交易或者调整成交价格的承受力更差。20 世纪 90 年代上海证券交易所就曾因取消 327 国债期货事件最后 8 分钟交易从而引发诉讼。因此，在我国目前的市场结构下，交易所引入错单交易处理制度将会面临较大的风险。

四、我国金融期货市场建立错单交易制度的若干建议

现阶段我国资本市场仍然是一个新兴加转轨的市场，投资者保护机制有待健全，投资理念尚不成熟，而错单交易处理制度中交易所往往享有较大自由裁量权，这可能使交易所在“是否应当取消交易”“如何取消”等问题上，易遭到市场质疑，甚至存在涉诉风险。因此，我国在研究引入错单交易处理制度时应当秉持谨慎的理念，做好充分研究。

（一）适用范围及处理措施

错单交易制度的构成要件与其适用范围密切相关。如前所述，境外各家交易所的错单交易定义范围并不一致。在 IOSCO 的报告中也指出，有的错单交易包括了因技术故障导致的交易，而有的交易所则仅包括因人为错误导致的交易。这既是个没有标准的答案，也无法说哪个制度更好的问题。因此，各家交易所在确定自己错单交易制度适用范围时，应当综合考虑面对的市场情况和已有的制度。而就我国金融期货市场来说，目前已有案例更多是因市场参与者的错误导致的交易错误，且更重要的是，交易所技术系统故障可能导致大面积的交易受影响，这与因个别投资者下单错误导致的错单交易在处理方式上可能需要有所区别。此外，目前《中国金融期货交易所交易规则》中已经对交易系统故障等异常

情况作出规定。[52] 因此,综合目前我国金融期货市场的情况来看,我国金融期货市场错单交易处理制度的适用范围建议限定在因下单人在下单时出错而导致的交易。

基于这个适用范围,在认定标准上首先需要确定价格偏离度。从境外规定来看,价格偏离度是错单交易制度的核心。交易所最终是否会对某一交易采取相关措施,采取什么措施,在很大程度上要依赖这一量化指标。而从境外经验来看,这一量化指标在期货合约上往往是由交易所制定规定一个指标,而期权合约通常会由一个更为复杂的计算方式加以确定。具体到我国,在考虑价格偏离度时,还需要兼顾指标与目前已有的价格保护措施(如涨跌停板幅度)之间的关系。另外,在价格偏离度之外,可能还需要结合我国市场情况,综合考虑亏损情况(亏损达到一定程度,投资者才可以申请启动错单交易处理制度)、市场影响度(超过一定交易数量的错单交易才能启动错单交易处理制度)等因素。例如,在我国证券市场中,虽然相关规则中没有关于错单交易处理的规定,但也有一些可供讨论的案例。而在对比"虹桥可转债"和"光大乌龙指"处理中可以发现,对监管者来说,因事件而遭受损失的范围也是其需要考量的一个重要因素。[53]

对于错单交易的处理措施,通行的做法都是同时包括取消交易和调整成交价格。我国金融期货市场也应当借鉴这一做法。单纯地取消或者调整价格,可能无法满足现实需要。且无论取消交易还是调整成交价格,都可以起到错单交易处理制度应当起到的作用,即实现市场公平、更好地实现价格发现功能等。不过,在具体设计时,考虑到取消交易对市场和交易各方的影响更严重,适用该措施的条件应当更严格。

(二)程序要件

错单交易处理制度的程序要件主要是两点:时效性和透明度。鉴于金融期货市场交易速度较快,且交易连续,错单交易处理流程中关键的一点就在于时效性。因为如果一个交易在较长时间处于效力待定的状态,会严重影响整个市场的后续交易。特别是在金融期货市场 T+0 交易机制和当日无负债结算制度下,交易更不能长时间处于不确定状态,更不可能拖到第二天。因此,各家交易所在处理错单交易时,最关注的就是时间要求。交易各方提交申请、交易所审核申请并作出决定都有严格的时间要求,且时间往往较短。同时,金融期货市场运作的高效性和公平、公正也要求交易所要及时将有关错单交易的相关情况告知市场。

---

[52] 《中国金融期货交易所交易规则》第 66 条。

[53] 陈亦聪:《证券交易异常情况的法律规制》,法律出版社 2014 年版,第 81 页。

因此，各家交易所在处理错单交易时，需要在不同阶段发布相应通知，便于市场及时了解相关交易目前所处的状态。

具体程序可以大致分为三个阶段：（1）申请阶段，即当事人或其他市场参与者应当在错单交易发生后一定时间内向交易所提出申请（一般在交易发生后10分钟内），交易所收到申请后，应当在审核前，立即向全体会员发布该申请信息，告知市场相关交易可能被确认为错单。（2）审核阶段，审核首先需要涉及的交易各方在规定时间内确认相关交易是否为错单交易、是否同意取消错单交易，如果交易各方有反对意见，交易所尽快作出最终决定。（3）决定阶段，即交易所根据相关规定对相关交易作出取消交易或者调整成交价格的决定，并在作出决定后立即向市场公告认定结果和处理决定。

（三）建立一个多层次错单交易处理规则依据

错单交易处理制度虽然是在交易所层面执行，但在具体制度构建中，需要一个包含法律、行政法规、部门规章和业务规则的多层次结构。

首先，错单交易处理制度在我国并不仅仅是要在交易所业务规则层面加以规定的问题。从民法角度来看，错单交易处理制度需要突破目前关于合同撤销由法院和仲裁机构作出的规定；从证券期货法角度来看，错单交易处理制度需要突破交易最终性的原则性规定。而这两个突破仅通过交易所业务规则是无法做到的。此外，错单交易处理制度的保障性规定——交易所民事责任豁免原则，在我国法律层面也没有相应规定。而交易所作为被豁免的一方，由其在业务规则中豁免自身民事责任，在司法中很容易受到挑战。因此，我国错单交易处理制度构建中首先需要解决的应当是错单交易处理制度的法律依据问题，即推动《证券法》《期货交易管理条例》修订中（或者未来的期货法制定过程中）明确以下两个问题：（1）增加关于交易所错单交易处理制度的相关规定。一是增加除外条款，即交易所在特定情形下，出于维护市场公平秩序、保护投资者和公共利益的需要，可以采取取消交易或者调整交易成交价格的措施；二是增加授权条款，授权交易所可以在其业务规则中对错单交易处理制度作出具体规定。（2）规定交易所自律监管行为民事责任豁免原则。借鉴境外相关规定，并吸收已有的司法判决，在法律层面明确规定，交易所在履行法律及其业务规则规定的职责时，无论是作为还是不作为，只要其行为的程序正当、目的合法，且不具有主观恶意，则交易所不应因其自主决定的监管行为而承担民事法律责任。

其次，交易所作为一线监管机构，由其对错单交易进行处理更快速、高效，也更专业。因此，错单交易处理制度最终的落脚点应当是交易所，错单交易处理制度的核心内容也应当在交易所业务规则中予以体现。也就是说，错单交易处理制度的适用范围、处理措施类型、程序性要求等由交易所业务规则予以体现。此外,从境外相关制度的介绍中可以看到,错单交易处理是一个较复杂和灵活的过程。因此,尽管各家交易所都力图在其业务规则中对错单交易处理制度作出较为完备的规定,以避免事后被质疑。然而,制度设计中仍不可避免地预留了较大的自由裁量权空间。从境外经验来看,交易所需要对以下事项作出决定:(1)价格处于一定价格区间内的特定交易是否构成错单交易;(2)价格区间如何确定;(3)错单交易的申报时限是否要酌情延长;(4)是否要依职权认定某一交易为错单交易;(5)在交易方或市场存在异议时认定具体交易是否错单交易;(6)采取取消交易还是调整交易价格的措施。对于这些事项,交易所应当拥有最终决定权,同时,为规范交易所行为,交易所业务规则应当明确交易所行使这些自由裁量权应当考虑的因素、遵循的原则等。

期货及衍生品法律评论
第一卷,第229~245页

期货合同民事法律关系及其特征探析

——以合同客体、内容为中心

王飞云*

摘要:期货交易的法律结果是成立期货合同。期货合同是当事人约定既可以在将来特定时间以约定价格买入或者卖出一定数量的商品,也可以在约定时间内对冲平仓结清差价的契约,其内容来源于期货合约、交易所业务规则和期货相关法律法规三个层次。期货合同并非买卖法律关系,其属于射幸合同,合同的标的是博取差价收益的机会。期货合同是选择之债,当事人既可以选择交割也可以选择对冲交易来履行给付义务。期货合同是继续性合同,当事人有维持保证金充足的持续性义务,因保证金不足而强行平仓是对期货合同的解除。

关键词:期货合同　选择之债　继续性合同　射幸合同　对冲平仓

现有关于期货法律问题的研究多集中于监管领域,鲜有关注交易层面的民商事法律关系。期货属于衍生工具的一种,衍生工具的本质是法律上的合同,[1]期货从一般意义上的"合同"到"衍生工具"的转化体现了其与传统商事交易的差异性,但归根结底期货交易仍是建立在合同、担保等一系

* 中国金融期货交易所纪检监察室员工。

[1] 刘燕、楼建波:《金融衍生交易的法律解释——以合同为中心》,载《法学研究》2012年第1期。

列民商法律关系基础上,在合同制度的一整套逻辑下展开的。从合同视角观察期货交易,有助于还原交易规则背后的法律逻辑。期货交易的法律结果是成立期货合同或者期权合同,篇幅所限本文仅分析期货合同。期货合同法律关系包括期货合同的主体、标的和内容三个要素。[2] 各国期货市场通过约务更替(Novation)或者公开要约制度确立了期货结算机构的中央对手方地位,同时期货经纪机构扮演行纪角色,合同主体较为明确。下文着重探讨期货合同法律关系的标的和内容。

一、期货合同的概念界定

现有著述多对"期货合同""期货合约""期货"三个概念混淆使用未加区分,容易造成概念上的偷换和理解上的偏差。严格界定三个概念的内涵和外延,辨明三者之间的区别和相互联系,是探讨期货合同法律关系及其特征的概念基础。

期货合约,是指期货交易场所统一制定的、规定在将来某一特定的时间和地点交割一定数量标的物的标准化合约。[3] 在表现形式上,期货合约直观地体现为期货交易所制定的各个期货交易品种的合约表,如中国金融期货交易所发布的《沪深300股指期货合约》,它规定了合约标的、报价单位、最小变动价位、交易时间、涨跌停板幅度、交易保证金、交割日期及方式等标准条款,商品期货的合约表还会规定交割品级、交割地点等内容。"期货合约"概念强调其制定性,即由交易所设计,并经期货监督管理机构审核或注册,具有规格化、标准化的特征。

期货合同,是指交易者的交易指令经期货交易所的系统撮合成交而达成的协议。期货合同的成立以交易者就价格达成一致为基础,其缔约过程体现了要约、承诺规则,反映了交易者的主观意志。"期货合同"概念的落脚点是其"合意性"。期货合同不同于期货合约,从单纯的中文词义考察,"合约"与"合同"同义,"合约"一词的迷惑性使不少人认为期货合约就是期货合同。[4] 实际上期货合约是交易所设计提供的部分内容固定的合同文本或合同条款,不存在合同当

---

[2] 本文所称"期货合同"是指因交易指令经期货交易所的系统撮合成交而成立的合同,不包括交易者与期货公司之间的经纪合同、期货公司与交易所之间的会员协议,以及表征其他法律关系的合同。

[3] 《期货交易管理条例》第2条第3款。

[4] 参见文海兴:《关于期货合同的几个问题》,载黄永庆主编:《期货法律实务》,法律出版社1998年版,第171~180页。

事人,只有在交易者通过竞价补充了期货合约所欠缺的价格条款后才成立期货合同。期货合同是期货交易活动的法律结果,是民事主体、客体、内容三要素完备的债权债务法律关系。在概念严谨的德国法中,期货合约表达为“Kontract”,而期货合同表达为“vertray”或“vereinbarung”,二者是不同的事物。

期货,是指期货合约所指向的标的物,即基础资产,它可以是农产品、金属、能源等商品,也可以是外汇、利率、股票指数等。在一些学者的论著中,期货也被称为“商品”。[5] 期货合约相对于期货来说是衍生品。须注意的是,也有人把“期货”与“期货合约”概念等同视之。[6] 但在本文讨论框架下,二者有所区别。

二、期货合同的标的

关于期货合同的标的,我国主要有买卖期货说和买卖期货合约说两种观点。这两种观点对期货交易的各个环节也有不同解读。

(一)买卖期货说

买卖期货说,也有学者称为“商品买卖说”。该说认为期货交易是交易者在特定的期货交易场所,通过订立标准化期货合同的方式,买卖实物商品、金融期货或者期货期权等的行为。期货合同是一种高度标准化的买卖合同,期货交易的标的物是期货,即商品本身,包括未来交付的货物、外汇、利率和股票指数等。[7] 从这一逻辑起点出发,该学说认为每一笔期货交易都是开新仓的行为,如开仓方向与既有仓位方向相同,则持仓量增加,如方向相反则发生对冲平仓的效果。对冲平仓(offset)在法律上解读为两个方向相反的期货合同之间的相互抵销,抵销的法律效果是使交易者从前一个期货合同债权债务关系中解脱出来。买卖期货说早期曾获得较多支持,第八届全国人大财经委员会组织起草的《期货交易法(草案)》第一稿也曾体现这一观点,[8]但在《期货交易管理条例》将期货交易的标的物界定为期货合约后,买卖期货说已不是主流观点。该学说存在以下缺陷:

一是与多数交易者的交易目的不符。多数交易者进行期货交易的目的主要

---

〔5〕 毛初颖:《期货合同性质探讨》,载《法学研究》2000 年第 1 期。

〔6〕 中国期货业协会编:《期货市场教程》(第 8 版),中国财政经济出版社 2013 年版,第 3 页。

〔7〕 参见文海兴:《期货交易法律关系研究》,法律出版社 1995 年版,第 213 ~226 页。

〔8〕 李明良:《期货法》,人民法院出版社 1999 年版,第 6 页。

在于获取合约间的价差以实现风险管理或进行投机获利,并非想真正进行商品买卖,多数期货合同在交割期到来之前就以对冲平仓方式得以了结,很少涉及交付与所有权转移这样的物权变动问题,将期货合同定性为买卖合同,与交易者的交易目的及交易实践不相符合。对此,有学者辩称交易者的最终交易目的不能否定其具有订立商品买卖合同的意思表示,意思表示与最终目的之间并不矛盾,且普通的买卖合同也可能不实际交付商品,而是以其他方式终止合同。[9] 笔者认为这种解释牵强附会:合同是当事人之间意思表示的合至,合同的法律效果由意思表示的内容决定,对合同性质的认定应体现当事人真实的内心意思。在买卖合同中,当事人受有到期交付商品、支付货款之现实义务的法律拘束,且常态也是通过按约定履行交付义务来终止合同,只有在发生履行障碍、履行失去意义等例外情况下才通过合同解除、抵销等方式终止合同。在期货交易中,交易者自始就无受现实交付这一法律拘束之意思,客观上也未产生这一法律效果,将当事人的意思表示与交易目的强行分离没有道理;将平仓解释为债的抵销,那么定性为商品买卖合同的期货合同主要是通过抵销、而非按约定履行这一方式得以了结,例外的合同终止方式变成了常态,背离了买卖合同的本质。

二是买卖期货说带有浓厚的商品期货色彩,不能完全适应金融期货、天气指数期货等创新衍生产品。对于商品期货来说,期货合同的标的物是实在的商品容易理解,但股指、汇率、利率、天气指数等期货无实物存在,如何进行买卖和交付?如果说股指、利率、汇率等金融期货产品姑且能够理解为当事人约定于未来特定时间依特定条件交换金融标的物的买卖合同,[10] 那么天气指数期货、信用衍生品又如何解释?难道买卖的是天气、信用?有学者认为这些疑问可以通过法律拟制为物来解决。[11] 随着近现代以来经济的发展创新,民法上物的范围的确呈扩张趋势,一些无体物(权利)也能成为法律上的物,但天气、信用只是作为一种事实状态的客观存在,不具有稀缺性,也不具有权利义务性质,似很难将其理解为拟制物。目前我国法律除动产、不动产之外也只认可权利可以作为物权的客体,将天气、信用等拟制为物缺乏立法上的支持。[12]

三是买卖期货说认为进行实物交割是对期货合同的按约定履行,但在期货交易中实物交割量一般仅占交易总量的1% ~5%,保证金一般也只占合约价值

[9] 施天涛、李旭:《期货交易概念之法理甄别》,载《法律科学》(西北政法大学学报)2000年第6期。
[10] 王旸:《衍生金融工具基础法律问题研究》,载《法学家》2008年第5期。
[11] 施天涛、李旭:《期货交易概念之法理甄别》,载《法律科学》(西北政法大学学报)2000年第6期。
[12] 我国《物权法》第2条规定"法律规定权利作为物权客体的,依照其规定"。

的 3% ~20% ,如果所有期货合同都按约定履行进行交割,那么所需货物将大大超出全世界该货物的库存总量,属于自始客观履行不能。纵然现在普遍认为自始履行不能并不必然导致合同无效,然如我国台湾地区洪逊欣先生指出"法律行为之标的,既无实现之可能,则纵令以'国家法'对当事人之私法自治予以助之,亦无从促其达成目的"。[13]

此外,也有人质疑买卖期货说将对冲平仓解释为债的抵销,有悖合同相对性原则。这一质疑源于没有正确理解期货结算机构的中央对手方地位,错把结算机构作为交易者的担保人,因此该质疑不能成立。[14]

(二)买卖期货合同说

买卖期货合约说没有明确区分"期货合约"与"期货合同"两个概念,从该学说主要观点看"买卖期货合约"表达为"买卖期货合同"更准确。该说认为,期货交易的标的物是期货合同,期货交易就是买卖期货合同的交易。作为一种法律上的解释,买卖期货合同说中的"买卖"实际是指合同债权债务的概括转让,期货交易的每一次成交不过是原合同当事人一方(出让人)将其债权债务一并移转给受让人的合意,受让人取代出让人在原合同中的地位,合同主体发生了变更,对冲平仓的效果也是通过出让人概括转让合同权利义务得以实现。[15] 与一般的合同转让不同,期货交易表现出来的仅是出让人与受让人间的合意,无须原合同当事人另一方的同意,因此更像出让人与受让人就期货合同进行的"买卖"。买卖期货合约说是目前我国通说,立法也采纳了这一观点。但该说存在以下缺陷:

一是无法解释基础合同从何而来的问题。不难看出,买卖期货合约说中涉及两个合同关系——基础合同和移转合同,基础合同是约定一方到期交付货物、另一方支付价款的合同,移转合同是转让基础合同的合同。合同转让必须以基础合同关系为基础,那么第一份被作为交易对象的基础合同从何而来?其实不只是第一份基础合同,只要不是对这第一份基础合同的连续转让,期货交易都没有可供转让的标的物。期货交易虽然有买空卖空的性质,但其是指空头方手中可以没有基础资产而卖空,而不可能连基础合同也没有而能卖空。为给第一张被移转的基础合同寻找出处,有人提出把期货合约预设为一个完整的民事合同,以此解决基础合同的来源问题,但实际上期货合约只相当于合同的主要条款,不体现现实的权利义务关系,更不具有财产属性,该解释路径走不通。还有人提出

---

〔13〕 毛初颖:《期货合同性质探讨》,载《法学研究》2000 年第 1 期。

〔14〕 钟维:《期货交易双层标的法律结构论》,载《清华法学》2015 年第 4 期。

〔15〕 参见杨永清:《期货交易法律制度研究》,法律出版社 1998 年版,第 46 -52 页。

第一笔期货交易的结果是成立基础合同,交易标的物是期货,其后期货交易的结果是成立移转合同,交易标的物是基础合同,这种二分法带来更大的疑问——毫无区别的期货交易行为,缘何在合同标的物、合同性质等法律效果上迥异呢?这种模糊、矛盾的处理方式也不利于期货立法及司法实务工作。

二是买卖期货合同说不符合交易者的意思表示。一方面,将对冲平仓解释为合同的概括转让不符合交易者的意思表示。期货交易者在进行对冲平仓操作时旨在订立一份与已有仓位方向相反的合同,具有订立合同的意思表示,这在双方竞价的要约、承诺过程中得以体现。交易者并无概括转让债权债务的意思表示,也不存在转让与受领转让的合意,将对冲平仓解释为合同的转让属于无依据的理论拟制和推定,与现实偏差太远。[16] 另一方面,交割虽然只占交易量的很小比例,但期货市场尤其是商品期货市场也不乏一些交易者的真实意思是实买实卖——期货交易所规定的交割货物质量标准通常高于一般的货物质量标准,一些多头方意在通过期货交易获取高品质的货物,还有一些空头方利用期货市场拓宽现货销售渠道,他们往往会持仓至交割环节交付实物和货款,将这部分交易者的交易标的解释为合同显然有悖其真实意思。

三是不符合"买卖合同"的基本特征。广义上的买卖合同是指各种财产权利类型流转的合同,包括有体物所有权的转让,也包括其他财产权利的转让,如债权、知识产权、土地承包经营权等。[17] 无论买卖指向的标的物是什么,标的物本身数量有限且保持恒定,不会随转手交易次数的增减而变化,买方对标的物权利的取得在性质上为继受取得。在期货交易活动中,由于期货合约不像证券那样存在发行环节,交易者只要就价格达成一致即成立新的合同,交易者的合同权利为原始取得,期货合同的数量理论上没有上限;期货合同数量随交易者的开平仓交易不断增减而非恒定,直观体现为期货交易所于每个交易日结束后公布的持仓总量都是变动的。

(三)期货合同的标的是博取差价收益的机会

民事法律关系的标的,又称客体,是指民事主体权利和义务共同指向的对象。[18] 一般认为,民事法律关系的标的包括物、行为、智力成果、人身利益四类,

---

〔16〕 施天涛、李旭:《期货交易概念之法理甄别》,载《法律科学》(西北政法大学学报)2000年第6期。

〔17〕 本文均指广义上的买卖。

〔18〕 客体与标的是同一概念,只不过标的的适用范围比客体要小,在广泛的物权关系与债权关系中,通常使用"客体"一词;而在具体的合同关系中,则通常使用"标的"一词。参见马俊驹、余延满:《民法原论》(第3版),法律出版社2007年版,第66页。

其中物权法律关系的客体是物,债权法律关系的客体是给付行为。[19] 期货交易作为一种合同之债,其法律关系的标的是给付行为应无疑。标的物与标的不是同一概念,标的是民事法律关系的构成要件,而标的物并非所有的民事法律关系必须都有,当标的是物时,也就是所谓的标的物。期货合同是当事人约定既可以在将来特定时间以约定价格买入或者卖出一定数量的商品,也可以在约定时间内对冲平仓结清差价的合同。我们通常所说的"买卖期货"在法律上就是期货合同的订立。一般而言,期货合同成立之初当事人即无受实际交付义务拘束之意思,而意在通过期货交易获得一个博取差价的机会。因此,期货合同作为一种射幸合同,其标的是博取差价收益的机会,不存在合同标的物。只有当合同当事人选择履行实物交割义务时,才存在所有权移转所指向的标的物,即合约规定的标的物。

反观之,买卖期货说和买卖期货合同说均有其合理性,但也都存在局限。买卖期货说注意到了期货交易与现货之间的联系,突出期现之间的纽带——交割的地位,从交割环节来看期货与现货交易确无本质区别,但忽视了期货交易的主要特征——对冲平仓,尚未脱离现货的痕迹。买卖期货合同说强调对冲平仓的地位,揭示了期货交易从远期现货交易脱胎后发生的质的变化,但始终未能解释基础合同从何而来的疑问,存在逻辑上的漏洞,也未能合理回答"既然交易客体是期货合同,何以交割对象又是商品"这一问题,[20] 割裂了期货市场与现货市场之间的联系。可以看出,买卖期货说的优点恰是买卖期货合同说的缺点,买卖期货说的缺点又恰是买卖期货合同说的优点,二者顾此失彼。同时,两种学说都存在未能全面、客观反映交易者真实意思表示的缺陷——买卖期货说未反映大部分期货交易者并不存在实买实卖期货的意思表示,买卖期货合同说则忽视了部分期货交易者确有实买实卖的真实意图。从这两种学说的共同点来看,无论是买卖期货说还是买卖期货合约说都是在买卖关系框架下分析期货交易的,都存在被转让的标的物,区别在于转让的对象是什么——基础资产还是合同权利。笔者认为,正是囿于买卖关系的思维,两种学说都无法自圆其说。

---

〔19〕 梁慧星:《民法总论》(第3版),法律出版社2007年版,第59页。

〔20〕 杨永清:《期货交易法律制度研究》,法律出版社1998年版,第50页。

三、期货合同的内容

(一)期货合同内容的来源

期货合同的内容是指期货合同当事人之间的权利义务关系。合同的内容有当事人的约定和法律的规定两个来源,对期货合同内容的考察既要着眼于交易者的意思表示,也要兼顾期货法律法规中涉及交易者民事权利义务关系的相关规定。期货合同内容的来源具有多层次性。

第一层次是期货合约。期货合约一般规定了合约名称、报价单位、最小变动价位、交割等级等条款。合同是当事人意思表示一致的产物,确定任何一项合同的内容都必须首先确定当事人合意的内容,虽然期货交易的非"一对一"、标准化特征的表象在某种程度上模糊了当事人意思表示的内容,但当事人通过集合竞价对期货合约价格条款的补足,恰恰是交易者之间达成合意的体现,意味着交易者对期货合约各条款权利义务内容的认同。〔21〕 期货合约所载明的条款是期货合同内容的一部分。

第二层次是交易所的业务规则。交易所业务规则的范围十分广泛,以中国金融期货交易所为例,其发布的交易规则、业务细则、业务指引、通知等都属于业务规则的组成部分。交易所的业务规则对保证金交易、当日无负债结算等交易结算制度,以及强行平仓、强制减仓、涨跌停板、持仓限额、大户报告、结算担保金、风险警示等风险控制制度方面进行了规定。由于交易所兼具市场组织者和一线监管者的双重身份,上述制度有的体现了平等主体之间的交易关系,有的体现了纵向上的监管关系,有的则兼而有之。其中直接涉及期货交易各方主体民事权利义务关系的交易行为规则,如保证金制度、当日无负债结算等属于期货合同内容的一部分。对兼具民事权利义务属性与监管属性的制度,如强行平仓规则,须区分不同适用情形判断是否属于民事意义上期货合同的组成部分。交易所业务规则赋予交易者的义务属于约定义务还是法定义务?一方面,交易所业务规则属于自律规则,各市场参与者参与期货交易可以视为对交易所业务规则的认可,在某种程度上具有合意的性质;另一方面,交易所的交易规则、业务细则经中国证监会批准或备案后生效,业务指引、通知经交易所法定程序通过后生

---

〔21〕 李明良:《金融期货合同的法律属性研究——以股指期货合同为中心》,载《政治与法律》2008 年第 5 期。

效,也具有法定性质。无论其属性如何,只要对交易者的民事权利义务进行了规范就属于期货合同内容的一部分。

第三层次是期货相关法律法规。传统合同法理论认为合意是合同权利义务的唯一来源,现代合同法发展的一个重要趋势是合同义务来源的多元化,法律可以规定合同当事人必须遵守的强行性义务,从而形成合同中的法定义务。[22] 基于期货交易与一般商事交易的特殊性,各国在普通合同法之外一般都会对期货或衍生品领域进行专门立法,同时由于期货市场对风险控制和监督管理的要求较高,各国立法多是从行政监管和自律监管的角度进行规定。我国期货市场目前形成了以《期货交易管理条例》为核心,以中国证监会部门规章为主体,以相关司法解释和期货交易所自律规则为补充的法规体系,虽然还未出台期货法,欠缺对期货市场基础民事法律关系的系统性规范,但不可否认在以监管属性为主的既有规范体系中,也不乏规范交易者民事权利义务内容的规定,特别是在有关基本交易结算制度中。同时,为维护整个市场的高效、安全运转,期货市场法律法规多为强制性规范而非任意性规范,如《期货交易管理条例》规定必须采用集中交易、当日无负债结算、分级结算方式等,允许交易者意思自治的空间较之一般合同更小。因此,在表现形式上期货合同当事人的法定义务更多,约定义务则较少。

(二)期货合同内容的界定

期货交易是在远期交易基础上长期演进发展而来的,通过观察世界上第一家较为规范的期货交易所——芝加哥期货交易所(Chicago Board of Trade, CBOT)的历史,可以窥探期货交易的演进历程。1842 年 CBOT 成立之初采用远期合同交易的方式,参与者主要是生产商、经销商、加工商等,他们通过交易所寻找交易对手,合同到期后进行实买实卖。远期合同到期前,当事人也可以通过传统的债权债务移转方式转让合同,从合同拘束中解脱出来。远期交易能否履约依赖于对方的信誉,违约风险大、成本高。为此 CBOT 在 1865 年推出了标准化合约,同时实行保证金制度,1882 年允许对冲方式了结合同,这极大地促进了投机者的加入,1925 年成立结算公司(Board of Trade Clearing Corporation, BOTCC)进行集中统一结算,由此现代意义上的期货市场得以确立。交易规则的不断演进使期货市场从远期市场脱胎出来,发生了本质变化:远期合同缺乏流动性,远期市场参与者基本是有真实买卖商品需求的交易者,从交易者的意思表示来看,卖方有受到期交付商品的法律拘束之意思,买方有受到期支付货款的法律拘束

[22] 王利明:《合同法研究》(第 1 卷),中国人民大学出版社 2002 年版,第 347 页。

之意思。因此,远期合同仍是以商品为标的物的买卖合同,远期交易在本质上仍属于现货交易,是现货交易在时间上的延伸。在期货市场,对冲机制的确立使以投机为目的的交易者免受到期实际交付义务之约束,为大量投机交易者进入期货市场提供了条件。市场主体结构发生重大变化,多数交易者自始就无受实际交付义务拘束之意思,而意在通过期货交易获得一个博取差价的机会,是受结清合约差价义务拘束之意思、"对赌"之意思。这在金融、天气、信用等期货创新产品出现后表现得更为显著。

发展至今,期货交易具有集中交易、合约标准化、杠杆交易(保证金交易)、当日无负债结算、对冲平仓、中央对手方机制等特征,上述特征之间相互联系共同构成一套完整的期货市场交易规则。集中交易和合约标准化实现了期货交易的流动性和价值性,从而为交易者能更方便地进行对冲交易服务;对冲机制使交割不再是交易的必然环节,无须现货全款而可以实行保证金交易方式;杠杆交易使效率和风险并存,为有效管理风险发展出当日无负债结算这一风险控制制度,每日轧差计算盈亏、在各交易者账户之间划拨资金;当日无负债结算又以期货结算机构的中央对手方地位为支撑。〔23〕 对冲机制和保证金制度是期货交易的核心特征,赋予了期货合同全新的法律内涵。

对期货合同的认识要眼于期货交易活动的全局,从期货合约、交易所业务规则和期货相关法律法规三个层次探寻当事人的权利义务内容,避免盲人摸象。如对期货合同内容的解读局限于期货合约所记载的权利义务关系,就容易对期货合同法律属性的认识出现偏差。以《上海期货交易所阴极铜标准合约》为例,合约中有关交易品种、交易单位、交割日期、交割品级、交割地点等的规定基本满足了买卖合同关于合同标的物、标的物数量、质量、价款、履行期限、履行地点和履行方式等基本要素的要求,如单从期货合约的条款进行解读,忽视交易所业务规则和期货相关法律法规关于保证金、当日无负债结算、对冲平仓等的规定,就会将期货合同解读为"在将来某一特定的时间和地点交付一定数量标的物"的契约,从而与买卖合同的特征相契合,得出期货合同是买卖合同的结论。买卖期货说正因此失之片面。

期货合同是期货交易的法律表现形式,对期货合同的界定要抓住期货交易的对冲机制、保证金交易等核心特征,以使之和其他事物区分开来。从交易者权利义务的视角观之,对冲机制赋予了交易者一项新的权利,即可以选择以结清差价的方式履行合同。也赋予了交易者新的义务,在持有期货合同期间维持保证

〔23〕 钟维:《期货交易双层标的法律结构论》,载《清华法学》2015 年第 4 期。

金的充足。期货合同作为一项独立的合同类型,可以定义为“当事人约定既可以在将来特定时间以约定价格买入或者卖出一定数量的商品,也可以在约定时间内对冲平仓结清差价的契约”。从合同当事人的意思表示来看,期货合同内容的这一界定也囊括了各类交易者的真实交易目的——无论意在持仓至交割环节实买实卖,还是对冲获取差价收益。

四、期货合同的特征

从期货合同的内容出发,可以总结出期货合同的如下特征。

(一)期货合同是射幸合同

射幸合同是指以不确定事项为合同标的,合同结果在订约时尚不能确定的合同。射幸合同的交易对象是“幸运”或者说是“希望”,从权利义务角度来看,合同当事人一方不必然履行给付义务,另一方也只是获得一个“机会”,只有在约定条件达成或者约定事件发生时才能确定合同的效果,具有投机性。从合同的履行结果来看,合同一方可能因此获得巨大利益而另一方遭受损失。与射幸合同相对应的是等价合同,指合同双方相互支付对价,合同结果在缔约时就已相对确定的合同。

在期货交易中,多头方和空头方互为对手方,多头方是看涨后市、约定将来以某一价格买入期货合约规定的标的物的一方,空头方是看跌后市、约定将来以某一价格卖出期货合约规定的标的物的一方,期货合同的订立意味着合同双方对未来价格有完全相反的预期。期货价格的走势客观上具有不确定性,交易者对未来市场的判断也带有主观预测性,因此期货合同在订立时无法预知交易结果,多头方和空头方都只是拥有一个可能获取差价的“机会”,同时负担着可能支付差价的义务。市场最终的走势只可能与一方预期一致,从而该方获利而另一方遭受损失,具有零和博弈的特点,体现了投机性。传统上合同仅描述当事人之间法律关系的内容,合同本身不直接表彰盈亏。由于期货实行当日无负债结算机制,在每日交易结束后结算机构都要按照当日结算价对所有持仓的盈亏进行净额一次划转,从而使期货合同除了权利义务外更直接表现盈亏效果,凸显了期货合同的价值属性和射幸属性。正是基于这一特点,大量投机交易者并不在意标的变量所指向的对象是商品、金融指数还是信用,在意的是标的的变量变化及根据这种变化所计算出来的双方净权利、净义务。

(二)期货合同之债是选择之债

选择之债,是指债的关系成立时有数个标的,享有选择权的当事人有权从数个标的中选择其一而为给付的债。数个标的之间相互独立且平等存在,债务人对任一标的的给付都是对合同债务的履行。根据标的内容不同分类,可以分为以物为内容的选择之债、以权利为内容的选择之债、以行为和物为内容的选择之债。[24] 根据选择权的归属主体不同分类,选择权归债权人的叫选择债权,选择权归债务人的叫选择债务。[25] 与选择之债相对应的是简单之债,指当事人只能按照一种标的履行的债。

作为期货合同的当事人,无论其开仓交易时的缔约目的是对冲博取差价还是持仓至交割,客观上都受到"要么对冲平仓,要么按约定价格买卖期货商品"这一合同义务的约束。相应地,合同有两个彼此独立的标的,交易者无论选择交割期前进行对冲平仓交易,还是选择交割期届至后交付商品(货款),两种给付方式都是对期货合同债务的履行,没有优劣之别,因此期货合同之债是一种选择之债。在类型归属上,对冲平仓就是实施一个与既有持仓方向相反的交易行为,交割就是交付合约所指向的基础资产,[26] 期货合同之债属于以行为和物为内容的选择之债。期货合同的多头方和空头方互为债权人和债务人,从双方都有权选择义务履行方式从而了结合同的角度来看,期货合同之债是选择权归属于债务人的选择之债。当交易者选择以对冲平仓为给付时,期货合同之债的内容即确定下来——结清平仓与开仓之间的差价,选择之债变为简单之债。当交易者持有期货合同至最后交易日收市后,给付内容只剩下交割一种,选择之债亦转成简单之债。

站在选择之债的视角分析,对冲平仓是期货合同的履行标的之一,当事人选择对冲平仓结算差价就是按约定履行合同义务,从而使合同关系归于消灭。买卖期货说与买卖期货合同说虽然也指出对冲交易有使交易者摆脱合同义务约束的效果,但是以债的抵销或者合同的转让进行解释,认识不够深入。我国合同法规定了按约定履行、合同解除、债务抵销、提存、债务免除、混同,以及法律规定或

〔24〕 林诚二:《民法债编总论》,中国人民大学出版社 2003 年版,第 249 ~ 250 页。以物为内容之选择之债,如约定交付十斤大米或一只小狗;以权利为内容之选择之债,如约定 A 若违约则须返还定金并负损害赔偿责任,或解除合同加倍返还定金;以行为和物为内容之选择之债,如约定债务人可选择演讲或交付一幅画为给付。

〔25〕 李开国、张玉敏主编:《中国民法学》,法律出版社 2002 年版,第 500 页。

〔26〕 交割分为实物交割和现金交割。现金交割是按照交割结算价进行现金差价结算以了结到期未平仓合同,其实质是债权人以金钱请求权替代了对物请求权,在债的关系上仍保持同一性。

当事人约定终止的其他情形共七种合同权利义务终止的情形,其中履行是指债务人依据法律和合同的规定作出给付的行为。〔27〕在典型的合同实践中,合同当事人依约正确履行合同是合同关系消灭的最常规方式。换言之,合同当事人全面、适当地实施作为合同标的的给付行为是合同效力的中心内容,也是合同关系消灭的首要原因。在正常情况下,当事人建立合同关系的目的就在于期待约定给付实现,从而实现其相关利益,合同关系因履行而消灭是合同关系运行的最通常轨迹,也是当事人订立合同时所希望的结果。其他如抵销、混同等方式,仅在特殊情况下被作为合同关系消灭、当事人摆脱合同义务之替代原因或救济手段。〔28〕一般认为,合同抵销虽然也有使合同关系归于消灭的功能,但并非按照合同约定的内容实现当事人的交易目的和经济意图。在期货交易中,多数交易者缔约的目的就是博取差价,对冲平仓是合同约定的给付行为之一,客观上对冲交易也使交易者的缔约目的得以实现,因此对冲交易是对期货合同义务的履行,而非抵销。换个角度来看,期货市场上约97%的持仓是通过对冲平仓了结的,如将对冲解释为合同的抵销,那么期货合同主要是通过例外方式,而非履行方式予以终止,这背离了合同的本质。当然,对冲平仓在表现形式上是订立与既有持仓方向相反的新合同,客观上符合抵销的部分要件,但在性质上仍是以履行合同约定债务的方式使期货合同归于消灭。

(三)期货合同是继续性合同

根据时间因素是否对合同给付义务的内容及范围发生影响,可将合同分为一时性合同和继续性合同。一时性合同,是指合同内容因一次给付即可实现的合同;继续性合同,是指合同内容非一次给付可以完结,而是继续地实现的合同。继续性合同的当事人之间随着时间的推移不断产生新的权利义务,总给付的内容取决于应为给付时间的长度。继续性合同债务的主要效力在于履行状态的维持,在合同约束的期间内履行呈持续状态,债之关系并不立即消灭。〔29〕在合同解除的后果上,一时性合同以溯及既往的消灭为原则,继续性合同则向将来发生效力,原则上无溯及力。〔30〕

期货市场的对冲机制,为保证金交易方式提供了可能。保证金是交易者进行期货交易时按照规定标准交纳的资金,用于保障交易者及时履行期货合同义

〔27〕 王利明:《合同法研究》(第2卷),中国人民大学出版社2012年版,第3页。

〔28〕 王旸:《衍生金融工具法律问题研究》,中国政法大学民商经济法学院2006年博士学位论文,第38页。

〔29〕 韩世远:《合同法总论》(第2版),法律出版社2008年版,第52页。

〔30〕 李开国、张玉敏主编:《中国民法学》,法律出版社2002年版,第536页。

务。每个交易日结束后,保证金账户的金额数量将得到调整以反映交易者的盈亏,交易者的盈利(亏损)会被纳入其保证金账户(从保证金中扣除),从而使期货合同的价值为零,[31]双方当事人在合同中的净权利、义务由此得以实现,但合同关系并未因此完结,而是随着持有期货合同时间的推移不断产生新的清算义务,呈现为"状态之债"。与一般意义上的担保不同,期货保证金并非从合同,它担保的不是传统意义上的合同主债权,而是确保一方当事人可实现的预期收益。交易者自期货合同订立时起,直到对冲平仓或进行交割使合同归于消灭为止,始终负有维持保证金充足的义务,保证金不再是从合同义务,而是主合同义务,保证金账户内每日资金的划拨是交易者履行给付的实现方式。从时间因素来看,每日结算价格处于变动中,交易者选择对冲交易的时间不同,保证金的盈亏计算也随之不同,债权债务内容与期货合同存续时间的长短密切相关,时间因素在债的履行上居于重要地位。因此,期货合同为继续性合同。买卖期货说与买卖期货合同说,都仅将期货合同规定的交割日作为合同的履行期间,履行内容是按照约定价格移转标的物所有权或按交割结算价进行现金差价结算,而不认为交易日期间的保证金是期货合同的主义务,在其语境下期货合同体现为一时性合同。

从继续性合同的视角来看,当事人在期货合同存续期间负有维持保证金不少于最低水平的持续性义务。期货市场的运行及各方主体权益的实现虽然也依赖于法院和仲裁机构的事后补救,但更多是在纠纷产生前,通过追加保证金、强行平仓等事前防范和事中风险控制来进行保障。当保证金不足时,权利人享有请求追加保证金的权利,如义务方未能在规定的时间内及时追加,则构成对保证金义务的违反,权利人有权采取强行平仓救济措施。违约救济是指非违约方在对方违约的情况下,为实现订约目的或减少损失而实施的保护自身利益的手段,一般包括解除合同、实际履行和损害赔偿三种方式。因保证金不足而采取强行平仓措施,其法律属性是权利人基于期货法律法规和交易所业务规则的规定,单方行使合同解除权,结束期货合同关系,并由违约方承受因强行平仓发生的费用、损失等不利后果。期货合同是继续性合同,合同解除的效果是向将来发生效力,不溯及既往,因此期货合同存续期间发生的保证金盈亏维持不变。买卖期货说与买卖期货合同说将期货合同视为一时性合同,那么合同解除应具有溯及力,当事人的权益应当恢复到期货合同订立前的状态,即保证金无盈无亏的状态,这显然与强行平仓的实际法律效果不符。强行平仓措施还可能在持仓超限、违规

---

[31] [加]约翰·赫尔:《期权、期货及其他衍生产品》,王勇、索吾林译,机械工业出版社 2011 年版,第 20 页。

交易、宣布市场进入异常情况而采取紧急措施等情形下实施，在这些情形下更多体现的是基于监管需要的纵向关系，而非基于平等主体之间的合同关系。

（四）期货合同并非买卖关系

一般认为，买卖关系是出卖人转移确定的标的物（包括合同）于买受人，当事人不存在选择权问题，为简单之债；买卖双方相互支付对价，合同结果在缔约使即已确定，为等价合同；移转标的物与价款的义务一经履行，买卖合同即归于消灭，为一时性合同。买卖关系的这些特征与上文所述期货合同的特征不相符合。另外，买卖合同与其他双务合同相比的典型特征是存在标的物的转让，而期货合同作为一种射幸合同、选择之债，可能只有合同标的而不存在标的物。因此，期货合同并非买卖关系，买卖期货说与买卖期货合同说在买卖框架下讨论期货交易有失偏颇。当然，也有学者专门在买卖法视野下对包括期货在内的金融衍生工具交易进行了考察，但其意在保护金融消费者，赋予衍生品合同提供方信息披露、适当性等义务，[32]而非探讨期货合同与买卖之间的关系。

需要注意的是，"买卖期货合约"属于期货行业用语，是一种期货语言而非法律语言。正如"买卖保险"在法律关系上是指以保险利益为标的订立保险合同，"买卖期货合约"实际是指以获利机会为标的订立期货合同，与买卖法律关系并不相关。期货市场"买卖"一词反映的是期货合同当事人之间权利义务的双务、有偿性，从规范期货法律用语的角度来讲，"买方"应称为"多头方"，指期货合同中看涨的一方当事人；"卖方"应称为"空头方"，指期货合同中看跌的一方当事人。多头方、空头方加之与平仓、开仓行为的组合，可以有多开、空开、多平、空平四中交易类型，它们都可以在期货合同的订立、履行到终止、违约救济这一完整体系中得以解释。

五、立法建议

（一）现行立法的不足

一是立法层级不高，市场基本法缺位。2008 年国际金融危机后，世界银行和国际货币基金组织在对我国金融体系稳定性评估（Financial Sector Assessment Program，FSAP）中，肯定了我国期货市场基本制度，同时指出了我国期货市场法

〔32〕 颜延：《买卖法视野下的金融衍生工具》，载黄红元、徐明主编：《证券法苑》（第 9 卷），法律出版社 2013 年版，第 113～132 页。

律层级不够的问题。目前,我国期货市场最高层次的立法文件,是国务院颁布的《期货交易管理条例》。《期货交易管理条例》形成于期货市场清理整顿的背景下,其对期货市场的监管进行了较全面的规范,监管法、行政法属性的体现较为充分。但是,由于《中华人民共和国立法法》规定基本金融制度和民事基本制度只能通过法律来规定,《期货交易管理条例》作为行政法规,有关市场基础法律关系、参与主体之间权利义务的界定等民事规范相对薄弱,这在一定程度上影响了期货市场的定位和深化发展。

二是混淆使用“期货合约”与“期货合同”两个概念。《期货交易管理条例》第 2 条第 3 款规定“本条例所称期货合约,是指期货交易场所统一制定的、规定在将来某一特定的时间和地点交割一定数量标的物的标准化合约”,这一定义体现了期货合约的制定性,即由期货交易所提供的标准化文本。但在该条第 2 款关于期货交易的定义中也使用了“期货合约”这一概念,由于期货合约并不表彰现实的权利义务,不具备作为交易标的属性,此处的“期货合约”实际是指期货合同。其实不仅是《期货交易管理条例》,现行期货相关规章、司法解释以及期货业界都将期货合约作为基础概念运用,没有出现期货合同的概念,二者混为一谈,这在一定程度上给期货立法和司法实践工作带来了困扰。

三是“期货交易”的定义有所不足。2007 年《期货交易管理条例》颁布施行时并未对“期货交易”进行定义,后来为明确清理整顿非法期货交易活动的法律依据,2012 年修订时增加了“期货交易”的定义,即现行《期货交易管理条例》第 2 条第 2 款“本条例所称期货交易,是指采用公开的集中交易方式或者国务院期货监督管理机构批准的其他方式进行的以期货合约或者期权合约为交易标的的交易活动”,明确了期货交易的标的物是期货合约(合同)或期权合约(合同),一般认为是采纳了买卖期货合同说的观点。前文已述,期货合同作为射幸合同,并不存在标的物,期货交易的这一定义容易引起歧义。从境外立法来看,也没有将期货交易定义为“以期货合约或者期权合约为交易标的”的立法例,一般将期货交易表述为“期货合约的交易”。[33] 从日本《金融商品取引法》的规定解读这一

---

〔33〕 我国《香港证券及期货条例》第 20 条规定:“……在认可期货市场只可进行证监会一般地或就个别个案藉宪报公告批准的——(a)期货合约的交易;及(b)其他金融产品的交易……”我国台湾地区“期货交易法”第 3 条规定本“法”所称期货交易,指依境内外期货交易所或其他期货市场之规则或实务,从事衍生自商品、货币、有价证券、利率、指数或其他利益之下列契约之交易……

表述,其意在指期货交易是按照交易所规定的标准条件和方法进行的交易,[34]而非国内普遍误解的"以期货合约为标的"的买卖活动。

(二)相关建议

一是尽快出台期货法,强化期货立法的民商事属性。期货交易本身是一种市场行为、交易行为,突出期货法的民商属性是题中之意。期货合同作为一种射幸合同,具有机会性、偶然性和零和性等特征,较之其他合同具有更严格的适法性,需要在法律层面处理好与公序良俗、诚实信用等基本原则的关系;期货交易所的业务规则是期货合同内容的重要组成部分,也是界定当事人权利义务关系的重要依据,需要通过期货法进一步明确交易所业务规则的法律效力,夯实法律基础。同时,期货市场的一些基本制度,如保证金交易、中央对手方、强行平仓、强制减仓等,与《中华人民共和国民法总则》《中华人民共和国合同法》《中华人民共和国担保法》等基础民事法律的一般原则既密切相关,又存在自身的特殊性,也需要尽快出台期货法予以体现和确认,以明确市场参与主体相互之间的法律关系以及相关法律的适用,确保法律体系的统一性与协调性。

二是区分期货合约与期货合同两个概念,避免指代不明。期货合约的落脚点是其制定性,期货合同的落脚点是当事人的合意性,法律上应予区分,引入"期货合同"概念。同时,采用期货合同概念与我国的合同法体系相吻合,有助于明确期货合同为合同法体系的一个构件。

三是完善期货交易和期货合同的定义。期货交易并非买卖法律关系,不存在交易标的物,建议删除《期货交易管理条例》关于期货交易定义中"以期货合约或期权合约为标的"的表述,避免歧义。期货合同可定义为"当事人约定既可以在将来特定时间以约定价格交付特定数量商品,也可以在约定时间内对冲平仓结清差价的合同",以体现其选择之债、射幸合同和继续性合同的特征。

---

〔34〕 日本《金融商品取引法》规定:"本法所称'市场金融衍生品交易'指,在金融商品市场按照开设金融商品市场的业者制定的标准及方法进行下列交易:一、买卖当事人约定在将来的一定时期交收金融商品及其对价的买卖,且该买卖标的的金融商品在转卖或回购时可通过交收差额的方式进行结算的交易;二、当事人约定交收按事先作为金融指标约定的数值(以下称约定数值)与将来一定时期中现实的该金融指标的实际数值(以下称现实数值)之差计算出的金钱的交易……"

【市场观察】

期货及衍生品法律评论
第一卷,第249～261页

“互联网+”时代股指期货相关新型违法违规活动与监管应对研究

刘道云*

摘要:近年来,不法分子以个人或者公司名义,通过互联网等各种新手段、新形式、新渠道从事新型股指期货相关违法违规案件大量增加。新型股指期货相关违法违规活动可分为完全进场交易、部分进场交易、完全场外“交易”三类六种形式,并具有形式隐蔽性、组织分工性、分布广泛性、成交持仓异常、社会危害性、违法违规性等特点,其进一步发展将产生严重的危害和影响。我国应在现有监管应对措施基础上,进一步采取有效的金融监管和法律应对措施。为此,建议我国完善股指期货相关法制建设,由中国证监会直接对重大、紧急和突发情况进行监查处置。建立股指期货违法违规活动多部门监管协作机制和相关制度,加强金融期货市场自律监管,加强股指期货投资者教育和市场宣传,进一步提高执法队伍业务水平和执法能力。

关键词:互联网　股指期货　违法违规活动　监管应对

2010年4月16日我国首个指数期货暨首个金融期货产品——沪深300股指期货合约在中国金融期货交易所(以下简称中金所)挂牌上市交易,标志着我国股指期货(金融期货)市场的建立。随着产品创新和资本市场的深入发展,后续股指期货产品陆续被研发上市,目前已形成以沪深300股

* 中国金融期货交易所办公室员工,法学博士。

指期货为旗舰产品、以上证50和中证500股指期货为补充的股指期货产品系列。股指期货产品成为我国股市的“健康指数”和“晴雨表”,又因其具有套期保值功能而成为证券市场投资者常用的风险对冲工具和股市震荡时期的“减震器”和“泄洪渠”,有效地促进了证券市场的健康发展。然而,随着“互联网+”时代的到来,不法分子以个人或者公司名义通过各种新手段、新形式、新渠道从事股指期货相关违法违规案件大量增加,相关活动在行为性质、参与方式、交易形式、具体内容等方面较以往常见的转借出租账户、内幕交易、操纵等股指期货违法违规活动有所不同,造成了严重的社会和经济危害后果,有待进一步采取有效的金融监管和法律应对措施。

一、股指期货相关违法违规活动最新发展概况

(一)新型股指期货相关违法违规活动表现形式

根据目前掌握的资料信息,按照交易申报指令进场情况和违法违规严重程度,可将新型股指期货相关违法违规活动大致概括为以下三类六种形式:

第一类是完全进场交易,即组织者为获取不当利益,通过合法开立的或者借用的股指期货账户为其他不适格参与者提供股指期货交易通道以及相关服务,参与者多单和空单的申报交易量未经私下对冲全部进入交易所交易的情况:一是线下多数人集资共同通过某个股指期货账户参与交易,即线下的多数个人通过互相介绍集资的“拼单”方式参与,遵循盈亏自负、按比例分担原则,组织者在交易活动中的地位相当于投资合伙人。二是通过向期货公司申请分账户系统使用权限等手段将自己的主账户分为数个次级账户或者下挂数个子账户、虚拟账户,开展分账户交易,即组织者作为一个节点下设数个节点,每个子账户都可以进行买入、卖出和平仓交易,然后通过主账户向期货公司下达交易指令。从期货公司端来看,交易指令都是通过该客户交易账户下达,但是期货公司端通过技术手段亦可以轻易地发现,该交易指令下达的IP地址并非同一,且地理位置存在明显差异。组织者在交易活动地位上相当于二级期货经纪商,通常以向参与者收取手续费、管理费、佣金及谎报滑点等方式获利,还可能通过民间借贷名义向参与者提供配资服务,收取高额资金使用费即利息。三是线上多数人集资由组织者通过某个股指期货账户参与交易,即组织者假借发售众筹理财、短期投资等产品于线上(互联网、APP软件)利用(投资/资产管理/财务咨询等)公司名义公开募集资金,组织者将募集资金通过某账户进行股指期货交易。例如,组织者将

股指期货交易的买入和卖出1手各分成100份进行众筹,参与者绑定银行卡进行划款以申购份额,筹满1手即开启下一个众筹,由组织者在当日或者次交易日通过某账户委托期货公司向交易所下单,并在当日或者次交易日收市后进行无负债结算。为躲避监管,组织者虽以公司名义组织但通过借用其他自然人账户开展活动的现象较为普遍。线上交易组织者在交易活动中看似相当于私募指数基金管理人,但实质上仍是二级期货经纪商的角色。此类活动通常以向参与者收取申购费、赎回费等方式获利,还可能利用其平台为配资活动者提供宣传服务,或者自营配资活动,收取高额利息或者手续费。

第二类是部分进场交易,即组织者为获取不当利益,通过合法开立的或者借用的股指期货账户向其他不适格参与者提供股指期货交易通道以及相关服务,仅使参与者的多单和空单申报交易量经私下对冲后的量差部分进入交易所交易。此类活动组织者,通常为了博取信任和便于活动开展,以公司形式组织活动,因为公司形式显得更可靠,既便于广泛吸纳客户,又便于"暗箱"进行对冲操作,且从表面上来看似全部进场交易并且交易门槛比正规途径低得多,可享受零佣金或低佣金、低保证金、日内结算、无投资者适当性限制、无50万元开户资金门槛等优待。通过互联网网站注册账户即可在线直接参与,在某些参与者看来显得更便捷、高效、安全,因而组织者普遍利用互联网技术开展活动,既突破了物理空间的限制,无须与参与者现场交易,又提高了活动的隐蔽性,增加了参与者发生损失后追责的难度,有利于组织者减少麻烦。此外,此类活动组织者通常与配资和高利贷活动关系密切或者存在合作,有的将配资作为相关服务同时提供。由于如今交易所已经实现电子化,不再强调物理场所特征,此类通过注册公司和互联网开展活动的组织,在活动中的地位相当于地下期货交易所,参与者的多单和空单申报交易量大部分或者全部被私下对冲,仅在出现量差时充当二级期货经纪商通过某个账户进入交易所交易。此类活动通常以收取管理费、交易手续费、利息、佣金以及谎报滑点等方式获利。

第三类是完全场外"交易",即组织者为获取不当利益,假借提供股指期货交易服务或股指期货交易通道的名义,或者以提供股指期货娱乐活动的名义,利用或者模仿股指期货交易机制向参与者提供虚假的股指期货交易活动或者指数涨跌对赌活动。此类活动均不发生真实的进场交易,大致包括两种情形:

一种是向参与者明示自己并非提供进场的真实的股指期货交易或者股指期货交易通道服务,而是宣称其组织的是经改良过的具有仿真和博弈特点的高级股指期货娱乐活动。该种活动的参与者对其参与的活动性质认识清楚,基于自愿参与活动。在多数情况下组织者提供线下隐蔽的活动场所,被命名为"股指吧”“股指期货交流中心”“股指期货俱乐部”等,利用股指期货行情软件或者股指期货仿真交易软件作为交易行情数据来源,为参与者开设虚拟股指期货账户并提供“多空宝”“拍拍机”“股指宝”之类的下单设备,根据参与者资信状况收取一定的交易保证金,熟客可豁免提交保证金,有的还为资金量大的参与者提供单独的大户室。组织者一般会与配资和高利贷活动合作或者自营配资业务,为资金不足的参与者提供贷款服务。经营场外的股指期货交易,有的注册为公司、个体工商户等,表面上来看具有营业执照,似乎是合法的经营场所,但其经营范围并不包括组织金融期货交易活动,也不具有金融业务许可。在活动宣传上,主要通过互联网广告、人传人、门店张贴的方式;在交易时间上,一般分上午9:15~11:30和下午1:00~3:15两节交易;在交易保证金缴纳上,组织者分别于两节交易开盘前通过借贷的方式向参与者收取1000~10,000元的保证金;在交易结算上,一般上午盘、下午盘交易结束后分别结算,一天结算两次;在相关服务上,“股指吧”向参与者免费提供“拍拍机”、茶水、香烟、午饭,并可提供借贷、配资服务;在活动场所位置上,“股指吧”可能开设在大街小巷,除了专门的门店,有的甚至开设在茶馆、按摩店、洗浴中心内。

另一种是将自己伪装成正规的提供股指期货交易服务或者交易通道的组织,宣称对现行股指期货交易制度进行改良和变通,向投资者提供演化了的股指期货交易,让参与者误以为是通过组织者更加便利和更低成本地参与场内股指期货交易。该种情况线上线下均有发生,但以线下宣传、线上开展活动的情况较常见。组织者通常以投资/资产管理公司的名义组织活动,有时招募一家或者多家“加盟”公司共同开展活动并进行佣金分成,谎称可提供金融期货经纪(账户)服务帮助参与者参与股指期货交易,并提供配资等相关服务,实际上其提供给参与者的是股指期货模拟或仿真交易软件以及模拟或仿真交易账户,让参与者将保证金或者交易资金转入组织者安排的个人名下账户,向参与者提供模拟或仿真交易记录并谎称为真实交易记录。由于交易资金转入组织者安排的个人名下账户,故参与者在交易日终结算后无法取出剩余交易资金,又由于组织者可以操控股指期货模拟或仿真交易,参与者在交易中通常处于亏损状态。

(二)新型股指期货相关违法违规活动的特点

通过了解目前多个地区公安司法机关侦查收集的证据材料和办案难度,结合前期调查新型股指期货相关违法违规活动得到的认识,发现目前新型股指期货相关违法违规活动大致具有以下特点:

一是形式隐蔽性。组织者为了便于实施股指期货相关违法违规活动并躲避监管,通常采用较隐蔽的方式开展活动。包括将地点设在二线、三线城市或地方区县较隐蔽的场所内、以公司组织名义提高可信度、以公司短期投资产品、正规股指期货交易或者以众筹名义掩饰活动性质、采用互联网网站注册账户和在线直接参与方式避免现场交易、利用熟人渠道严格筛选线下参与者、借用自然人合法开立的期货账户开展活动、提供部分真实进场交易掩盖私下对冲、隐瞒账户借用和分账户的情况、效仿股指期货交易制度提高仿真度等。

二是组织分工性。新型股指期货相关违法违规活动通常有组织地开展,内部分工明确、细致。职能角色上有组织、资金和硬件提供、宣传接待、技术网络、账户管理、操盘、保证金管理、财务结算、配资等方面的人员分工,线下的真实场所活动还有提供场地、餐饮茶水和放哨方面的分工。

三是分布广泛性。目前,我国多数地区均发现了新型股指期货相关违法违规活动的足迹,部分案件中违法分子的组织活动遍及多个地区,利用互联网开展活动的更是遍布全国,这给侦查执法和监管稽查增加了难度。

四是成交持仓异常。通过研究相关案例和不完全排查疑似账户后发现,“股指俱乐部”活动在进场交易行为上的典型特征,是交易成交量大但几乎无持仓,即成交量与持仓量比值非常大,异于通常的交易账户。期货公司一般法人客户的股指期货成交持仓比平均在20左右,通过分析目前排查掌握的数据,疑似账户的平均成交持仓比超过40,部分期货公司一般法人客户平均成交持仓比超过100,部分期货公司一般法人客户平均成交持仓比较高且存在短期内迅速升高的现象。

五是社会危害性。新型股指期货相关违法违规活动通常涉及人数众多,活动范围较广,不仅破坏了正常的期货交易秩序,还容易滋生和助长地下赌场活动、地下钱庄等高利贷活动,以及投资诈骗、非法吸收公众存款等违法犯罪活动。活动组织者通过欺诈手段和收取各种费用,牟取大量不正当经济收益,又由于参与者大多缺乏金融投资知识和期货投资经验,因而参与者大多遭受了较大的经济损失,部分参与者经济承受能力较低,对其家庭生活和个人心理造成巨大负担。

六是违法违规性。我国建立了以《期货交易管理条例》(以下简称《条例》)为核心的期货法规体系,从开户环节开始规范期货市场参与者及其行为。新型股指期货相关违法违规活动不仅违反了《条例》、《期货市场客户开户管理规定》、《关于防范期货配资业务风险的通知》、《中国金融期货交易所交易规则》及其细则、《金融期货投资者适当性制度实施办法》及其指引等期货法规和规则,有的活动还违反了《中华人民共和国刑法》及其修正案、《中华人民共和国公司法》等其他法律法规的规定。

(三)新型股指期货相关违法违规活动规模与地理分布

股指期货在我国诞生之后,与其相关的违法违规活动也相伴而生。但早期的违法违规活动方式相对简单,参与人数相对较少、交易量和活动规模相对不大,地理分布上基本呈零星的点状,未能形成全国性的网络,相关的违法违规活动数量和规模均较小。然而近期通过各种渠道调研了解到,进入2014年以后,新型股指期货相关违法违规活动在规模和地理分布等方面产生了新变化:一是活动规模扩张迅速,案件数量和涉案人员数量骤增,真实和虚拟交易成交量以及涉案金额均达到一定规模。从相关部门了解到的投诉案例资料以及通过互联网不完全排查到的疑似账户情况来看,该部分新型股指期货相关违法违规活动利用的股指期货账户大多于2014年开户,绝大多数交易账户发生亏损,各账户平均亏损金额高达1000万元以上。通过互联网搜索引擎搜索到60多个类似“股指俱乐部”的网站在线提供各类形式的虚假股指期货交易及相关活动,据此可以看出完全不进场的股指期货交易活动规模相当大。二是活动地域蔓延广泛,四川、广东、福建、湖南、江西、浙江、安徽、江苏、上海、河南、陕西、河北、天津、辽宁等地均已发生相关案件,部分案件的组织者跨省市活动,甚至形成全国性活动网络。三是相关非法股指期货配资、高利贷、开设赌场等活动越发活跃,相关活动的规模和数量也增长迅速。通过搜索引擎可以搜索到互联网上大量的配资网站和广告,网站名称中不一定含有“股指”两个字,最高一笔交易可提供配资500万元,放大200倍交易杠杆,配资公司在全国多处有网点,流动资金多达数亿元,并与券商等存在合作关系,可见相关活动规模相当可观。

二、新型股指期货相关违法违规活动的法律定性

通过总结已发现的新型股指期货相关违法违规活动种类,结合我国现有法律法规和交易所业务规则的规定,从法律角度分析,目前新型股指期货相关违法违规活动主要存在以下几种情形。

(一)违反规定集资或合伙参与期货交易的活动

违反规定集资或合伙参与期货交易的活动主要指第一类第一种的情形,属于期货交易违规行为。该种情形主要违反了《条例》《期货市场客户开户管理规定》《金融期货投资者适当性制度实施办法》《中国金融期货交易所交易规则》《中国金融期货交易所实际控制关系账户报备指引》等相关期货法规和自律规则中关于开户、账户管理、投资者适当性、实际控制关系账户报备等规定。

（二）未经许可擅自（变相）经营期货经纪业务的活动

未经许可擅自（变相）经营期货经纪业务的活动主要指第一类中第二种、第三种的情形，由于交易指令全部进场，该类情形属于期货交易违规和非法从事期货经纪活动，可能涉及非法经营配资、高利贷活动，情节严重的涉嫌非法经营罪。该类情形除违反上述期货法规和自律规则中关于开户、账户管理、投资者适当性、实际控制关系账户报备的相关规定，还可能违反《条例》等关于期货交易和期货经纪业务的相关规定，《中华人民共和国刑法》关于非法经营罪的规定，《中华人民共和国公司法》关于公司经营的规定，以及中国证监会办公厅《关于防范期货配资业务风险的通知》、中国人民银行《关于取缔地下钱庄及打击高利贷行为的通知》、《非法金融机构和非法金融业务活动取缔办法》、国务院《关于进一步整顿和规范期货市场的通知》、国务院《关于坚决制止期货市场盲目发展的通知》、国务院办公厅转发国务院证券委员会《关于坚决制止期货市场盲目发展若干意见请示的通知》等规范性文件中关于禁止和打击期货配资、高利贷、非法期货经纪活动的强制性规定。

（三）未经批准擅自（变相）开设期货交易场所、经营期货经纪业务的活动

未经批准擅自（变相）开设期货交易场所、经营期货经纪业务的活动主要指第二类的情形，由于仅有部分交易指令进场，大部分交易被组织者私下对冲，该类情形属于期货交易违规、非法组织期货交易、非法从事期货经纪的活动，可能涉及非法经营配资、高利贷活动，情节严重的涉嫌擅自设立金融机构罪、非法经营罪。此类情形不仅可能违反第二类情形违反的法律、法规和自律规则，还可能违反《中华人民共和国刑法》关于擅自设立金融机构的规定，违法程度更为严重。

（四）以非法占有为目的的骗取财物的活动

以非法占有为目的的骗取财物的活动主要指第三类第一种的情形，属于假借提供股指期货交易服务或者交易通道之名开展的违法犯罪活动。该种情形并不发生真实的进场交易，本质上并非股指期货交易活动，组织者的主要目的是非法占有他人财物，采取的主要手段是虚构事实和欺骗，相关活动包括非法配资、高利贷等，情节严重的涉嫌诈骗罪、非法经营罪。该种活动主要违反了《中华人民共和国刑法》关于诈骗、非法经营的规定，同时可能违反《中华人民共和国公司法》、工商行政管理关于公司经营的规定，以及《非法金融机构和非法金融业务活动取缔办法》、中国人民银行《关于取缔地下钱庄及打击高利贷行为的通知》等规范性文件中关于禁止和打击非法金融业务、高利贷、非法经营等活动的规定。

（五）以营利为目的的开设赌场和聚众赌博的活动

以营利为目的的开设赌场和聚众赌博的活动主要指第三类中的第二种情

形,属于利用股指期货的投机性和博弈性并模仿股指期货交易机制开展的违法犯罪活动。该种情形本质上亦非股指期货交易活动,参与者对活动性质认识清楚,组织者的主要目的是通过非法经营牟取暴利,采取的主要手段是组织多数人定点参与对赌活动,相关活动包括非法配资、高利贷等,情节严重的涉嫌开设赌场罪、赌博罪、非法经营罪。该种情形主要违反了《中华人民共和国刑法》关于禁止开设赌场、聚众赌博、非法经营的规定,同时可能违反工商行政管理规定,以及相关规范性文件中关于禁止和打击非法金融业务、高利贷、非法经营等活动的规定。

此外,新型股指期货相关违法违规活动中,还伴生着违规转借或者出租期货交易账户、不如实申报实际控制关系信息、未经许可经营或变相经营贷款业务等其他违法违规活动。

三、股指期货相关违法违规活动进一步发展的危害和影响

股指期货相关违法违规活动进一步发展的社会和经济危害甚大、后果严重:

一是直接或者变相从事非法组织股指期货交易、非法从事股指期货经纪业务等违法违规活动,影响了正规股指期货交易秩序和期货经营机构期货经纪业务的开展,而利用或模仿股指期货交易机制组织的聚众赌博活动破坏了社会风气,滋生地下钱庄、高利贷等违法活动,这在一定程度上影响了正规的金融信贷秩序。

二是加深了不了解股指期货的社会群体对股指期货市场功能的误解和负面评价,认为其是导致股市异常波动的根源。迫于多方舆论压力,近期股指期货市场采取了提高保证金标准、降低持仓限额和限制开仓量等监管措施,尽管实现了抑制过度投机、防范金融风险的目的,但进一步导致了股指期货市场流动性降低、套期保值和股价发现功能发挥不充分、成交规模骤减、全球市场排名下降、A股股价定价权面临旁落境外股指期货市场风险等问题,导致股指期货市场发展步伐发生减缓和倒退。

三是场外非法的期指配资活动猖獗,导致大量投机资金涌入股指期货市场,放大了交易杠杆比例,加剧了行情波动和市场不安情绪,容易引发市场异常情况。近期引发的期指暴跌行情损害了市场信心,扰乱了正规的股指期货交易秩序,在一定程度上阻碍了正规股指期货交易经济功能的正常发挥,增添了金融风险隐患,威胁国家金融安全。此外,配资资金由配资公司控制,其安全性难以得

到保障，加大了参与者财务风险。

四是数量众多的个人和单位参与新型股指期货相关违法违规活动，因上当受骗、赌博、支付高额手续费和利息等原因遭受严重经济损失，由于追回损失十分困难，群众上访、闹访事件时有发生，导致社会不稳定因素和诉讼风险上升。

五是近期虚假违规开户、隐瞒账户实际控制关系信息、“股指期货吧”、内幕交易、操纵市场、股指期货经纪诈骗等违法犯罪活动日渐增多，部分期货经营机构为获取客源甚至参与其中，帮助隐瞒、纵容，甚至提供接入端口等方面的支持，挑战了现行股指期货相关市场规则和法律制度，各地与此相关的行政案件和刑事案件数量骤增，增加了金融监管和执法的难度和成本。

四、金融监管应对

（一）已实施的金融监管和执法措施

自2015年6月中旬以来，相关监管机关和执法机关针对新型股指期货相关违法违规活动，展开了一系列的研讨、调查、防范和查处活动，分别针对全市场和个案采取了一系列的金融监管、自律监管、行政执法和司法措施：

一是中国证监会加强期货市场监管力度，依法查处股指期货相关违法违规活动。主要包括严格要求各期货公司严把开户关，不得从事期货配资业务、以各种形式参与配资业务或为配资活动提供便利，查处部分机构相关违规行为；发布《关于加强期货公司信息系统管理有关事项的通知》，全面摸底期货账户违规情况，督促期货公司加强信息系统外部接入管理。

二是中金所等自律组织严查股指期货市场违法违规活动，实施一系列自律监管措施。主要包括：进一步调整和优化市场收费结构，将股指期货手续费调整为包括交易手续费和申报费两部分，抑制过度投机和维护社会稳定；严格市场异常交易行为认定，采取电话提醒、发送监查问询函、警示函、现场调查、限制开仓等监管措施，防范过度投机的非理性交易，加大对包括利用实际控制关系账户规避监管等各类违规行为的查处力度，加强市场诚信建设；分步提高股指期货各合约非套期保值持仓交易保证金标准，调整沪深300、上证50和中证500股指期货日内开仓限制标准，提高股指期货日内平仓手续费标准；敦促会员严格落实金融期货投资者适当性制度要求，加强客户管理和异常交易行为排查和监管，严禁客户出借、转让账户，做好投资者教育和风险防范工作，严格禁止会员参与违规配资业务或为配资活动提供便利；修订业务规则，从制度层面落实各项监管措施等。

三是各地公安司法机关经由举报、信访、投诉等途径,已对部分新型股指期货相关违法违规活动以涉嫌开设赌场罪、赌博罪、非法经营罪、诈骗罪等罪名立案侦查,经查实的移送检察院提起公诉,并联合工商部门、各地证监局打击和惩处股指期货相关违法犯罪活动。

(二)进一步监管应对建议

尽管针对我国股指期货异常活动、[1]紧急和突发情况,[2]大多已有法律法规和自律规则相应规制,但不可否认的是仍存在一些新型股指期货异常活动尚无明文规制,某些新情况发生后的应急处置措施缺乏法律法规或者规则依据支持,相关监管机关和执法机关面临新型案件存在办案经验不足等问题。上文分析的三类新型股指期货相关违法违规活动中,完全场外"交易"的一类活动并非真实的股指期货交易活动,其实际上属于公安司法机关打击的非法活动范畴,不在金融监管机关的监管处置范围内。本文主要就金融监管机关应对其他新型股指期货相关违法违规活动,提出如下建议:

其一,进一步完善股指期货相关法制建设,减少法律漏洞、避免监管真空。一是建议中国证监会就打击和制裁期货市场违法违规活动、应对期货市场异常和紧急情况,制定专门的证券期货异常活动与应急处置管理办法,或者分市场分别制定异常活动与应急处置管理办法,为规制新型期货违法违规行为等期货异常活动提供法规依据,为应对市场紧急和突发情况提供制度依据。该办法的基本内容包括:市场参与者的合规义务、基本的风控措施、(证券)期货异常活动的认定、(证券)期货异常活动的归责、紧急和突发情况应对、市场监管、法律责任等。二是建议中国证监会出台关于证券期货市场程序化交易管理的规定,加强包括发生于股指期货市场的程序化交易活动的管理,限制程序化交易方式在证券和股指期货交易中的应用条件,取消对程序化交易方式的既有优惠政策。目前,外资(QFII、RQFII 等)参与我国股指期货交易大多采用程序化交易方式,境内交易者采用程序化交易方式的比例较低。通过研究分析采用程序化交易方式的外资账户交易数据发现,股指期货市场程序化交易具有交易速度快、交易量

[1] "异常活动"采广义解释,即有别于正常的合规交易的活动,包括主观故意型、过失型、意外型(系统故障等)违法违规交易活动和非交易类违法违规活动,又包括交易类、非交易类的一般违规活动和重大违法违规活动。

[2] "紧急和突发情况"包括人为型的紧急及突发情况(人为原因导致的市场异常波动、人为破坏交易所系统导致交易混乱或中断、战争原因导致交易混乱或中断等)和非人为型的紧急及突发情况(非人为原因导致的市场异常波动、自然灾害等不可抗力导致交易混乱或中断等)。

大、交易策略丰富、违规事件屡发、盈利能力较强、交易量与市场波幅成正比的特点。相较于占市场主体的一般境内交易者,QFII、RQFII 等境外机构无论在交易策略、水平和经验上都更胜一筹,放开程序化交易方式不符合现阶段我国股指期货市场阶段性发展水平和特征,因其会导致境内资本市场资金部分流往境外,影响股指期货市场交易的公平性,可能加大股指期货市场异常波动风险。为此,有必要对程序化交易的应用条件进行限制。三是建议中国证监会适时制定境外机构参与境内证券期货市场实施办法,规范外资参与我国证券期货市场交易。目前我国关于境外机构参与境内证券期货市场的规定不够明确、全面,随着我国资本市场对外开放的推进,QFII、RQFII 等境外机构将广泛参与进来,近期已经发现多家境外机构实施了超外汇投资额度参与股指期货交易、隐瞒实际控制关系利用实际控制账户参与股指期货交易等异常活动,自律监管过程中面临"境外机构在股指期货市场进行套期保值交易,其沪港通及其他与 A 股相关的离岸投资是否属于套保标的""期货交易所是否有权对持仓超外汇投资额度的境外参与者采取监管措施""QFII、RQFII 期现货资产持有主体能否穿透认定"等问题,使更有必要制定一部相关办法。四是建议中国证监会进一步完善《证券期货市场诚信监督管理暂行办法》,健全期货市场违法违规活动社会监督制度,拓宽相关信访投诉渠道、构建举报奖励和举报者保护机制。期货交易活动引入社会监督,并给予提供违法违规活动线索者适当奖励,既有利于督促市场参与主体加强自我约束、诚信参与交易,又有利于争取更广泛的市场主体支持,第一时间掌握违法违规分子活动线索,减少经济损失和社会危害,更好地保护市场参与者合法权益,维护市场公平。五是建议中国证监会研究出台规范期货交易行为的规章,明确禁止股指期货市场新型操纵行为及其认定规则,加强对股指期货市场新型操纵行为的打击准确度和力度,明确要求股指期货市场在产品设计、制度安排等方面应与股票市场相协调,对新型股指期货相关违法违规活动中可能发生的期货公司不履行开户实名制要求、未按规定实施投资者适当性管理制度、为客户出借账户和分账户违规期货交易提供便利、参与期货配资或为期货配资提供便利等违规行为作出明确处罚规定。六是建议全国人大进一步提高现有期货法制位阶,加快推进制定期货法,将期货市场基础制度提升至法律高度。期货法应确认交易所业务规则的法律效力、提升期货异常活动处置能力、完善期货市场参与者保护机制、加强期货市场涉外监管、确立期货交易民事法律责任制度等,为打击和处置股指期货相关违法违规活动、落实法律责任、保护市场参与者合法权益、防范境外资本冲击加大法律制度供给。

其二,建议在股指期货市场发现重大期货异常活动、紧急和突发情况时,以及发现涉股指期货的跨市场异常活动、紧急和突发情况时,相关市场自律组织履行配合调查和报告义务,由中国证监会直接进行监查处置。期货市场自律组织虽有一定的市场监管职权,但囿于其自身属性和法律地位,面临期货异常活动信息掌握不全、利益冲突、监管执法手段不足等问题,难以有效地担当市场稽查执法者角色。由中国证监会对涉股指期货的重大异常活动、紧急和突发情况直接进行监查处置,能够充分协调、调动各方力量,统筹应对监管过程中的各类重大、疑难问题,妥善处置市场异常和突发情况。

其三,建议由中国证监会领导和协调中金所、中国期货市场监控中心、中国期货业协会等相关机构建立股指期货违法违规活动多部门监管协作制度,建立股指期货交易监管数据平台、投资者身份信息匹配系统、风险应急处理机制,进一步协调各证券交易所、证券登记结算公司等相关机构,推进证券期货市场"一码通"制度建设和跨市场监管协作。一是有利于提高统计分析与监测监控能力和监管处置效率,及时发现、制止和查处股指期货异常活动、紧急和突发情况;二是便利对期货异常活动采取进一步的监管处置措施,尽量减小期货异常活动的负面影响,防止期货异常活动的传导效应和影响扩大;三是有利于建立集中统一的多层次资本市场账户体系,便于中国证监会对证券、期货市场实行"穿透式"管理,为自律组织实施跨市场监管提供制度支持。

其四,建议股指期货市场相关自律组织有针对性地加强自律监管,进一步采取相关自律监管措施。一是建议中金所收集相关数据材料,充分掌握目前股指期货相关违法违规活动发展状况,检查会员落实金融期货投资者适当性制度状况,分析研究问题产生的根源,根据自律监管职责拟定相应的对策,及时查处存在股指期货违法违规行为的会员、客户并采取适当的自律监管措施,严重的提交中国证监会稽查部门或者移送司法机关,以起到警示全市场、震慑股指期货异常活动实施者的作用;要求会员和客户进行合规自查、及时纠正参与股指期货异常活动或者提供帮助行为、消除违法违规隐患和倾向,要求会员全面了解客户并检查客户履行合规交易义务状况、提醒客户防范期货配资风险、及时要求客户纠正期货异常活动并报告交易所;加强研究学习境外成熟发达市场交易所在抑制过度投机、维护市场稳定、防范金融风险、查处股指期货异常活动等方面的制度和经验,根据市场情况及时调整股指期货合约及规则,通过股市和股指期货市场异常波动事件总结规律和吸取经验教训,完善合约和业务规则设计、加强市场风险控制、强化对境外机构交易行为的监管。二是建议中国期货业协会分别就会员、期货交易所信息系统外部接入、期货经纪中间介绍业务及合同要素等制定行业规范标准,就是否符合相关规范标准进行评估认证,将认证结果报告中国证监会;教育和组织会员防范期货配资风险、检查和惩戒违反金融期货投资者适当性制度管理规则的会员、组织期货从业人员开展相关培训教育。

其五,建议中金所携手期货经营机构,增加宣传途径,扩大宣传对象范围,进一步加强股指期货投资者教育和市场宣传。一是借助期货经营机构力量加强宣传客户易犯的违法违规行为,强化期货经营机构对其客户的管理责任,要求客户逐一签署合法合规交易承诺书,让投资者清楚其权利义务以及从事期货异常活动的法律责任。二是借助期货经营机构力量让股指期货相关知识走进普通股民家庭,走进二线、三线城市和地方区县,让符合条件的潜在投资者懂得和便利地通过正规渠道参与股指期货交易。三是拓展金融监管与司法合作渠道,便利公安及司法机关掌握办理涉股指期货交易案件所需的相关基本知识,举办相关办案经验研讨交流会,提高办案效率和准确性。

其六,建议进一步加强金融监管队伍建设,研究和学习境外先进经验,提高金融监管执法人员业务水平与执法能力,提高处置股指期货相关违法违规活动的反应速度、准确度和实效,相关执法机关合作优化执法协作机制。一是为应对涉跨品种、跨市场的复杂异常活动、紧急和突发情况,中国证监会应加强监管执法人员建设,强化对监管执法人员进行新业务、新产品和新制度的学习与培训,不断提升监管执法人员尤其是行政处罚委员会的专业化水平和执法能力,以适应我国查审分离的监管执法体制。二是随着金融衍生产品和交易方式的创新与发展,资本市场行为日趋复杂,目前我国资本市场发展仍相对落后、监管经验仍相对不足,金融监管执法机关可以通过组织学习境外成熟发达市场在制度建设和执法能力建设方面的先进经验提高我国资本市场发展水平。三是股指期货相关违法违规活动种类丰富、涉及面广,为取得全方位净化的效果,必要时相关金融监管机关、市场自律组织、工商行政机关、公安及司法机关应携手依法处置,为此相关执法机关须进一步优化执法协作机制。

期货及衍生品法律评论
第一卷，第 262 ~274 页

期货公司强行平仓的通知义务

张啸尘[*]　王　超[**]

摘要：期货公司强行平仓涉及对客户持仓的直接处置，容易因业务操作不当而引发纠纷，而纠纷的核心一般是期货公司是否合理履行了通知义务。依据现有法律规定，追加保证金的通知义务为期货公司的法定义务，其应当通过合理的方式，及时发出通知，并准许客户提出异议，此外留有合理的期间给他执行操作以满足保证金充足的要求。但考虑到期货交易的商业特性，宜借鉴美国法院的做法，认可《期货经纪合同》中免除期货公司强行平仓前通知义务条款的效力，但前提是期货公司已经有效发出追加保证金通知。

关键词：期货交易　强行平仓　客户保证金　通知义务

一、引言

期货市场无疑是各资本市场领域中风险较高的市场。保证金杠杆交易、零和博弈等属性，均要求期货市场建立和维护有效的风险管理制度。强行平仓便是这众多制度中较为重要的一项。所谓强行平仓，是指在客户（或会员）账户保证金不足且未按要求追加，也未自行平仓的前提下，期货公司（或交易所）有权对客户（或会员）现有持仓采取方向相反

* 中国金融期货交易所法律部总监。
** 中国金融期货交易所法律部员工。

的开仓从而结清其金融资产持仓的行为。[1] 强行平仓涉及第三人对他人财产的处分,一旦操作不当极易损害交易参与人的利益。为此,对于强行平仓的执行法律设置了诸多限制性条件。但现有规定并未厘清强行平仓实施的构成要件,因此在现实中极易引发纠纷,尤其是在期货公司与客户之间。综观近年来发生的期货强行平仓纠纷,投资者往往以期货公司未尽到通知义务为由,要求其赔偿自身的损失。期货公司是否应履行通知义务;可否通过合同约定免除通知义务;若不能免除,期货公司履行通知义务的合理限度在哪等往往成为案件审理的焦点。而要解决这些问题,首先要明确强行平仓规则确立的目的与法律性质。

二、强行平仓规则确立的目的与法律性质

(一)强行平仓规则确立的目的

强行平仓制度最初衍生于保证金制度和每日结算制度,其目的在于确保交易对手方具有足够的履约能力,防范信用风险。[2] 后来随着市场的发展,为了防止操纵和垄断,各个交易所逐步建立了大户报告和持仓限额制度,对违规超仓和超额持仓均进行强制平仓,强行平仓逐步具有一种市场监管属性。强行平仓作为期货市场的风险控制手段,其核心目的在于维系整个市场的运行,进而实现对各个市场参与者的保护。因此,片面将强行平仓规则确立的目的理解成对期货公司或者投资者的保护,均存在不足之处。诚然,我国期货市场以中小投资者为主,投资者抗风险能力较弱,将强行平仓规则理解成对客户利益的特殊保护,进而对期货公司课以较多义务,具有一定的合理性。但也应看到,期货公司在交易中所承受的风险,其并不参与投资者收益的分配,却须分担保证金不足带来的巨大风险,不甚合理。所以,对于规则确立的目的宜作中性解读。因此,须依据所处环节与承受风险的不同,合理界分市场参与者的权利与义务。

(二)强行平仓的法律性质

强行平仓作为期货交易的一项基本制度,其功能在于控制和防范期货交易中的风险。表现在期货公司方面,就是通过及时强行平仓来避免出现穿仓[3]以

---

[1] 贾纬:《期货交易风险和运行风险及其相关损失的司法认定》,载《人民司法》2014年第14期。

[2] 参见张旭:《期货交易中强行平仓法律规制研究》,延边大学法学院2014年硕士学位论文,第4页。

[3] 当客户权益因为亏损而转为负值时,客户的风险等级为“穿仓”,此时即便将客户持有的全部合约进行平仓,释放的保证金也无法弥补客户需要承担的亏损。

及承担穿仓带来的风险。[4] 在满足强行平仓条件时,期货公司会采取措施平掉客户的持仓。但这种行为究竟是期货公司在履行义务,还是在行使权利,众说纷纭。目前,关于强行平仓的性质,学界主要有以下三种观点:

第一,权利说,即强行平仓是期货公司的权利。持该观点的学者认为:"期货公司仅是受客户委托从事期货交易,期货公司并不从中分配利润,让期货公司承担客户交易的亏损,于法于理不通,是否平仓应有客户决定,期货公司可以行使权利也可以不行使。"[5] 从法律关系上来讲,期货公司作为代理关系中的受托人,具有一定的信义义务,如向客户揭示风险、报告订单成交情况,当保证金不足时及时发出追加保证金(以下简称追保)通知等。但是若客户不及时追保或者自行平仓,在行情继续恶化的情况下,客户透支占用的将是期货公司的结算担保金,这将损害期货公司的利益。此时,期货公司有权利依据本身的权益、本身的利益以及本身的保障行事,采取相应措施。其平仓的目的在于保全自己的财产,所以行为并不违反其对客户负有的信义义务。

第二,义务说,即强行平仓是期货公司不能放弃、不能选择的义务。首先,《期货交易管理条例》第35条关于强行平仓的规定表述为"应当",从字面理解来看,该条为"义务性规范"。当客户未在期货公司规定的时间内及时追保或者自行平仓的,期货公司应当将客户的合约强行平仓。其次,从保护投资者的角度分析,应当认定强行平仓是期货公司的义务。[6] 在期货交易中,期货公司作为受托人有义务去维护客户的利益,当风险率达到双方约定的风险标准时,为了防止损失的扩大,维护客户的利益,期货公司应当进行平仓。最后,依据最高人民法院司法解释的规定,若客户穿仓且期货公司未按约定通知客户追保的,穿仓导致的损失由期货公司承担。由此反推,在客户穿仓或者即将穿仓时,期货公司具有强行平仓的义务。

第三,权利转义务说,即在不同环节,强行平仓的法律属性有所不同,不是纯粹的权利或者纯粹的义务。强行平仓首先体现的是期货公司作为市场经营者的权利,即期货公司处于主动地位,当客户的交易保证金达到风险控制线时,一般以客户风险率大于100%为准,期货公司只要通知了客户,即可以在客户不追保或者自行减仓的情况下实施强行平仓的行为。但若行情继续向不利于客户持仓

---

[4] 江苏省南京市中级人民法院经一庭:《因强行平仓引起的期货经纪纠纷案件的审理》,载《人民司法》1997年第5期。

[5] 李明良:《期货市场风险管理的法律机制研究》,北京大学出版社2005年版,第289页。

[6] 付大伟:《期货强行平仓规则与投资者保护——从范有孚案说起》,载洪艳蓉主编:《金融法苑》(第84辑),中国金融出版社2012年版,第81页。

的方向发展，就意味着期货公司即将要为客户垫付保证金。而依据期货相关法律法规、交易所规则等，期货公司不得允许客户透支交易。此时，降低客户持仓，规避风险，便是期货公司的法定义务。〔7〕

笔者原则上支持权利转义务说，下文关于期货公司是否可以通过合约免除强行平仓的通知义务的分析，将以此观点为基础。但本文认为其中的划分，除对法规进行解读之外，应充分考察当事人双方的约定。强行平仓的基础法律关系是期货公司与客户之间的经纪合同关系，从期货业协会制定的经纪合同范本以及本文检索的9家期货公司合同来看，系将强行平仓作为期货经纪机构的权利而非义务对待。当然不可忽视的是，由于法律禁止透支交易，所以在特定情况下，期货公司负有义务执行平仓操作。

三、合约免除强行平仓通知义务的效力

（一）期货公司是否应履行强行平仓通知义务

如果递进式地看待强行平仓实施环节，通知一般包括两种：第一是追加保证金通知；第二是强行平仓通知。在分析通知义务过程中，无论是司法实践还是学理讨论，大家都倾向于将它们混为一谈。例如，在“严某某诉申银万国期货有限公司成都营业部、申银万国期货有限公司期货强行平仓纠纷案”中，法院将最高人民法院《关于审理期货纠纷案件若干问题的规定》第32条中“客户的交易保证金不足，期货公司未按约定通知客户追加保证金的……”理解成强行平仓前的通知义务为期货公司的法定义务，〔8〕未将追保通知和强行平仓通知予以区分。但如果对期货公司提供的经纪合同加以分析，那么部分合同是将二者划分开来的，笔者以为这种做法是合理的。无论是上述《关于审理期货纠纷案件若干问题的规定》，还是最高人民法院1995年《关于审理期货纠纷座谈会纪要》均要求期货公司履行向客户发出追保通知的义务，若其未履行通知义务而强行平仓，给客户造成损失的，期货公司应承担赔偿责任。关于强行平仓的通知义务，主要是在交易所层面有规定，如《中国金融期货交易所风险控制管理办法》第22条规定“交易所以‘强行平仓通知书’的形式向有关结算会员下达强行平仓要求……”但是该执行程序并未涉及期货公司层面。综上，依据现有法规，期货公司有义务在客

〔7〕 王海洋：《股指期货强行平仓的法律性质与后果》，载《政治与法律》2008年第5期。

〔8〕 (2010)沪一中民六(商)初字第22号。

户保证金不足时，及时发出追保通知，但是具体到期货公司在执行强行平仓前，是否要再另行发出平仓通知，法规并没有明确规定。

（二）可否通过合约免除强行平仓的通知义务

由于期货交易采取逐日结算的方式，当日无负债。因此，依据法律规定以及期货合同，期货公司有义务对客户的持仓进行监控，若依据当日的保证金标准计算发现客户保证金不足，一般在收市之后，其有义务及时向客户发出追保通知，此义务为法定，所以自无合同免除的空间。本文所要讨论的是，可否通过合同免除期货公司在强行平仓前的通知义务，此通知仅指期货公司以书面或者口头向客户表明其即将强行平仓的意思表示。换言之，当在前一个交易日或者盘中早些时候，期货公司已经发出追保通知的情况下，期货公司可否依据合同约定，在晚些时候强行平仓前无须再通知客户。关于这一点，美国法院的态度是较为认可当事人意思自治，而我国目前的司法实践，从保护投资者的角度出发，依据《中华人民共和国合同法》第52条对该约定的效力予以了否定。但笔者以为这种做法是不恰当的，在对9家期货公司经纪合同强行平仓条款予以考察之后，结合前文中关于强行平仓法律性质的认定，笔者建议：若期货公司此前已经履行了追加保证金的义务，则其可以选择是否履行强行平仓前的通知义务。可以通过合同约定，明示其放弃选择权，在追保通知发出后，当达到一定的风险程度，期货公司无须再另行通知即可强行平仓。

1. 美国：充分尊重当事人的合同约定

在“莫斯诉布拉德福德公司案”（Moss v. J. C. Bradford and Co.）[9]中，莫斯是期货经纪商布拉德福德公司的客户。纠纷发生在1987年美国股市闪电崩盘的10月，正常情况下标准普尔500指数每个交易日的波动在3～5个点，但是在10月19日这天，指数急剧下跌了80.75个点，莫斯遭受巨大损失。当天其收到了期货公司追加保证金的电话，由于其持有的南方国家公司的股票不得充抵保证金，因此其向期货公司申请了部分贷款以满足保证金要求，但行情在当天未曾好转。10月20日早晨8:00，莫斯收到了公司要求其追加105,000美元的通知，但是其未能及时补足。在股指期货市场大幅下跌的情况下，布拉德福德公司决定当股指跌至190点时执行止损指令。布拉德福德公司曾试图通知莫斯，但一直没有联系上他。布拉德福德公司在当天11:10下达了止损指令，约11:35，指数跌至190点，莫斯所有的持仓全部被自动卖出。与此同时，莫斯抵达布拉德福德公司的办公室，但此时虚亏已经成为实亏。上诉法院经审理后认为，原被告合

---

〔9〕 337 N. C. 315(1994).

同中约定当客户账户保证金不足时,期货公司可以在任何时间且无须通知客户的情况下对其账户进行平仓处理是合法有效的,原因有二:第一,期货交易特殊的商业背景,在保证金不足的情况下,若客户留有持仓或者继续进行交易,那么对于期货公司以及交易所来说无疑是巨大的风险;第二,鉴于追加保证金与强行平仓的规则,其目的在于保护期货公司与交易所,我们理解期货交易的联邦监管制度,包括芝加哥商品交易所规则 827,是允许期货公司在不通知客户的情况下进行强行平仓的。

几年后,在"美国第一贴现公司诉雅各布斯案"(First American Discount Corp. v. Jacobs)〔10〕中,对于当事人合同约定予以尊重的司法态度继续得到保持。该案中,法院援引了美国商品期货交易委员会文件(CFTC Docket) No. 91 - R102〔11〕与 Moss v. J. C. Bradford and Co. 一案裁决的观点,认为联邦监管制度中关于追加保证金与强行平仓的规定,目的在于保护期货公司和交易所,乃至于整个金融市场。例如,芝加哥商品交易所规则 827 以及美国商品期货交易委员会规则 1.55 规定,期货经纪商在对客户账户进行平仓处理之前,应对其进行通知,但该规定的目的不在于拓展客户的权利,而是为了让期货公司在下述情况下免于承担责任,即期货公司由于给客户下达追加保证金通知之后,没有及时平仓的时候,由此导致的损失期货公司免于承担责任。因此,客户服务协议授权期货经纪商对账户进行平仓处理合法有效,期货经纪商平仓行为并不违反其对客户的信义义务。

2. 中国:法官自由裁量干预合同效力

在"杨某某与广发期货有限公司期货经纪合同纠纷案"〔12〕中,双方在《期货经纪合同》第 1 条第 2 项约定:"乙方应当在下一个交易日开市前及时追加保证金或者立即采取有效的减仓措施,否则,甲方有权在事先未通知的情况下,对乙方的部分或者全部未平仓合约强行平仓。"原告提出,期货公司在强行平仓之前加了一个霸王条款,即不需要发出强行平仓通知,因此该条是无效的。但广州市中级人民法院经审理后认为原告与被告签订的《广发期货经纪有限公司合同文件》《期货经纪合同》等没有违反法律、行政法规的强制性规定,合法有效,对当

---

〔10〕 324 Ill. App. 3d 997(2001).

〔11〕 该案为美国期监会依据《商品交易法》作出的裁决,该案法官认为:"没有任何法律以及规章,要求期货经纪商在对保证金不足账户进行平仓前,须获得客户的同意。作为良好的商业惯例,期货经纪商应尽力通知客户及时存入保证金以避免被平仓。客户有明确的责任去管理自己的账户,并在发生保证金追加时存入足额保证金。"

〔12〕 (2013)粤高法民二终字第 1 号。

事人具有法律约束力。然而，类似的条款在“严某某诉申银万国期货有限公司成都营业部、申银万国期货有限公司期货强行平仓纠纷案”中，却被认定为无效。法院认为，双方《期货经纪合同》第50条关于通知义务的约定，准许被告在客户交易保证金不足，在需要追加保证金的情况下，可以不履行通知义务而直接对持仓予以平仓。然而依据最高人民法院相关的司法解释，强行平仓前的通知义务为期货公司的法定义务，其目的在于为保护客户权益，规范期货公司强行平仓行为。因此，期货公司无权通过约定予以免除。该条款系格式条款，实质上剥夺了客户对其持仓即及保证金情况应当享有的知情权以及客户自行平仓或追保的权利，依据《中华人民共和国合同法》的相关规定，该条应为无效条款。

显然，法院保护投资者的初衷是值得肯定的，但是这种做法存在明显补足。首先，将追加保证金通知与强行平仓通知混为一谈，忽视了追加保证金通知对于客户知情权的保障作用。片面否定双方约定的效力，加重期货公司实施强行平仓行为前的通知义务，极有可能纵容投资者躺在权利上睡觉，主观上认为行情会向有利于自己的方向发展，在收到追加保证金通知之后怠于追保或者自行平仓，因为等到风险即将波及期货公司时，期货公司会发出第二次通知。其次，在商事案件中套用民事审判思维，未考察期货交易的特性。期货市场是一个风险高度集中的市场，行情发展迅速，对期货公司课以严重的通知义务，会降低其决策执行的效率，在特殊情况下，有些强人所难。投资者作为市场参与者，在签署《期货风险说明书》后，就应当认识到自己可能面临的风险，并积极关注自己账户的资产变动情况，在收到追保通知后，预料到可能存在的平仓风险，并及时追保。

因此，关于期货公司与客户豁免强行平仓前通知义务约定的效力，司法审查应顺应商法的思考逻辑，即采取从宽认定的态度，严格适用契约无效的法定条件。[13] 对于商事裁判而言，争议的解决固然重要，但经由争议的解决而进一步明晰和创造规则，给市场以正确的激励信号，促进经济的发展和财富的增长，才是商事裁判更为重要的目标。[14] 在涉通知义务纠纷案件的处理上，法院未明确区分追保通知和强平通知，自由裁量合约免除强平通知义务的效力，可能会让期货公司难以适从，而且司法机关强行认定部分条款无效，也与目前期货业普遍做法相悖。下面，结合对期货经纪合同的考察，展开分析。

---

〔13〕 黄正光：《契约效力从宽认定规则的把握——以基层法院商事裁判为视角》，载《人民司法》2015年第9期。

〔14〕 詹巍：《论商事裁判的法律经济学分析进路》，载《东方法学》2016年第4期。

3. 对当前我国期货经纪合同的考察

在具体实践中，保证金不足的认定以及追保的通知、强行平仓的通知是依据风险率水平作出的（见表1）。风险率又称风险度，包括客户风险率以及交易所风险率。客户风险率，一般以持仓保证金金额（以期货公司规定的保证金收取比例计算）与客户权益金额之比得出风险控制参数。当客户权益金额大于合约占用保证金金额，意味着客户有额外的资金作为缓冲垫，可以及时追加，因而交易风险在可控范围之内，即风险率低于100%。〔15〕与客户风险率不同的是，交易所风险率是以交易所规定的保证金收取比例计算的。

就非盘中强行平仓而言，一般在当日收市之后，若客户的风险率大于100%，依据合同约定，期货公司会在当日结算报告中向客户发出追保通知，客户须在下一个交易日开市之前追保或者开市后立即自行减仓，客户未及时追保或者自行减仓的，期货公司有权强行平仓。为了规避合同条款被认定为无效的法律风险，大部分合同对于平仓前的通知义务未做约定，意味着期货公司可以通知也可以不通知。就盘中平仓而言，一般以交易所风险率大于100%为分界点，依据合同约定，期货公司有权在不通知客户的前提下强行平仓。该条以格式条款的方式排除了期货公司的通知义务，如继续沿用投资者保护的逻辑，那么此条款有可能被认定为无效。但是在实践操作中，虽然此前有类似的判例，但众多期货合同中还是沿用此条款，具体参见表1。原因何在？显然，盘中平仓一般适用于行情急剧波动的交易日，可能期货公司刚发出追保通知后不久，客户的权益很快从低于期货公司规定的持仓保证金到低于交易所规定的持仓保证金。此时，可能并没有多余的时间留给期货公司去发出强行平仓通知，进而等待客户追保或者再自行减仓。因此，笔者以为，期货公司在追加保证金通知发出之后，若账户交易所风险率大于100%，其完全有权利在不事先通知的情况下，执行强行平仓。

笔者以为，可以用风险率水平作为权利转义务的分界点，如交易所风险率大于100%，及时平仓即为期货公司的法定义务。为了提高效率，保护期货公司与交易所资金的安全，其可以通过合约约定不履行操作前的通知义务。具体分析思路如下：当客户风险率大于100%时，平仓为期货公司权利，但从保护投资者角度来看，应对其权利做出适当的限制。此时期货公司具有发出追加保证金通知的义务，且不能通过合同免除。通知义务的设置，在于保护客户的知情权以及客

〔15〕 也有期货公司采取刚好相反的风险率计算方法，如长江期货、银建期货，均用客户权益金额与客户账户合约占用保证金金额之比来设定风险率的。此时，风险率大于100%，则客户交易风险尚处于可控范围之内。期货业界未就风险率如何设置作出统一的规定。

户自行平仓或追加保证金的权利。而当交易所风险率大于100%时,平仓为期货公司的义务,从保护期货公司以及维护市场的角度,此时不宜对期货公司课以过多的义务。对于强行平仓通知义务的履行,期货公司有选择权。其不履行,并不意味着要承担责任。但若其履行了通知义务之后,在等待客户的追保的过程中,延缓了平仓时间,由此导致的亏损期货公司可以免责。此时通知义务的设置,目的在于保护期货公司,因此其可以通过合同约定,放弃选择权,在追保通知发出后,不再另行通知即可强行平仓。

四、试析强行平仓通知义务履行的合理限度

毫无疑问,客户的风险率长期处于“追保”“强平”“穿仓”等必然是期货公司所不允许的。[16] 期货行情瞬息万变,一旦期货公司尽到了合理的通知义务,其完全可以毫无顾虑地执行下一个操作,使其自身处于一个安全的境地。追保的通知义务无法通过合约免除,但是强行平仓前的通知义务则可有条件地免除,即此前已经履行了追保的通知义务。至于追保通知义务要履行到什么程度,才算合理?笔者以为可以从通知的方式、通知的发出与对通知的异议、合理追保或自行平仓期间等方面进行考察。

(一)通知的方式

为了保证通知的执行效果,期货公司有义务采用符合规定或约定的方式,向客户发出追保通知,一般包括书面、电话、短信、交易客户端等方式。首先,在合同约定通知方式时,期货公司应充分考虑到客户的真实情况,尽量选择最可行和最便捷的方式。其次,在具体实施中,其应当综合考虑客户以往的交易习惯、情况紧急程度、联系方式可行性等角度,尽力同客户取得联系,提高客户接到通知的可能性。

(二)通知的发出与对通知的异议

当客户风险率达到一定程度时,期货公司有义务及时发出追保通知。在一般情况下,在收市之后经过结算才能知道保证金是否充足,所以追保通知和强行平仓通知一般通常是在当日收市后跟随结算报告发出的。当然,在行情波动较

---

〔16〕 杜鹏:《我国期货公司保证金设置与强行平仓效率研究》,上海交通大学2012年硕士学位论文,第13页。

大的交易日,交易所在盘中也可以发出追保通知。[17] 在期货公司发出通知之后,客户可以以未收到通知或者对通知内容存在疑问为由提出异议,但须在规定的期间内提出,一般以合同约定为准,逾期未提出的,则视为对通知内容的认可。当期货公司以约定的方式,及时发出追保通知之后,且客户未在合理期间内提出异议,则认为通知义务已经完全履行,其并不以客户实际查收为必要条件。

(三)追保或自行平仓的合理期间

追保通知一经有效发出,客户在法律上即须履行责任,及时将资金打入自己的账户。[18] 而客户执行操作的前提是,其具有一定的实施时间。而多长时间是合理的? 这个问题很难回答。综合来看,关于合理期间的界定,至少应当包括以下特征:第一,具有追保的客观条件,如银行正在营业(现金存入账户)、证券市场正在交易(出售股票、债券以满足保证金等),但是由于客户自身主观因素导致客观条件无法具备的除外,如客户到偏远山区旅游;第二,留有的时间,足以客户完成转入保证金等一系列操作等。[19] 上述两个特征确立了合理期间界定的基本原则。具体到时间限定,可以参考各个交易所的规定。例如,芝加哥商品交易所规则 827(现修改为规则 930K[20])以及芝加哥期货交易所规则 430.00[21](现被删除),曾提出 1 小时应被视为合理期间。国内交易所,以中国金融期货交易所、上海期货交易所为例,在涉及会员平仓处理时,一般给予被通知方半个交易日的时间追保或者自行平仓。这一规定虽未直接涉及期货公司层面,但具有一定的参考意义。从控制风险,减小期货公司损失的角度来看,合理期间越短越好,但从保护投资者利益,维系市场信心的角度,合理期间宜放宽。当下,我国期货市场以个人投资者为主,风险意识相对单薄,投机氛围较为浓厚。切实防范风险,是当前第一要务。因此,合理期间不宜过长。在收到追保通知后,很有可能客户已没有资金,但是希望多等,期待行情好转。在此过程中,极易诱发透支交易,损害期货公司利益。综合考虑风险控制以及投资者保护等因素,笔者以为,一般而

〔17〕 崔文妍:《期货交易中的强行平仓问题研究》,苏州大学 2015 年硕士学位论文,第 17 页。

〔18〕 参见中国香港特别行政区"孙某某对丰金融期货(亚洲)有限公司案",HCA 1807/2010。

〔19〕 参见谭婧:《个股期权强行平仓实施方式及其法律后果探讨》,载黄红元、徐明主编:《证券法苑》(第 9 卷),法律出版社 2013 年版,第 759 页。

〔20〕 CME 930K Liquidation of Accounts: If a customer fail to comply with a performance bond (or "margin") call within a reasonable period of time (the clearing member may deem one hour to be a reasonable period of time).

〔21〕 Chicago Board of Trade Rule 430.00: Such deposits must be made with the commission merchant within a reasonable time after demand, and in the absence of unusual circumstances, one hour shall be deemed a reasonable time.

言,针对前一交易日已经发出追保通知的,开市后 15 分钟应被视为合理期间。针对盘中发出的追保通知的,通知发出后的 1 小时应被视为合理期间。在特殊情况下,经双方协商也可以明确约定一个合理期间。

五、结语

强行平仓是期货市场中必不可少的风险控制手段,但由于其直接对持仓者合约的强制性处分,因此必须对该行为施以合理的限制。换言之,强行平仓需要满足一定的实体与程序条件,而程序条件是否满足往往是纠纷争论的焦点。以目前的司法实践来看,主要围绕期货公司可否通过合约免除强行平仓的通知义务、是否留有合理的时间给客户去追保或自行平仓等。

强行平仓规则的正当性在于其符合投资者的保护的要求,[22]因此在双方约定不明或者格式条款单方面免除期货公司通知义务时,法院倾向于作出有利于投资者的解释或裁决。但其未明确区分追保通知与强行平仓通知,未充分考虑期货交易的商业特性,存在明显不足。结合美国的司法实践,笔者以为,追保通知为期货公司的法定义务,不可通过合同约定免除,且其履行应满足通知方式、通知的发出与对通知的异议、追保的合理期间等方面的要求,否则期货公司应承担不当平仓的法律责任。若追保通知已有效发出,且已过追保的合理期间,期货公司可以不再另行通知客户而直接强行平仓,此时的通知义务可以在合同中明确约定免除。若其继续履行了通知义务,由此延误平仓时间导致的损失,期货公司不承担赔偿责任。

表 1 《期货经纪合同》中强行平仓相关条款[23]

期货公司	盘中平仓	非盘中平仓
期货业协会(指引)	—	当客户风险率[ ]时,期货公司在结算报告中向客户发出追保通知,客户应当在下一交易日开市前及时追保或者在开市后立即自行平仓,否则,期货公司有权强平

[22] 付大伟:《期货强行平仓规则与投资者保护——从范有孚案说起》,载洪艳蓉主编:《金融法苑》(第 84 辑),中国金融出版社 2012 年版,第 84 页。

[23] 依据期货业协会以及各家期货公司官网资料整理得来。

续表

期货公司	盘中平仓	非盘中平仓
国泰君安期货	当交易所风险率大于100%时，期货公司可以不通知客户，随时强平	当客户风险率大于100%时，交易结算报告中向客户发出追保通知，客户应在开盘前追加，否则期货公司有权强平
海通期货	当客户风险率大于100%时，期货公司有权在不通知客户的前提下强平	当客户风险率大于100%时，按合同约定的方式发出追保通知或者强平通知，客户应在规定时间内追保或者自行平仓，否则期货公司有权在不另行通知的情况下强平
华安期货	当客户风险率大于100%时，客户应立即补足保证金或减仓，否则，当交易所风险率大于100%时，期货公司有权在不通知客户的情况下强平	当客户风险率大于100%时，交易结算报告中向客户发出追保通知，客户应在下一交易日集合竞价开始前15分钟及时补足保证金，否则期货公司有权强平
鲁证期货	当交易所风险率大于100%时，期货公司有权依据合同约定的网上交易客户端软件等辅助通知方式向客户发出追保通知，如客户未及时追保或平仓，则期货公司有权强平	当客户风险率大于100%时，交易结算报告中向客户发出追保通知，客户应在开市前及时追加保证金(以资金达到期货保证金账户为准)或者开市后立即平仓，否则期货公司有权强平。极端市场情况下，期货公司有权以集合竞价形式平仓
申银万国期货	当交易所风险率大于100%时，期货公司在履行发送追保通知河强平通知的义务后，有权随时在不另行通知的情况下予以执行平仓	交易闭市结算后，当客户风险率大于100%时，期货公司按照合同约定的方式发出追保和强平通知后，客户应在通知要求的时间内追保或平仓(极端情况下，期货公司保留提前强平权利)，否则期货公司有权在不另行通知情况下平仓
永安期货	客户权益低于按交易所规定客户所需的持仓保证金时，期货公司有权在不通知客户的情况下强行平仓	当客户风险率大于100%时，期货公司在结算报告中向客户发出追保通知，客户应在下一个交易日开市(含集合竞价时间)前追保或者减仓，否则有权强平；交易所风险率大于100%，期货公司有权在下一交易日(含集合竞价时间)强平

续表

期货公司	盘中平仓	非盘中平仓
浙商期货	当交易所风险率大于100%时,期货公司通过电话、短信、交易软件提示等任一种方式通知客户追保,客户未追保,期货公司有权强平	当客户风险率大于100%时,期货公司在结算报告中向客户发出追保通知,客户应在下一交易日开市(含集合竞价)前及时追保或立即自行平仓,否则,期货公司有权平仓
长江期货	当客户风险率小于等于80%或账户权益小于其持仓占用在交易所的保证金总额时,按照合同约定方式发出强行平仓通知书,客户未及时追保或减仓,期货公司有权在事先未通知的情况下自行选择时机和价位强平	当客户的风险率小于或等于100%时,期货公司按照合同约定方式发出追保通知,客户应当及时追保或减仓,以及在下一个交易日开市前追保或开市后立即平仓,否则,期货公司有权执行平仓
银建期货	当客户实时权益在短时间内迅速触及或者低于期货交易所对会员征收的保证金水平时,期货公司有权依据合同约定方式发出追保通知,客户未追保或者以能成交价格挂单,期货公司有权平仓	当客户的风险率小于100%时,期货公司在结算报告中发出追保通知,客户应当在下一交易日集合竞价前及时追加保证金或者在集合竞价时挂单自行平仓,否则,甲方有权对客户执行平仓(包括集合竞价期间)

期货及衍生品法律评论
第一卷,第275~286页

我国场外金融衍生交易担保制度及其完善

赵姿昂*

摘要:近年来,我国金融市场诸多场外金融衍生交易担保的实践已经先行。然而当前现有的场外金融衍生交易担保制度带有强烈的英美法特点,我国金融实践中相关担保制度的缺失,为场外金融衍生交易的稳健发展埋下了隐患。由此,本文通过分析比较英美法关于场外衍生交易的担保制度的有关规定,借鉴其先进经验,落脚于我国实际国情,探讨如何促进场外金融衍生交易的担保与我国现有法律体系间的融合,为场外金融衍生交易担保制度价值最大限度的发挥创造更加完善的法律环境。

关键词:金融衍生交易　担保　ISDA 完善

一、场外金融衍生交易担保的概念及特征

(一)场外金融衍生交易担保的内涵

广义的场外金融衍生交易担保是场外金融衍生交易一方与担保方约定,以特定的资产或者第三人的信用保障交易对方履行义务的制度,用以降低由于交易对方不履行约定义务而出现的信用风险,[1]包括第三方保函和信用支持。

---

* 北京大学法学院民商法学博士研究生。

[1] 降低场外金融衍生交易信用风险的方法有很多,如净额结算协议、信用评级、信用限额、附条件合同等,本文所述的担保仅为诸多方法之一,也是当今场外金融衍生交易中最常用的降低信用风险的工具。

狭义的场外金融衍生交易担保则仅指信用支持,即场外金融衍生交易双方约定,根据主协议项下交易双方间的信用风险程度,以特定的资产保障交易对方履行义务的制度安排。本文中所指的场外金融衍生交易担保即采狭义表述。

(二)场外金融衍生品交易担保的特殊性

在经济发达的市场中,交易信用系统不仅更复杂,而且其存在的交易风险更高。信用机制存在高风险性和不确定性,如果单纯依靠信用将会使整个交易市场孕育风险,最终坍塌。由于场外交易市场的透明度低,潜在风险高,只有担保才能保护交易双方,降低因信用风险造成损失的可能。因此,担保制度自20世纪90年代开始,对金融创新信用风险提供了重要支撑,同时对信用风险做出了有效管理。而且,不同的交易主体在市场中的信用风险程度是不同的,担保制度缓解了不同交易主体之间的信用风险差值,避免了交易双方由于信用评级差值较大而出现无法交易的情形。[2]

场外交易通过私人协议的方式对衍生品进行定价,合同规模、条件和结算价格均根据当事人约定,可以满足客户的特别需求。场外交易能够突破场内交易标准化合约的限制,具有后者无法比拟的发展速度与规模。[3] 鉴于此,场外交易适用特殊的法律制度,交易担保也显现区别于传统担保制度的独特性。

场外交易担保具有相对独立性。传统担保制度的担保关系从属于担保的债权债务关系,担保权从属于担保的债权。就场外交易担保而言,仅创设须依据债权关系产生;交易担保一旦成立,其他相关问题均独立于主债权,如担保物的实际交付、增减均以市价计值制度为基础,依据交易双方的信用风险净暴露额进行确定并随时变化。[4] 另外,交易主协议无效也不必然导致担保协议无效,而担保协议的取消、否认、放弃或拒绝等可能构成主协议中的违约事件而引起主协议终止。由此,场外交易担保的相对独立性不言自明。

场外交易担保具有不确定性。区别于传统担保协议中债权人与担保人法律地位相对固定的情形,场外交易主协议当事人根据信用敞口与市价计值,其债权债务关系处于不断变化中,双方互享债权,互负债务。[5] 为了避免交易双方在进行担保或其他交易行为过程中,出现对条款理解偏差导致合约不可执行的情形,场外交易主体多采用国际机构制作的标准文件作为合同文本。各国监管部

[2] 薛智胜、马淑亚:《我国金融衍生品发展的法律困境解析》,载《法学杂志》2008年第4期。
[3] 徐孟洲、葛敏:《金融衍生品市场监管法律制度初探》,载《成人高教学刊》2003年第5期。
[4] 孙阳:《对完善我国金融衍生品风险防控法律制度的思考》,载《法制与社会》2010年第6期。
[5] 黄琨、黄琳:《国际金融衍生交易协议法律性质和效力初探》,载《社科纵横》2006年第1期。

门也多鼓励交易双方采用国际公认的法律文本以减少法律风险。目前,场外衍生品交易最常使用的是国际互换及衍生工具协会制定的ISDA系列文本。

(三)场外金融衍生交易担保制度的意义

金融衍生交易基本上是信用交易,离不开担保制度。由于场内金融衍生交易担保主要通过强制性缴纳保证金制度、每日无负债的结算制度、涨跌停板制度、限仓和大户报告制度、风险及违约处理制度等来降低信用风险,有明确的制度规定,交易双方不需要另行订立担保协议以保证其债权的实现。[6] 相较之下,场外金融衍生交易更需要用担保的方式来降低由于交易对手违约而招致损失的信用风险,确保交易的正常进行。

实践中,自20世纪90年代开始,担保是金融创新中管理信用风险的有效手段和重要支撑之一,也是发展最迅速的用于场外交易的信用风险防范手段。场外金融衍生交易担保的内容形成于金融创新交易的特殊运行规则的实践当中,与现行的传统色彩的担保法律制度相去甚远。各国纷纷通过特别法的形式,或者通过判例的形式对金融创新实践中的担保形式予以承认,以突破传统的担保法律制度难以解决的“瓶颈”。

我国的担保法律制度与场外金融衍生交易担保制度的不相容之处,在某种程度上也阻碍了金融衍生交易市场的发展。因此,对于场外金融衍生交易担保制度的研究势在必行。

二、我国场外金融衍生品交易担保的立法现状

场外市场在我国属于新兴市场,与场内市场具有统一、明确的交易规则不同,场外交易主要依据当事人约定。但金融衍生品交易是西方发达市场的产物,由此而生的国际掉期与衍生工具协会(International Swaps and Derivatives Association,ISDA)系列文件也以英美法系国家法律为植根土壤。目前,我国尚未就此出台专门的法律法规予以规范,欲探讨其法律效力完善问题,首先必须明确场外交易担保在我国的法律适用依据。

(一)我国现有场外金融衍生品交易担保的法律规范

迄今为止,我国涉及金融衍生交易的相关法律主要是:《中华人民共和国合同法》《中华人民共和国物权法》《中华人民共和国企业破产法》《金融机构衍生

---

〔6〕 陈晗:《金融衍生品:演进路径与监管措施》,中国金融出版社2007年版,第15页。

产品交易业务管理暂行办法》,以及《中华人民共和国中国人民银行法》《中华人民共和国商业银行法》《中华人民共和国证券法》《中华人民共和国信托法》《中华人民共和国证券投资基金法》《中华人民共和国票据法》《银行业监督管理法》。目前,我国既没有针对金融衍生交易的专门法规,也没有像很多国家那样将金融衍生交易纳入金融法或期货立法进行规范。因此,要探讨信用支持安排在我国的构建就必须从《中华人民共和国物权法》、《中华人民共和国担保法》及其解释、《中华人民共和国企业破产法》等与信用担保制度相关的法律法规入手。

(二)我国传统担保制度与场外衍生交易担保制度的冲突

国际场外交易担保均采用动产为担保标的物,如 ISDA 信用支持附件中规定的合格信用支持物为现金账户和证券,实践中通常为现金账户、政府债券或高评级债券。[7] 因此,场外交易担保效力以我国动产担保制度为法律适用依据。

场外金融衍生交易担保在我国法域下属于狭义担保。[8] 换言之,交易双方必须在交易同时据合意另行担保行为,即利用交易之外的其他财产保障交易安全,达到担保目的。信用支持文件区别于主协议,是交易担保的依据。[9]

1. 传统担保制度的从属性

在我国传统的担保制度中,担保物权从属于主债权,并以担保主债权的实现为目的,是主债权的从权利,因此担保物权具有从属性的特点。[10] 担保物权的从属性特点有利于保障主债权的实现,同时能够在一定程度上保护担保人的权益,控制其责任风险。但是在 ISDA 主协议项下,合格信用支持物的效力并非从属于主协议。在依照 ISDA 的有关规定,如果 ISDA 主协议无效,并不影响该合格信用支持文件的效力,因为信用支持文件具有独立性,且受到该信用支持文件本身的准据法管辖,其效力并不依附于主协议。所以,在 ISDA 项下主协议无效并不必然导致信用支持文件的无效。

2. 传统担保物权实现条件

在我国传统担保制度中,担保物权具有补充性,当债务人届期不清偿债务时,债权人即可行使担保权以保障自己的债权得以实现。担保物权的从属性虽

---

〔7〕 "ISDA Glossary of Collateral Terms Chinese Translation", http://www.isda.org/publications/pdf/ISDA-Collateral-Glossary-Chinese-Trans.pdf; "ISDA Credit Support Annex (Subject to English Law)". Accessed March 14, 2017. http://kbc-pdf.kbc.be/collateral_management/Standard_csa.pdf.

〔8〕 郭明瑞:《担保法》(第2版),法律出版社2004年版,第10~11页。

〔9〕 刘保玉、吕文江:《债权担保制度研究》,中国民主法制出版社2000年版,第58页。

〔10〕 郭明瑞:《民法学》,北京大学出版社2001年版,第251页。

然一方面保障了担保权人债务的实现，但在另一方面对担保物权实现的条件加以限制，即只有在债务以届清偿期，债务人不履行债务时，债权人方可行使其担保权。但依据ISDA的有关规定，其担保权益的实现并不以债务人届期不清偿债务为前提，只要是在主协议项下或合格信用支持文件上存在违约，无论违约方是否担保人，均可能实现担保权益。[11] 因此，ISDA信用支持文件中担保权益的实条件与我国法律的相关规定有所冲突。

3. 传统担保物权的法定性

传统担保物权必须符合“物权法定主义”原则。传统担保物权的法定性是指担保物权的形式和内容均由法律规定，当事人不得随创设任意新的担保物权。[12] 而由于ISDA项下的担保权益型信用支持文件和所有权转移型信用支持文件是在英美法系之下建立的，其还无法在我国法律中找到完全适合的位置，造成了我国担保物权的法定主义原则与ISDA信用支持安排的冲突。

4. 担保物所有权转移问题

ISDA起草的标准信用支持文件之一ISDA——英国法所有权转移附件（English Law Transfer Annex）规定，设定担保时，担保物的所有权是转移的，即由担保物提供方（担保方）转给担保物接受方（被担保方）。这与《中华人民共和国担保法》中关于设立担保时不得约定转移担保物的所有权的原则性规定是矛盾的。因此，若我国法院受理交易纠纷或破产案件时，则可能会对此类担保进行法律性质的重新确定，并认为担保项下的担保物的所有权没有发生转移。这样，担保权人基于所有权转移而可能对担保物进行的处置行为的法律效力就值得质疑。一方面，没有所有权，处置权就自然受限制；另一方面，在破产程序中，非经破产清算人的许可，担保权人也不得擅自处置担保物。

三、各国场外金融衍生工具交易担保制度的比较

场外市场是发达市场经济的产物，ISDA主协议等系列文件也与英美法系国家法律存在某种天然联系。通过对一些国家法律进行比较研究，不仅有助于理解ISDA条款内容，更能为我国有关制度的完善提供借鉴。

---

〔11〕 田土城等主编：《担保制度比较研究》，河南大学出版社2001年版，第29页。

〔12〕 同上。

(一)ISDA信用支持文件

担保文件通常以信用支持文件的形式出现,ISDA至今共制定了4个信用支持标准文件,旨在为市场交易者提供可操作的担保程序,并消除其中多个司法管辖引起的法律的不确定性。[13] 这4个文件分别是:(1)《适用纽约法的信用支持附件》;(2)《适用英国法的信用支持契据》;(3)《适用英国法的信用支持附件》;(4)《适用日本法的信用支持附件》。

从文件的法律结构上来看,信用支持协议所设定的担保主要有两种方式:担保权益式和所有权转移式。

担保权益式信用支持协议,是指主协议的一方以国际流通证券作为信用支持,覆盖另一方的净信用暴露,其中交付的证券所有权并不转移。所有权转移式信用支持协议,是指主协议的一方向另一方交付相应的国际流通证券作为信用支持,覆盖该另一方的净信用暴露,交付的证券所有权发生转移。这种预先转移所有权的担保方式,在民法上称为“让与担保”。[14]

“担保权益式”与“所有权转移式”的根本区别在于,在担保权益方式下,作为担保物的证券的所有权不发生转移,接受证券的一方享有的仅仅是质权,而不是所有权。而在所有权转移方式下,作为证券的所有权发生转移,接受证券的一方享有的是所有权,而不是质权。因此,在担保权益方式下,接受证券的一方可以将证券转质押,但不能再转让;而在所有权转移方式下,接受证券的一方不仅可以将证券再质押,还可以将证券再转让给第三人。[15] 在依据主协议“自动提前终止”的约定终止所有尚未结算的交易时,担保权益方式下接受证券的一方有权按照公平市场价值以出售该证券所得的价金与净终止价值相抵销,而所有权转移方式下接受证券的一方不仅有权以出售该证券所得的价金与净终止价值相抵销,亦可在计算净终止价值时直接以证券的相应价值进行抵销。[16]

从研究担保权益型信用支持协议的意义上看,由于担保权益型信用支持协议直接来源于金融创新实践,具有强烈的可接受性和可操作性,同时,在我国金融创新实践中获得了普遍的认同及广泛应用,因此对于其进行理论研究对我国发展金融创新业务具有积极的实践意义。另外,担保权益型信用支持协议所创设的担保权益与我国的权利质权制度有相通之处,具有可比性。我国金融衍生

---

〔13〕 宁敏:《国际金融衍生交易法律问题研究》,中国政法大学出版社2003年版,第184页。

〔14〕 同上。

〔15〕 刘菲:《完善我国金融衍生品监管体制的法律思考》,华东政法大学经济法学院2008年法律硕士学位论文,第30页。

〔16〕 田土城等主编:《担保制度比较研究》,河南大学出版社2001年版,第31页。

担保立法的设计既不能完全脱离传统的权利质权理论,又要体现出对实践的适应性,二者如何兼顾,如何做到适当的均衡,需要对担保权益型信用支持协议进行深入的理论研究,以指导立法及司法实践,丰富法学研究的领域和内容。

(二)场外金融衍生交易担保权益创设的法律问题

所谓担保物,即场外金融衍生交易担保协议中设立的担保权所指向的标的。各国交易主体在交易实践中提供的担保物,基本上可区分为政府证券和现金存款两类。[17] 担保物权本质上着眼于支配标的物的交换价值,以保障债务清偿,故作为担保物权的标的,最根本的要求就是具有可让与性,易于变现。政府证券和现金存款由于在民法上均属种类物,具有可替代性;在金融市场上又具有高度的可流通性,且易于变现;同时更以其良好的信誉受到各国交易主体的青睐。

各国交易主体所使用的政府证券的具体种类各不相同。美国交易者普遍接受美国国库证券(Treasury Obligations)和美国政府机构证券(Agency Issues);而欧洲国家的交易者则普遍接受七国集团证券(G7 Debt Obligations),有时也接受十国集团证券(G－10 Debt Obligations)。各国法普遍认可将政府证券作为担保物的做法,然而涉及现金存款(Cash Deposit)的问题,却存在诸多争议。

1. 英国法

目前在英国法下,在存于被担保方账户中的现金上创设担保权益以担保"被担保方"的债权已不再有重大疑问。在英美法下,担保权益的创设要求存在意图创设担保利益的担保协议,债务人对担保财产享有权益并有权处分,以及被担保的债务的存在。此外还必须满足合同约定的担保权益附系的条件。[18] 担保权益的附系也就是担保权益的创设,是指特定的担保权益附系于特定的财产之上。附系使被担保人对债务人的特定财产取得担保权,并在债务人不履行债务时,可以对该财产强制执行。附系的效果是在当事人之间产生效力,这种效力仅具有合同效力的性质,已经附系的未完善的担保权益不能产生对抗第三人的效力。[19]

需要指出的是,按照英国冲突法的规则,英国成立的公司在各种"合格信用支持物"上创设的担保权益的管辖法律,为相应的担保文件适用的法律,因此英国法院将承认适用纽约法管辖中担保权益的附系,如果创设的担保权益在纽约

---

〔17〕 艾雪雯:《国际金融衍生交易担保制度》,西南政法大学国际法学院2007年硕士学位论文,第18页。

〔18〕 梁慧星、陈华彬:《物权法》(第5版),法律出版社2010年版,第293～297页。

〔19〕 艾雪雯:《国际金融衍生交易担保制度》,西南政法大学国际法学院2007年硕士学位论文,第18页。

法下有效存在,英国法将承认其有效性。

2. 美国法

在美国法下,一个有效的质权[20]要求质押财产的占有权由质押人向被担保方的明确转移,并且必须足以使任何第三方知道在担保物上创设的担保权益。因此,如果通过电信系统将现金担保物有效地转移于被担保方的账户,且该账户是以被担保方的名义开立或者在被担保方的单独的或绝对的"控制"之下,那么在现金存款上是可以有效地创设担保权益的。

3. 德国法

在德国法下,现金存款可以作为有效的担保物,对现金可以通过两种方式创设质权:直接设质于作为担保物的纸币或硬币上,在被质押的纸币和硬币被混同或转让前,质权将有效存在,属动产质权;在资金被存入银行账户的情况下,设质于对持有该账户的银行的支付请求权上,属权利质权。[21]

4. 我国法视域下担保物的选择

按照大陆法系国家传统民法理论,货币属于动产,其从性质上说属于消耗物而不适于设质;且动产质权创设只转移质物占有,而不转移所有权,因在任何情况下占有货币也就取得货币的所有权,就决定了货币形式的现金无法作为担保物权的标的。

最高人民法院《关于适用〈中华人民共和国担保法〉若干问题的解释》第85条规定:"债务人或者第三人将其金钱以特户、封金、保证金等形式特定化后,移交债权人占有作为债权的担保,债务人不履行债务时,债权人可以以该金钱优先受偿。"该条本质上是以务实的态度承认了采取一定形式特定化的金钱可以作为担保物权的标的。

(三)担保物的转移占有问题

场外金融衍生交易担保权的创设,除需要订立表明当事人之间合意的书面担保协议外,还需要完成担保物的交付或登记,即转移占有的过程才能使担保权具有完整的效力。对于现金存款的转移占有要求将其由担保方的账户转移至被担保方的账户;而对于证券形式担保物的转移占有要求"向相关的存储机构发出书面指令……"并且"这样足以产生一个法律上有效的交付给被担保方"。[22] 各

---

〔20〕 美国法上有效的普通法质权存在的条件是:(1)质押人与被担保方之间证明意图创设质权以担保质押人债务的协议;(2)以质押人财产为被担保方创设质权;(3)质押财产的占有权由质押人向被担保方转移,且此转移应是清楚、明确的,并且被担保方的占有是公开的、可见的。

〔21〕 陶修明:《国际金融衍生交易的相关法律问题》,载《国际金融研究》2001年第1期。

〔22〕 同上。

国对于通过何种方式来实现转移占有,要求也各不相同。

1. 英国法

英国法对证券的占有转移根据设立的抵押类型不同而不同。普通法抵押一般须将持有人的姓名改为抵押权人或其指定人的姓名;而衡平法上的抵押一般仅要求抵押人提交保存股票证明即可,[23] 如果抵押权人是银行,通常要求签署协议记录以表明这些证券是一种担保,而不仅是为了安全才存放在银行的。

2. 美国法

根据美国《统一商法典》第 9 - 304 条第 1 款规定:“金钱中的担保权益只能通过受担保方占有金钱而获得完善。”[24] 只要通过电信系统有效地转移至被担保方的账户,而且该账户是以被担保方的名义开立或者在被担保方的单独的或绝对的“控制”下,那么在现金存款上创设的担保权益就应该被视为有效的占有转移。

3. 德国法

德国法创设有效的质权要求转移对质物的占有,对于现金存款的转移占有要求对权利的债务人发出通知;而对于证券形式担保物的转移占有要求:借记质押人的清算系统或中介存储机构中的账户,同时贷记质权人的清算系统或中介存储机构的账户,而且要求中介存储机构为其储户的利益而占有相关的证券。

4. 我国法创设场外金融衍生交易担保权益存在的法律问题

我国对于在现金存款上创设担保权益并无明确规定,自然没有关于其占有转移方式的规定。然而,我国现行法虽然承认证券质押,对其设定方式也未设明文,只是根据《中华人民共和国担保法》第 76 条的规定:“不论何种证券设质,皆自证券交付之日起生效。”[25] 对于记名、非记名证券等具体交付方式未予区分。

四、我国场外金融衍生交易担保制度的完善

在经济多元化的现代社会中,担保制度也随之呈现多样化特点。随着社会经济模式的变更与生产力的不断提高,担保类型的多样化趋势将更加明显。场外交易担保基于合意创设,出质人(或转让人)向担保权人(或受让人)转移相应

---

〔23〕 [美]斯蒂芬·加奇:《商法》,屈广清、陈小云译,中国政法大学出版社 2004 年版,第 372 页。

〔24〕 潘琪译:《美国统一商法典》,中国对外经济贸易出版社 1990 年版,第 222 页。

〔25〕 郭明瑞:《担保法原理与实务》,中国方正出版社 1995 年版,第 291 页。

额度的信用支持物(现金或证券)以覆盖信用暴露,担保交易履行。[26] 这在一定程度上体现了自愿性、多样性与财产权性。但是,因交易设立的担保效力并非完全从属于主债权,还应依准据法确定,具有一定的相对独立性。我国民法理论虽以从属性为通说,但并不因此否认担保在一定程度上具有相对独立性,即担保能够独立于被担保的合同债权而发生或存在,也可不依附主债权单独发生效力。[27] 这为场外交易担保效力的相对独立提供了理论支持与实践依据。

鉴于此,笔者建议在构建我国国际金融衍生交易的担保制度的过程中,借鉴ISDA 所设计的信用支持安排,借鉴欧美发达国家在促进本国国内法与国际金融衍生交易实践相适应的尝试中的有益经验。

(一)构建我国金融衍生交易信用支持安排的必要性

ISDA 信用支持安排作为 ISDA 主协议下的担保安排制度在国际金融衍生交易界得到了广泛适用,形成了场外金融衍生交易的一项重要交易规则,占据着重要的法律地位,已成为一种市场惯例。根据 ISDA 2015 年保证金调查结果(Margin Survey)显示,金融衍生交易双方签署 ISDA 主协议进行交易中 76.6% 左右的当事人同时签署了 ISDA 信用支持安排来保障交易的最终履行,交易双方 ISDA 信用支持安排的金额高达 3.70 兆美元。[28] ISDA 信用支持安排也得到金融发达国家和地区的国内法与监管机构的认可。鉴于国际金融衍生交易的迅速发展以及我国市场参与者已广泛参与其中,且因对交易规则的不熟悉等原因,诸多企业在参与衍生交易中发生了重大损失,如海升—大摩案、中信泰富、东航、中航等事件;[29] 加之,在金融衍生交易实践中发展起来的 ISDA 信用支持安排制度具有浓厚的英美法特色,与我国的现有法律制度,如《中华人民共和国物权法》《中华人民共和国担保法》《中华人民共和国企业破产法》等存在一定的冲突之处。ISDA 信用支持安排制度法律效力在我国法下的不确定性,使我国场外金融衍生交易者在从事国际金融衍生交易时顾虑重重,处于极其不利的境地。所以,在我国相关法律制度中承认 ISDA 信用支持安排的相关规则,构建我国金融衍生交易担保制度,将有助于规范和有效保护参与国际金融衍生交易的我方交易者,有利于我国金融衍生交易市场的发展。

---

[26] 施兵超:《金融衍生产品》,复旦大学出版社 2009 年版,第 288 ~ 290 页。

[27] 马俊驹等:《民法原论》,法律出版社 2005 年版,第 556 页。

[28] "ISDA Margin Survey 2015", Accessed March 14, 2017. http://www2.isda.org/functional-areas/research/surveys/margin-surveys/.

[29] 陈学文:《金融创新业务中的担保创新》,载《广东金融学院学报》2005 年第 5 期。

(二)构建我国金融衍生交易信用支持安排的可行性

虽然ISDA信用支持安排制度与我国传统的担保法理论、物权法以及破产法律制度存在一定的冲突,但我国相关法律在作出原则性或强制性规定的同时以但书形式给予了当事人一定的意思自治空间,如《中华人民共和国担保法》中的同意转质条款和责任转质条款,《中华人民共和国物权法》第170条规定的法律允许当事人在一定条件下约定担保权益的实现条件等。相关法律规定对当事人意思自治权利的认可给ISDA信用支持安排的相关规定在我国法律上的有效性问题提供了依据或可能。随着意思自治原则在民商法领域的发展以及物权法定原则缓和,加之交易实践中出现了很多非典型担保物权,如让与担保、浮动担保等,这些均为承认ISDA信用支持安排的有效性提供了理论支持。

(三)构建我国金融衍生交易担保制度的立法模式选择

在经济快速发展的市场实践中发展起来的一些新型担保方式,已由单纯的当事人间的合同约定逐渐被主要国家的立法认可或吸收。对于国际金融衍生交易信用支持安排制度,各金融发达国家和地区以立法的形式予以认可,主要有两种立法模式:分散式立法模式与综合式专项立法模式。英美法系国家以判例法为主,一般采用分散式立法模式,如美国通过修改破产法等承认ISDA信用支持安排制度的法律效力;而大陆法系国家以成文法为主,一般采用综合式专项立法模式,如欧盟发布的《欧盟金融担保指令》(2009年修订版)。

目前,我国在金融衍生交易方面较全面的规定,是2009年银监会修订的《金融机构衍生产品交易业务管理暂行办法》,但其属于部门规章也无有关金融衍生交易担保制度的具体规定。2009年中国银行间市场交易商协会(National Association of Financial Market Institutional Investors,NAFMII)发布的主协议及履约保障文件,在内容与形式上均借鉴了ISDA法律文件群,规定了与ISDA信用支持安排类似的规则,但该主协议仅是具有行业指导意义的标准化合同文本,是市场交易参与者约定、认可的交易规则,并未得到立法上的认可。

在立法路径上,我国可选择以下几种方式,承认ISDA信用支持安排的法律效力:第一,制定特殊专项立法,可参考欧盟《欧盟金融担保品指令》(2009年版),制定有针对性的金融担保专门立法,对ISDA信用支持安排予以最为明确、直接的确认。第二,修改现有法律,对《中华人民共和国企业破产法》中第18条、第31条、第32条、第40条等关于破产可撤销行为、破产无效行为、个别清偿等规定,制定关于场外金融衍生交易担保安排的例外规定,在《中华人民共和国物权法》《中华人民共和国担保法》、外汇管理规定中对限制ISDA信用支持安排的相关条款予以调整、修正,并明确规定所有权转移式信用支持安排制度。第三,制定司法解释,通过制定司法解释解决我国目前在场外交易中信用支持安排所面临的法律风险问题。

通过对上述立法模式的考量,笔者认为,《中华人民共和国担保法》《中华人民共和国物权法》《中华人民共和国企业破产法》等法律属于高级别的人大立法,如果只是制定行政法规,其核心条款不能与上位法冲突,会受到制约;对于修改现有法律,具体操作协调起来不是很容易,ISDA 信用支持安排与 ISDA 主协议中的相关规定紧密相连,可选择放弃对 ISDA 信用支持安排单独予以调整规范,将其纳入金融衍生交易监管的整个法律框架内,建议制定一部金融衍生交易法,在该部适用于国际金融衍生交易的法律中构建一套针对金融衍生交易的担保制度,从而使 ISDA 信用支持安排在我国法律上获得有效性,为我国金融衍生交易的参与者提供有力的法律支持与保障。

五、结语

在当今的场外金融衍生市场中,ISDA 发布的标准化文件的地位在金融衍生市场中不断提高,甚至在各国的司法判决中也起到越来越重要的作用。ISDA 协议下的信用支持安排既是降低场外衍生交易信用风险的有效手段,也是适应经济发展需要的新型的担保方式。为了保证我国金融衍生市场的成功建立和健康发展,深入研究 ISDA 的信用支持安排以及该安排在各国交易实践中的适用情况显得十分必要。同时,英美金融发达国家近年来为促进国际金融衍生交易而对其相关法律所进行的改革和有益尝试,也为我国结合本国实际逐步完善并发展金融衍生品交易提供了有价值的参考。

期货及衍生品法律评论
第一卷，第 287 ~297 页

票据衍生品创新的可行性法律研究

唐　波*　黄　骛**

摘要：票据创新在促进票据市场繁荣的同时，导致票据交易风险上升，各类票据市场参与者[1]的票据业务在高速发展中屡现偏差，原有的法律制度已经不能完全适应市场的发展需求，票据市场发展需要寻求新的路径。随着票据创新的不断深入，各类票据创新业务如票据资管、票据证券化、票据衍生品等新兴业务已陆续推向市场。在此背景下，本文通过阐释发展票据衍生品的可行性，探讨票据衍生品在金融市场中的独特功能。通过对票据衍生品对应的基础资产进行法律分析，旨在为以衍生金融工具的方式安全有效地促进票据市场的发展提供参考。

关键词：票据衍生品　票据创新　票据融资　基础资产

一、票据衍生品的发展基础

（一）票据衍生品的发展基础

票据是目前价格市场化程度最高的金融产品之一。票

---

* 华东政法大学教授、博士研究生导师。

** 华东政法大学博士研究生。

〔1〕 中国人民银行《票据交易管理办法》第 5 条将金融机构法人和以金融机构为主体的资产管理人均纳入票据市场参与者范畴，规定上述主体可以从事票据交易。基于此，本文将票据交易主体、票据经营机构统称为“票据市场参与者”。

据市场近年来呈现全新特点:一方面,商业银行在传统票据业务下的利差显著收窄,盈利空间萎缩;另一方面,各种票据创新产品的推出,使票据市场十分活跃,新业态的出现使票据市场与资本市场其他子市场的界限逐渐模糊。然而,自2016年年初起,票据大案频发使票据交易中的问题充分暴露。具体而言,在缺乏公平透明的监管下,企图增加业绩的部分商业银行、农村信用社与票据中介相互勾结,通过开具银行承兑汇票制造虚假保证金存款等方式牟取暴利,严重扰乱票据市场秩序。在此背景下,建立全国统一的票据交易市场,消除区域因素和提高信息透明度,完善市场价格发现机制,最大限度地降低纸质票据在出票、运输和保管等环节的风险是发展票据市场的方向。

完整的票据市场体系包含承兑、直贴现、转贴现、再贴现、经纪人、评级和衍生品七个子市场。[2] 但从目前的实际情况来看,票据的多重属性以及区域经济发展失衡使得各个子市场相互独立,其中票据衍生品市场发展相对落后,目前尚无场内交易的票据衍生品,场外市场中票据市场参与者之间的类远期合约既存在履行风险,也无法完全发挥衍生金融工具的功能。具体而言,票据衍生品合约的履行与一般合同相比具有较大的不确定性,尤其是票据在市场中存在价格,如果票据衍生品合约价格与其所对应的票据价格存在较大的差额,合约权利义务下的盈亏会使亏损的一方产生在合约到期日时拒绝履行的强烈动机。换言之,一般合同主债权相对确定,而票据衍生品合约则存在风险敞口,即在合约期间内的价格方向和金额持续变动,该票据衍生品合约下的潜在盈亏也会随着所对应的票据市场价格而波动,因此对履约风险控制机制的要求也更高。建立作为具备票据交易、登记托管、清算结算、信息服务等多功能的全国统一票据交易平台的票据交易所,从交易机构和制度安排上控制着票据衍生品的履约程度。同时,以票据交易市场为主导,设计如票据价格指数衍生品交易等仅能由全国性交易所推出的衍生产品。就该意义上而言,相较于票据市场参与者间订立的票据交易合约,票据交易所的建立为票据衍生品的发展提供了基础。

(二)票据衍生品的雏形——票据买断式回购交易与票据远期的比较

目前票据市场上的部分交易已涉及远期交易,如票据买断式回购交易中到期后的买断交易。具体而言,票据买断式回购交易是正回购方以出售票据资产包的方式,向逆回购方融入资金,并按照约定利率和期限,以票据资产包回购方式赎回票据资产包的交易组合。与票据质押式回购相比,票据买断式回购的特

---

〔2〕 肖小和:《上海票据交易所成立是中国票据史上里程碑事件》,载《上海证券报》2016年12月8日,第8版。

点主要在于票据资产包所有权发生了两次变动。票据买断式回购交易中到期后的买断交易与票据远期交易较为类似,具有衍生品交易特有的价格发现与利率避险功能。由于引入了远期价格揭示机制,其到期交易价格能够反映交易双方对利率变化趋势的预期以及对交易票据远期价格的预期,提高市场的价格发现能力,规避所持票据的利率风险。此外,票据买断式回购与普通回购不同,需要预缴履约保证金,与衍生品中的保证金交易存在相似点。除目前票据买断式回购并不是衍生品所必需的标准化合约交易外,其他方面已经具备衍生品交易的雏形。

典型的票据买断式回购模式,如"卖断 + 逆回购 + 远期买断"模式,即当银行信贷规模超标时,商业银行先将票据卖断给农村信用社,完成融资后再从农村信用社逆回购买入票据,该笔交易计入"买入返售"科目,不再"进表"。回购到期后,商业银行再从农村信用社买入票据托收。最终票据对应的信贷规模消失,农村信用社赚取盈利。尽管银行间的转贴现有严格限制,上述业务被监管部门严格禁止,但不得不承认,上述业务又以其他方式活跃在票据市场上。如股份制银行不能向村镇银行开出的汇票贴现,但具有上述权限的城市商业银行为赚取手续费成为二者间的"通道行",或由票据资管公司介入,以被叫停的票据信托业务继续开展上述业务。该类交易存在巨大市场需求和发展空间,从防范风险的角度考虑,以票据交易市场为平台,引入票据衍生品有利于票据转贴现市场的健康发展。

二、票据衍生品的独特功能

(一)票据价格发现

票据衍生品有助于推动形成准确有效、全国统一的票据价格体系,票据价格的提前预期有利于避免票据价格的剧烈波动,票据价格数据直接反映金融市场秩序和状况。具体而言,汇票承兑费率反映信用风险溢价性,贴现利率反映不同贷款期限定价,转贴现利率反映同业资金业务活跃程度和货币市场利率,再贴现利率反映实体经济融资需求和货币市场资金供给状况。衍生品交易所特有的价格形成机制是大量交易者对未来市场变化的预测,大量票据交易在供求集中、充分流通、有序竞价的市场环境中进行,因此票据衍生品的价格发现功能具有真实性和客观性的特点。此外,在票据交易市场的数据挖掘和分析的技术上,票据衍生品的价格发现功能有助于研究票据市场的中长期走势,提升票据市场预判水平,有利于减少票据市场盲目性,通过建立更加健康有序的票据市场,为利率市场化提供参考。

(二)利率风险规避

规避利率风险是金融衍生品的一个固有功能,票据衍生品可以将利率波动带来的风险,从商业银行等有风险规避需求的票据市场参与者,转移到愿意承担风险并期望从中获利的其他票据市场参与者。票据衍生品的利率风险规避功能,源于其固有的价格变动特征。由于影响因素相同或者类似,票据衍生品的价格变动趋势与其对应的票据的价格变动趋势基本一致。按照衍生品价格变动的一般规律,当现货价格趋于上涨时,其期货价格也趋于上涨,反之亦然。因此,有套期保值需求的票据市场参与者可以通过在票据衍生品市场上进行与所持票据变化趋势相反的交易来达到保值目的,避免由于利率波动造成的资产损失。

此外,票据兼有信贷业务和资金业务的特性,和普通贷款相比,票据定价不受法定基准利率的限制。和同业拆借、债券回购等其他货币市场通用的工具相比,票据定价除受到资金成本影响外,还受信贷规模调控影响。因此,票据市场价格往往会出现较大幅度的变动。面对波动较大的市场价格,票据市场参与者迫切需要票据远期或票据期权交易,以有效规避风险、锁定收益。

(三)信贷规模调节

商业银行受到信贷规模约束,不得已将部分票据资产以同业业务的形式,模糊和掩盖了票据资产的权利归属和潜在风险,绕开信贷规模的限制。即便如此,部分商业银行仍会在月末、季末、年末面临巨大的信贷规模调节压力,往往在对其不利的市场中,不计亏损地完成交易以弥补失衡规模。随着《商来银行资本管理办法(试行)》的出台,未来5年中国银行业资本缺口或将在万亿元以上。[3]目前市场上的多种融资方式可能难以完成如此庞大的资本补充计划,在贷款刚性增长的前提下,作为信贷优质资产的票据资产“出表”将成为商业银行的优先选择。就这个意义上而言,票据衍生品有助于商业银行调节信贷规模、改善收入结构、拓宽利润来源,有效降低银行资本达标压力。商业银行通过进行票据期权交易,能够以较低的期权费成本换取信贷规模调节的主动权,并消除政策不确定性或信贷规模调节失误所带来的风险。

---

〔3〕 肖小和:《票据资产证券化改革启动时机趋于成熟》,载《中国银行业》2015年第4期。

三、票据衍生品种类设置的构想

目前,票据衍生品尚未推出。笔者结合已经上市的交易各品种衍生品市场特点与票据市场特点,对票据衍生品的种类设置进行如下构想。

(一)票据远期交易

票据远期交易,是指交易双方约定在未来某一时间按照事先约定的价格进行一定金额的票据买卖。票据市场参与者可在交易所将未到期的票据按照交易日的利率进行交易,实现未来融资成本的提前锁定,降低财务风险。根据票据市场参与者的不同需求,票据远期交易主要适用于票据市场参与者在存在买入票据需求而预期利率下跌或存在卖出票据需求而预期利率上涨两种情况下,通过票据远期交易以锁定利率波动。前文所述的与票据远期交易性质类似,但在目前条件下并不符合合规要求的票据买断式回购交易,以及中国农业银行早在2012年推出的"票远通"业务——票据即期交易和票据远期交易组合,均说明票据转贴现市场需要票据远期交易等多元化资产组合方式的推出。

(二)票据期权交易

票据期权交易,是指买方通过向卖出方支付一定费用,获得在未来某一时间按约定的价格买入或卖出特定票据的权利。针对特定票据的票据期权可在交易所挂牌交易,票据市场参与者作为期权的卖方可以获得买方支付的期权费收入,票据期权卖方则获取未来特定时间向该票据市场参与者按确定的利率买入或卖出一定金额票据的权利。票据期权买方可以选择是否行使该权利,而票据期权卖出方必须在票据期权买方要求行权时履行相应义务。票据期权交易主要适用于票据期权买方未来可能有买入(或卖出)票据的需求,但基于市场利率变化以及对信贷规模调节的不确定性,为避免需要买入(或卖出)票据时,市场环境不利所导致的票据利率超预期上涨(或下跌)。相应地,票据期权卖出方愿意承担风险,收取票据期权费用。

(三)票据互换交易

票据互换交易,是指交易双方约定在特定日期按照确定的方式交换现金流或票据,其实质是一系列票据远期交易的组合。票据互换交易既可以在交易所挂牌交易,也可以是票据市场参与者间在签订票据互换协议后,交由交易所结算。根据两家票据市场参与者利用各自在票据转贴现(回购)买入利率或卖出利率上的比较优势进行互换套利,可分为票据买入利率互换交易和票据卖出利率互换交易两种。[4] 交易双方在不同类型的票据上存在比较优势,通过互换来利用比较优势进行套利。票据互换是一种非零和博弈,利用比较优势,可以同时降低双方融资成本或提升双方投资回报。[5] 上述比较优势可以体现在多个方面:比如,在银行承兑票据与商业承兑票据之间,或由大型银行承兑的票据与中小型银行承兑的票据之间,其交易的价格存在差异;再如,大中小型票据市场参与者彼此授信上的差异,导致相互间的交易存在障碍,交易成本和费用上存在差异;又如,不同票据持有人的库存票据在买入成本和票据期限上存在差异。此外,在票据市场参与者的经营管理中,买入票据资产的一方为投资,卖出票据资产的一方为融资,交易双方都存在或提高投资收益或降低融资成本的强烈需求;又如,在贴现市场和转贴现市场分离的条件下,进入转贴现市场的票据,在贴现市场上的交易成本同样存在差异。综上所述,尽管可交易的票据种类有限,但由于存在不同的交易组合方式、交易对手、交易期限和票据市场参与者差异化经营的比较优势,票据互换交易有巨大的发展空间和市场需求。

(四)票据价格指数衍生品

票据价格指数,指对票据利率进行采样并计算出来的用于衡量票据市场价格波动的指数。[6] 票据价格指数可以综合反映票据市场价格总体的变动方向和变动幅度。以票据价格指数为基础进行衍生品交易的方式开展风险对冲,或者开展做空交易,为持有大量票据的票据市场参与者提供了对抗利率风险的增加选择。目前市场中已经存在的票据价格指数主要有长三角票据贴现价格指数和工银票据价格指数,但由于区域的集中性和数据提供的单一性,将上述票据价格指数作为全国性票据价格指数衍生品的依据并不合适。依据交易所数据所编制的票据价格指数可以涵盖全国范围,具有权威性,在交易方式上可以类比股票指数期货。票据市场参与者可利用票据价格指数衍生品进行套期保值,规避利率风险,因此该种类衍生品的发展势必具有实际需求。

(五)票据资产包交易

票据资产包交易,是指票据市场参与者将多张票据打包出售。同样是票据的批量处理,票据资产包交易和转贴批量交易的区别在于,票据资产包在交易上被视为一个整体,出售票据资产包的票据市场参与者是交易对手的直接债务人,

---

[4] 江西财经大学九银票据研究院课题组:《拓宽票据业务创新发展大思路》,载《上海证券报》2016年12月8日,第8版。

[5] 王红霞等:《商业银行票据业务跨界创新与融合发展》,载《上海金融》2016年第3期。

[6] 肖小和、王亮:《票据价格指数的研究及应用》,载《金融与经济》2005年第1期。

买方所买入的不是票据权利而仅是卖出方的资产，不与票据资产包内的票据承兑人发生法律关系，票据的批量交易只是短时间内大量票据在相同的交易双方之间进行的集中交易，每张票据的票据权利并不发生改变。票据资产包交易可以有效解决票据资源错配、投融资通道匮乏的问题。但目前票据资产包交易被票据中介不当利用，成为部分股份制银行绕开合规流程，掩护其在村镇银行或农村信用社开展转贴现业务的工具。通过交易所完成票据资产包交易结算，可以有效控制此类业务的野蛮生长，发挥资产包交易对不良资产的分类作用，满足不同主体的投融资需求。

四、票据衍生品基础资产适当性和可行性的法律分析

（一）票据作为衍生品基础资产的法律分析

票据衍生品作为金融衍生品的分支，其性质与其他金融衍生品一致。按照中国银监会发布的《金融机构衍生产品交易业务管理暂行办法》的界定，“金融衍生产品是一种金融合约，其价值取决于一种或多种基础资产或指数。”这也是各国以及各国际组织对金融衍生工具的标准定义。例如，国际清算银行1994年出版的《衍生工具风险管理指南》对衍生工具的定义为：“衍生工具是一种金融合同，其价值取决于一种或多种基础资产或指数的价值。”国际金融智库在1993年出版的《衍生品：实务与原则》报告中对衍生交易的定义为：“衍生交易是一种价值取决于或衍生于基础资产、参数或指数的合同。”

票据作为票据衍生品的主要基础资产，与一般金融衍生品所对应的基础资产相比具有特殊性。尽管我们认为票据应当具有无因性、要式性的特点，但在《中华人民共和国票据法》制定之时，囿于市场中的经济主体的信用状态尚不理想，因此采取了较为保守的立法方式，没有确立票据的“无因性”原则，而将票据关系与其基础关系结合在一起。[7] 具体而言，《中华人民共和国票据法》第10条明确规定，票据的签发、取得、转让及承兑、贴现、转贴现、再贴现应以真实、合法的商业交易为基础，而票据的取得，必须支付对价。显然，法律禁止纯粹的融资性票据的发行。另外，我国法律没有规定“商业本票”，企业所能够发行的具有融资功能的票据只有银行承兑汇票与商业承兑汇票两种。对商业汇票的贴现，《商业汇票承兑、贴现与再贴现管理暂行办法》沿袭《中华人民共和国票据法》的

---

〔7〕 林毅：《对〈票据法〉第10条的意见》，载《中国法学》1996年第3期。

思路,规定“持票人与出票人或其前手之间具有真实的商品交易关系”,并通过对贴现的规定,即“本办法所称贴现系指商业汇票的持票人在汇票到期日前,为了取得资金贴付一定利息将票据权利转让给金融机构的票据行为,是金融机构向持票人融通资金的一种方式”,将贴现机构限定于法律授权的金融机构。此外,针对实践中出现的非法票据买卖行为,2009年《中华人民共和国刑法修正案(七)》增加“非法从事资金支付结算业务”的内容,对其进行刑事打击。尽管中国人民银行为配合票据交易所的建立,在2016年12月出台的《票据交易管理办法》中提出贴现人在票据市场基础设施查询票据承兑信息无误后,为贴现申请人办理贴现业务无须其提交合同、发票等资料,这一规定首次从交易层面肯定票据的无因性,但不同层级的票据法律法规之间所存在的矛盾仍旧使以票据直接作为票据衍生品的基础资产在法律上存在瑕疵。

实际上,票据转贴现业务的法律性质始终存在争议,针对票据是否能实现其无因性,司法界和实务界分别持买卖说和借贷说的观点。更进一步,票据衍生品发展的潜在交易方并不局限于票据市场参与者,上述法律瑕疵会为票据交易市场的发展造成法律障碍,因此将票据作为票据衍生品基础资产的补充值得讨论。

(二)票据收益权作为衍生品基础资产的法律分析

目前学界对金融资产收益权尚无明确的法律定性,但实践中已有广泛应用。例如,在目前挂牌交易的票据资产证券化产品中,多是以票据收益权作为基础资产,监管部门和市场均予以认可。笔者认为,票据收益权的内涵可以界定为一项以票据预期收益为基础,以票据产生现金流入收益为条件,由票据收益权人作为权利人要求现有的或将来的现金流入收益的请求权。具体而言,票据收益权包括基础票据项下的多种财产权益,即票据在持票人提示付款的任何情形下所产生的任何资金流入收益;票据经贴现、出售或其他处置所产生的任何资金流入收益;票据项下担保所产生的任何资金流入收益;票据被拒付后对票据的背书人、出票人以及其他票据债务人行使追索权所产生的任何资金流入收益;票据所衍生的其他权益在任何情形下产生的资金流入收益。

目前学界对票据收益权的法律定性存在债权说、物权权能说以及用益物权说三种观点,笔者均不认同。首先,票据收益权不是债权。具体而言,债权的产生是基于一定的契约关系,且具有相对性。票据收益权的产生,是依据票据的事实存在,即票据一经产生其相应的票据收益权也随之而生,并不依赖后续法律或事实关系的发生。另外,票据收益权不具有相对性,即只要票据持有人未转让该票据,票据持有人天然地享有该票据的收益权。其次,将票据收益权等同于所有权四大权能中的收益权能并不合适。权能是指权利的具体作用或实现方式,是权利的具体内容。以所有权为例,如果所有权缺少占有、使用、收益、处分四项权能中的任何一项,所有权也就不能称之为所有权。票据收益权作为一项权利,也由相应的多项权能组成,是一种整体化的权利,不能作简单分割,因此将票据收益权等同于收益权能是不恰当的。最后,票据收益权也不属于传统意义上的用益物权。用益物权是指权利人对不动产或不动产权利的使用价值加以支配的权利。在传统的用益物权体系中,无论是地上权、地役权、永佃权还是典权,均是对他人不动产进行实际利用。票据收益权与传统的用益物权不同,不符合其所要求的以不动产为客体,所以收益权不能解释为传统的用益物权。

笔者认为,票据收益权可以定义为新型用益物权。回归到用益物权理论中,用益物权制度尽管只赋予他人利用不动产的权利,但是利用不动产的目的不是简单地使用,而是为了获得不动产上的收益。用益物权的效用更多地表现在"益"而非"用"上。尽管现有《中华人民共和国物权法》中的用益物权将收益的来源限制为通过对不动产的利用所获得,但是对收益确认和保护才是用益物权明晰产权的最终目的。利用的手段必然随着时间的推移而不断改变,而收益之目的却是恒定的,收益权能最能从本质上体现用益物权的根本性质。根据物权理论,物权由本来注重对标的物的现实支配的实体权,演变为注重收取代价或者获取融资的价值权。[8] 对票据收益权的法律定性应当更多地关注其对票据价值支配的权利,而不应局限于所支配客体的种类。实际上,我国用益物权种类已经不能满足多样化的物的利用需求,收益权困境阻碍财产流转。多数学者也从不同角度认同用益物权制度存在困境,现有用益物权制度在内容上强调不动产的直接占有和使用权能,轻视甚至忽视收益性质,使后者附着于前者的模式必然难以适应新形势下的社会实践。[9] 鉴于票据收益正是通过对使用票据产生的收益,票据收益权可以认定为用益物权。当然,以票据收益权作为票据衍生品的基础资产存在因未持有该票据而导致的票据权利不完整的风险,在交易所平台下,将作为基础资产的票据收益权对应的票据交由交易所托管或质押给交易对手方的模式,可以实现上述风险的规避。综上所述,将票据收益权作为票据衍生品基础资产的补充具有可行性和适当性。

(三)电子票据作为衍生品基础资产的法律分析

在多起由于纸质票据"一票多卖"导致的票据市场风波之后,2016 年 9 月中国人民银行下发《关于规范和促进电子商业汇票业务发展的通知》(以下简称

---

〔8〕 参见梁上上:《物权法定主义:在自由与强制之间》,载《法学研究》2003 年第 3 期。

〔9〕 参见宋刚:《论收益权能的用益物权化》,载《法商研究》2013 年第 6 期。

224 号文),对票据转贴现市场进行改革。224 号文改革力度空前,首先扩大票据转贴现市场参与者,即所有金融机构皆可参与;其次取消电子票据贴现贸易背景审查;最后,一定金额以上的票据强制使用电子票据。一方面,在交易所的主导下,纸质票据经商业银行交由交易所托管后,转为电子票据;另一方面,224 号文提出取消电子票据贴现贸易背景审查、优先办理电子票据贴现、给予费率优惠等方式,鼓励和引导企业签发、收受、转让电子票据。相较于 2009 年以来中国人民银行的电子票据系统缓慢的进程,上述措施必然加速票据电子化,电子票据的安全快捷优势将充分发挥。

在电子票据广泛使用的前提下,电子票据势必取代纸质票据成为票据衍生品的基础资产,随之使法律性质发生改变。具体而言,电子化后的票据已退出市场流通环节,且不再具有支付功能,性质上可以类比为短期融券、超短期融券等投资性债券的属性。[10] 笔者认为,对电子票据的买方而言,因不再存在《中华人民共和国票据法》对票据权利的形式要件,当然也不享有票据项下的追索权,而仅拥有对纸质票据上最后背书人的债权。也有学者认为,电子票据与纸质票据的区别首先在于权利的公示方式不同。电子票据具有特殊的载体,而作为传统有价证券的票据载体是“纸”,并以占有为前提。电子票据在银行登记后,必须处于特定系统被操作,才会产生电子票据使用权限。[11] 对于出票即是电子化的票据而言,其外观形式突破了纸质的票据形式,导致其并不具备现行《中华人民共和国票据法》对票据形式的要求,权券不结合,票据买方因未拥有票据权利的物质载体而无法拥有票据权利,仅能对其直接前手主张债权。简言之,电子票据的转让并不受前述真实贸易背景的限制,在流通上更便捷;电子票据交易主体间的法律关系更清晰。就这个意义上而言,电子票据可以治愈纸质票据作为票据衍生品的基础资产在法律上的瑕疵,更具有作为基础资产可行性和适当性。

五、结语

从 2015 年 12 月 31 日中国银监会办公厅发布《关于票据业务风险提示的通知》以来,违规票据转贴现受到抑制。票据市场风波后,更具透明度、能够降低操作风险的电子票据势必逐步取代纸质票据,以电子票据为基础的多种票据创新

---

〔10〕 参见赵慈拉:《对后票交所时代票据市场的展望》,载《中国货币市场》2016 年第 10 期。

〔11〕 王峙焯:《电子票据行为的正当性研究》,载《北方法学》2014 年第 3 期。

产品将蓬勃发展。综上所述,在中国人民银行《票据交易管理办法》的指引下,以票据交易所为基础进行票据衍生品创新具有必要性和可行性。接下来,票据衍生品的研究将聚焦票据衍生品的产品设计、交易结算规则制定、交易主体开放等问题。票据衍生品能否全面准确地指导票据价格,帮助建立票据评价机制,推进利率市场化进程以及扩大交易主体范围,使其成为非银行金融机构甚至企业锁定收益规避风险的工具,也都需要更加深入的思考与研究。

【域外法制】

期货及衍生品法律评论
第一卷,第 301 ~313 页

境外衍生品市场中央对手方清算所有序清算法律制度研究

赵国富[*]

摘要:不同于一般企业的破产清算,中央对手方清算所作为衍生品市场的风险管理中枢,是整个市场的单一高风险点,一旦其自身发生违约或经营失败会引发“多米诺骨牌效应”,形成整个金融市场的系统性风险。因此,应建立独特的破产清算制度即有序清算法律制度,确保中央对手方清算所的集中清算活动持续不间断地开展,降低道德风险,以有效防范系统性风险。

关键词:中央对手方　清算所　系统性风险　有序清算

中央对手方清算所的职能决定了一旦其破产必将触发更多清算参与人违约,最终引发系统性风险。因此,确保集中清算活动持续进行是防范系统性风险发生的重要方面,这显然不同于以保护债权人为目的的一般企业破产制度,简单地适用破产法规定将难以解决其所带来的系统性风险。中央对手方清算所的破产清算必须在法律上进行特别规定,建立有序清算法律制度,降低道德风险,进而才能有效防范中央对手方清算所的破产带来的系统性风险。

* 华东政法大学法学博士。

一、中央对手方清算所建立有序清算制度的必要性

(一)中央对手方清算所系统性风险

《金融市场基础设施原则》(Principles for Financial Infrastructures, PFMI)指出,金融基础设施的多个参与人无法完成到期义务发生违约,可能会导致金融基础设施面临系统性风险,在这种情况下可能会引发"连锁反应",并且如果金融基础设施本身无法完成结算,可能对其服务的市场乃至整个经济造成巨大的负面影响,进而引发市场系统性风险。[1]

作为重要的金融基础设施,中央对手方清算所是衍生品市场开展集中清算的场所,处于所有交易的中心,集中了标准化衍生品合约的所有市场参与者,而这些参与者中甚至包括一些系统重要性金融机构。一旦清算所发生违约或者破产,必将引发其他市场参与者的违约,即"多米诺骨牌效应"。对于具有系统重要性地位中央对手方清算所而言,必将波及其他金融市场,进而产生市场系统性风险。

清算所规模经济、范围经济和网络效应所带来的垄断特性,随着场外衍生品场内强制清算进程的不断推进,将会更加鼓励清算市场成为由少数超大型中央对手方清算所垄断的市场,其系统重要性将不言而喻。如美国洲际交易所集团(Intercontinental Exchange, ICE)清算的信用违约互换2010年就已经是世界GDP规模的许多倍。[2] 2008年全球金融危机之后,各国政府纷纷求助于中央对手方集中清算机制,将引发金融危机的重要因素即场外衍生品交易风险集中到中央对手方清算,[3]这一举措显著扩大了中央对手方清算所的清算产品范围和市场规模,进一步强化了中央对手方清算所的垄断地位,使其不仅成为金融市场系统性风险的管理者,也成为系统重要性金融机构。现行全球推崇的衍生品市场集中清算政策必然带来中央对手方清算所"大而不能倒"的问题,而这一问题进一

[1] Principles for financial market infrastructures, Accessed March 21, 2015. http://www.bis.org/cpmi/publ/d101a.pdf.

[2] Felix B. Chang, "The Systemic Risk Paradox: Banks and Clearinghouse under Regulation", *Colum. Bus. L. Rev.* 2014, p. 747.

[3] 在2009年G20匹兹堡峰会上,各国政府一致同意将场外衍生品由中央对手方清算所进行场内清算。《二十国集团匹兹堡峰会领导人声明》(译文)(2009年9月25日), Accessed Dec. 1, 2015. http://g20.org/hywj/lnG20gb/201511/t20151106_1229_1.html.

步加深了中央对手方清算所系统性风险的悖论。也就是说,在通过中央对手方清算所减少和防范系统性风险的同时,间接创建了一个具有系统性风险的机构,而这一机构本身又因太过关联而不能倒,而这一问题的根源在于监管者所要求的集中清算的监管政策。

(二)中央对手方清算所破产清算的特殊性

1.防范“大而不能倒”带来的道德风险

“大而不能倒”(Too Big Too Fail,TBTF)是指某一金融机构因“太大/太重要/关联性太强”而不能倒。[4] 对系统重要性中央对手方清算所而言,其具有显著的太过关联而不能倒(Too Interconnected Too Fail)的特征。中央银行对“大而不能倒”的中央对手方清算的最终救助,可能会导致在减少系统性风险的同时带来道德风险的上升。道德风险是指当有第三方例如保险人能够部分或全部对行为后果承担风险时,可能会导致当事人很少去关心自身的行为后果,采取逆向选择等自私的行为。中央银行对系统重要性中央对手方清算所的救助,客观上为其风险分担机制提供了一层保险,而这种保险可能会引发清算会员和清算所承担更多风险的冲动,如基于获得更多市场份额采取低价竞争策略、降低风险管理费用,从而加大了清算所承担的风险,形成潜在的系统性风险隐患。因此,如何防范上述道德风险,防止动用纳税人资金对冒险者进行救助,在对中央对手方清算所实施有序清算中尤为重要。

2.确保集中清算持续、不间断开展

不同于一般以保护债权人利益为首要目的的破产清算,中央对手方清算所一旦因破产而暂停集中清算活动,将会加剧恶化金融市场风险。1983 年马来西亚吉隆坡商品清算所因为 6 个经纪商总值 7000 万美元的棕榈油合约违约而停市 12 天最终导致了清算所破产。[5] 因此,为了防范“多米诺骨牌效应”,对于陷入破产境地的中央对手方清算所,其集中清算功能必须不间断地开展,以维持整个金融市场的稳定运行,从而才能防范其破产所带来的系统性风险。

基于上述考虑,2010 年 7 月在多伦多举行的二十国集团(G20)峰会上,各成员国一致同意加强对金融市场核心基础设施等系统重要性金融机构的监管,在不占用纳税人资金的情况下建立恢复和处置计划,实行有序清算处置,降低道德

---

〔4〕 参见[英]艾利斯·费伦等:《后金融危机时代的监管变革》,罗培新、赵渊译,法律出版社 2016 年版,第 55 页。

〔5〕 [英]彼得·诺曼:《全球风控家——中央对手方清算》,梁伟林译,中国金融出版社 2013 年版,第 154 页。

风险。[6]

二、欧美中央对手方清算所有序清算法律制度

2014 年金融稳定委员会(Financial Stability Board,FSB)制定了《关于金融机构有效处置的关键要素》(key attributes of effect resolution regimes for financial institutions),国际支付和市场委员会(Committee on Payments and Market Infrastructures,CPMI)和国际证监会组织(International Organization of Securities Commissions,IOSCO)则制定了《金融基础设施恢复规则》(recovery of financial market infrastructure),欧盟和美国等国家和地区也陆续制定了针对系统重要性金融机构的有序清算制度。

(一)美国有序清算法律制度

2008 年全球金融危机后,美国为应对系统重要性金融机构破产带来的系统性风险,解决"大而不能倒"问题,专门制定了特殊的破产制度即有序清算制度,对系统重要性金融机构实施有序清算。系统重要性中央对手方清算所作为非银行金融机构也属于有序清算制度的适用范围。

1. 有序清算程序启动

有序清算制度作为一种特殊的破产管理制度安排,对其适用条件和程序有严格的程序和条件。

首先,美国联邦存款保险公司和联邦储备委员会应主动或应美国财政部部长的请求决定是否作出书面建议,而该建议按照规定也必须由其董事会作出,并获得各自至少 2/3 时任委员的同意。书面建议涉及违约可能性评估、对美国金融市场稳定性的影响、为何不适用美国破产法对清算所启动破产清算的评估以及清算所是否属于系统重要性机构,等等。

其次,美国财政部部长收到书面建议后,应与美国总统磋商并依据以下标准对系统重要性中央对手方清算所是否适用有序清算程序进行判定,一经判定即刻通知联邦存款保险公司和所涉清算所:

第一,所涉清算所处于违约状态或者有违约之虞;

第二,违约将会对美国金融市场体系带来严重不利影响;

---

[6] THE G-20 TORONTO SUMMIT DECLARATION June 26-27, 2010, Accessed December 21, 2015. http://g20.org/English/Documents/PastPresidency/201512/P020151225621431044503.pdf.

第三，没有任何其他可行的私人救助手段以阻止其破产；

第四，在考虑清算所对美国金融市场体系稳定性影响的基础上，根据美国破产法所采取的清算行动对其债权人、交易对手、股东以及其他市场参与者确属适当；

第五，有序清算将避免或者减轻不利影响，包括是否降低美国金融市场体系的风险，美国财政部普通基金的支出成本与是否增加清算所的债权人、交易对手、股东以及其他市场参与者风险。

最后，美国财政部部长在指定联邦存款保险公司作为管理人后24小时内，应书面向美国参议院、众议院等部门递交报告。[7]

此外，对于所涉被采取有序清算程序的清算所等金融机构，如果不同意联邦存款保险公司作为管理人的，依据美国《多德－弗兰克法案》第202条规定可提起司法审查。

2. 有序清算的实施

联邦存款保险公司作为被指定的所涉系统重要性中央对手方清算所的管理人，接管所涉清算所的全部财产和事务，承继涉事清算所的全部财产及其股东、成员、管理人员或董事会的全部权利，以资产价值最大化原则管理涉事清算所的全部资产，以合适方式进行处置。[8]

联邦存款保险公司可能同时对多家系统重要性金融机构实施有序清算，出于处置所述金融机构业务的专业性的考虑，美国《多德－弗兰克法案》特别规定了联邦存款保险公司可以针对涉事的金融机构成立过渡金融公司（bridge financial companies），过渡金融公司可以承担涉事金融机构的资产和负债并履行联邦存款保险公司所继受的涉事金融机构的全部权利。过渡金融公司董事会由联邦存款保险公司任命，可以在无资本状态下运营，并享有税收豁免地位。过渡金融公司存续期一般为2年，最多可延长3年。[9]

根据美国破产法安全港制度规定，破产期间衍生品合约的对冲平仓、净额结算、担保物处置等活动不受影响。为了防止在有序清算启动时衍生品合约被交易当事人不当处置，美国《多德－弗兰克法案》特别规定了一天的窗口期，在该窗口期内，衍生品合约的当事人不能因联邦存款保险公司被指定为涉事金融公司的接管人，实施破产法安全港制度赋予的对其合约进行终止、平仓或净额结算的

---

[7] Dodd-Frank Act § 204.

[8] Dodd-Frank Act § 210.

[9] Dodd-Frank Act § 210(h)

任何权利。[10]

美国联邦存款保险公司一直是美国商业银行和储蓄机构的接管者,但其尚缺乏处理系统重要性中央对手方清算所的经验。毕竟相对于衍生品业务而言,其储蓄贷款业务较简单。从2008年伦敦清算所处理雷曼违约事件看,成功处理规模巨大的衍生品交易尤其是场外衍生品交易,需要大量的专业知识和丰富的衍生品市场经验,如何在短时间内转移、拍卖大量衍生品合约将是巨大的挑战,尤其在面对系统重要性中央对手方清算所的破产时,所带来的连锁违约的影响可能更大,而触发系统重要性中央对手方清算所违约的往往是大型甚至是系统重要性金融机构。因此,一旦发生上述情形,有序清算制度的有效性很难保证。

(二)欧洲地区有序清算法律制度

1.欧盟委员会层面

为了响应二十国集团(G20)会议中关于各成员国对于系统重要性金融机构建立有序清算处置的要求,同时为了更好地协调解决欧盟地区系统重要性金融机构破产清算问题,欧盟委员会2010年制定了《关于金融行业危机的欧盟治理框架》。该框架适用于所有的信贷机构和部分投资公司,包括中央对手方清算所在内。[11] 之后在2011年欧盟制定了《关于银行业恢复和处置的欧盟框架内的技术细节》,[12] 2014年欧盟颁布《关于信贷机构和投资机构的恢复和处置框架》,[13] 2015年实施《银行恢复和处置法令》(EU Bank Recovery and Resolution Directive ,BRRD)。[14] 通过上述一系列规则欧盟建立了对经营失败的系统重要性金融机构以及跨境金融机构的早期干预、恢复与处置制度,并要求各成员国修

〔10〕 Dodd-Frank Act § 210(c)(10).

〔11〕 An EU Framework for Crisis Management in The Financial Sector(COM(2010)579), Accessed December 18, 2015. http://ec. europa. eu/internal _ market/bank/docs/crisis-management/framework/com2010_579_en. pdf.

〔12〕 Technical Details of a Possible EU Framework for Bank Recovery and Resolution, Accessed December 18, 2015. http://ec. europa. eu/internal _ market/consultations/docs/2011/crisis _ management/consultation_paper_en. pdf.

〔13〕 Directive 2014/59/EU of the European Parliament and of the Council of 15 May 2014 establishing a framework for the recovery and resolution of credit institutions and investment firms and amending Council Directive 82/891/EEC, and Directives 2001/24/EC, 2002/47/EC, 2004/25/EC, 2005/56/EC, 2007/36/EC, 2011/35/EU, 2012/30/EU and 2013/36/EU, and Regulations(EU) No 1093/2010 and(EU) No 648/2012, of the European Parliament and of the Council Text with EEA relevance, Accessed December 18, 2015. http://eur-lex. europa. eu/legal-content/EN/TXT/PDF/? uri = CELEX:32014L0059&from = EN.

〔14〕 Bank Recovery and Resolution Directive, Accessed December 18, 2015. http://www. freshfields. com/uploadedFiles/SiteWide/Knowledge/European_Recovery. pdf.

改国内法律以便跨境监管协调和共同处置,从而确保被救助对象能够持续提供关键金融功能,保持金融稳定,并尽可能减少道德风险以及对公众资金的使用。从上述一系列规定看,主要包括以下三方面内容。

(1)准备与预防(preparation and preventative)

为了有效应对系统性风险的发生,欧盟监管当局要求监管机构和金融机构建立全面的准备和预防计划,实施早期干预,以有效应对陷入危机时的各种困难。主要包括三方面:一是金融集团内部资金支持(asset transferability),即金融集团要加强内部流动性管理,对其附属公司提供资金援助,强化集团内部之间的风险分担和救助职责。二是金融机构恢复和处置计划(recovery and resolution plan)又称“生前遗嘱”(living wills)制度,旨在不动用公众资金的情况下,为应对集团及其成员可能面临的流动性困难等问题,需要事先建立恢复和处置计划,确保关键金融功能不受影响。恢复计划是指确保金融机构在陷入危机时能够持续提供关键金融服务功能的计划,以提升金融机构弹性。处置计划是指在恢复计划难以执行危及系统性风险的情况下,对经营失败(failing)或者有失败可能(likely failing)的系统重要性金融机构实施有序清算以确保其关键金融功能不受影响的计划。显然,对于中央对手方清算所而言,集中清算的核心职能应该保持不间断地进行,同时作为一种事先制订的计划,应该得到中央对手方清算所清算会员、股东的同意并使其知晓,以便后期的执行。三是监管机构预防性权力(preventative powers),即授权金融监管当局可以改变金融机构商业运作和公司架构,处置其风险敞口以及限制其活动,明确监管当局对上述计划和资产支持机制的检查监督权,以确保处置和恢复计划实施在法律上是可行的。

(2)早期干预(early intervention)

一旦系统重要性金融机构难以满足监管要求,发生流动性困难时,金融监管部门可以采取早期干预措施,采取禁止分红、限制经营活动,更换经理层和董事、调整资本结构、补充资本金等措施进行早期干预,执行恢复计划,通过自愿性重整、强制重整等方式,对系统重要性金融机构进行及时干预。

(3)危机处置(resolution)

所谓危机处置,在本质上是对陷入破产的系统重要性金融机构实施的特殊破产清算程序。为了避免系统性风险的发生,减少道德风险,保护公众利益维持金融稳定,欧盟委员会针对系统重要性金融机构建立了有序清算制度,规定了不同于一般破产程序的处置工具。一是成立过渡银行(bridge bank),监管当局可以转移经营失败的系统重要性金融机构的部分或全部资产和事务给一个过渡银行,从而确保该过渡银行能够持续提供关键金融功能;二是实施有毒资产剥离,减轻破产机构经营负担;三是实施债务减计(bailin),通过债转股、减计陷入危机的系统重要性金融机构的债务责任等方式,维持关键金融功能的持续运行。欧盟《关于信贷机构与投资机构恢复与处置框架》第44条、第49条明确规定中央对手方清算所清算的衍生品交易合约可以使用债务减计工具。

2. 德国有序清算制度

如前文所述,德国和法国等欧洲国家均将中央对手方清算所纳入信贷机构范围,因此其关于银行等信贷机构的破产法律也都适用于中央对手方清算所。德国于2010年12月9日颁布《关于信贷机构重整与有序清算法、为信贷机构建立重整基金以延长股份公司法上机构责任时效的法律》(以下简称德国《有序清算法》),该法不仅仅是对德国《信贷法》的修订,还包括颁布新的德国《信贷机构重组法》和德国《设立信贷机构重整基金法》两部分内容。〔15〕 2015年1月1日德国颁布《信贷机构恢复和处置法》,作为贯彻欧盟《关于信贷机构和投资机构的恢复和处置框架》和金融稳定委员会(FSB)制定《关于金融机构有效处置的关键要素》要求的呼应这进一步加强了德国系统重要性金融机构系统性风险防范和处置法律制度。总体来看,具有以下特点:

第一,转让令制度和过渡机构。德国《有序清算法》规定了转让令制度,对于威胁金融系统稳定性的金融机构,德国联邦金管局可以将其资产和债务进行拆分,剥离出系统重要性业务,转移给其他收购实体或者新成立一个过渡机构(桥机构),确保过渡机构持续提供系统重要性金融服务功能,之后业务被分拆的金融机构及其非系统重要性业务可以进入破产程序,从而化解“大而不能倒”问题。〔16〕

第二,重整基金制度。德国《设立信贷机构重整基金法》主要是为了避免使用纳税人的钱救助系统重要性金融机构,由此设立信贷机构重整基金,由信贷机构自身缴费,并专款用于“过渡机构”的建立、债权担保和资本重组等方面,以保护纳税人利益,从而解决“大而不能倒”带来的道德风险。〔17〕

尽管德国将系统重要性中央对手方清算所作为信贷机构对待,但是就实际操作看,二者还存在很大区别,因此需要制定针对系统重要性中央对手方清算所的恢复与处置手册。

---

〔15〕 German Restructuring Act, Accessed December 18, 2015. http://www.nortonrosefulbright.com/knowledge/publications/30616/german-restructuring-act.

〔16〕 孙珺:《德国〈信贷机构重整与有序清算法〉介评》,载《德国研究》2012年第4期。

〔17〕 同上。

3. 英国有序清算制度

针对2008年金融危机暴露出来的问题,2009年英国修订了《银行法》,首次专门制定了金融机构破产清算规则,确立了金融机构破产程序、清算人制度以及金融服务赔偿计划。[18] 2012年颁布了英国《金融服务法案》,调整了金融监管体制,在英格兰银行内部新设金融政策委员会(Financial Policy Committee, FPC),负责维护整体金融稳定、识别和评估系统性金融风险、统筹监管协调。撤销原来金融服务局(Financial Service Authority, FSA),并将其拆分为审慎监管局(Prodential Regulation Authority, PRA)和金融行为局(Financial Conduct Authority, FCA),前者由英格兰银行行长兼任其负责人,附属于英格兰银行,统筹宏观审慎监管和微观审慎监管两方面内容,包括系统重要性金融机构的监管。通过上述改革措施,英国强化了对系统性金融风险的防范,突出了跨境监管协调,有利于强化适应伦敦国际金融中心地位。

2009年英国《银行法》针对金融机构破产制定了特别处置程序(special resolution regime),确立英格兰银行的处置地位,并规定了稳定选择措施(stabilisation options)、银行破产程序(the bank insolvency procedure)和银行管理程序(the bank administration procedure)。其中,稳定选择措施包括私人机构购买(private sector purchaser)、桥银行(bridge bank)和临时国有化(temporary public ownership)三种方式。[19]

值得关注的是,2015年英国制定的《银行法:特殊处置规则实践》专门就中央对手方清算所如何使适用英国《银行法》进行特别处置进行了规定,明确了英格兰银行对被认可的中央对手方清算所实施稳定措施的权力。一是英格兰银行有权制定中央对手方清算所失败或者可能失败的条件(failing or likely to fail),一旦被认定其有权收回英国中央对手方清算所的业务资格;二是英格兰银行对于经营失败的系统重要性中央对手方清算所的认定应当征求英国财政部、行为监管局的意见,如果所涉清算所负责人是由审慎监管局任命的,也必须征求审慎监管局意见;三是有权对中央对手方清算所的全部业务或部分业务进行对外出售,转移给由英格兰银行全资拥有和控制的过渡中央对手方清算所,转移中央对手方清算所所有权给任何人,在转移上述业务的同时,有权一并对中央对手方清算所的清算协议一并转移。此外,该条特别强调了对中央对手方清算所进行处

[18] "Banking act of 2009" section 1. Accessed December 18, 2015. http://www.legislation.gov.uk/ukpga/2009/1/pdfs/ukpga_20090001_en.pdf.

[19] Ibid.

置的目标,关键是要确保集中清算服务不间断开展,以确保金融体系稳定和维持公众信心,监管局处置权力的运用应该以不损害金融稳定为前提。[20]

首先,总体上欧盟委员会较好地推动了欧洲地区建立系统重要性金融机构的有序清算制度,对"大而不能倒"问题提出了解决方案,但上述制度是以银行等信贷机构为主,除英国外,总体上还缺少关于系统重要性中央对手方清算所恢复和处置的具体规定。其次,虽然各国在立法中肯定了过渡机构的存在,但如同美国面临的问题一样,集中清算服务的专业性、复杂性使过渡机构能否实现持续提供集中清算服务的功能存在较大问题,这在一定程度上影响了制度实际运行的有效性。最后,中央对手方清算所跨境清算面临的法律适用和监管协调问题在欧洲地区最明显,如何处理好欧盟规则与各国国内法之间、金融监管法与破产法之间的法律适用是考验上述制度实际运行的最大挑战。

三、欧美中央对手方清算所有序清算制度启示

(一)债权人利益保护让位维护金融市场稳定目标

从前述各国关于系统重要性金融机构有序清算的立法来看,多通过在金融领域单独立法的方式确立了有别于一般企业破产清算的有序清算制度,打破了传统破产法优先保护债权人的立法理念,各国纷纷将维护金融市场稳定作为系统重要性金融机构进行破产清算的首要目标,通过构建有序清算制度确保所涉金融机构的核心金融功能持续开展,维持公众信心,从而确保金融市场稳定。

从维护金融稳定的立法目标来看,主要包括两方面内容:

1. 确保所涉系统重要性中央对手方清算所的核心金融服务功能持续开展。基于系统重要性金融机构的功能和地位,确保其核心金融职能不间断地开展是危机救助的首要目的。对于陷入危机的系统重要性中央对手方清算所而言,首要工作就是确保其集中清算活动能够持续开展。因此,各国通过成立"过渡机构"(桥机构)、转移业务等方式,确保所涉金融机构的核心功能持续开展,从而维持金融市场稳定运行。

2. 确保本国金融市场稳定。金融风险传染性决定了系统重要性金融机构一

---

[20] "Banking act 2009": special resolution regime code practice, Accessed December 18, 2015. https://www.gov.uk/government/uploads/system/uploads/attachment_data/file/411563/banking_act_2009_code_of_practice_web.pdf.

旦停止运行必将引发连锁反应,影响其他金融市场的运行,扰乱市场定价,引起市场恐慌,破坏金融体系稳定运行。中央对手方清算所是重要的集中清算服务提供者,如果其停止运行必将引发“多米诺骨牌效应”。因此,各国中央银行都会在紧急情况下为系统性中央对手方清算所提供流动性支持,并基于金融稳定之需要行使处置权,防范系统性风险的发生,维持市场信心。

此外,从系统重要性金融机构的处置条件来看,明显不同于传统企业破产法中资不抵债的标准。如德国《信贷机构恢复和处置法》第62(1)条规定了系统重要性金融机构危机启动处置的条件,包括因违反监管部门规定而被吊销经营资格,资不抵债导致系统重要性金融机构破产或者可能陷入破产等情形。该处置标准不同于一般企业破产标准,以资不抵债为例,对于一般企业德国破产法对于临时性偿付问题规定了为期3周以及偿付缺口不到企业资产10%的规定,[21]但是这不适用于金融机构。为了维持金融稳定,对于系统重要性中央对手方清算所而言,每日结算机制下需要确保其弥补保证金缺口必须不间断。因此,一旦发生流动性障碍必须立即开展处置程序。从中不难看出,系统重要性金融机构的处置标准与传统破产法存在很大的差异。

(二)强化公众利益保护,防范道德风险

1. 公众利益保护

基于2008年各国政府大量使用纳税人的资金救助大型金融机构带来的种种质疑和问题,欧美各国在针对系统重要性金融机构的立法中,均秉持了避免使用纳税人资金进行救助的原则,以保护公众利益。各国鼓励金融机构购买商业险、成立重整基金,实行金融机构自救,同时规定恢复和处置计划,通过将道德风险降至最低的方式对经营失败的系统重要性金融机构进行清算。

除此之外,虽然如前文所述债权人保护让位于金融市场稳定,但是在具体处置过程中,在实行损失分担中应该由系统重要性金融机构的股东承担责任,然后才是债权人,对此应该有所区别。

2. 道德风险防范

第一,各国立法中普遍强化了对负有责任的金融机构及其高管人员的责任追究。如美国《多德-弗兰克法案》第204条规定,被实施有序清算的所涉金融机构其债权人和股东必须承担自身的损失,负有责任的经营管理人员被

---

〔21〕 Arne Martin Buscher, Recovery and resolution: Implementing act for European directive now in force, Accessed December 18, 2015. http://www. bafin. de/SharedDocs/Veroeffentlichungen/EN/Fachartikel/2015/fa_bj_1501_sanierungs-abwicklungsgesetz_en. html.

免职以及要确保对该金融公司负有责任的各方包括管理层、董事和第三方要按照各自职责承担损失,包括提起损害赔偿诉讼、不当得利返还以及索回其在承担上述责任情况下无权获得的薪酬和其他收益的诉讼。再如,2013 年德国还修订刑法,增加对于负有责任的经营失败金融机构的高管进行刑事追责的规定。[22]

第二,为了防止救助和处置过程中监管部门自身的道德风险,各国普遍规定中央银行需要与财政部、金融监管部门乃至国会进行沟通、协商和报告,其中美国还特别规定了对有序清算的司法审查程序。

(三)强化系统重要性金融机构系统性风险监管

从前文中不难看出,各国均强化了对系统重要性金融机构的监管,并新设金融稳定部门,如美国专门设立了金融稳定监督委员会(Financial Stability Oversight Council,FSOC),英国则设立了金融政策委员会(Financial Dolicy Committee,FPC),并设立了审慎监管局(Prudential Regulation Authority,PRA)。各国纷纷强化了中央银行、财政部等部门对系统重要性金融机构风险的监督和救助职责,包括对系统重要性中央对手方清算所的认定以及恢复和处置程序的启动等。

从具体的监管职权来看,仅凭美国证券交易委员会(Securities and Exchange Commission,SEC)、美国期货交易委员会(Commodity Futures Trading Commission,CFTC)等金融市场监管部门并不足以监测、防范、解决中央对手方清算所的系统性风险及其对金融市场稳定性的破坏。因此,基于宏观审慎监管考虑,美国《多德 – 弗兰克法案》第 805 条还授予金融稳定监督委员会有权要求 SEC、CFTC 制定针对具体的防范风险管理标准,以应对重大流动性、信用、运营等方面风险。[23]

(四)订立"生前遗嘱",实施有序清算

为了解决系统重要性金融机构"大而不能倒"问题,如前文所述,在二十国集团呼吁下,欧美各国针对系统重要性金融机构普遍建立了"生前遗嘱"、早期干预、有序清算的系统性风险控制的立法框架。所谓"生前遗嘱"又称"恢复和处

〔22〕 German Government approves draft bank-separation law and new criminal-law provisions for the financial sector, Accessed December 18, 2015. http://www. bundesfinanzministerium. de/Content/EN/Pressemitteilungen/2013/2013 – 02 – 06 – german-government-approves-draft-bank-separation-law. html.

〔23〕 Hal S. Scott,"The Reduction Of Systemic Risk in The UNITED STATES Financial System", *Harv. J. L. & Pub. Pol'y* 33, 2010, p. 671.

置计划”,如美国《多德－弗兰克法案》第165条、第166条要求系统重要性金融机构建立清盘处置计划和及早补救计划,并要求其对外公开披露。欧盟也建立了恢复和处置计划制度。上述制度强化了对系统性风险的预防处置能力,确保了一旦发生系统性风险隐患,能够及时处置。

期货及衍生品法律评论
第一卷,第 314 ~337 页

美国商品期货内幕交易法的最新发展及内幕交易第一案

贺绍奇*

摘要:美国《多德 – 弗兰克法》第 753 节修订美国《商品交易法》,模仿美国《证券交易法》第 10b 条,增订了一个宽泛的一般性的反欺诈条款,期监会模仿美国证券交易委员会规则 10b –5 颁布实施规则 180.1。同时,美国《多德 – 弗兰克法》第 746 节修订美国《商品交易法》,增订了一个禁止所有美国政府官员从事商品期货内幕交易的“艾迪 · 墨菲规则”。2015 年年底,美国期监会刻意适用新增订的第 6c 节(1)反欺诈规则和规则 180.1 查处了一桩传统上被认定为抢先交易的违法案件,这被法律界称为“商品市场内幕交易第一案”。新近这些动向表明,监管部门虽然加大了对商品期货内幕交易的监管力度,但仍然坚持了不同市场不同法律的准则,尤其是避免期货禁止内幕交易规则给市场参与者课以新的信息披露义务。

关键词:期货　内幕交易　反欺诈规则

一、引言

美国期货内幕交易法实际上分为两部分:一部分是可被认定为证券的衍生品,涉及此类衍生品的内幕交易就适用美

---

* 中国政法大学民商经济法学院财税金融法所教授,法学博士。

国《证券交易法》有关内幕交易立法。另一部分则是不能认定为证券的衍生品，此类衍生品内幕交易，美国学者称为“商品市场内幕交易”（insider trading in commodity market），涉及此类衍生品则适用美国《商品交易法》有关内幕交易的立法。

联邦证券法、内幕交易法就是美国1934年《证券交易法》一般性反欺诈条款第10b条和证券交易委员会落实该规则制定的规则10b－5。这些成文法中并没有出现“内幕交易”（insider trading）的概念，内幕交易在联邦证券法上被视为反欺诈条款中的一种欺诈行为，该条款被证券监管机构在监管执法中和法院在判例法中扩大解释为包括违反信赖义务披露、利用和侵占内幕信息，并利用内幕信息进行证券交易的行为，即禁止内幕交易和泄露内幕信息。

美国联邦证券法上“证券”外延异常宽泛，几乎涵盖所有金融商品，绝大多数涉及金融衍生品，包括柜台衍生品的内幕交易都可适用美国《证券交易法》第10b条和证券交易委员会规则10b－5。凡是以证券为基础商品的期货、期权与窄基证券互换都属于联邦证券法上的证券，因此，都可以适用该规定对涉及这些产品的内幕交易予以规制。《多德－弗兰克法》将商品期货、商品期权划归美国期监会管辖，而有价证券及证券期货、证券期货商品（securities future products）、证券期权以及证券为基础互换等皆以证券交易委员会为主管机关。也就是涉及这些衍生品的内幕交易适用规则10b、规则10b－5。按照《证券交易法》第3（55）（A）条规定，所谓有价证券期货系指约定未来给付（单一证券或窄基债券指数）之契约。所谓窄基证券指数，按《证券交易法》第3（55）（B）条系指符合下列条件之一的证券指数：（1）构成指数证券总数不超过9种；或（2）其中单一构成证券指数权重达30%；或（3）权重最大之前的5种证券占指数权重达60%；或（4）以最低权重者计开始计算，累积达指数权重之25%证券之平均日交易量低于5000万美元。

除了场内交易的证券衍生品，如证券期货、期权属于联邦证券法上的证券外，大量与证券有关的柜台衍生品也属于联邦证券法上的证券。《多德－弗兰克法》修订了美国《商品交易法》关于互换的定义，修订后的美国《商品交易法》1a节（47）（B）（iii）规定，受1933年《证券法》、1934年《证券交易法》调整的证券、存款凭证、证券篮子或指数，包括衍生自上述证券品种的期权或优先权都属于证券，不属于互换和证券基础互换。[1]《多德－弗兰克法》第721节（a）和第761

〔1〕《多德－弗兰克法》将场外衍生交易的管辖权在CFTC、SEC之间进行了分配，其中，CFTC监管一般性的互换交易（swap），SEC监管以证券为基础的互换交易（securities-based sawp）。参见楼建波：《美国处理期货法与证券法之间关系的实践及其启示》，载《法学论坛》2015年第4期。

(a)节授权期监会和证券交易委员会对互换、证券基础互换、混合互换、证券基础互换合约这些概念加以定义。《多德-弗兰克法》修订了美国1934年《证券交易法》,修订后的第3(a)(68)节规定,证券基础互换可以是任何为互换的交易,只要该互换是建立在:(1)窄基证券指数(包括与之有关任何权益或价值);(2)单个证券或债务(包括相关权益或价值);(3)与证券单个发行人或窄基证券指数的发行人有关的事件发生或不发生,只要该事件直接影响发行人的财务报告,金融债务或财务状况。2012年8月,期监会与证券交易委员会按照《多德-弗兰克法》上述规定的要求联合颁布了"产品定义规则"。[2] 据该规则解释,互换或证券基础互换分类是在当事人达成交易时进行,在该工具有效期内一直有效。如果宽基证券指数在有效期内变成窄基,仍然属于互换。基于利率和其他货币利率,而本身不是基于一个或多个证券属于互换。而基于债务证券、贷款或窄基指数的收益的工具为证券互换,不过基础参考是一种美国政府债券的工具的是互换,而非证券互换。基础参考是一种证券期货的工具也属于证券互换,如果基础参考资产是期货合约,则属于互换。对于总收益互换,如果是单个证券、债务或窄基证券指数基础上的,属于证券基础互换,宽基证券指数或两个或以上债务基础上的为互换。[3]

本文所说的商品期货内幕交易,是指不属于证券的商品衍生品(包括宽基证券指数基础上的互换)的内幕交易,也就是说美国《商品交易法》规定的内幕交易。

二、金融危机前美国期货市场内幕交易立法

美国商品期货内幕交易法有三个渊源:一是美国国会制定的成文法(以下简称成文法),即美国《商品交易法》;二是涉及期监会执法诉讼而发展起来的联邦判例法(以下简称判例法);三是期监会为落实美国《商品交易法》而颁布的规章(以下简称监管规章)。

---

[2] "Further Definition of 'Swap,' 'Security-Based Swap,' and 'Security-Based Swap Agreement'; Mixed Swaps; Security-Based Swap Agreement Recordkeeping", CFTC and SEC Joint Final Rule.

[3] Ibid.

(一)成文法——《商品交易法》第4b节反欺诈条款

与美国《证券交易法》10b反欺诈规则最接近的是《商品交易法》第4b节,[4]它规定了四种违法欺诈行为:(1)在进行交易或交易订单执行或交割过程中交易所欺诈和欺骗,或试图欺诈或欺骗他人;(2)故意在交易、交易执行或交割中进行虚假报告、陈述;(3)在合约签订、订单执行或处置欺诈或试图欺诈他人;(4)在场外对倒或对敲,将不同客户订单予以抵销,或自己与客户进行对倒对敲。

总之,在期货合约交易中欺诈他人是违法的。但它并没有明确"欺诈"的含义,尤其是"利用非公开信息"进行交易(内幕交易)是否属于欺诈,其含义是"混乱的"(syntactical mess)和"难以理解的"(crabbed)。[5] 在监管执法中,期监会适用第4b节反欺诈条款查处期货经纪人抢先交易,将期货经纪人及其雇员利用其掌握客户订单信息抢先于客户进行交易牟利行为认定为属于美国《商品交易法》第4b节规定的欺诈,不过期监会并不认为利用重大非公开信息构成欺诈或欺骗,除非该交易者是自律组织的雇员。[6] 期监会主席在向全国媒体俱乐部(the National Club)解释时说:"现在,我认识到证券市场与期货市场在处理内幕交易上的巨大差异,我确定公众和顾客想向我们问一个大的现货交易商和现货市场大的交易商的雇员、主管使用其知悉信息从事期货交易,并带来非同寻常影响的可能性。"[7]

(二)监管规章——期监会1.59条例

(1)期监会禁止抢先交易的155.2条例和155.3条例

1974年通过美国《商品期货交易法》时,该法第4j节指示新设立商品交易委

---

[4] 这些都是违法的:(1)合约市场的会员或任何代表或代理人,或会员的雇员,作为州际商务按照合约市场规则进行商品出售合约的当事人或与该交易有关,或代表其他人;或(2)任何从事商品期货合约出售的当事人或与该交易有关的人,或代表其他人从事商品期货合约或可被用来(a)对冲州际商务中该商品或该产品或副产品交易的风险;或(b)确定州际商务该商品的价格;或(c)交付州际商务中已经出售的、发运的或接收的该商品,以实施——(A)欺诈或试图欺诈其他人;(B)故意给其他的虚假报告或导致报告虚假,或故意给其他人作出虚假记录或导致记录虚假;(C)故意欺诈或试图欺诈其他人,无论采取何种方式,在该订单、合约或该合约或订单执行或处理中,或涉及与该人的合约或订单的履行行为中;或(D)或对敲该订单,或将该订单与其他订单进行抵销,在故意和明知情况下,且未取得该人同意情况下成为该人出售订单的购买方,或该人买进订单的出售方。

[5] Jerry W. Markham, "'Front Running'-Insider Trading Under the Commodity Exchange Act", *Cath. U. L. Rev.* 38, 1988, pp. 69-96.

[6] Ibid.

[7] Ibid.

员会研究是否和在什么样条件下允许双重交易(dual trading)。[8] 1975年,期监会拟定了商品期权交易反欺诈规则。起初,它模仿10b-5反欺诈规则。不过,后来期监会决定修改该规则。期监会之所以改变立场,是因为它认为其不适合商品期货市场,不能将证券法上的反欺诈规则10b-5照搬于期货交易。[9] 1976年,按照第4j节的授权,期监会制定了155.2条例,专门针对交易所的场内经纪人,禁止他们抢先在顾客前进行相同交易。期监会还制定了155.3条例,要求期货经纪商通过内部控制防止其雇员抢在顾客前交易。[10]

(2)期监会禁止内幕交易的1.59条例

1982年,国会要求期监会对内幕交易的性质、程度和影响进行详细研究。1984年9月,期监会发布了给众议院农业委员会及参议院营养和森林委员会(Nutrition and Forestry of the Senate)的《关于内幕人交易报告》。期监会找到四类可能从事内幕人交易的交易者,他们是因工作而获得信息的政府雇员、期货自律机构雇员、作为交易代理人的个人和现货及期货企业的雇员。该报告分析了证券市场与期货市场监管上的差异,对利用有关证券内幕信息在期货市场交易可能带来优势提出了质疑。该报告得出的结论认为,并没有明显的与股票指数期货有关的滥用的证据。该报告分析说,因为股票指数覆盖股票非常广泛,其中某个具体证券的内幕信息对指数期货交易影响不大。该报告还认为,证券市场反内幕交易判例法上"侵占理论"(misappropriation theory)如适用于期货市场内幕交易,有非常大的局限性,因为信息来源可能不会涉及期货交易,而且有其他民事救济手段应对这一问题,无须联邦立法提供额外救济。该报告还认为目前的法律已经足以遏制滥用政府雇员滥用重大、非公开信息。该报告对期货市场内幕交易规制提出了两个建议:一是制定要求自律组织采取更严厉禁止雇员和管理成员交易的规则;二是采取更有效审计,追查场内经纪人抢在顾客前进行交易的滥用行为,即抢先交易。[11]

1986年根据研究报告的结论,在已经颁布的禁止抢先交易155.2条例和155.3条例基础上,期监会颁布了专门针对自律组织期货市场内幕交易的1.59条例。它规定,自律监管组织雇员将因职务便利获得非公开重大信息公开为非

---

〔8〕 所谓双重交易是指经纪人在执行客户订单同时,也进行自营交易。

〔9〕 Jerry W. Markham, "'Front Running'-Insider Trading Under the Commodity Exchange Act", *Cath. U. L. Rev.* 38, 1988, pp. 69-97.

〔10〕 Kenneth W. Raisler, Barbara J. Morgen, "Insider Trading Under the Commodity Exchange Act", *PLI/Corp* 667, 1989, pp. 115, 123-124.

〔11〕 Ibid.

法,要求自律组织制定规则禁止获得重大非公开信息的雇员从事有关期货合约交易。1992 年,该禁止扩大到交易所雇员或所有从该雇员获得该信息的交易所委员会和管理委员会(governing board)的所有成员。

不过,对于 1.59 条例,美国学者认为其存在不少缺陷和局限性,不能有效防范期货市场的内幕交易。(1)没有对有害的内幕交易予以充分监管。一是在该条例对待其规定的两类内幕人上即自律组织的雇员和管理人员上,采取了双重标准,对雇员更为严厉,而对管理人员则相对宽松。二是没有被全国期货协会、商品交易所和清算组织有效贯彻落实。全国期货协会对管理成员缺乏足够权力防止其内幕交易。芝加哥期货交易所和纽约商品交易所两个主要期货交易所并没有充分实施 1.59 条例。芝加哥商品交易所只是在雇员手册,而不是规则中禁止内幕交易。这就意味着,对违反内幕交易的雇员最大惩罚就是终止劳动关系。与此类似,纽约商品交易所规则也只是最低限度地落实了 1.59 条例,这在管理成员和雇员之间产生了双重标准。[12] (2)1.59 条例适用主体范围太窄。期监会 1984 年的报告认为通过专门禁止内幕交易的条例可以解决《商品交易法》反欺诈条款 4b 一般反欺诈规定的不足。不过,期监会禁止内幕交易条例对管理成员和雇员采取双重标准,这就为管理人员进行内幕交易提供了方便之门。1.59(b)条例和 1.59(c)条例分别针对自律组织雇员和管理成员,而 1.59(d)条例"禁止性行为"是一个概括性禁止内幕交易的规定,适用于所有行业参与者(如期货自律组织雇员和管理成员)。但非常明显的是,而 1.59(c)条例对管理成员的限制比 1.59(b)条例规定的雇员要宽松。按照 1.59(c)条例规定,管理成员除履行职务外,不得使用或披露因履行职务获得的重大的、非公开信息。相反,1.59(b)条例则规定,每个自律组织必须制定有效规则,禁止期货自律组织直接或间接从事任何期货交易,包括在雇员所在交易所和其他交易场所。在 2000 年对 1.59 条例修订时,期监会再次强调,对雇员禁止是绝对的,而对管理人员则相对宽松些,因为期监会看重他们的专业,不想太过严厉而让他们远离自律组织的管理职位。[13]

(三)判例法

美国判例法并不将利用自己掌握的非公开信息进行交易牟利视为对对手方的欺诈,也不禁止商品市场内幕交易。美国联邦最高法院在 1817 年的"莱德劳

〔12〕 Gary Rubin,"CFTC Regulation Fails to Adequately Regulated Inside Trading", *N. Y. L. Sch. L. Rev.* 53,2008, pp. 612 - 613.

〔13〕 Ibid.

诉欧根案”(Laidlaw v. Organ)判例中就确定,在商品交易中,对对手方,具有信息优势的交易方不存在信息披露义务,交易方利用非公开价格敏感信息从交易中获利并不违法。在该案中,由于英国舰队封锁美国港口导致商品价格下跌,在与英国人谈判时,新奥尔良一个代表团获悉华盛顿与伦敦签署了停战协定,该代表团首先获知该信息。一个商会工作的代表团成员在没有向对手方披露该消息的情况下以封锁时价格购买了大量烟草,虽然对手方要求其确认是否存在提高收购价格。消息扩散后,烟草价格大涨,出售方拒不交货,在随后的司法裁决中,法官认定协议合法有效,首席大法官马歇尔解释,不存在欺诈,购买方可以自由地利用其掌握的优势信息获利。这一判例确立了一个原则,即除非违反法定或约定的义务,交易者可利用其掌握的内幕信息进行交易。[14] 这个判例奠定了19世纪和20世纪商品交易和证券交易的主基调,很少有企业限制内幕人进行股票交易,内幕交易很普遍。在证券市场,美国大多数州都认为董事和管理人员都可利用内幕信息进行交易,只要他没有积极作为的欺诈,即便是与自己股东进行交易。首个联邦法院内幕交易判例是20世纪60年代的“德克萨斯海湾硫黄(Texas Gulf Sulphur)案”,在该案中,法院提出了一个平等获得信息理论(equal access theory)。在20世纪80年代联邦最高法院修正了法院的立场,要求必须有交易者违反了信赖义务的要件,这被称为古典理论(classical theory)。后来又提出侵占理论(misappropriation theory),即禁止对其雇主、配偶或泄露给秘密给其的人承担保密义务的知情人进行交易。[15]

不过,尽管《商品交易法》没有明确的禁止内幕交易的规定,但期监会和法院还是利用《商品交易法》第4b节反欺诈条款和其他联邦反欺诈法,来查处抢先交易(front-running)案件或其他涉嫌滥用内幕信息的案件。在1985年涉及被告Dial的案件中,[16] 期监会行政法官就认定被告违反《商品交易法》第4b节反欺诈条款,因为他在执行顾客订单前抢先进行了交易。法官拒绝了该订单并非是在顾客前的唯一订单的抗辩。法官指出此类行为一直就被视为是欺诈。此案后来又被作为刑事犯罪起诉到了法院,[17] 审理该案的第七巡回法庭讨论某些商品交易者优先获得信息(preferential access to information)的性质,法院把其视为内幕信息。法院称如果一个经纪人拥有涉及其顾客订单的信息,在顾客前自己抢

---

〔14〕 Andrew Verstein,“Insider Trading in Commodity Markets”, *Va. L. Rev.* 102,2016,p.447.

〔15〕 Ibid.

〔16〕 U. S. v. Dial,757 F. 2d 163,17 Fed. R. Evid. Serv. 1497(7th Cir. 1985).

〔17〕 Ibid.

先交易,其拥有内幕信息,这将违反《邮件和电信欺诈法》。[18] 被告抗辩说,没有规则禁止利用内幕信息。但法院发现古典欺诈存在,因为在经纪人与顾客之间存在信赖关系,要求其披露所有重大事实。法院认为,在顾客前交易违反信赖关系,因为他们没有被给予可能的最好价格和没有被告知经纪人在其前面交易。[19] 值得注意的是,主审法官在该案中将抢先交易与内幕交易联系起来。[20] 此后,期监会以该案所确定先例去追究非经纪人抢先交易的违法责任。[21]

2009 年在"超级合伙人公司诉戴维斯案"(Premium Plus Partners, L. P. v. Davis)中,地区法院法官经审理后驳回了根据《商品交易法》对被告利用美国财政部中止 30 年国债交易非公开信息操作 30 年国债的指控。[22] 法官认为,单纯利用非公开信息并不构成欺诈。[23]

三、金融危机后期货市场反内幕交易的立法改革

2010 年《多德 – 弗兰克法》扩大了期监会的权力,其监管权扩大到对柜台市场和交易所交易的互换、商品和期货合约欺诈性以及操纵性行为的执法权,包括内幕交易。

(一)概括性的反欺诈条款——《多德 – 弗兰克法》第 753 节

《多德 – 弗兰克法》第 753 节"反操纵授权"(ant-manipulation authority)修订了《商品交易法》第 6 条(c)款,扩大了期监会禁止欺诈性和操纵性行为的权力,它增加了一个新的禁止欺诈和操纵(prohibition against manipulation)条款,即第 6 条(c)款第(1)项。它规定:

"任何人直接或间接利用或使用,或试图利用或使用,在与互换,或在受到注册实体规则约束的州际商务商品出售合约交易或期货合约或与这些合约有关的交易中,任何操纵或操纵性的或欺诈性手段、诡计,违反期监会在《多德 – 弗兰克

---

〔18〕 该法禁止使用州际通信手段进行商业上的欺诈。

〔19〕 同上。

〔20〕 Jerry W. Markham, 18:8 Insider Information, frontrunning, and trading ahead of customers, 13A Commodities Reg. 18:8.

〔21〕 Andrew Verstein, "Insider Trading in Commodity Markets", *Va. L. Rev.* 102, 2016, p. 447.

〔22〕 Jerry W. Markham, 18:8 Insider Information, frontrunning, and trading ahead of customers, 13A Commodities Reg. 18:8.

〔23〕 Ibid.

法》制定后1年内制定的条例或规则都是非法的。期监会制定的上述规则和条例不得要求任何人向另一个人披露可能对市场价格、利率或商品交易水平产生重大影响的非公开信息,除非向交易中与交易有关的另一个人报告是为了避免产生重大的误解所必须。”

新的第6条(c)款第(1)项模仿了《证券交易法》第10b节的措辞,广泛禁止在互换、州际商务商品出售合约和期货合约交易中和与其有关的交易中的任何欺诈基础上(fraud-based)的操纵伎俩,以及任何试图利用或使用该伎俩。

在第6条(c)款第(1)项基础上,还新增加第6条(c)款第(3)项“其他操纵”条款。它规定:“任何直接或间接操纵或试图操纵互换或按照注册实体规则进行交易的州际商务中商品和期货价格均为非法。”

(二)针对政府官员的反内幕交易规则——艾迪·墨菲规则,即《多德-弗兰克法》第746节

在美国历史上,涉及国会议员、政府官员涉嫌利用职务便利,获得的重大非公开信息从事期货交易牟利的事件时有发生,其合法性也备受质疑,这也引起了美国立法者的警觉和关注。在杜鲁门政府时期,因为预见到朝鲜战争会导致商品价格飙升,有好几名政府官员利用其掌握的非公开信息从事期货交易牟利,事情曝光后,他们被迫辞职。〔24〕 在20世纪七八十年代,有好几起涉嫌内幕交易滥用的事件。其中触动国会立法者的一个事件是1972年涉及出售给苏联小麦的内幕交易事件。在1972年7月,美国政府达成协议出口4.34亿蒲式耳小麦,至少2.91蒲式耳饲料玉米和大豆给苏联。小麦期货市场受到极大影响,这导致公众普遍担心美国政府官员卷入了小麦期货内幕交易。但公众的怀疑一直没有办法得到证实。〔25〕

在《多德-弗兰克法》立法辩论期间,期监会主席格雷·金赛尔(Gary Gensler)反复请求国会将证券领域的《内幕交易法》扩大到期货领域,使任何利用从联邦政府部门或机构,如美国财政部、联储和美国农业部获得的非公开重大信息进行交易都为非法。金赛尔反复引用很受欢迎的电影《交易室》(Trading

〔24〕 Jerry W. Markham, 18:8 Insider Information, frontrunning, and trading ahead of customers, 13A Commodities Reg. 18:8.

〔25〕 Gary Rubin, “CFTC Regulation Fails to Adequately Regulated Inside Trading”, *N. Y. L. Sch. L. Rev.* 53, 2008, p. 599.

Places)里的故事情节作为支持其观点的依据。[26] 她指出,按照现行法,电影中由著名演员艾迪·墨菲(Eddie Murphy)饰演的比利·雷和·艾克罗伊德饰演的温斯罗普利用截听到的美国农业部非公开的关于橘子收获预测报告成功地进行卖空,并操纵橘子汁期货市场,在美国,此种做法并不违法。期监会建议制定阻止不当取得和不当使用此类信息的禁止性规则,并将其称为"艾迪·墨菲规则"(Eddie Murphy rule),以禁止利用从政府渠道获得非公开信息的内幕交易。[27] 金赛尔最终成功将所谓艾迪·墨菲规则纳入了立法。

《多德-弗兰克法》第746节修订《商品交易法》第4c节(a)[《美国法典》6c(a)],增加如下条款:

1. 第4c节(a)(3)"出售合约",即禁止知情人利用非公开信息进行交易

该条款规定:"联邦政府机构或部门,或国会议员,或国会雇员(与《股票法》第2节定义相同)或任何司法官员或司法雇员(与《股票法》第2节相同[28]),利用职务便利取得可能或将来可能对州际商务商品的价格或期货的价格或互换价格产生影响,且产生或持有这些信息联邦政府机构或部门、国会或司法机关并没有以公开可获得的方式公开,或在刑事、民事或行政听证,或在国会、政府的或政府审计报告中、听证、审计或调查中予以公开的信息,自己和为个人牟利的目的,签订——(A)商品期货合约(期货合约期权);(B)期权(除按有关法律注册在全国证券交易所交易的外)以及互换,均为非法;或(C)互换,均为违法。"

2. 第4c节(4)"非公开信息"(nonpublic information)

(1)第4c节(4)(A)非公开信息的泄露(Imparting of nonpublic information)

它规定:"联邦政府机构或部门雇员或代理人或国会议员或国会雇员或司法官员或司法雇员,因职务便利取得可能或将来有可能影响州际商务商品、期货、互换或价格的信息,该信息还没有被生产或持有该信息的联邦政府部门或机构,或国会或司法部门以可以为公众公开获得的方式公开,或在刑事和民事、行政听证中被公开,或在国会、政府或政府审计报告、听证、审计,或调查中发布,个人和

---

〔26〕 在该影片中,比利·雷(Biliy-Ray)和温斯洛普(Winthrop)截听到美国农业部保密的有关橘子收获预测报告,在报告公开前成功利用该信息进行卖空,此前他们在期货市场囤积橘子汁进行逼仓,让基于虚假报告的竞争对手杜克兄弟损失了3.94亿美元。

〔27〕 "Top Futures Regulator Wants 'Eddie Murphy' Rule, Financial Advisor, January 29, 2010", Accessed December 27 2016. http://www.fs-mad.com/fa-news/5152-top-futures-regulator-wants-eddie-murphy-rule.html.

〔28〕 美国国会此前已经通过了禁止证券市场内幕交易的《股票法》,该法有关条款措辞与《艾迪·墨菲规则》措辞类似,专门针对利用职务便利掌握内幕信息的国会议员及雇员,禁止其从事证券内幕交易。

为个人牟利,具有协助他人的意图,将该信息泄露给直接或间接利用该信息签订或要约签订——(i)期货合约(或期货合约期权);(ii)期权(除按有关法律注册并在全国证券交易所交易的期权外)合约;(iii)互换合约,均为违法。”

(2)第4c节(4)(B)“明知故用”(knowing use)

它规定:“从上述(A)项所规定的联邦政府部门或机构、国会、司法官员或司法雇员或代理人获得信息,故意使用该信息,签订或要约签订(i)期货合约(或期货合约期权);(ii)期权(除按有关法律规定注册在全国证券交易所交易)合约;(iii)互换合约,均为非法。”

(3)第4c节(4)(C)“非公开信息的窃取”(Theft of Nonpublic information)

它规定:“偷窃(steal)、盗窃(covert)或侵占(misappropriation),无论通过哪种手段,从产生或持有的联邦政府部门或机构、国会或司法机关可能或将来有可能对州际商务中期货、互换价格产生影响的信息,如果该人知道,或疏忽无视该事实,该信息还没有被产生和持有的联邦政府部门或机构、国会或司法机关以公众可公开获得方式公开,在刑事、民事、行政听证中公开,或国会、行政和政府审计报告中、听证中、审计或调查中公开,使用该信息,或泄露该信息,具有协助他人直接或间接利用该信息从事签订或要约签订(i)期货合约(或期货合约期权)合约;(ii)期权(除按有关法律注册在全国证券交易所交易的期权);(iii)互换合约,均为非法。

不过,上述规定不适用于自觉或法律强制要求履行法律规定的职责,提供有关信息或生产信息的人,在运营和活动中,将该信息提供给任何雇员或联邦政府或国会委任的人,或国会议员,或国会议员,或司法官员,或司法雇员,利用该信息签订或要约签订或要约签订上述(i)、(ii)和(iii)规定的期货合约、期权或互换合约。”

(三)期监会监管规章——规则180.1

2011年期监会根据《多德-弗兰克法》第753节的授权,制定并颁布了实施该节的名为“禁止使用或试图适用操纵性和欺诈性伎俩”的规则180.1。它规定:

“(a)下列均为非法,任何人直接或间接地,在与互换或州际商务商品出售合约或按照注册实体的规则进行的期货合约有关的交易中,故意或存有过失的行为:(1)利用或使用,或试图利用或使用操纵性伎俩、诡计或骗术进行欺诈;(2)对重大事实虚假陈述或误导,或遗漏重大事实,以达到虚假陈述或误导的目的;(3)从事,试图从事任何构成对他人欺诈或欺骗的做法或营业;(4)通过邮政或州际商务手段,或借助任何通信手段,传递或导致被传递有关农作物或市场信息或影响或可能影响州际商务商品价格的市场环境的虚假、不准确或误导报告，明知，或存在过失无视该报告是虚假、误导或不准确的。不过，如果当事人是善意的，错误传递了虚假、误导信息给价格报告服务机构的，不构成违法。(b)本节的规定不应当被解释为要求任何人向另外一个人披露对市场价格、汇率或利率或商品交易水平可能产生重大影响的非公开信息，除非该披露对该交易中其他人或有关的人而言是为了避免导致误导所必需的。(c)本节不影响或不应被解释为影响《商品交易法》第9条(a)款第(2)项的适用。"〔29〕

期监会规则180.1刻意模仿了证券交易委员会10b-5反欺诈规则，但期监会拒绝采用证交会宽泛的禁止内幕交易的立场。因为《多德-弗兰克法》增加了一个条款，规定期监会制定的规则和条例都不应当要求任何人向另一个人披露可能对市场价格、利率或商品交易的水平产生重大影响的非公开信息，除非是披露是消除某些重大方面误导所必需的。因此，期监会仍然坚持其传统的立场，认可拥有价格敏感非公开市场环境(market conditions)信息的市场参与者可以保密该信息，无论是在场内市场，还是柜台市场。期监会在规则180.1(b)的规定就是要表明这一立场，即期监会并未通过该规则给期货市场交易者课以强制性的信息披露义务，规则180.1采用的是非公开信息窃取理论(misappropriation of non-public information)，它禁止违反事先存在义务(pre-existing duty)利用重大非公开信息进行交易，以及利用通过欺诈或欺骗手段获得重大非公开信息的交易(详细见本文第三部分的分析和论述)。

四、美国商品市场内幕交易第一案

(一)首个商品期货内幕交易案暨首次适用《多德-弗兰克法》反欺诈条款和规则180.1的内幕交易案

美国法律界公认的首个商品市场(非证券的期货)内幕交易案，也是美国期监会首次适用《多德-弗兰克法》新的反欺诈规则和规则180.1查处的期货内幕交易案就是2015年的"摩扎德内幕交易案"。2015年12月2日期监会发布命令，公告其与艾丽娅·摩扎德(Arya Motazedi)，一个汽油和石油期货交易员，在其涉嫌期货内幕交易违法上达成和解。期监会查明的事实表明，2013年9月3日到2013年11月，摩扎德在纽约商品交易所(New York Mercantile Exchange)进

〔29〕《商品交易法》第9条(a)款第(2)项是关于价格操纵的。

行了46起汽油实物期货(Reformulated Gasiline Blendstock for Oxygen Blending, RBOB)和原油期货合约交易(CL Light Sweet Crude Oil Future Contract)交易,这些交易发生在其自己拥有或控制的账户和其所代表的雇主自营账户之间,该交易导致其获利,雇主受到损失。摩扎德还从事了12起欺诈,在执行公司订单前抢先以个人账户进行交易(抢先交易)。期监会认为,摩扎德侵占雇主(misappropriating)重大的非公开、保密的信息从事交易构成欺诈。摩扎德和其雇主之间存在信任和信赖关系(relation of trust and confidence),负有保密义务,而且雇主也明确禁止雇员利用保密信息从事个人交易。摩扎德利用职务便利获得了有关雇主能源商品自营交易的时间、量和价格等重大非公开信息。[30] 在对摩扎德提起的指控中,期监会对摩扎德欺诈特征的描述使用了证券法内幕交易成文法类似措辞:(1)摩扎德知悉其雇主重大非公开信息;(2)他与其雇主存在信任和信赖关系,并附有不得滥用该信息的义务;(3)公司内部政策禁止其以个人账户从事能源商品交易和禁止从事与其雇主产生的交易;(4)他在利用其雇主信息交易牟利,并没有向其雇主披露属于明知或存在重大过失。

期监会认为,摩扎德违反了《商品交易法》第6条(c)款第(1)项和规则180.1中其事先存在的义务(pre-existing duty),非法利用了内幕信息从事欺诈交易。[31] 摩扎德承认期监会的有关指控,并与期监会达成和解,避免了法庭诉讼。最终,摩扎德接受期监会下列处罚:(1)收缴216,956美元非法所得;(2)分别向期监会和美国商品交易所缴纳100,000美元罚金;(3)永久禁入。[32]

(二)美国法律界对摩扎德内幕交易案的评价

美国律师认为,作为商品期货市场首个内幕交易案,该案有三大显著意义:(1)期监会命令明确援引了证券法"信赖和信任关系"(relationship of trust and confidence)学说来阐释摩扎德与其雇主之间在重大非公开信息上的法律关系,认定摩扎德具有事先存在的义务(pre-existing duties)。(2)它将重大过失标准(recklessness standard)适用于侵占指控(misappropriation claims)。(3)和解预示期监会对侵占指控的法律依据——事先存在法律义务(pre-existing duties)更宽

〔30〕 CFTC Docket No. 16-02, Order Instituting Proceedings Pursuant to Sections 6(c) and 6(d) of the Commodity Exchange Act, Making Findings and Imposing Remedial Sanctions. Dec. 02, 2015.

〔31〕 "The CFTC Turns to Insider Trading Enforcement", Accessed February, 2017. http://www.ballardspahr.com/alertspublications/legalalerts/2016-01-13-the-cftc-turns-to-insider-trading-enforcement.aspx.

〔32〕 Ibid.

泛解释的意图,[33]从而表明期监会将严厉对待期货内幕交易,加强执法。

美国学者认为,该案为美国历史上首个商品内幕交易(first insider trading in commodity)案,该案有三个重要的意义:(1)这是期监会提起控告的首个商品交易(commodity trading)内幕交易案。虽经历多次国会听证,但整个20世纪,商品内幕交易一直都未受到法律限制,期监会也一直反对禁止期货内幕交易的立法。2009年,期监会在国会听证中,再次确认"期监会对内幕交易不享有管辖权"。(2)期监会命令采用了《证券内幕交易法》类似的措辞。期监会命令指出:"摩扎德通过侵占(misappropriation)非公开保密的重大的信息实施了欺诈。摩扎德和其雇主存在导致保密义务的信托和信任关系……摩扎德违反了其对雇主的义务,利用该信息以自己个人账户进行交易,而没有向其雇主披露。"(3)期监会刻意通过此案宣示《多德-弗兰克法》赋予它的新权力。摩扎德的内幕交易行为完全可以很容易地被认定为抢先交易,即一种期监会一直严厉打击的,被判例法认定违反原《商品交易法》第4b条反欺诈条款的市场滥用行为(见表1),但期监会刻意选择适用《多德-弗兰克法》新订的《商品交易法》第6c节(1)反欺诈条款和期监会实施该法的规则180.1。[34]

很明显,按照美国法律界的看法,证券交易委员会刻意利用《多德-弗兰克法》赋予的反期货市场内幕交易的权力和有关反内幕交易新规来宣示期监会拥有的新权力及其新的监管执法立场,并借此向市场和业界发出警示,期监会将会加大对商品期货市场内幕交易的监管执法。

表1 自20世纪80年代以来历年因查处商品期货市场抢先交易而引起的主要诉讼案件

时间、案件名称	案由	法律适用
1982, Minpeco S. A v. Conti Commodity Services, Inc.	价格敏感信息披露义务	地区法院认定,法律并没有对对手方交易者课以其拥有的信息的义务,但如果其从事欺诈,则负有披露义务
1985, U. S v. Dial	抢先交易	美国第七巡回法庭适用《商品交易法》第4b条反欺诈条款,认定被告构成欺诈

[33] New Insider Trading Prohibitions in the Commodity Markets, (Sept. 15, 2016), Accessed February 20, 2017. https://lc.fia.org/sites/default/files/FIA%20New%20Insider%20Trading%20Prohibitions%20in%20Commodities%20Market%2009%2015%202016.pdf.

[34] Andrew Verstein, The First Insider Trading in Commodities, Accessed September 10, 2016. https://corpgov.law.harvard.edu/2015/12/04/the-first-insider-trader-in-commodities/.

续表

时间、案件名称	案由	法律适用
1987,Butler v. New York Cotton Exhange	抢先交易	交易所给予处罚
1997,Re Rousso	抢先交易	期监会认定双重交易者利用自己账户进行买卖,而手上持有要执行的处于同一边的客户订单
1998,CFTC v. Kelly	抢先交易	法院认可期监会主张,颁布了永久禁止被告从事抢先交易欺诈的禁令
2000,In the Matter of DiFrancesco	抢先交易	期监会认定,场内经纪人以更好的价格抢在顾客订单前进行交易
2008,In the Matter of Perez	泄露非公开信息	期监会认定纽约商品交易所合规职员向正在接受调查的场内经纪人泄露重大未公开信息,违反1.59条例
2009, Premium Plus Partners, LP v. Davis	利用非公开信息操纵市场	地区法院驳回被告违反《商品交易法》利用非公开信息操纵美国30年国债的指控
2014, CFTC v. Bynes, Comm. Fut. Rep.	泄露重大非公开信息	法院拒绝了撤销诉讼的动议,该诉讼指控交易所要对其雇员泄露非公开信息给经纪人,以换取娱乐招待和宴请负责

资料来源:根据美国学者杰瑞·马克海姆(Jerry W. Markham)专著(电子版)整理所得。[35]

说明:从表1可以看出,适用《商品交易法》第4b条反欺诈条款最多的监管执法案件就是抢先交易,几乎没有涉及除抢先交易以外的内幕交易的监管执法。

五、美国商品期货内幕交易法的发展及坚守

美国商品期货内幕交易法最新发展情况表明,美国决策者与监管者在期货内

[35] Jerry W. Markham, 18:8 Insider Information, Front Running, and trading ahead of customers, 13A Commodities Reg. §18:8.

幕交易法上有发展,也有坚守。

(一)明确内幕交易是一种欺诈性或操纵性的违法行为

在《多德－弗兰克法》生效之前,《商品交易法》第4b条反欺诈条款也包含了一般性的禁止欺诈的内容,但立法者、监管机构、法院及学界主流看法都认为,该条款并不禁止利用内幕信息进行商品期货交易。主流看法是,期货市场禁止内幕交易是不合适的,对期货市场是有害的。理由是:"与证券法严格禁止内幕交易相反,商品期货和衍生市场内幕交易被认为是可接受的而且是该市场不可或缺的部分。不仅禁止内幕交易缺失(除某些与监管、自律或交易所治理有关特定人外),《商品交易法》实际上把内幕交易看成是方便发现商品价格的手段。"[36]也就是说,不同市场需要不同的法律(dissimilar markets deserve dissimilar laws)。[37]

《商品交易法》和期监会监管规章拒绝禁止拥有内幕信息的人利用该信息交易,期监会在1984年发布的《关于拥有重大非公开信息的期货交易性质及影响的研究》认为,证券和期货市场功能有所不同。[38] 美国学者马克海姆(Jerry W. Markam)解释道,期货市场许多参与者都拥有合法取得的优势信息,如套期保值者,这部分占有很大的市场份额,他们从事期货市场基础现货产品的生产、加工、分销或消费。就其营业性质而言,许多套期保值的人都拥有对期货市场而言重大非公开信息。美国学者布雷德利·邦迪(Bradley J. Bondi)和斯蒂文(Steven)援引期交发布的联合报告解释道,期货市场"与证券市场不同,证券市场主要目的是资本形成,从而衍生出诸多义务,包括信赖性质的义务,而商品期货市场和衍生市场功能是价格发现和风险管理。这些市场,按照证交会和期监会联合报告的看法,'允许套期保值者利用非公开信息保护自己,防范其持有商品头寸的风险'"。[39] 归结起来,美国期货市场没有采取类似证券法内幕交易禁止的主要理由有三个:

(1)经常提到的理由"商品行业里几乎没有可能进行内幕交易",因为不存在重大的非公开信息,也不存在强制性信息披露义务。美国期监会提出的理由就是:"证券市场禁止(内幕交易)是基于公司内部人在被允许进行股票交易前负有信息披露义务。而期货和衍生市场并没有课以同样的法律义务,《商品交易法》和

---

[36] Bradley J. Bondi & Steven D. Lofchie, "The Law of Inside Trading: Legal Theories, Common Defenses, and Best Practices for Ensuring Compliance", *N. Y. J. L. & Bus.* 8, 2011, p. 167.

[37] Andrew Verstein, "Insider Trading In Commodities Markets", *Va. L. Rev.* 102, 2016, p. 447.

[38] Jerry W. Markham, Commodity Reg. § 18:8(2014).

[39] Bradley J. Bondi & Steven D. Lofchie, "The Law of Inside Trading: Legal Theories, Common Defenses, and Best Practices for Ensuring Compliance", *N. Y. J. L. & Bus.* 8, 2011, p. 167.

期监会的监管规章都没有规定信息披露义务。"[40] 因此,期货市场参与者拥有合法取得非公开信息,并可以合法利用其信息优势进行交易获利的权利。

(2)商品市场参与者偏爱不受限制的交易,因为他们是老练并需要套期保值的。证券法是要保护散户(retail investors),但商品交易者(commodity traders)都是非常老练的和充分掌握信息的人,他们无须禁止内幕交易的保护。

(3)不存在违反信托或信任义务,或信赖义务。[41] 证券市场内幕交易是因为涉及违反信托(trust)和信任(confidence)关系,因为管理人员从雇主那里窃取了信息并利用它,剪了股东的羊毛,而商品交易中不存在股东,故不存在内幕交易具有危害性的问题。从公司泄露的非公开信息是保密的,对公司股票价值重大,而世界范围内的商品价格信息可能本身就是公开的,如任何人都可开车到中东和对是否有好的丰收加以猜测。因此,在 1982 年国会听证会上,期监会就告诉国会"在商品行业几乎不存在利用内幕信息进行交易的情形"。[42]

正是基于上述理由,尽管证券市场内幕交易判例法不断在发展,监管越来越严厉,但商品市场内幕交易监管仍然没有任何改变,只是对某些政府和交易所管理人员限制利用非公开信息进行交易。此外,美国法院也认定商品经纪人抢先交易构成犯罪。[43] 尽管美国国会也不时考虑严格禁止商品市场的内幕交易,但期监会却一直阻止任何宽泛地禁止期货市场内幕交易的立法尝试。在 1982 年国会尝试立法后,国会要求期监会提供一份禁止商品和期货市场内幕交易的可行性报告。而 1984 年期监会提交的报告仍然坚持反对限制内幕交易,国会也就放弃了加强内幕交易监管的立法尝试。1991 年国会再次审议类似的立法,期监会反对该法案。在整个 20 世纪 80 年代和 90 年代商品内幕交易监管,都未发生任何改变。直到 2009 年,期监会还一再重申:"期监会对内幕交易不享有管辖权,除非期监会委员或交易所会员从事该交易……"简单地说,商品市场不存在内幕交易。期监会的立场也一直得到国会的尊重,在 2008 年国会通过的 2008 年《期监会再授权法》中,美国国会将下列内容塞进了《商品交易法》第 4b 条(b)款。它规定:"第 4b 条(a)款第(2)项并不应课以任何人,在或与期货合约、出售或互换有关的交易中,向其他人披露可能对市场价格、汇率或商品或交易的水准生产重大影响的非公开信

[40] U. S. Commodity Future Trading Commission, Open Meeting on Five Final Proposal Under the Dodd-Frank Act 38(Jul. 7, 2011), Accessed January 19, 2017. http://www. cftc. gov/ucm/group/public/@ swap/doucments/dfsubmission/dfsubmissionmult_0707011 – trans. pdf.

[41] Andrew Verstein, Insider Trading In Commodities Markets, 102 Va. L. Rev. 447(2016).

[42] Ibid.

[43] Ibid.

息的义务,除非该披露对与该交易的其他人是消除重大误导所必需的。”

2010年《多德-弗兰克法》第753节,即新增订的《商品交易法》第6条(c)款第(1)项,虽然该规定刻意借用了1934年《证券交易法》第10b节反欺诈条款的措辞,但该规定仍然没有明确提到“内幕交易”。[44] 2011年期监会制定的规则180.1也刻意模仿了证券交易委员会规则10b-5,在2015年摩扎德案中,期监会刻意适用《商品交易法》第6条(c)款第(1)项和规则180.1,将传统上属于抢先交易的案件办成了美国期货市场首个期货内幕交易案,这些都是要传达一个明确的信息:《商品交易法》第6条(c)款第(1)项和规则180.1就是期货内幕交易法,期货内幕交易属于适用第6条(c)款第(1)项和规则180.1规定的欺诈,是违法的,期监会将利用一般性反欺诈条款查处期货市场内幕交易违法行为。

(二)扩大了内幕交易禁止规则的适用范围,加强了期货内幕交易的监管

期监会在1984年的研究报告中将期货市场可以成为内幕信息的信息主要分为三类:一是交易环境信息(影响期货市场交易价格或价值的各种市场规则、政策变化方面的信息);二是交易信息(transaction information),即市场参与者过去、现在或可预见的将来的现货或期货市场交易信息;三是现货市场基本信息(cash market fundamental information)。它是指期货市场交易基础商品供给变化的信息,能够利用工作或职务上便利掌握这些无法公开获得信息。据此,期监会报告认为,可称为内幕人的有四类:政府雇员、期货自律组织雇员(包括管理人员)、作为交易代理的个人和现货及期货企业的雇员。期监会1986年颁布的1.59条例将内幕信息定义为不可公开获得的、如果公开,将被理性的人在确定是否交易某具体商品的重大信息,包括与现货、期货或期权头寸、交易策略,自律组织成员财务状况等目前或预见有关的信息,或自律组织监管行动或拟进行的监管行动。自此到《多德-弗兰克法》颁布前,美国《商品交易法》禁止的内幕交易主要有三类:(1)政府雇员内幕交易。这主要是指期监会的委员及其雇员利用其职务便利获得内幕信息从事期货交易。(2)期货经纪人、现货及期货企业的雇员抢先交易,违反《商品交易法》4(b)反欺诈规则,利用在代理客户进行现货或期货交易时所掌握的客户订单信息,抢先在执行客户订单前以更有利的价格进行自我交易,为自己牟利,损害客户利益。(3)自律组织的管理人员和雇员内幕交易,即期监会1.59条例禁止的内幕交易。

《多德-弗兰克法》极大地扩大了禁止内幕交易的适用范围。(1)极大地扩大

[44] Proposed Rules Commodity Futures Trading Commission 17 CFR Part 180, 75 FR 67657-01, 2010 WL 43233395(F. R.).

了负有禁止内幕交易义务的内幕人员：①将政府雇员从期监会的委员和雇员扩大到国会议员、雇员，法院法官及其他雇员以及审计机关工作人员等所有政府机构或部门、国会或司法机关获得未公开价格敏感信息的工作人员的内幕交易。新修订的《商品交易法》第4c条（a）款第（4）项将内幕信息定义为，"可能对州际商务商品的价格或期货的价格或互换价格产生重大影响，且产生或持有这些信息联邦政府机构或部门、国会或司法机关并没有公开，或在刑事、民事或行政听证，或在国会、政府的或政府审计报告中、听证、审计或调查中予以公开的信息。"②非法窃取内幕信息的人员。《商品交易法》第4c节将内幕人分为两部分：一部分是担任政府公职的知情人员（利用职务便利掌握内幕信息的联邦政府机构或部门公务员、国会议员和被雇佣雇员、司法官员或司法部门工作的雇员）。另一部分是通过非法窃取获得内幕信息的人员。③自律组织管理人员和雇员中，增加了清算所雇员、互换仓库雇员和期货协会雇员。④《商品交易法》新增的一般性反欺诈条款，即第6条（c）款第（1）项将内幕人扩大到所有负有事先存在义务，知悉有关商品合约、期货合约或互换合约及交易价格敏感信息的知情人员。按照期监会规则180.1，如果是违反先前存在的义务（其他法律、规则、协议、谅解或其他渊源规定的）利用重大未公开信息进行互换、商品销售和期货合约交易就违反了期监会规则180.1禁止内幕交易的规定。[45] （2）扩大了有关内幕信息的禁止性行为：①利用或使用内幕信息进行交易；②非法泄露或窃取内幕信息。

（三）坚守不同市场不同法律的原则

美国在加强期货市场反内幕交易立法的同时，仍然维持和强调期货市场与证券市场在存在功能和交易做法上的差异。《多德－弗兰克法》在增加广泛涵盖各种不当内幕交易的一般性欺诈条款的同时，在该条款中对其适用范围加以限制，即期监会制定的规则和条例都不应当要求任何人向另外一个人披露可能对市场价格、利率或商品交易的水平产生重大影响的非公开信息，除非是为消除某些重大方面的误导所必需的。为此，在期监会制定的规则180.1中，期监会也借鉴了证券内幕交易判例法上的非公开信息侵占学说，限制了内幕信息知情人的披露义务。期监会在解释说明规则180.1含义时强调，规则180.1禁止的是违反事先存在义务，并利用重大非公开信息进行的交易或通过欺诈或欺骗手段获得重大非公

---

〔45〕 "Trading on the basis of material nonpublic information in breach a pre-existing duty(established by another law or rule, agreement, understanding, or some other source) or by trading on the basis of material nonpublic information that is abtained through fraud or deception, may violate final rule 180.1", CFTC Office of Public Affairs, Q & A—Anti-Manipulation and Anti-Fraud Final Rules(2011).

开信息的交易。这就明确限制了内幕交易禁止在期货市场上的适用范围。[46] 市场参与者合法掌握的市场环境的信息不披露违反规则180.1。在交易前不披露该信息,无论是场内市场还是在场外市场,在交易前不披露该信息都不违反规则180.1。因此,期监会澄清沉默、无披露义务不构成规则180.1意义上的欺骗或欺诈。

所谓"事先存在的义务"(pre-existing duty),期监会解释道,是指其他法律,或规则,或协议,或备忘录,或谅解或其他规定所产生的义务,如果违反该义务,利用了重大非公开信息,或利用了通过欺诈或欺骗手段取得的重大非公开信息,则违反规则180.1。[47] 一个高级别的期监会执法部门官员在参加国际掉期与衍生工具协会(International Swaps and Derivatives Association,ISDA)主办的执法研讨会上表示,期监会对于有关重大非公开信息事先存在的义务(pre-existing duty)享有广泛的解释权,产生事先存在的义务的法律关系可能基于法律、协议或其他谅解(understanding,明示或默示的)。[48]

由于《商品交易法》第6c节(1)和规则180.1措辞过于原则,在规则180.1草案公开征求意见过程中,许多学者和业界都特别担心,[49]上述规定会对商品市场参与者课以新的信息披露义务,从而从根本上颠覆期货市场的游戏规则。对此,期监会反复强调,规则180.1明确了一个人只有在为避免先前陈述引起误导所必需的情况下才承担信息披露义务。也就是在《多德-弗兰克法》后的监管环境下的某些情况下,衍生市场和期货市场参与者负有信息披露义务。[50] 所谓某些情况,就是期监会所说,基于其他法律、规则、协议、谅解等规定而事先存在的义务(pre-existing duty),该义务并非是《商品交易法》规定的法定义务。对此,期监会在规则说明中重申了其一贯立场,即期货、期权、互换和实物商品市场与证券市场不同,证券市场有广泛披露义务,而《商品交易法》并没有市场状况和有关商品市场的强制披露规定,只有当事人违反事先存在于普通法、合同或其他非商品交易法以外的法律规定的义务的情况下才构成违法。期监会颁布的规则180.1并没有

---

〔46〕 Gregory Scopino, "The (Questionable) Legality of High-speed 'pinging' and 'Front Running in the Future Markets' ", *Conn. L. Rev.* 47, 2015, p. 682.

〔47〕 Ibid., p. 683.

〔48〕 Andrew Verstein, "Insider Trading In Commodities Markets", *Va. L. Rev.* 102, 2016, p. 447.

〔49〕 在征求意见反馈中,美国律师协会衍生委员会认为应当澄清反操纵规则没有在期货、期权或现货交易中产生新的一方当事人对另一方询问、禁止调查或披露义务。

〔50〕 Gregory Scopino, "The (Questionable) Legality of High-speed 'pinging' and 'Front Running in the Future Markets' ", *Conn. L. Rev.* 47, 2015, p. 682.

课以新的询问、尽职调查或披露的积极义务。[51]

六、结论与启示

(一)结论

1. 美国最新期货市场内幕交易立法及监管执法发展态势表明,期货立法和监管机构需要“旗帜鲜明”地打击期货市场内幕交易,期货内幕交易法应该广泛禁止一切不法利用非公开价格敏感信息进行交易牟利的行为。期货市场非法的内幕交易并不只局限于市场特殊主体,如期货经纪人(抢先交易),期货市场自律组织管理人员和雇员,以及期货市场监管机构的工作人员,非法内幕交易还存在违反事先存在的义务,利用非公开价格敏感信息从事期货交易或泄露给具有利用该信息从事交易的其他人的行为。

2. 证券内幕交易法本质上是信息披露法,而期货内幕交易法本质上是禁止不当违法利用内幕信息法,前者源于违反信息披露义务,而后者则源于违反保密义务。证券内幕交易法是为了促进公平公开,而期货内幕交易法是为了限制负有保密义务的主体违法披露和利用内幕信息。二者的本质区别就在于,在证券市场,内幕信息知情人或非法获取内幕信息的人泄露或利用内幕信息均属违法,而在期货市场,只有在泄露或利用内幕信息违反了法定或约定义务的情况下才构成违法。也就是说,证券市场所有内幕交易都是违法的,而在期货市场,只有特定内幕人从事的内幕交易才是违法的。

3. 期货内幕交易法与证券市场内幕交易法的不同,是由于两个市场功能不同所决定的,即所谓不同的市场不同的法律。

4. 适用一般性反欺诈条款打击期货市场内幕交易,实际上是赋予了监管机构宽泛的审时度势、适时发展和调整内幕交易法适用范畴、监管政策和监管执法宽严度的裁量权,以最大限度保持立法的弹性及包容金融创新的能力。美国《商品交易法》第6c节(1)反欺诈条款和期监会规则180.1的适用,在很大程度上取决于期监会对“事先存在义务”的解释,这可以充分保持期货内幕交易法的弹性,但缺陷就是具体到个案上,充满了不确定性。

---

[51] Gregory Scopino, “The (Questionable) Legality of High-speed ‘pinging’ and ‘Front Running in the Future Markets’”, *Conn. L. Rev.* 47, 2015, p. 682.

(二)启示

美国期货内幕交易法的新近发展给我们的启示就是,利用非公开价格敏感信息的交易是否就一定是“恶”,必须认定为非法?法律对内幕交易限制越严厉越好?这些问题与一直困扰学界的迄今尚未得到圆满的答复理论问题纠结在一起,即内幕交易到底更有利于市场价格发现机制发挥作用,还是抑制了市场价格发现机制的作用。[52]

2009 年 2 月 28 日,全国人大常委第七次会议通过《中华人民共和国刑法修正案(七)》,将《中华人民共和国刑法》第 180 条泄露内幕信息和内幕交易罪加以修改。一是将第 180 条规定的泄露内幕信息和从事内幕交易罪,扩大到适用期货交易内幕信息泄露和期货市场内幕交易。二是增加了一款,即该条第 4 款,它规定:“证券交易所、期货交易所、证券公司、期货经纪公司、基金管理公司、商业银行、保险公司等金融机构的从业人员以及有关监管部门或者行业协会的工作人员,利用因职务便利获取的内幕信息以外的其他未公开的信息,违反规定,从事与该信息相关的证券、期货交易活动,或者明示、暗示他人从事相关交易活动,情节严重的,依照第一款的规定处罚。”2012 年 3 月 29 日最高人民法院和最高人民检察院就如何适用《中华人民共和国刑法》新修订的第 180 条,颁布了《关于办理内幕交易、泄露内幕信息刑事案件具体应用法律若干问题的解释》(以下简称两高解释),就内幕交易罪构成要件——内幕人(内幕信息知情人员和非法获得内幕信息的人员)、内幕信息(禁止性及“泄露”“交易”的含义),以及豁免适用的交易和定罪量刑的具体情节作出了明确解释。2012 年两高解释在内幕交易法律规制上有一些大胆突破和创新。如(1)对于非法获取内幕信息的认定,采取表面证据推定,举证责任倒置的方法,即让交易者承担“没有利用内幕信息”的举证责任。在第 2 条关于“非法获得证券、期货交易内幕信息的人员”解释上,对于“非法获取”的认定,对于与内幕信息知情人员存在特殊密切关系或有过联络、接触的人员,如果在信息敏感期内从事期货交易,或者交易行为明显异常的,就推定其非法获取了内幕信息,由交易者承担证明其清白的举证责任。也就是说,按照该规定,只要检控机关能够证明行为人满足以下几个条件,就可推定行为人非法获取了内幕信息,并利用该内幕信息从事了内幕交易。第一,是内幕信息知情人员的近亲属或有密切关系,或有过密切接触、联络;第二,这些关系在信息敏感期间存在或发生;第三,从

[52] 持有利于价格发现机制作用的发挥的观点认为,交易形成的价格信号有利于更早地发现有关产品的真实价格,而对内幕信息保密则可延迟这一过程。因此,内幕交易本身增加市场信息供给,提升了市场透明度。相反,保密则人为的减少信息供给,增加了市场不透明。

事了与内幕信息有关期货交易;第四,相关交易行为明显异常。(2)在禁止“交易”的行为样态上,不仅包括自己交易,明示他人交易,还包括对他人交易的暗示。(3)对于如何判定“相关交易行为明显异常”,增加上述规定可操作性,“两高”解释第3条规定了认定方法,并列举了认定的一些参考标准。

期货市场不同于现货市场的功能定位,即避险和发现价格,这决定了期货市场与现货市场内幕交易在法律制度上的差异,即期货内幕交易法并不绝对禁止期货内幕交易,只要没有违反信息披露义务,即便是利用未公开价格敏感信息也并不构成违法。在没有信息披露义务的条件下,期货内幕交易法也不要求对掌握非公开价格敏感信息承担披露或禁止交易的法律义务。我国立法者或执法者目前还未意识到这一点,而是不加区别地将现货市场(证券市场)内幕交易规则适用于期货市场,这可能抑制期货市场的功能的正常发挥。在内幕交易刑事犯罪的法律适用上,最高人民法院新近司法解释对期货内幕交易与证券内幕交易并未加以区分,适用同一规则体系。在查处光大内幕交易上,中国证监会采用相同的认定标准。中国证监会59号处罚决定书对认定光大证券其未公开的巨量180ETF成分股交易信息,进行深沪300指数交易,构成内幕交易。同时还认定,光大证券利用该信息从事180ETF、50ETF交易也构成内幕交易。值得注意的是,对于该案涉及的所谓“内幕信息”并非现行《中华人民共和国证券法》和《期货交易管理条例》均未明确规定的内幕信息,但中国证监会利用上述法律有关内幕信息的兜底条款,即“国务院期货监督管理机构认定的对期货交易价格有显著影响的其他重要信息”,对该案涉及光大证券未公开的巨量ETF交易信息认定为内幕信息。从其推理过程可以看出,中国证监会对证券内幕交易认定和期货内幕交易尽管适用了不同的法律,但均采取了相同认定标准。

综上所述,基于证券市场和期货市场功能上的差异,美国立法者与监管者在两个市场采取了完全不同的信息披露标准,基于二者在信息披露标准上要求不同,因此,对于利用未公开信息进行的交易,美国证券法与期货法(《商品交易法》)与监管者采取了不同的立场。对于证券市场,立法和监管者要求内幕人遵守要么公开,要么戒绝交易的原则,禁止利用未公开价格敏感信息进行证券交易。而对于期货市场,则并没有课以任何交易方强制性的信息披露义务,也不禁止利用未公开信息从事有关产品的交易。因此,对于期货内幕交易,必须是存在法定或规定(自律规则或市场惯例)的披露义务,违反该披露义务,未进行披露而利用未公开价格敏感信息,才构成内幕交易。因此,期货内幕交易限制在非常窄的范围,其只规定履行公共管理职能或自律监管职能的政府工作人员或交易所管理人员及工作人员承担内幕交易禁止义务。

在法律没有明确固定市场参与者承担信息披露义务的情况下,要谨防期货内幕交易法禁止性规则给市场参与者课以强制性的信息披露义务。对此,ISDA、FIA(Futures Industry Association,期货业协会)和 SIFMA(Securities Industry and Financial Market Association,证券业与金融市场协会)反对试图把证券法反内幕交易规则套用到期货市场内幕交易。它们在给美国期监会提供的一份意见中就证券市场反欺诈与期货市场反欺诈进行比较,指出了二者存在显著不同,它们指出:"证券法、规定和规则 10b-5 的适用是建立在交易当事人存在某些法律义务之上的,如果一方当事人作虚假陈述或重大遗漏就违反该义务。实际上,规则 10b-5 建立的框架只适用于类似结构的市场。相反地,在决定是否进行交易时,期货和衍生市场参与者并不依赖类似具体发行人的信息。期货和衍生市场没有发行者。市场交易通常是在拥有平等获得市场信息基础上的对手方之间进行。期货合约或互换代表并非是对具体发行权益和增长前景进行的投资。而且,对手方彼此平等,不存在没有披露某些信息就违反的义务,合约或履行中都不存在这样的义务。我们认为,期监会应当认真考虑了这些市场重大信息的性质和可能存在义务的类型,采取切合实际的反欺诈规则。不像证券反欺诈规则,主要目的是保护投资者,期货市场的反欺诈规定主要是防止操纵。因此,应该单独采取不同规则解决期货和衍生市场的做法和关系,而不是照搬基于不同制度下的规则。"它们还明确表示:"规则(《多德-弗兰克法》第 753 节关于期货市场的反欺诈规则)绝不能解释为要求任何人向另外一人披露可能对市场价格、利率或汇率或商品交易水平产生重大影响的非公开信息,除非是对其他人陈述时所必需的或不会在重大方面产生误导。"〔53〕

美国商品期货内幕交易法及监管执法实践最新发展趋势给我们的启示就是,应重视证券市场与期货市场之间存在的差异,在期货内幕交易立法和监管执法上不能简单复制和照搬证券有关立法和做法,对于将二者完全纳入统一立法也应谨慎,照顾它们之间的差异与特殊性,即使是微妙的差异,这样才能有效发挥证券市场与期货市场各自的功能。

---

〔53〕 Notice of Proposed Rulemaking on the Prohibition of Market Manipulation Rin No. 3038 - AD27ISDA, FIA (the Future Industry Association), SIFMA (the Securities Industry and Financial Market Association).

期货及衍生品法律评论
第一卷,第 338 ~346 页

美国个股期货交易的监管历史与改革思路

[美]桑福德·A. 法音* 著 韩文辉** 卫志鹏*** 译

一、引言

混合着洋溢的热情与愤怒的批评,在接近一年的国会争论后,美国前总统克林顿最终于 2000 年 12 月 21 日签署了美国《商品期货现代化法案》。该法案对金融衍生品交易及监管安排的规定有较大变化,包括对期监会的重新授权、在美国《商品交易法》及联邦法规对互换交易者的豁免适用、改变期监会作为互换监管者的地位等。

美国《商品期货现代化法案》最重要的部分也是本文关注的重点,就是废除了对个股期货长达 18 年的交易禁令。该禁令最初源自 1982 年《夏罗德—约翰逊协议》的规定。由此,美国《商品期货现代化法案》打破了投资者仅能购买作为指数期货形式的股票期货的规定,允许其购买个股期货。

本文分析了美国《商品期货现代化法案》涉及个股期货的条款,并对这些金融工具的监管框架进行了评论。第一部分介绍了期货概念及其在衍生品市场中的地位,叙述了现行期货市场的监管方式。第二部分讨论了个股期货交易禁令的历史以及废除此禁令的历程。此外,还对此禁令的正面作用、负面影响(最终也促使参与废除禁令的人们所认同)以及

---

* 美国大学华盛顿法学院法律博士。
** 徽商期货副总经理。
*** 南开大学法学院硕士研究生。

允许这些金融工具交易的潜在结果进行了分析。第三部分分析了美国《商品期货现代化法案》的法律表述及内容结构。第四部分讨论了美国《商品期货现代化法案》建立的监管框架,即由证监会与期监会共同监管这些个股期货交易。但本文认为这样做是烦琐和低效的。第五部分提议建立一个更有效的个股期货监管框架,即建立个股期货监管委员会,其成员包括证监会、期监会和美联储成员。现行的监管框架更像是一个官僚泥沼,其可能对投资者、市场监管者及政府机关造成混淆,而由个股期货监管委员会统一行使监管权力,可以对投资者、交易者和交易所提供唯一的监管声音。

二、期货概述

(一)期货是什么

美国《商品交易法》的调整范围包括所有商品期货合约交易,该法却并没有对"期货"本身进行定义。具体而言,一个期货合约就是在未来某个时间以目前议定价格为基础进行标的商品或证券所有权转移的协议。通常而言,法院和期监会规定,期货交易不一定要求商品或证券在未来实际交割。相反,期货仅仅可以被用来作为风险管理或进行投机的工具。例如,一个购买了个股期货的投资者可能会在未来30天内通过交割获得一百股微软股票。该投资者必须在约定时限完成交割股票,并就前期议定的交易价格向经纪商缴清价款。

(二)个股期货的国际及国内市场

美国《商品交易现代化法案》引领美国进入了全球最流行的个股期货交易领域。而在此之前,美国投资者利用个股期权进行套期保值或投机交易则是受到限制的。我们设想一下,某投资者想购买一个有一百份微软股票的期权,为此他必须支付一笔费用以获得在未来某个时间买入或卖出这些微软股票的权利。但是该投资者没有义务必须在未来某个时间买入或卖出这些股票,而只是拥有在这些股票上买入或卖出的权利。如果该投资者决定不买入或不卖出这些股票,他仅仅失去了已经支付的费用,而不是整个股票的价值。作为个股期货的替代,美国投资者发现,全球权益互换市场也为单一股票提供了对冲风险或进行投机的机会。美国境内的交易所(如芝加哥商品交易所和芝加哥期货交易所[1])预计,美国《商品交易现代化法案》对于个股期货禁令的废除将提高这些交易所的全球竞争力,吸引更多的投资者参与这些新的金融工具的交易,也会为经纪商带来更多的收益。

(三)谁可以从个股期货交易中获利

美国《商品交易现代化法案》将主要对大的机构投资者和从事短线交易的个人投资者产生影响。衍生品市场专家认为,较之普通的个人投资者,机构投资者是这些金融工具更合适的用户。衍生品市场专家相信,个股期货对机构投资者更具吸引力,因为它们可以帮助机构投资者进行资产管理和保持现金头寸平衡。更重要的是,个股期货提供了一个以低成本投资股票市场的交易渠道,因为购买远期合约只需要支付一小部分的保证金即可。这就是个股期货投资工具的优势。再以微软股票为例,投资者仅需支付他所要购买所有股票市值的一定百分比的费用。因此,如果他想持有或投机价值10,000美元的股票,他可能仅需支付2000美元的费用即可。

但市场观察者对普通的个人投资者,在个股期货市场上的收益有不同看法。相对于期权来说,期货风险水平较高,可能会给大部分个人投资者(少数经验丰富的投资者除外)带来财务问题。因为即使标的股票价格下跌,期货保证金也需要维持在初始水平上。所以较之期权投资者,个股期货投资者可能会失去更多资金。另外,一些行业观察家相信美国《商品交易现代化法案》中的安全和监管条款可以保护个人投资者的利益,即向这些个人投资者提供一个新的"交易池",从而方便其以更低的成本购买股票。

(四)证监会与期监会:现行期货交易监管框架

国会在1974年成立了期监会,旨在实施美国《商品交易法》对期货合约交易进行有效监管。除管理期货交易外,美国《商品交易法》及期监会还将采取适当措施确保期货市场有效运行及避免操纵市场和欺诈投资者。

而证监会的设立,很大程度是出于大萧条时期对证券市场的监管需求。同时为了保护投资者免于来自证券发行方和卖方的欺诈和操纵,国会分别于1933年、1934年通过了美国《证券法》及美国《证券交易法》,赋予了证监会监管证券交易的权力。

美国《证券交易法》对证券的概念进行了定义,但没有提及个股期货的定义。

---

[1] 芝加哥商品交易所(Chicago Mercantile Exchange,CME)和芝加哥期货交易所(Chicago Board of Trade,CBOT)已于2007年7月12日合并,成为全球最大的衍生品交易所即芝加哥商品交易所集团(CME Group Inc.)。——译者注

个股期货的定义可能介于传统的“证券”定义与“商品期货”定义之间。因为,首先,个股期货是一个金融工具,购买之后而在未来交割(这属于期监会的监管范围);其次,交易标的是传统的股票。所以,这两个机构都确信拥有个股期货的监管管辖权。

美国《商品交易现代化法案》实施后,期监会和证监会联合批准了一些新的期货合约用来交易,但是期监会不再对期货交易过程进行监管。美国《商品交易现代化法案》将期监会与证监会监管权力的斗争重新带到了公众视野中,这两个机构都只愿意在最小范围内对这些投资工具进行联合监管。

三、个股期货的禁令:从设立到废除

(一)个股期货禁令的设立

美国《商品交易法》的条款中,赋予了期监会独有的对“大宗证券远期交易或证券指数交割”的监管权,法案生效后,造成期监会和证监会之间产生矛盾。这一紧张的局面在“芝加哥期货交易所诉证监会案”中达到高潮,该案中证监会反对期监会对某些期货的核准通过。证监会认为,这些证券交易工具,虽然被期监会宣布为期货并受其监管,但其既是商品又是证券。法院裁定支持了期监会的解释,并重申了美国《商品交易法》中有关期货交易和监管的专属管辖条款。

“芝加哥期货交易所诉证监会案”中证监会与期监会的权利斗争导致了1982年《夏罗德—约翰逊协议》的诞生。这一协议区分了证监会与期监会之间对于证券标的的期权和期货的监管权。这一协议赋予证监会对证券标的期权的监管权,同时给了期监会基于豁免证券标的的期货监管权。更重要的是,这一协议禁止了单一公司证券期货的交易。然而,这段立法史并没有对个股期货禁止的原因给予说明。

尽管这一禁令本来计划是短期的,目的是让两个机构都能更好地研究个股期货,但时间上还是持续了18年。结果,机构和个人投资者不能利用期货合约对单一证券进行投机;相反,投资者在期权、期货指数或是证券买断交易上受到了限制。

(二)废除《夏罗德—约翰逊协议》运动

1999年美国国会在对衍生品市场进行审查过程中,通过创建总统工作组,发起了废除《夏罗德—约翰逊协议》的运动。总统工作组赞成通过废除该协议,来解决证监会与期监会之间的监管冲突。总统工作组致力于创建一个监管框架协调证监会和期监会间的不同利益。例如,总统工作组提到证监会应该关注保证金的管理、内幕交易和美国《商品交易法》规定的期监会专属管辖权之外的内容,而期监会应该专注于清算和审慎管理。更重要的是,总统工作组认识到证监会和期监会都有各自不同的专业领域。特别是,证监会专业领域在证券、证券交易和证券交易监管,而期监会在对期货交易和现有的期货市场监管方面有丰富经验。因此,总统工作组的结论是两个机构应该合作形成对个股期货交易新的监管框架,这一框架应该充分吸收两个机构的专业特长。

紧随总统工作组的报告,美国政府问责办公室发布了一个对协议的报告(《GAO 报告》),其支持总统工作组提出的对个股交易禁令的废除。该报告认为协议限制了投资者对衍生品投机的选择,阻止了美国投资者使用某些外汇交易股指期货来进行套期,增加了投资者在期货市场的风险。政府问责办公室报告的结论是,协议的限制扼杀了风险管理方式的创新,让投资者在股权互换交易过程中面临了法律的不确定性。

然而,和总统工作组一样,美国政府问责办公室表达了对一些关键问题的担心,提出在协议取消前,证监会与期监会必须对这些问题进行解决。

首先,美国政府问责办公室报告讨论了在协议被取消的情况下,美国《商品交易法》规定中缺乏内幕交易的规定及其对股票市场的潜在负面影响。如果美国政府问责办公室报告提出没有一个强硬的条款限制内幕交易,那么个股期货可能会通过使用期货交易的内幕信息来绕开对证券交易的监管。

其次,美国政府问责办公室报告详尽提出了其所关心的问题,如果个股期货用来交易,目前在期货交易上的保证金设定水平就显得过低,这会导致投资杠杆的增加。高杠杆会增加市场操纵和投资者大额损失的风险。根据期监会的监管要求,期货交易的杠杆应该按每笔来设定。特别需要指出的是,投资者购买一个期货产品,最低保证金比例应该达到10%。因此,报告建议在通过任何一个个股交易工具之前,应该按股票期权的水平设定保证金水平。

一方面,更高的保证金水平可以抑制冲动投资并保护投资者远离高杠杆。另一方面,设定太低的保证金水平可能会导致市场波动,因为不成熟的个人投资者在符合保证金的要求下,会注入更多的资金购买标的股票。因此,一般而言,更高的保证金可以让投资者承受更低的风险,因为从理论上讲,一个人不能购买其支付能力以外的股票,这就是保证金的影响机制。

最后,报告担心协议的废除将让不成熟的消费者和投资者,在个股期货上承担更大的风险。报告认识到在个股期货上投资者广泛的、严重的损失可能会影响其对整个公开市场的信心。报告竭力主张所有因素包括内幕交易、市场操纵、保证金要求和消费者保护都要全部处理好，这是废止协议的先决条件。

在美国政府问责办公室报告和总统工作组报告的支持下，协议的废除和个股期货的产生变得更有可能。当美国《商品期货现代化法案》被国会通过后，来自证监会与期监会的官员意识到他们不得不合作来解决上述两个报告中提出的问题，包括监管、保证金、合理性和内幕交易。

四、《商品期货现代化法案》中关于个股期货规定的分析

2000 年 12 月 15 日通过的美国《商品期货现代化法案》最终版本既包括废除协议的内容，也包含《GAO 报告》及更重要的工作报告所论证的关键问题。

（一）证券期货的创设

美国《商品期货现代化法案》第一章第 101 节修正了美国《商品交易法》和美国《证券交易法》中对个股期货和个股期货指数的定义。这些工具都被标上了"证券期货"的印记，被定义为"对单一证券远期交易行为买卖的合约"。美国《商品期货现代化法案》随后修正了美国《商品交易法》和美国《证券交易法》，取消了协议对个股期货交易的禁令。

（二）美国《商品期货现代化法案》下的证券交易法修正案

美国《商品期货现代化法案》通过将"证券期货"的定义融入证券定义当中修正了美国《证券交易法》。这一调整将个股期货视同股票、债券和其他在美国《证券交易法》中列出的交易工具，这些交易工具都接受证监会的监管、投资者保护和证监会依据美国《证券交易法》采取的其他监管措施。另外，美国《商品期货现代化法案》对美国《证券交易法》第 6 条的"证券期货"交易进行了修订。

美国《商品期货现代化法案》设定的个股期货交易保证金要求等同于标的证券期权的保证金水平。该法案允许国家交易市场，如芝加哥期货交易所或一个证券协会，在必要时提高保证金水平。更重要的是，美国《商品期货现代化法案》允许美联储将确定保证金的权限赋予证监会和期监会，让二者联合决定合适的个股期货交易保证金水平。

（三）美国《证券交易法修正案》对投资者的影响

尽管美国《商品期货现代化法案》竭力解决个股期货交易中存在的问题，包括保证金水平、内幕交易和市场操纵，但美国《商品期货现代化法案》还是留下许多未尽事宜。考虑到保证金水平，宪法对美联储授权，允许美联储将权力转移给证监会或期监会。一旦美联储选择移交权力，市场僵局和不确定性将会出现。

证监会和期监会都寻求控制权力,来确保它们的需要得到满足,如证监会需要更高的保证金水平来保护投资者,而期监会尽力将保证金水平与其他期货保持一致。

美国《商品期货现代化法案》意识到个股期货交易一旦开始,内幕交易可能会发生,因此在法案中融入严格的反内幕交易条款和反市场操纵条款。美国《商品期货现代化法案》规定通过内幕交易操纵个股期货是违法的,这种行为视同操纵标的股票。但是,美国《商品期货现代化法案》没有对其他类似的情况进行约束。例如,美国《商品期货现代化法案》没有明确美国《证券交易法》和美国《证券法》应该监管哪些交易者。

美国《商品期货现代化法案》同样没有明确个股期货持有者的信托责任,与公司所有者相关联的信托责任问题有可能会延伸到个股期货持有人身上。尽管公司对股东负有信托责任,其会尽可能从股东利益最大化的角度来作出公司决策,但不清楚的是,公司是否会对个股期货投资者负相同的责任。因为,使用个股期货最大的可能是用来进行套期保值或投机目的,这与传统的通过购买普通股票获得股权收益是不一样的,公司不应该承担投资者的信托责任。

(四)美国《商品交易法修正案》

美国《商品期货现代化法案》对美国《商品交易法》进行了修订,授权证监会管理除某些例外的证券期货。这一修订被视为对证监会的妥协,给予其对交易工具监管权,同时给予期监会对交易工具的交易场所的监管权。这些规定包括标准的合理性和保证金要求。美国《商品期货现代化法案》同样通过修订美国《商品交易法》来允许证监会和期监会对证券期货交易的联合监管,以及联合授予豁免的权力。因此,两个机构可以灵活地联合起来处理一些问题。这一灵活性可以减少争端。另外,这一条款可能导致管辖冲突的增加,因为每个机构都希望在监管过程中不受另一机构影响。

五、对投资者无价值的胜利

(一)监管框架存在缺陷

美国《商品期货现代化法案》结束了对个股期货交易长达 18 年的禁令,为成熟的或不成熟的投资者提供了一个新的金融交易工具用来套期保值或进行投机。美国国会在芝加哥金融交易市场的压力下修订了该法案,但该法案制定的监管框架是不充分的。美国《商品期货现代化法案》没有解决一个重要问题,当时出台禁令的起因——证监会和期监会不能有效合作来提高监管能力。

此外,美国《商品期货现代化法案》增加了证监会和期监会对复杂金融工具的监管责任。进一步说,美国《商品期货现代化法案》也赋予了美联储制定保证金比率的权力。美联储可以以联合监管的名义将这个政治皮球踢回到证监会和期监会,而使投资者和经纪商无所适从。

这是一个不现实的监管框架。在这个框架里,证监会对实际交易工具进行监管,期监会对交易市场进行监管,导致投资者、消费者、经纪商和监管者更为模糊。单一股票购买者和交易商都陷入了监管迷宫中。

更重要的是,美国《商品期货现代化法案》的起草者没有明确说明购买个股期货的保证金要求,这给法律留下了空白。总统工作组、美国政府问责办公室报告和证监会的高级官员提到保证金要求是一个关键问题,必须在《夏罗德—约翰逊协议》废止之前明确。低保证金可能会导致个人投资者通过个股期货对标的股票进行高杠杆投机,然后面临无限制的损失,这是证监会和行业观察者主要担心的问题。

但是,美国国会忽视了他们的担心,进行了软弱的妥协,将证监会和期监会排除在外,等待联储来采取行动。结果是,美联储被迫决定以较高的保证金水平保护个人投资者免受巨额损失抑或制定较低的保证金以鼓励期货市场参与全球个股期货市场竞争。

(二)个股期货应受独立监管委员会监管

美国《商品期货现代化法案》建立的监管结构忽视了证监会和期监会在期货交易上将近20年的监管权斗争。相反,美国《商品期货现代化法案》把监管框架的成功建立仅仅寄希望于通过这两个机构的有效合作监管个股期货。在证监会和期监会之间的合作上,美国《商品期货现代化法案》缺少特别的必要条款来监管有很大争议的个股期货交易。

为了不让投资者和消费者对两个机构能够合作监管个股期货的期望值降低,美国国会应该建立独立的监管委员会来规范个股期货交易。一些评论家建议证监会和期监会应该合并建立一个新的金融监管机构,但这一建议目前是过时的,对业已成熟的证券市场是不适用的。现代金融版图的扩张让单一监管机构来监管所有的市场、金融工具、投资者和交易者是不合适的。因此,证监会、期监会、美联储和美国国会应该领会美国《商品期货现代化法案》在法律修订当中提到的合作的精髓,创建和授权一个独立的监管委员会来监管单一股票交易。

美国国会应该建立一个监管委员会,委员会成员由证监会、期监会各派相同人数的人员参与,并包括一名来自美联储的人员。美国国会可在证监会或期监会中选任一名主席,但下任主席要在另一家机构中选举出,实现轮流担任。监管委员会应该对个股期货交易设定保证金比率,为交易工具的场内交易建立交易准则。

监管委员会可以采取美国《商品期货现代化法案》的内容,包括每个机构的行动条款,但是应该考虑到个股期货交易引起的一些问题。建立一个监管委员会而不是采取两个机构联合监管的好处在于,监管委员会可以迅速和有效地解决单一股票交易的一些问题。更重要的是,建立独立监管机构可以降低机构僵局导致个股期货交易陷入监管困境的可能性。例如,在目前的权力体制下,如果交易中有一个问题持续存在6个月,投资者和经纪商将不知道找哪个机构来处理这个问题,因为美国《商品期货现代化法案》没有对这类问题的监管进行详细规定。在这种情况下,监管委员会将作为一个平台来分析这一问题并提出解决办法。

六、结论

《夏罗德—约翰逊协议》的取消和美国《商品期货现代化法案》的生效是必要的。美国《商品期货现代化法案》结束了对个股期货的禁令,这个禁令没有任何依据,仅仅是一种"政治妥协"。最终,这使机构投资者和个人投资者都有机会通过个股期货进行套期保值和投机交易。

然而,个股期货交易风险极大。美国《商品期货现代化法案》笨拙的监管架构会对投资者和整个市场起到负面影响。因此,需要一个独立监管委员会对单一股票交易进行监管,从而阻止市场操纵、投资者高杠杆投资和内幕交易。国会应该修订法案,建立这样一个监管委员会,为投资者提供一个监管权威,以防现行美国《商品期货现代化法案》框架下可能发生的监管协调无效。

期货及衍生品法律评论
第一卷,第347~378页

泰国《2003年衍生品法》(2008年修订版)译介

李　铭[*]　龙晶晶[**]

导读:泰国衍生品市场的发展历程

早在1975年,泰国就有成立衍生品交易所的设想,但由于诸多原因并未实现。1978年泰国开始出现从事农业衍生品交易的企业,但当时泰国并未设立任何衍生品交易所,导致这些企业只能在东京谷物交易所(Tokyo Grain Exchange, TGE)、芝加哥期货交易所(Chicago Board Of Trade, CBOT)等境外交易所进行交易。由于缺乏有效的境外监管,市场问题层出不穷。为维护交易安全,泰国政府以行政命令关停了大量存在欺诈行为的企业,由此境外交易一蹶不振。自1979年起,泰国商业部拒绝从事境外衍生品交易的企业进行注册,进一步表明了政府不允许私营企业从事衍生品交易的态度。1988年,几家私营企业提出设立名为"曼谷商品交易所"(Bangkok Commodity Exchange Co. Ltd.)的衍生品交易所的申请,但泰国商业部认为没有法律依据用以监管此类企业,因而未予批准。

1991年泰国商业部责成国内贸易厅负责起草衍生品交易法案。经过多次讨论、修改,终于在1999年颁布了泰国《农业衍生产品法》。该法案明确了由泰国商业部下属的农

* 中国证券监督管理委员会干部,法学博士。
** 北京市金杜律师事务所律师。

业衍生品监管委员会(Agricultural Futures Trading Commission,AFTC)对农业衍生品交易进行监管。2001年泰国开始筹建第一家衍生品交易所,主要为农业生产经营企业从事农产品期货交易服务。2004年5月28日,泰国农产品期货交易所(The Agricultural Futures Exchange of Thailand,AFET)正式开业。

对于金融衍生品交易而言,早在《2003年衍生品法》颁布之前,泰国就已经出现了金融衍生品交易。早期的金融衍生品交易主要有两大类:一类是由泰国央行以保持币值稳定为目的与国内外的金融机构进行货币互换,这类交易最早开始于1955年;另一类是由商业银行与有汇率或利率风险的企业进行套期保值交易。但这两类衍生品交易的参与范围均受到严格限制。

尽管在1995年就有人提出设立金融衍生品交易所的建议,泰国证券交易委员会还曾邀请专业机构研究在泰国设立相关衍生品交易所的可行性。但由于当时泰国现货市场规模较小、金融商品交易不够活跃,投资者对金融衍生品还缺乏足够的认识,更重要的是缺乏相关市场的法律规制。因此,这一建议被搁置了下来。

泰国《证券和证券交易所法》规定"除非获得证券交易委员会的批准,证券公司不得从事衍生品交易"。1998年考虑到衍生品交易能够帮助证券公司有效防范风险,证券交易委员会颁布通告,允许证券公司从事金融衍生产品的自营交易,但其交易对手方只限于国内外的金融机构,并应在证券交易委员会办公室认可的交易所进行交易。[1]

2003年7月3日,泰国国会通过了专门适用于金融衍生产品交易的2003年《衍生品法》。鉴于当时泰国衍生品交易业态不尽成熟,实践中只有一些以汇率、利率为标的的场外对冲交易。因此,该法的起草工作耗时3年,并指定泰国财政部、泰国商务部、泰国司法部等诸多政府部门参与起草。此外,政府当局还邀请了美国商品期货交易委员会(Commodity Futures Trading Commission,CFTC)的专家提供有关建议和指导。

2004年,泰国证券交易所出资设立了泰国期货交易所,这是泰国首家金融衍生产品交易所,由泰国证券交易委员会统一监管。该交易所于2005年正式营业。截至2014年,该交易所的日均交易合约数为147,026张。[2]

泰国衍生品交易市场,一度出现过同时受到三个监管机构监管的情况:进行

---

〔1〕 2008年,通过泰国《证券与证券交易所法》第四次修订,批准证券公司进行衍生品交易的职责从证券交易委员会转为资本市场监管委员会。

〔2〕 参见泰国证券交易所《年度报告》(2014年),第34页。

金融衍生品交易的泰国期货交易所由证券交易委员会监管,隶属于泰国财政部;商业银行和其他金融机构从事外汇、利率衍生品交易的场外市场由泰国央行监管;泰国农产品期货交易所由农业衍生品监管委员会办公室监管,隶属于泰国商业部。

由于泰国农产品期货交易所和泰国期货交易所都是场内交易,对于两个交易所是应该合并还是继续分开经营出现了争论。考虑到一个交易所进行商品衍生品交易(主要是农产品),另一个交易所进行金融衍生品交易,二者的交易品种各有侧重,交易规则也有所不同,并考虑到泰国商业部对农产品现货的生产、经营、流通等市场情况较之泰国财政部更加深入,对农业衍生品市场的影响更大,最终仍保留了分立经营、分别监管的模式。

2008年泰国国会根据泰国资本市场监管机构调整情况,对《2003年衍生品法》进行了修改。调整前,泰国资本市场监管机构分为证券交易委员会及证券交易委员会办公室两个层次。调整后,另外增加了一个新的监管机构即资本市场监管委员会。修改后的《2003年衍生品法》首先对资本市场监管委员会进行了定义,将原证券交易委员会的一部分职责移交给了资本市场监管委员会。法律整体上对各监管机构的职责明确如下:证券交易委员会负责制定资本市场建设、规划等相关政策(主要体现为宏观调控权);资本市场监管委员会负责制定资本市场交易、运营等相关业务规则(主要体现为规则制定权);证券交易委员会办公室负责实施法律、执行证券交易委员会和资本市场监管委员会的监管规则等(主要体现为执法检查权)。

2014年泰国农产品期货交易所的交易量较少,全年共成交合约1,137,276张;日均仅成交301张合约。主要交易品种为橡胶、大米和木薯。[3] 可见泰国农产品期货交易所的市场流动性较差,远低于境外商品衍生品交易所的同期交易量。基于市场惨淡的交易状况,反对将商品衍生品和金融衍生产品分立营业的声音逐渐占据了上风。

2015年泰国政府正式决定,将泰国期货交易所与泰国农产品期货交易所合并,同时废止《农业衍生产品法》,统一适用《2003年衍生品法》。两家交易所的合并后,将形成统一的交易所集团,处理与各类衍生品相关的交易业务。一般认为,此举将有助于提高市场效率,创造规模经济;同时有助于节约监管成本和便利投资者交易,从而带动农业衍生品的交易趋于活跃。

---

〔3〕 参见泰国农产品期货交易所《年度报告》(2014年),第10页。

泰国《2003年衍生品法》(2008年修订版)

2003年(佛历2546年)

佛历2546年7月3日,国王普密蓬·阿杜德统治的第58年

国王普密蓬·阿杜德宣布:鉴于颁布适用衍生品交易的法律是有利的;鉴于本法包含关于限制个人权利和自由的特定条款,由泰国《宪法》第29条、第35条、第36条、第39条、第48条、第50条所许可;经国会同意,由国王颁布。本法如下:

第1条 本法称为《2003年(佛历2546年)衍生品法》。

第2条 本法在政府公报上公布之日起180日后生效。

第3条 本法中:

"货物",是指证券、黄金、原油或经内阁批准、由证券交易委员会在通告中规定的除货币以外的其他财产。

"变量",是指汇率、利率、金融指数、证券指数或经内阁批准、由证券交易委员会在通告中规定的其他变量。

"衍生品",是指有以下一个或几个特征的合约:

(1)合约中一方当事人有义务按照合约的规定在未来给定的时间向另一方当事人交货,而另一方当事人则有义务按照合约规定的价格支付货款;

(2)合约中一方当事人有义务向另一方事人付款(反之亦然),付款的金额相当于合约中规定的货物或变量的价格或价值和该等货物或变量在合约中规定的未来的指定时间或时期内普遍的价格或价值之间的差额。

(3)合约中一方当事人有权要求另一方当事人交货,或支付货款,或支付一笔相当于合约中规定的货物或变量的价格或价值和该等货物或变量在合约中规定的未来的指定时间或时期内普遍的价格或价值之间的差额的款项,或要求另一方当事人在第1项或第2项规定下签署一个合约。

"衍生品业务"的提供者包括:

(1)衍生品经纪商;

(2)衍生品交易商;

(3)衍生品顾问;

(4)衍生品基金管理人;

(5)证券交易委员会通告中规定的其他衍生品业务的提供者。

"衍生品经纪商",是指在日常经营中面向公众开展或准备开展的,作为代理人与他人进行衍生品交易,并已按照本法取得执照或注册的人。证券交易委员会通告中另有规定的特殊的衍生品经纪人除外。

"衍生品交易商",是指在日常经营中面向公众开展或准备开展的,作为对手方与有意于进行衍生品交易的人,订立或要约订立此类合约,并已按照本法取得执照或注册的人。那些在按照本法取得执照的衍生品交易所为自己进行或要约进行衍生品交易的人,及有证券交易委员会通告中规定特征的衍生品交易商除外。

"衍生品顾问",是指在日常经营中,向他人直接或间接,提供或准备提供有关衍生品或衍生品交易的专业性建议,并已按照本法取得执照或注册的人。排除那些提供的建议只是衍生品经纪人或衍生品交易商的业务的一部分或与其业务有关的人,及按照证券交易委员会通告中规定的方式提供建议的他人。

"衍生品基金管理人",是指在日常经营中,开展为他人管理基金的业务,或向公众表示准备好开展为他人管理基金,用于投资衍生品,以营利为目的并且已按照本法取得执照或注册的人,那些有证券交易委员会通告中规定特征的衍生品基金管理人除外。

"衍生品交易所",是指在日常经营中,提供衍生品交易,不论是通过配对指令或为对手方安排的方式,还是通过提供交易设施使有意从事衍生品交易的人能够达成或订立合约的方式,并已按照本法取得执照或注册的中心或网络平台,那些有证券交易委员会通告中规定特征的中心或网络平台除外。

"衍生品清算所",是指在日常经营中,对衍生品交易提供清算和结算服务,并已按照本法取得执照或注册的中心或网络平台,那些有证券交易委员会通告中规定特征的衍生品清算所除外。

"衍生品交易",是指订立衍生品合约。

"衍生品持仓",是指基于衍生品交易而承担的义务或享有的权利。

"衍生品平仓",是指通过一个等额、反向交易导致对持仓的抵销或通过衍生品清算所规则下的其他方式而对于衍生品持仓免除义务或终止权利。

"证券",是指《证券和证券交易所法》下的证券。

"证券交易所",是指《证券和证券交易所法》下的泰国证券交易所。

"证券交易中心",是指《证券和证券交易所法》下的证券交易中心。

"证券清算所",是指《证券和证券交易所法》下的证券清算所。

"机构投资者",是指在《商业银行法》下的金融机构、证券公司、非寿险公司、寿险公司、特许公司、共同基金、私募基金、政府退休基金、福利基金或证券交易委员会通告中规定的其他法律主体。

"主管官员",是指由部长任命的按照本法履行职责的人。

"证券交易委员会办公室",是指《证券和证券交易所法》下的证券交易委员会办公室。

"资本市场监管委员会",是指《证券和证券交易所法》下的资本市场监管委员会。

"证券交易委员会",是指《证券和证券交易所法》下的证券交易委员会。

"部长",是指负责本法的部长。

第4条 本法不适用于以下情况:

(1)付款义务以外汇汇率或利率计算的场外衍生品合约;

(2)购买或出售带有回售或回购协议的证券合约;

(3)证券交易委员会通告中规定的合约或交易。

第5条 衍生品合约的订立,是指与衍生品业务经营商、衍生品交易所或衍生品清算所达成符合法律规定的有法律约束力和强制执行力的合约。

第6条 除非本法另有规定,证券交易委员会、资本市场监管委员会和证券交易委员会办公室应按照本法向公众发布通告,规定执照发放、接受注册和授予批准的审查和决定的时间。

第7条 由证券交易委员会、资本市场监管委员会或证券交易委员会办公室按照本法发布的规则、条例、通告、指令和规定一般自政府公报发布起生效。

第8条 财政部部长应有权按照本法发布通告和任命按照本法履职的主管官员。

这类通告自政府公报发布起生效。

第一章 衍生品交易监管

第9条 证券交易委员会有权力和职责制定政策,促进、发展、监督有关衍生品合约、衍生品业务、衍生品交易所、衍生品清算所、衍生品业务经营商协会的事项,防止不公平的衍生品交易。此类权力和职责应包括:

(1)按照本法发布条例、规则、通告、指令或规定;

(2)决定收取申请费用、取得执照费用、注册费用、批准费用或经营费用;

(3)按照本法决定附属委员会和有关人员职责范围;

(4)对本法施行所可能引起的争议给予参考性指示。

第10条 为维持经济稳定、保护公共利益或投资者的需要,证券交易委员会有权对衍生品业务经营商、衍生品交易所和衍生品清算所施加应遵守的附加条件。

第 11 条 证券交易委员会有权任命一个附属委员会履行指定事项。

第 1 款中的附属委员会应由 1 名主席和至少 4 名具有指定事项知识和专业背景的其他合格成员组成。

第 12 条 附属委员会成员至少过半才能形成法定人数。

在附属委员会会议中,如果主席未出席会议或无法履行职责,出席会议的附属委员会成员应选举他们中的一位成为会议主席。

会议的最终决议由过半数票决定。每一附属委员会成员有一票。出现投票平局的情况时,会议主席有决定性的一票。

第 13 条 附属委员会成员有权按照部长规定的标准收取报酬。

第 14 条 证券交易委员会办公室有权力和职责为实现证券交易委员会决议采取必要的行动或本法规定下的其他行动。

第 1 款中的证券交易委员会办公室的权力和职责包括:

(1)按照本法实施行政处罚或收取费用;

(2)根据本法的规定发布通告或命令。

按照第 2 款第 1 项收取的罚款和费用是证券交易委员会办公室的财产。

第 15 条 为保护公共利益或投资者,按照本法证券交易委员会办公室或证券交易委员会办公室指定人员应有义务根据资本市场监管委员会通告的规定,对衍生品交易、衍生品业务经营商、衍生品交易所、衍生品清算所、衍生品业务经营商协会的信息、有关违法和罚款信息及履职中获取的其他信息予以披露。

第二章 衍生品业务

第一节 衍生品业务监管

第 16 条 除了衍生品顾问可为自然人,衍生品业务经营商应为有限公司或公众有限公司,并且只有当其从证券交易委员会处取得执照后才允许开展衍生品业务。

衍生品业务经营商按照第 17 条规定应为法律实体。只与机构投资者开展衍生品业务的衍生品业务经营商应在证券交易委员会办公室注册,除非它为《证券和证券交易所法》中的共同基金开展衍生品基金管理业务,否则需要按照第 1 款向证券交易委员会申请执照。

申请执照或注册、发放执照或接受注册应根据证券交易委员会通告的规则执行。

第17条 按照第16条第2款只与机构投资者交易的衍生品业务经营商应为以下法律实体:

(1)《商业银行法》中的商业银行;

(2)《从事金融业务、证券业务和房地产信贷业务法》中的金融公司或房地产信贷公司;

(3)《证券和证券交易所法》中的证券公司;

(4)证券交易委员会通告中规定的其他法律实体。

第18条 为保护客户,维持金融体系稳定或控制衍生品引发的风险,资本市场监管委员会有权在其通告中规定衍生品业务经营商应遵守的规则。

第19条 证券交易委员会办公室有权命令衍生品业务经营商按照证券交易委员会办公室的规定定期或不定期提交关于其衍生品业务的报告或其他档。证券交易委员会办公室有权要求其对已提交的报告或档予以附加解释或进一步阐述。

第20条 衍生品业务经营商拟停止已取得执照或注册的衍生品业务,应向证券交易委员会办公室或证券交易委员会提交停止此类经营的申请。

证券交易委员会办公室或证券交易委员会在实施上述许可时可要求申请者遵守有关条件。

第二节　已取得执照的衍生品业务经营商监管

第21条 本节规定适用于按照第16条已取得执照的衍生品业务经营商。

第22条 非经证券交易委员会办公室批准,衍生品业务经营商不得开展其他业务。

当按照第1款收到待批准的申请时,证券交易委员会办公室应审查该申请并且从收到此类申请连同证券交易委员会办公室通告中要求的全部有效和完整的补充档起60日内将审查的结果通知衍生品业务经营商。

第2款规定的期间过后,如果证券交易委员会办公室没有通知衍生品业务经营商审查结果或没有给出其他命令,则视同证券交易委员会办公室已同意批准此申请。

第23条 如果衍生品业务经营商是自然人,其不应有以下被禁止的特征:

(1)破产接管下的自然人或破产者;

(2)无行为能力或限制行为能力人;

(3)有品行不端的背景或管理业务表现出缺乏资本市场监管委员会通告中

规定的专业责任或注意义务,在进行审查时,证券交易委员会办公室应考虑此类被禁止特征的严重程度;

(4)负责衍生品业务经营商或金融机构监管的政府官员或国家机关的官员;

(5)没有资本市场监管委员会规定的教育背景、工作经验或其他资历。

第24条 如果衍生品业务经营商是法律实体,且没有第23条规定的被禁止特征,证券交易委员会办公室应对董事、经理或资本市场监管委员会通告中规定的其他雇员的任命或授权决定予以批准。

如果事后发现董事、经理或第1款下的雇员有第23条规定的被禁止特征,证券交易委员会办公室有权指示衍生品业务经营商暂停此人职务并予以纠正,或由证券交易委员会办公室撤销对此人的批准。

第1款和第2款的规定准用于与衍生品业务经营商订立授权协议的人及为他工作的、在其衍生品业务中有全部或部分管理权力的人。

第25条 非经证券交易委员会办公室批准,任何人不得持有衍生品业务经营商超过全部表决权10%的股份或成为其股权受益人。

根据第1款规定,只有其为法律实体,且其董事、经理或合伙人没有第23条第3项的被禁止特征或资本市场监管委员会规定的其他禁止特征时才能被批准。

已被证券交易委员会办公室批准的人,如果事后发现有第2款中的被禁止特征,证券交易委员会办公室有权撤销批准。如果被禁止特征是资本市场监管委员会事后规定的,被批准的人应在指定期限内按照证券交易委员会办公室的要求加以遵守。如果指定期限过后,此人仍不能遵守相关要求,证券交易委员会办公室有权撤销其批准。

本条中,股权受益人应指直接或间接有以下权力的人:

(1)操纵或控制衍生品业务经营商表决权行使;

(2)操纵或控制衍生品业务经营商的股票发行、财产处置或设立担保;

(3)资本市场监管委员会通告中规定的其他操纵或控制事项,无论此类权力是否由协议、谅解或其他关系产生,或此类权力是否由此人或通过他人取得或持有股份产生。

第26条 未经第25条规定的证券交易委员会办公室批准,而持有衍生品业务经营商超过全部表决权10%股份的人,衍生品业务经营商不得向其支付超过10%的股息或其他收益,不得允许其在股东会上行使超过10%部分的表决权。

第27条 衍生品业务经营商保持其账目陈述真实,且当前业务经营和财务状况符合法律规定的会计准则和证券交易委员会通告中规定的附加条例。

第1款中的规定不适用于衍生品顾问。

第 28 条 衍生品业务经营商应制作和提交财务报表给证券交易委员会办公室。此类财务报表应放置在衍生品业务经营商的办公地点供公众获取,且在至少一家当地日报上依照证券交易委员会通告的规定予以刊登。

第 1 款中的财务报表应按照证券交易委员会通告规定的标准制作,并由一名注册会计师进行审计并出具审计意见。

第 1 款的规定不适用于衍生品顾问。

第 29 条 如果第 28 条中的会计师发现衍生品业务经营商制作了虚假的工作底稿,或在其财务报表中不准确、不完整披露信息,或未遵守第 27 条的规定,会计师应在其审计报告中予以披露或出具意见,阐明其对财务报表的重要影响。

第 30 条 第 28 条中的审计师应是由证券交易委员会办公室批准的注册会计师,且不是此衍生品业务经营商的股份持有人、第 25 条第 4 款中的股权受益人、董事、高管或雇员。同时,会计师应坚持其道德准则并按照有关法律规定和证券交易委员会通告中规定的附加条例进行审计。

第 1 款中会计师的批准由证券交易委员会办公室通告的规定作出。

第三节 客户资产处理

第 31 条 本节规定适用于按照第 16 条已取得执照的衍生品经纪人。资本市场监管委员会可颁布通告扩大本节规定的适用范围至其他种类的衍生品业务经营商。

第 32 条 本节中,

(1)“客户”,是指接受衍生品业务经营商提供服务的人;

(2)“客户资产”,是指:

(a)衍生品业务经营商取得或持有的为客户衍生品交易作为履约保证金的资产;

(b)由客户衍生品交易产生的利润或其他利益;

(c)为客户进行衍生品交易时,衍生品业务经营商为其客户持有的为交货或为交货而接受的仓单、提单或表示资产权利的其他票据;

(d)为客户进行衍生品交易时,客户在衍生品业务经营商处存放的以支付货款为目的,或衍生品业务经营商代表客户接受的作为交货回报的现金、证券或其他财产;

(e)衍生品业务经营商为客户持有的,根据第 36 条作为客户未履行债务而出售客户证券后的剩余收益;

(f)资本市场监管委员会通告中规定的其他流动资产。

第 33 条 根据资本市场监管委员会通告的规定,衍生品业务经营商应将客户资产与自身资产分离,同时应与自身账户相区别,为每位客户分别开立和保管客户资产的账户。

按照资本市场监管委员会通告的规定,如果衍生品业务经营商为客户先提供其自身资产去担保或偿还由衍生品交易产生的债务,它应开立和保管此先付款的账户。

除非有相反的证明,第 1 款和第 2 款中账户显示的资产项目和数额被推定为正确。

第 34 条 衍生品业务经营商除以下目的外不得使用客户资产:

(1)客户资产只能用来为此客户进行衍生品交易,或为其衍生品交易产生的其他目的使用;

(2)当客户资产是现金时,如果已获得客户同意并符合资本市场监管委员会通告的规定,衍生品业务经营商可使用此现金去寻求非第 1 项规定的其他利益。如有所收益,衍生品业务经营商应与客户达成协议分配此类收益。

第 35 条 如果客户资产是证券,衍生品业务经营商可要求客户转移此类证券到其为客户持有的账户。

当衍生品业务经营商被要求转移第 1 款中的证券给客户时,衍生品业务经营商可转移同一发行人或共同基金发行的同类别、同系列、同品种、同数量的证券给此客户。

除非另有协议,衍生品业务经营商转移证券时应同时交付由此产生的利息或收益给客户。

第 2 款、第 3 款的规定准用于衍生品业务经营商在他人处存放的证券的转移。

第 36 条 如果客户未履行衍生品交易中的债务,衍生品业务经营商应通知客户在合理时间内清偿此债务。如果客户不能在此期间清偿,衍生品业务经营商应将其为客户持有的证券在证券市场出售。如果在证券市场上无法出售,衍生品业务经营商应通过其他能够达成公平价格的方式出售。

出售证券所获收益应用来偿还第 1 款中的债务和弥补必要的出售费用。如有剩余收益,应计入客户账户。

第 37 条 如果在破产案件中的法院判令接受了客户企业重整的请求或判令破产接管该客户,破产管理人应立即通知衍生品业务经营商和证券交易委员会办公室。衍生品业务经营商应:

(1)依据衍生品清算所的规则,对于法院下达判令时客户仍未平仓的衍生品头寸平仓。

(2)如果客户由衍生品交易导致的债务发生在法院下达判令之日或之前的,或发生在第1项规定的客户平仓之时,不管此类财产在衍生品业务经营商的保管下或存放在他人处,应强制履行客户资产了结债务。

出售客户资产偿还其债务时,如果出售的资产是证券,衍生品业务经营商应在证券市场出售。如果在证券市场上无法出售,衍生品业务经营商应通过其他能够达成公平价格的方式出售。

(3)如果客户由衍生品交易导致的债务发生在法院下达判令之日或之前的,或发生在第1项规定的客户平仓之时,而衍生品业务经营商也对客户负有债务并在法院判令下达之时仍未清偿,无论债的标的是否相同,是否附条件或附期限,衍生品业务经营商在法院下达判令之后拥有抵销所负客户债务的请求权。

如果客户所负债务是附生效条件的,衍生品业务经营商要求抵销此债务时,应向根据《破产法》任命的客户资产管理人提供履行抵销所需数额的担保金。

第38条 衍生品业务经营商按照第37条采取行动后,如果客户资产还有剩余,衍生品业务经营商应将该资产交付符合《破产法》规定的客户资产管理人。

第39条 如果法院判令客户进行企业重整或破产接管该客户,1940年(佛历2483年)《破产法》的第90/40条第2款、第90/41条、第114条及第115条的规定,不适用于衍生品交易的债务清偿、衍生品交易中履约保证金的取得或持有、此客户衍生品平仓,除非计划人、计划管理人或破产管理人能够证明,衍生品业务经营商明知或纵容客户采取阻止债权人获得全部或部分债务清偿的事实,或衍生品业务经营商未遵守业务惯例。

第40条 按照第37条,如果客户资产不足以清偿对衍生品业务经营商的全部债务,衍生品业务经营商有权在客户作为债务人的企业重整程序或破产程序中请求不足的数额。该请求应在1940年(佛历2483年)《破产法》的第90/26条或第91条规定的时间内提交。

第四节 客户资产保护

第41条 本节规定适用于按照第16条已取得执照的衍生品经纪人。资本市场监管委员会可以颁布通告扩大本节规定的适用范围至其他种类的衍生品业务经营商。

第42条 本节中,

(1)“客户”,是指:

(a)接受衍生品业务经营商提供的服务且因与该衍生品业务经营商进行衍

生品交易而持有其债权的人;

(b)不在第 a 目范围内的,从事衍生品交易、平仓或调整衍生品头寸而持有对衍生品业务经营商债权的人。

(2)除资本市场监管委员会通告另有规定,“视为客户的资产”指以下资产:

(a)第 32 条第 2 项规定的的客户资产,包括由此产生的利息或利益;

(b)客户未平仓的衍生品头寸;

(c)第 33 条下与衍生品业务经营商自身资产分离的资产;

(d)客户在衍生品业务经营商处存放的作为衍生品交易保证金的超过担保部分的资产;

(e)在客户对衍生品业务经营商拥有的请求权范围内的,衍生品业务经营商为自己持有的、客户所拥有的发行人或共同基金发行的同类别、同系列、同品种的证券或其他金融工具;

(f)资本市场监管委员会通告中规定的其他资产。

第 43 条 当衍生品业务经营商经过裁判成为债务人或在破产接管下成为债务人时,视为客户的资产不被认为是附属于民事案件中没收或扣押的资产,不被列入衍生品业务经营商破产案件中债权人分配的破产财产。

如果第 1 款中的衍生品业务经营商正被破产接管,破产管理人和证券交易委员会办公室有权向司法部部长咨询并依据证券交易委员会通告的规定隔离和管理被视为客户的资产。此类权力包括:

(1)为返还客户而收集并分配被视为客户的资产;

(2)转移账户和被视为客户的资产给其他衍生品业务经营商;

(3)当转移账户和视为客户的资产给其他衍生品业务经营商不能时,对客户衍生品头寸平仓;

(4)和解、提起法律诉讼、进行辩护或采取管理被视为客户的资产的其他行动。

按照第 2 款程序进行时,破产管理人和证券交易委员会办公室可授权他人代表他们采取行动。

第 44 条 按照第 43 条管理被视为客户的资产时,资本市场监管委员会通告中规定的在某种程度上与衍生品业务经营商无关的客户有权优先于他人接受被分配的资产。

第 45 条 如果法院判令衍生品业务经营商破产接管,按照第 43 条被视为客户的资产的管理已结束,而返还客户的资产尚存在不足,此类客户有权在破产程序中为不足数额提交请求。此类请求应在 1940 年(佛历 2483 年)《破产法》第

91 条规定的时间内提交。

第 46 条 当衍生品业务经营商被政府或监管主体按照其他法律被命令暂停全部或部分业务时,此类衍生品业务经营商应将此事实立即通知证券交易委员会办公室。

第 1 款中的事件发生时,被视为客户的资产不应被认为是暂停全部或部分业务的衍生品业务经营商的资产,而被分配、处置或转移。

第五节 通过仲裁解决争端

第 47 条 为保护客户并寻求快捷、公正的争端解决,客户可请求启动由证券交易委员会办公室组织的有关衍生品业务的民事纠纷仲裁程序。在作出该请求时,客户应通知衍生品业务经营商,表明其想通过仲裁方式解决争端的意愿。当衍生品业务经营商收到此通知时,即视为双方当事人达成解决争端的仲裁合意。

第 1 款中提交仲裁的争议金额不应超过证券交易委员会通告中规定的争议金额。

第 48 条 《仲裁法》应准用于第 47 条中的争端解决。

第六节 客户资产保护措施和衍生品结算体系

第 49 条 衍生品业务经营商应维持证券交易委员会通告中要求的财务状况。

第 50 条 如果有证据表明衍生品业务经营商不能维持第 49 条中证券交易委员会通告要求的财务状况,或以可能损害客户资产或衍生品结算体系的方式经营其业务,或发生了实质上影响衍生品业务经营商财务状况或经营的事件,证券交易委员会办公室有权命令衍生品业务经营商:

(1)限制衍生品交易,除非此类交易为衍生品平仓;

(2)转移客户的衍生品持仓、客户资产给其他衍生品业务经营商;

(3)如果不能转移给其他衍生品业务经营商,则应对客户的衍生品平仓;

(4)衍生品业务经营商的衍生品平仓;

(5)采取证券交易委员会办公室认为适当的任何行为。

如果发生第 1 款中的事件,并且有保护或减轻潜在损害的紧迫需要,或如果衍生品业务经营商不遵守第 1 款的命令,证券交易委员会办公室有权命令衍生品业务经营商暂停其全部或部分业务并且有权采取第 2 项、第 3 项或第 4 项的措施。

第 51 条 如果证券交易委员会办公室按照第 50 条第 2 款发布暂停衍生品业务经营商全部或部分业务的命令,其可授权衍生品清算所采取第 50 条第 2

项、第 3 项或第 4 项的行动。

第 52 条 衍生品业务经营商应接受证券交易委员会办公室按照第 50 条或衍生品清算所按照第 51 条对其的约束,如同其自身采取此类行动一样。其中产生的费用应以衍生品业务经营商的财产支付。

第 53 条 按照第 50 条第 2 项、第 3 项、第 4 项和第 5 项或第 51 条善意采取的行动应视为有法律约束力并且不应受制于 1940 年(佛历 2483 年)《破产法》的第 113 条、第 114 条和第 115 条和《民商法典》的第 237 条、第 349 条和第 350 条。但如果采取的行动是转移客户衍生品持仓或客户资产给其他衍生品业务经营商,则此类行动不应侵害《民商法典》第 308 条第 2 款规定中的客户权利。

第三章 衍生品交易所

第一节 衍生品交易所监管

第 54 条 衍生品交易所应是公众公司并且只有在证券交易委员会取得执照后才允许提供相应服务。

只为机构投资者提供衍生品交易服务的衍生品交易所应是有限公司或公众公司并且只有在证券交易委员会注册后才允许提供相应服务。

执照或注册的申请,及发放执照或接受注册应根据证券交易委员会通告的规定进行。

第 55 条 为保护投资者、维持金融体系稳定或防范衍生品风险,资本市场监管委员会有权在其通告中规定衍生品交易所应遵守的规则。

第二节 衍生品交易所管理条例

第 56 条 除第 70 条外,本节规定不适用第 54 条第 2 款下的衍生品交易所。

第 57 条 衍生品交易所应具备:

(1)为其经营和应对衍生品交易所经营可能出现的风险而拥有充足的财务资源;

(2)由衍生品交易所或他人经营的衍生品清算所形成衍生品债务的结算体系;

(3)促进和维持关于衍生品交易稳定、可靠及公平标准的措施;

(4)记录和传播关于报价和衍生品交易信息的有效体系;

(5)应对影响衍生品交易或衍生品债务结算的紧急事件的应急计划;

(6)处理在衍生品交易所进行的衍生品交易相关服务的投诉或争议的有效

安排;

(7)申请成为会员的适当性许可规则;

(8)适用于会员的规则及为监督会员遵守衍生品业务规则和道德准则的监督措施。

第58条 衍生品交易所应采取措施保证其会员遵守衍生品交易所的规则并且同意接受衍生品交易所针对违反此类规则的纪律处分。

按照资本市场监管委员会通告的规定,第1款中衍生品交易所的规则应对其会员提供正当程序,包括建立委员会来处理会员对纪律处分的申诉。

资本市场监管委员会在第2款颁布的规则应规定委员会成员的资格、申诉的提交程序及申诉的审查程序。

第59条 如果有人持有衍生品交易所全部股份的5%以上,衍生品交易所不应支付超过5%股份的股息或其他利益给此人,也不应允许此人在股东会行使关于超过5%的表决权,除非证券交易委员会予以豁免。

第60条 至少2/5衍生品交易所的董事会成员应由按照证券交易委员会通告中规定的有能力保护会员、投资者及衍生品市场利益相关方的利益的适当代表组成。

第61条 除具有《公众公司法》规定的资格及不得有该法规定的被禁止特征外,衍生品交易所的董事不应有以下被禁止特征:

(1)有品行不端的背景或管理业务表现出缺乏证券交易委员会通告规定的专业责任或注意义务;

(2)政治家;

(3)负责衍生品交易所或金融机构监管的政府官员或国家官员。

第62条 除《公众公司法》规定的免职条件外,衍生品交易所董事应在以下情况下免职:

(1)具有第61条规定的被禁止特征;

(2)由于履职中的严重不称职或不当行为被证券交易委员会免职。

第63条 衍生品交易所的规则只有当得到资本市场监管委员会批准才具有强制力。

如果第1款中的规则可能影响业务经营或会员、投资者及衍生品交易所利益相关方的利益,那么衍生品交易所应对上述人员安排听证,并且提交听证报告给资本市场监管委员会作为批准规则时参考。

第1款中的资本市场监管委员会的批准和第2款中的听证意见不应适用于关于衍生品交易所内部管理的规则或资本市场监管委员会通告规定的其他

规则。

第64条 当衍生品交易所已向资本市场监管委员会提交规则以获取批准时,资本市场监管委员会应审查此类规则,并在从收到规则连同证券交易委员会通告中要求的有效、完整的补充档之日起45天内通知衍生品交易所其审查的结果。

资本市场监管委员会应批准衍生品交易所的规则,除非其:

(1)不符合第57条规定的要求或不能充分保证第57条规定的要求得以履行;

(2)对会员、投资者或衍生品交易所利益相关方不公平对待。

第1款规定的时间过后,如果资本市场监管委员会没有通知衍生品交易所其审查结果,或没有指示衍生品交易所对此类规则进行修改,即视为资本市场监管委员会批准了此类规则。

第65条 如果事实或情势发生变化,证券交易委员会有权命令衍生品交易所发布另外的规则,撤销或修改现有规则;有权命令衍生品交易所采取证券交易委员会认为适当的行动。

第66条 如有必要衍生品交易所可不经第63条的程序发布临时性规则,如果其已遵守资本市场监管委员会通告的规定。

如果资本市场监管委员会认为衍生品交易所采取第1款中的行动并非善意、缺乏合理原因,或没有遵守第1款的规定,其有权命令衍生品交易所撤销或修改此类规则或采取资本市场监管委员会认为适当的行动。

第67条 只有当衍生品交易所提交衍生品合约的格式和条款给证券交易委员会办公室,证券交易委员会办公室对其实质内容批准后才能交易。

收到衍生品合约的格式和条款的申请后,证券交易委员会办公室应审查该申请,并且在从收到该申请及证券交易委员会办公室通告中要求的全部有效、完整的补充档后的45日内通知衍生品交易所其审查结果。如果证券交易委员会办公室在规定期限内不能完成审查,可从期限届满之日起延长不超过30日。

衍生品交易所可申请撤销或修改第1款中衍生品合约的格式和条款的申请,此类情况准用第1款和第2款的规定。

第68条 如果随后发现按照第67条批准的衍生品合约的格式和条款不符合当前经济形势,证券交易委员会办公室有权撤销该批准。

第69条 如果衍生品的基础产品是债券或短期国库券,或衍生品要求当事人用外汇汇率或利率计算的数额履行付款义务,证券交易委员会办公室按照第67条、第68条批准或撤销批准前应先咨询泰国银行。

第70条　为维持金融体系、国家经济或衍生品市场交易和结算体系的稳定,资本市场监管委员会有权命令衍生品交易所:

(1)暂停衍生品交易,除非此类交易以衍生品平仓为目的;

(2)指示衍生品平仓;

(3)限制衍生品交易价格的范围;

(4)修改或临时暂停适用衍生品交易所发布的规则;

(5)采取资本市场监管委员会认为适当的措施。

采取第1款中的措施时,如果衍生品交易所有必要修改或发布另外的规则,其不应被要求按照第63条的规定获得资本市场监管委员会的批准,其修改或发布的规则被认为已获得资本市场监管委员会批准。

如果当事人根据衍生品合约,须采用由外汇汇率计算的数额履行支付义务,可能影响金融体系、国家经济或衍生品市场交易和结算体系的稳定时,泰国银行可通知资本市场监管委员会采取第1款规定的措施。

第71条　当衍生品交易所对其会员作出纪律处分时,其应立即告知证券交易委员会办公室并提交相关档。

第72条　如果衍生品业务经营商是衍生品交易所会员,具有违反衍生品交易所规定的规则,并且该行为也违反资本市场监管委员会或证券交易委员会办公室通告的规定,当衍生品交易所已对该会员施加了纪律处分,资本市场监管委员会或证券交易委员会办公室如果认为已对该会员采取了适当的处分,可不对衍生品交易所的会员作出行政处分决定。

第73条　为保护公共利益或投资者,衍生品交易所有权披露关于衍生品交易、衍生品交易所会员的信息,或其会员的违规行为和纪律处分的信息,包括按照资本市场监管委员会通告的规定由衍生品交易所经营中获得的其他信息。

如果有人认为衍生品交易所没有充分披露信息,其可向资本市场监管委员会提交建议,要求其发布衍生品交易所披露其他信息的规则。

第74条　第20条、第22条、第27条和第28条的规定准用于衍生品交易所。

第29条和第30条的规定准用于衍生品交易所的会计师。

第四章　衍生品清算所

第一节　衍生品清算所监管

第75条　衍生品清算所应是有限公司或公众公司并且只有在从证券交易

委员会取得执照后才能允许提供相应的服务。

只为机构投资者衍生品交易提供清算和结算服务的衍生品清算所应是有限公司或公众公司并且只有在证券交易委员会办公室注册后才允许提供相应的服务。

申请执照或注册,及发放执照或接受注册应根据证券交易委员会通告的规定作出。

第76条 为保护投资者、维持金融体系稳定及防范衍生品风险,资本市场监管委员会有权在其通告中规定衍生品清算所应遵守的规则。

第二节 衍生品清算所管理规定

第77条 除第79条外,本节规定不适用于第75条第2款中的衍生品清算所。

第78条 衍生品清算所应具备:

(1)为其经营和应对衍生品交易所经营可能出现的风险而拥有充足的财务资源;

(2)保证衍生品债务履行的衍生品债务结算体系,包括处理债务拖欠的确定程序;

(3)应对任何可能影响衍生品债务结算的紧急事件的应急计划;

(4)申请成为会员的适当性许可规则;

(5)适用于会员的规则和要求会员遵守规则的监督措施;

(6)对其会员的财务状况和衍生品持仓进行监督及审计的制度安排。

第79条 为维护金融体系、国家经济或衍生品市场交易和结算体系的稳定,资本市场监管委员会有权命令衍生品清算所:

(1)指示其会员提供追加保证金;

(2)调整会员及其客户衍生品的最大持仓量;

(3)衍生品平仓;

(4)采取资本市场监管委员会认为适当的任何行为。

采取第1款中的措施时,如果衍生品清算所有必要修改或发布另外的规则,其不应被要求按照第63条的规定(第89条规定第63条准用于衍生品清算所)获得资本市场监管委员会的批准,其修改或发布的规则被认为已获得资本市场监管委员会批准。

当事人在衍生品交易有按照外汇汇率计算的数额履行付款义务,可能影响金融体系、国家经济或衍生品市场交易和结算体系的稳定时,泰国银行可通知资本市场监管委员会采取第1款规定的措施。

第80条 衍生品清算所在衍生品交易中无论作为或通过合约更替成为对手方,只要依照由资本市场监管委员会批准的衍生品清算所规则行事,有关保证金划转、债务结算、衍生品平仓、衍生品头寸转移即具有法律约束力和执行力。

第81条 衍生品清算所在衍生品交易中无论作为或通过合约更替成为对手方,其与会员应受到衍生品结算服务协议的权利义务约束,无论该会员为其自身或为他人从事衍生品交易。

第82条 衍生品清算所向会员收取或持有的衍生品交易保证金,不论其来自会员资产或客户资产,均作为会员或客户衍生品交易的资产。衍生品清算所应将会员为维持衍生品市场的交易和结算体系的稳定而放置在衍生品清算所的资产与自身资产分离,并与自身账户相区别,为每个会员分别开立和保管这些资产账户。

如果第1款中开立和保管的资产账户中包括客户资产,衍生品清算所应将此客户资产账户与会员资产账户分别开立和保管。

衍生品交易的保证金资产类型、资产保管、第1款和第2款中资产账户的开立和保管应按照资本市场监管委员会通告的规定执行。

除非有相反的证明,第1款和第2款中资产账户上显示的项目和数额推定为正确。

第83条 衍生品清算所除以下目的外,不得使用按照第82条取得或持有的资产:

(1)客户资产或从衍生品交易中收取的客户资产,只能被用来担保或结算由衍生品交易产生客户债务或返还给客户的价款;

(2)会员资产或会员从衍生品交易中收取的资产,只能被用来担保或结算由衍生品交易产生的会员及其客户的债务;

(3)由会员放置于衍生品清算所的,为维持衍生品市场交易和结算系统稳定的资产,依据衍生品清算所通告的规定只能被用来担保或结算由衍生品交易产生的会员及其客户的债务。

第34条第2项、第35条和第36条的规定应准用于衍生品清算所收取或拥有的资产。

第84条 如果会员在破产法院被起诉破产,并且法院判令破产接管,破产管理人应立即通知衍生品清算所和证券交易委员会办公室,衍生品清算所应:

(1)依据衍生品清算所的规则,对会员在法院下达破产接管命令时仍未平仓的自营账户衍生品头寸平仓;

(2)如果按照第82条收取的或拥有的会员资产,由衍生品交易导致的债务发生在法院下达判令之日或之前的,或发生在第1项规定的会员平仓之时,或由会员按照第43条规定对其客户平仓导致,不管此类资产是在衍生品清算所保管下还是由衍生品清算所放置或存放在他人处,应强制履行会员资产了结债务。

出售会员资产偿还会员债务时,如果出售的资产是证券,则衍生品清算所应在证券市场上出售。如果不能在此市场上出售,其应通过其他能够达成公平价格的方式出售。

(3)如果会员对衍生品清算所负有由衍生品交易导致的债务,且其发生在法院下达命令之日或之前的,或按照第1项规定由会员平仓导致,或由会员按照第43条规定对其客户平仓导致,而衍生品清算所也对会员负有债务并在法院判令下达之时仍未清偿的,无论债的标的是否相同,是否附条件或附期限,衍生品清算所在法院下达判令之后拥有抵销所负客户债务的请求权。

如果会员对衍生品清算所的债务是附生效条件的,当衍生品清算所要求抵销此债务时,衍生品清算所应向符合《破产法》规定的会员资产管理人提供履行抵销所需数额的担保金。

第85条 衍生品清算所按照第84条采取措施后,如果会员资产还有剩余,衍生品清算所应将该资产交付给符合《破产法》规定的会员资产管理人。

第86条 如果法院判令破产接管该会员,1940年(佛历2483年)《破产法》第114条及第115条的规定,不适用于衍生品交易中的债务清偿、担保会员履行债务的资产的取得或持有、会员衍生品平仓,除非破产管理人能够证明,为此会员提供服务的衍生品清算所明知或纵容会员采取阻止会员债权人获得全部或部分债务的行动,或衍生品清算所未遵守业务惯例。

第87条 第84条进程中,如果衍生品清算所按照第82条从会员收取或持有的会员资产不能清偿会员对衍生品清算所的全部债务,其有权要求会员作为债务人在破产程序中请求不足的数额。此类请求应按照1940年(佛历2483年)《破产法》第91条的规定提交。

第88条 当衍生品清算所在破产法院被起诉破产,并且法院判令破产接管时,或衍生品清算所经过裁判成为债务人时,或衍生品清算所由政府或其他监管主体命令暂停全部或部分业务时,为保护会员及客户资产或维护衍生品结算体系安全,第43条、第45条和第46条的规定应准用于衍生品清算所及按照第82条衍生品清算所收取或拥有的资产。

第89条 第20条、第22条、第27条、第28条、第61条、第62条、第63条、第64条、第65条、第66条和第73条的规定应准用于衍生品清算所。

第29条和第30条的规定应准用于衍生品清算所的会计师。

如果第1款中的规定适用第57条,则应视为此规定适用第78条。如果衍生品清算所是有限公司,则应视为第61条和第62条适用《民商法典》第22篇合伙和公司的规定。

第五章　衍生品业务经营商协会

第90条　为促进衍生品业务经营商的监管,证券交易委员会有权批准成立衍生品业务经营商协会,旨在促进和监管衍生品业务经营商,并且该协会应符合:

(1)提供一个选举董事的标准,保证董事的组成应能公平代表每个会员;

(2)具有有效的投诉处理机制处理来自会员之间或会员与客户之间由衍生品业务经营而产生的争端和投诉;

(3)对会员开展衍生品业务中遵守协会规则和道德准则情况的监督措施;

(4)由证券交易委员会通告中规定的其他规则。

申请批准和授予批准应按照证券交易委员会通告的规定执行。

第91条　第71条、第72条和第73条的规定应准用于衍生品业务经营商协会。

第六章　与衍生品交易相关的不正当行为

第一节　影响衍生品价格的不正当行为

第92条　任何人不得自行或与他人合作开展以下衍生品交易或要约开展衍生品交易、购买或出售或要约购买或出售货物或采取与变量相关的行动:

(1)故意将在衍生品交易所进行交易的衍生品合约维持在与市场正常状况不符的价格水平,或有意提高或压低在衍生品交易所进行交易的衍生品合约价格;

(2)有或有可能对在衍生品交易所进行交易的衍生品合约的价格水平产生与市场的正常状况不符的维持、提高或压低的效果,除非此行为是善意保护其合法权益。

第93条　以下的行动或情形应被认为是第92条中的与他人合作的行动:

(1)为衍生品交易付款或收取付款、购买或出售货物,而联合开立银行账户;

(2)代表他方为衍生品交易的下单购买或出售货物;

(3)代表他方交付衍生品的基础商品;

(4)代表他方在衍生品交易中付款或收取价款、购买或出售货物;

(5)代表他方提供现金或其他财产作为衍生品交易、购买或出售货物的担保;

(6)允许他人使用自己银行账户进行关于衍生品交易的付款或收取付款、购买或出售货物;

(7)允许他人对自己关于衍生品交易中的货物购买或出售收取利益或进行付款。

第94条 任何人不得为自己或他人从衍生品持仓中不正当地牟取利益,不得对已批准的可在衍生品交易所进行交易的衍生品合约的标的物囤积、倾销、控制或为其他行为,从而导致按照衍生品合约交割货物数量显著地增加或减少。

第95条 任何人不得散布或作出与衍生品交易、货物或变量相关的虚假的或可能实质误导的陈述或承诺,如果在散布陈述或作出承诺时,此人知道或应知道陈述内容是虚假或有可能实质误导,并且此行为:

(1)可能促使他人在衍生品交易所进行衍生品交易;

(2)可能对在衍生品交易所进行交易的衍生品合约价格产生提高、压低或维护的效果。

第96条 任何人不得以歪曲事实或信息为依据,或以已知是虚假的信息为依据,或忽视信息真假预测有关衍生品合约、货物或变量价格,并且此行为

(1)可能促使他人在衍生品交易所进行衍生品交易;

(2)可能提高、压低或维持在衍生品交易所进行交易的衍生品合约价格。

第97条 任何人不得散布在衍生品交易所交易的衍生品合约的价格上涨、下降或被维持的陈述,如果价格上涨、下降或被维持的原因是由于有确定的衍生品交易或衍生品合约相关的行为,该行为违反了第92条、第95条或第96条,且此人:

(1)从事有关衍生品交易或有本条第92条、第95条或第96条所列行为的人;

(2)获得或可能获得与传播该陈述有关的任何报酬或利益。

第98条 在泰国境外违反第92条或第94条规定的人应在泰国境内受刑罚。如果准用《刑事法典》第10条的规定,即使主犯、从犯或教唆犯在泰国境外犯罪,应视同为此人为泰国境内犯罪。

第二节 内幕信息的不正当使用

第99条 衍生品交易所、衍生品清算所、衍生品业务经营商协会、证券交易

所、证券交易中心、证券清算所或其他法律赋予监督衍生品交易、货物交易或变量交易的机构的董事、附属委员会的成员、法定代表人、代理人、雇员、雇员、顾问或任何为其工作的人,由其地位获得的重要的未公开信息,不得为以下的行为:

(1)为自身利益或为他人利益,开展与此重要信息相关的衍生品交易,或要约开展衍生品交易,或购买或出售或要约购买或出售有关货物;

(2)向他人披露此重要的信息,并且知道或应知道他人有可能利用此信息开展衍生品交易,或购买或出售有关货物。

第1款中的重要信息是指对衍生品合约或货物的价格或变量数字的变化有重大影响,可能影响投资者决定进行衍生品交易、购买或出售有关货物的信息。

第100条 知道或应知道此重要信息是由第99条规定人员披露的,拥有此尚未公开的重要信息的人,不得为以下行为:

(1)为自身利益或他人利益,开展或要约开展与此重要信息有关的衍生品交易,购买或出售或要约购买或出售有关货物;

(2)知道或应知道他人有可能利用此信息开展与此有关的衍生品交易,购买或出售有关货物,而向他人披露此重要信息。

第七章 监管与管控

第101条 部长有权按照本法规定拥有全面监管与管控的权力及职责。

第102条 部长有权命令证券交易委员会或证券交易委员会办公室就其按照本法执行监管事务澄清事实、提出意见、起草和提交报告。

第八章 主管官员

第103条 在执行职务中,主管官员有权:

(1)在日出至日落的期间内,或在此场所的营业时间中,为检查其经营、财产及其债务,包括收集有关的档、证据或信息,进入衍生品业务经营商的营业场所、衍生品交易所、衍生品清算所,或收集、处理此人数据的场所;

(2)在日出至日落的期间内,或在此场所的营业时间中,按照本法对有可能与检查或执行有关的账户、档或证据进行检查而进入商业银行或金融机构;

(3)在日出至日落的期间内,或在此场所的营业时间中,按照本法对有正当理由相信实施了违法行为的场所进行搜查;

(4)为便于检查或起诉而扣押与本法规定的违法行为有关的档或证据,此扣押不得超过180日;

(5)命令衍生品业务经营商、衍生品交易所、衍生品清算所,或被授权的可对此人的资料进行收集或处理的人,包括董事、高管、雇员及会计师,作证、交付或展示账户、档、印章或关于上述人员的业务、操作、资产及其债务的其他证据;

(6)命令进行衍生品交易的人,或要约通过衍生品业务经营商进行衍生品交易的人、衍生品交易所的会员,作证、交付或展示账户、档及有关衍生品交易或要约进行衍生品交易的其他证据;

(7)命令对主管官员履职有帮助的人作证、交付或展示账户、档、证据或提交有利于主管官员职务执行的其他物体。

按照第 1 项或第 2 项规定进行检查或第 3 项规定进行搜查后,如果尚未完成,主管官员可在晚上或此场所的营业时间外继续该检查或搜查。

第 1 项或第 2 项规定的执行职务时,主管官员不得做任何具有威胁性质的行为或《刑事法典》上的搜查行为。实施第 3 项规定行为,需要搜查证。但如果有正当理由相信,等到取得搜查证时,档或证据有可能已被转移、隐匿、毁损或变形,主管官员无搜查证也可搜查、没收、扣押档或有关违法行为的证据。尽管如此,搜查应遵守《刑事法典》的搜查程序,并不得于日落后才开始搜查,除非此期间是该场所的营业时间。

主管官员按照第 1 款行使权利时,应对直接涉及检查事宜的人员进行,并且开展第 2 项、第 3 项、第 5 项、第 6 项或第 7 项的行动,应事先得到证券交易委员会办公室的批准,在第 5 项、第 6 项或第 7 项的情况下,主管官员应为此人预留合理时间执行命令。

第 104 条　主管官员在执行职务中,相关人员应提供合理的援助。

第 105 条　当外国当局依据外国衍生品或其他相同性质的法律提出请求时,证券交易委员会办公室有权提供援助,表现为收集必要的信息或证据以认定是否违反请求国的衍生品法律或其他相同性质的法律,该援助应符合以下条件:

(1)该援助不得损害泰国的公共利益或国家秘密;

(2)请求援助的起因必须可归类到本法规定的违法行为类型;

(3)外国当局同意提供证券交易委员会办公室要求的同等援助。

第 103 条应准用本条。

第 106 条　执行职务时,主管官员应向相关人员出示身份证件。

主管官员的身份证件应符合部长规定的格式。

第 107 条　按照本法执行其职务时,主管官员应视为是《刑事法典》规定的官员。

第 108 条　如有证据表明有人实施本法规定的违法行为可能对公共利益造成损害,而证券交易委员会办公室有正当理由相信该嫌疑人要将自己或自己占有的财产转移或处置,经证券交易委员会的批准,证券交易委员会办公室有权没收或扣押此人的财产、此人占有的财产或有合理证据相信属于此人的其他财产。此没收或扣押期限不得超过 180 日。但如果有起诉,此没收或扣押期限延长至法院作出另外的判令。如果因为某些情势,导致不能在 180 日内起诉,证券交易委员会办公室可向有管辖权的法院提交延长没收或扣押期限的请求,但再延长期限不得超过 180 日。

《民事诉讼法典》应准用于第 1 款中的财产没收或扣押,并且应由证券交易委员会办公室授权的主管官员没收或扣押。

第 1 款的没收或扣押应考虑到被没收或扣押财产之人的家庭成员的生活状况。

第 109 条 如果第 108 条中的被没收或扣押财产是易腐物品或保管费用超出其财产价值或如果长期保管会导致该财产价值下降,证券交易委员会办公室或证券交易委员会办公室授权的主管官员可将此财产拍卖或按照证券交易委员会办公室规定的措施恰当地处理此财产。同时,该财产的所有者应被通知可出价参与。

按照第 1 款拍卖或处理财产得到的现金,在扣除储存、保管、处置费用和相关花费外,应替代被没收的原财产。

第 110 条 如果有证据表明有人实施本法中规定的违法行为,可能对公共利益造成损害,并且证券交易委员会办公室有正当理由相信此人要逃离泰国,证券交易委员会办公室有权向法院提出请求,要求其发布命令阻止此人出境。非常紧急情况下,证券交易委员会有权命令暂时阻止此人离境,但其有效期不超过 15 日。

第九章　处罚和有效时限法令

第一节　行政处罚

第 111 条 行政处罚的种类包括:

(1)缓期执行;

(2)公开谴责;

(3)行政罚款;

(4)限制经营;

(5)在一定期限内,暂停已取得的执照、注册和营业;

(6)撤销执照、注册或批准。

第112条 下列机关有权实施行政处罚:

(1)证券交易委员会办公室有权实施第111条第1项或第2项的措施;

(2)行政处罚专家组有权实施第111条第1项、第2项、第3项或第4项的措施;

(3)证券交易委员会有权实施第111条规定的所有措施。

在按照第111条进行行政处罚时,主管部门有权处以上述措施中的一项或几项处罚,并且为纠正、防止违反法律、规则、命令或本法的规定,有权命令受罚人实施或停止某种行为。

第113条 对一个行为的罚款不得超过两百万泰铢。

如果第1款中受罚人不支付上述罚款,将准用《行政诉讼法》中关于行政强制执行的条款。

第114条 衍生品业务经营商违反第10条、第18条或第19条规定的规则、命令或条件,或违反第20条第1款、第22条、第23条、第24条、第26条、第33条、第34条、第38条、第46条第1款的规定,应按照第111条的规定给予行政处罚。

第115条 衍生品交易所违反第10条、第55条、第58条、第65条、第66条、第70条或第73条下规定的规则、命令或条件,或违反第20条第1款,或按照第74条准用于衍生品交易所的第22条、第59条、第60条、第63条或第71条规定,应按照第111条的规定给予行政处罚。

第116条 衍生品清算所违反第10条、第65条、第66条、或按照第89条准用于衍生品清算所的第73条、第76条规定的规则、命令或条件,或违反第20条第1款、第22条,或按照第89条准用于衍生品清算所的第63条,或按照第88条准用于衍生品清算所的第46条第1款、第79条、第82条、第83条或第85条规定,应按照第111条的规定给予行政处罚。

第117条 衍生品业务经营商协会违反按照第91条准用于衍生品业务经营商协会的第71条,或违反按照第91条准用于衍生品业务经营商协会的第73条规定,应按照第111条的规定给予行政处罚。

第118条 不支付费用或不足额支付第9条第2项规定数额的人,应按照第111条的规定给予行政处罚。

第119条 如果违反第114条、第115条、第116条或第117条规定的为法律实体,其董事、经理或负责该法律实体经营者,应按照第111条的规定给予行政处罚,除非其能证明自己与该法律实体实施的违法行为无关。

第120条 证券交易委员会办公室应收集涉嫌违法、需要行政处罚的有关事实，并且有权进行初审后采取以下行动：

（1）如果认为嫌疑人该受行政处罚的种类是在证券交易委员会办公室的管辖下，证券交易委员会办公室应作出给予此行政处罚的决定；

（2）如果认为嫌疑人该受行政处罚的种类是在行政处罚专家组或证券交易委员会的管辖下，证券交易委员会办公室依情况应提交此事项给行政处罚专家组或证券交易委员会，由其作出行政处罚决定。

第 121 条　依照第 111 条的规定给予行政处罚时，主管部门应依照证券交易委员会通告的规定，考虑构成违法行为的因素、此违法行为造成的损害，权衡给予其行政处罚的轻重。

第 122 条　按照《行政诉讼法》的规定，行政处罚命令的审查和发布应遵守证券交易委员会通告的规定。

第 123 条　应成立一个或几个行政处罚专家组，各个专家组的成员不得超过 5 个人，并由证券交易委员会予以任命。

第 1 款中的专家组成员的资格和任命专家组成员的程序应符合证券交易委员会通告的规定。

第 124 条　衍生品业务经营商、衍生品交易所、衍生品清算所及衍生品业务经营商协会在收到行政处罚通知 15 日内有权向证券交易委员会提交对证券交易委员会办公室或行政处罚专家组作出的行政处罚的申诉，该程序应按照证券交易委员会通告的规定。

第 1 款中对申诉的审查和裁决，应按照证券交易委员会通告的规定作出。

第 1 款中的申诉不影响证券交易委员会办公室或行政处罚专家组作出的行政处罚的履行。

第二节　刑 事 处 罚

第 125 条　从事衍生品相似经营业务，但没有按照第 16 条的取得执照或注册的人，处 3 年以下徒刑，或并处或单处 30 万铢以下罚金，并对违法期间每日另处 1 万铢以下罚金。

第 126 条　经批准已停止衍生品业务的衍生品业务经营商违反第 20 条第 2 款的规定，应处 10 万铢以下罚金，并对违法期间每日另处 1 万铢以下罚金。

如果第 1 款中的衍生品业务经营商是自然人，处 1 年以下徒刑，或并处或单处 10 万铢以下罚金，并对违法期间每日另处 1 万铢以下罚金。

第 127 条　衍生品交易所不按照第 74 条准用第 20 条第 2 款的规定，处 10 万铢以下罚金，并对违法期间每日另处 1 万铢以下罚金。

第128条 衍生品清算所不按照第89条准用第20条第2款的规定,处10万铢以下罚金,并对违法期间每日另处1万铢以下罚金。

第129条 衍生品业务经营商违反第27条和第28条,处30万铢以下罚金,并对违法期间每日另处1万铢以下罚金。

第130条 衍生品交易所违反第74条准用第27条和第28条的规定,处30万铢以下罚金,并对违法期间每日另处1万铢以下罚金。

第131条 衍生品清算所违反第89条准用第27条和第28条的规定,处30万铢以下罚金,并对违法期间每日另处1万铢以下罚金。

第132条 从事与衍生品交易所相似经营业务,但没有按照第54条取得执照或注册的人,处3年以下徒刑,或并处或单处30万铢以下罚金,并对违法期间的每日另处1万铢以下罚金。

第133条 衍生品交易所违反第67条,处30万铢以下罚金,并对违法期间每日另处1万铢以下罚金。

第134条 从事与衍生品清算所相似经营业务,但没有按照第75条取得执照或注册的人,处3年以下徒刑,或并处或单处30万铢以下罚金,并对违法期间每日另处1万铢以下罚金。

第135条 如果违反第126条、第127条、第128条、第129条、第130条、第131条、第133条或第138条的犯罪人是法律实体,其董事、经理或负责该法律实体营业者,处1年以下徒刑,或并处或单处本法规定的罚金,除非其能证明自己与该法律实体的犯罪无关。

第136条 违反第92条、第94条、第95条、第96条或第97条的人,处5年以下徒刑,或并处或单处100万铢以下或其违法所得两倍以下收益的罚金,罚金数额取决于孰高。

使他人犯第92条规定之罪的人,不论是由指令、强制、威胁、雇用、教唆或其他手段,处第1款规定的处罚。

第137条 违反第99条或第100条的人,处5年以下徒刑,或并处或单处100万铢以下或其违法所得两倍以下收益的罚金,罚金数额取决于孰高。

第138条 违反第111条第4项、第5项规定的行政处罚的人,处1年以下徒刑,或并处或单处10万铢以下罚金,并对违法期间每日另处1万铢以下罚金。

第139条 阻碍或不遵守第103条中执行职务的主管官员的命令或未给予其援助的人,处1年以下徒刑,或并处或单处10万铢以下罚金。

如果第1款中的行为是使用暴力或威胁使用暴力的行为,处2年以下徒刑,或并处或单处20万铢以下罚金。

第140条 主管官员按照第103条因执行职务在没收、扣押或保管的物品上印章或标识,如果将其去除、损坏、损毁或使其无效的人,处3年以下徒刑,或并处或单处30万铢以下罚金。

第141条 主管官员按照第103条没收、扣押、保管或命令其提交的证据,如果将其损坏、损毁、隐匿、带走、遗失或使其无效的人,不论是主管官员自己保管此财产或档还是命令他人提交或保管的,处3年以下徒刑,或并处或单处30万铢以下罚金。

第142条 向主管官员作虚假证言的人,如果虚假证言对本法的审查或实施有实质影响,处6个月以下徒刑,或并处或单处5万铢以下罚金。

第143条 会计师违反第29条或第30条,处1年以下徒刑,或并处或单处10万铢以下罚金,并对违法期间每日另处1万铢以下罚金。

第144条 第145条、第146条、第147条或第148条的"客户"应有以下的含义:

(1)如果该条规定的法律实体是衍生品业务经营商,客户是指享受由衍生品业务经营商提供的有关衍生品服务的人;

(2)如果该条规定的法律实体是同意管理按《证券和证券交易所法》设立的共同基金的已取得执照的衍生品基金管理人,客户包含已设立且管理此共同基金的证券公司;

(3)如果该条规定的法律实体是衍生品清算所,客户是指享受衍生品合约债务清算和结算服务的衍生品清算所会员。

第145条 董事、经理、雇员、代理人,或被指定为衍生品业务经营商或衍生品清算所工作的人,有以下行为的,处5年以下徒刑,或并处或单处100万铢以下罚金。

(1)通过虚假陈述,或本应明白告知客户其有义务为其客户的利益履行业务却不诚实地欺骗或隐瞒,以通过该欺骗或隐瞒行为获取客户财产或导致客户执行、撤销或销毁权利凭证;

(2)为自己或第三方侵占因开展本法下的业务而取得法律实体的客户的财产;

(3)以自己的职位不诚实地作为或不行为,对法律实体的客户造成损害;

(4)从事不诚实地违背自己职务要求的行为,并对法律实体的客户的财产使用造成损害。

第146条 自然人的衍生品顾问对其客户构成第145条第1项、第3项或第4项规定的犯罪,处5年以下徒刑,或并处或单处100万铢以下罚金。

第147条 董事、经理、雇员、代理人,或被指定为衍生品业务经营商或衍生品清算所工作的人,对法律实体有义务照看或占有的财产,窃取、损坏、毁损、造成贬值或使其无效,而对法律实体的客户造成损害的,处5年以下徒刑,或并处或单处100万铢以下罚金。

第148条 董事、经理、雇员、代理人,或被指定为衍生品业务经营商或衍生品清算所工作的人,实施或允许他人实施以下欺骗性的剥夺法律实体的客户的合法利益的行为,处5年以下徒刑,或并处或单处100万铢以下罚金。

(1)损坏、毁损、修改、删节或伪造法律实体的或按照本法开展业务而制作的账户或档;

(2)虚假记录或不记录法律实体的或按照本法开展业务制作的账户或档的重要信息;

(3)记录不完整、错误、过时或不正确的账户。

第149条 任何人使董事、经理、雇员、代理人、会计师或被指定为衍生品业务经营商或衍生品清算所工作的人构成第143条、第145条、第146条、第147条或第148条规定的犯罪,无论其被指令、强制、威胁、雇用、要求、教唆或其他手段,应处本法各自规定的刑罚。

第150条 帮助或提供便利给董事、经理、雇员、代理人、会计师或被指定为衍生品业务经营商或衍生品清算所工作的人,而构成第143条、第145条、第146条、第147条或第148条规定的犯罪,无论是犯罪之时或之前,应处本法各自规定的刑罚,除非犯罪人未意识到此帮助或提供便利,帮助或提供便利的人处本法各自规定的2/3的刑罚。

第151条 对衍生品业务经营商或衍生品清算所的账户进行审计时,无论该审计是以法律实体的会计师身份还是法律实体允许进行审计的其他身份,如果会计师发现董事、经理、雇员、代理人或被指定为此法律实体工作的人,具有第145条、第147条或第148条中的犯罪嫌疑,会计师应向证券交易委员会办公室报告有关犯罪情况。

会计师违反第1款的规定,处1年以下徒刑,或并处或单处10万铢以下罚金。

第152条 证券交易委员会办公室有权将不超过犯罪人向法院交纳的罚金的30%作为奖金,奖励提供第92条、第94条、第99条和第100条规定的犯罪信息的人,奖金金额取决按照证券交易委员会通告中规定的信息重要性。

证券交易委员会办公室的命令具有终局性。

第153条 因按照本法行使权力或执行职务而得知他人信息的人,或由于前述有权的人披露信息而得知该信息的人,并且此信息是官方机密,或在正常情况下不公开的信息,向他人透露该信息的,处1年以下徒刑,或并处或单处10万铢以下罚金。

第1款规定不适用于以下情况:

(1)因行使权力或执行职务而透露;

(2)为调查或审判案件的目的而透露;

(3)对有关本法中规定的犯罪行为的透露;

(4)旨在纠正衍生品业务经营商的条件或运营而透露;

(5)已具有执照或注册从事衍生品业务的人、衍生品交易所或衍生品清算所向其会计师透露;

(6)对有义务监管衍生品、货物、变量或金融机构的官方机构透露;

(7)对有衍生品、货物、变量监管义务的国内外衍生品交易所、衍生品清算所、衍生品业务经营商协会、泰国证券交易所、证券交易中心或证券清算所透露;

(8)经其书面同意而透露。

第三节　有效时限法令和争端处理委员会

第154条　受行政处罚或单处罚金之罪,如果从主管官员判决有罪的1年内或从犯罪之日起5年内未给予行政处罚或向法院诉讼,或未按照第155条由争端处理委员会处置,则法律诉讼时限即经过。

第155条　如果第126条、第127条、第128条、第129条、第130条、第131条、第133条、第135条、第138条、第139条第1款、第142条、第143条、第151条第2款下的违法行为没有严重影响客户、公众、衍生品市场、国家金融体系,则由部长按照《证券和证券交易所法》指定的争端处理委员会有权依照证券交易委员会通告中的规定处置该违法行为。

如果案件已通过争端处理委员会处置,并且被指控者已根据争端处理委员会的决定在规定时间内缴纳罚金,那么基于该违法行为提起刑事诉讼的权利将被终止。

第十章　过渡性条款

第156条　本法生效日之日或之前开展衍生品业务的,应在本法生效之日起60日内,按照本法提交相关执照或注册申请。提交该申请后,其可继续开展其衍生品业务直至该申请被拒绝。

从事第1款规定的衍生品业务的,申请人应参照本法管理其业务。

期货及衍生品法律评论
第一卷,第379~380页

征稿启事

为凝聚各界专家力量,繁荣我国期货及衍生品法律研究,推动我国期货及衍生品立法工作,中国金融期货交易所组织出版《期货及衍生品法律评论》。《期货及衍生品法律评论》将重点关注境内外期货及衍生品法治动态,集中研究期货及衍生品立法、司法、监管相关问题,积极探索我国期货及衍生品市场法治建设之路。从2018年起,计划每年出版两卷。现将征稿事项说明如下:

一、征稿范围

期货及衍生品法理研究及法治发展动态研究,期货及衍生品监管、创新法律研究,期货及衍生品典型法律案例分析,境外相关制度研究等内容。

二、截稿日期

《期货及衍生品法律评论》(第二卷)拟于2018年出版,征稿截止日期为2018年9月底。

三、投稿要求

1. 论文应当具有一定的理论深度和应用性,篇幅1万字左右,特别优秀的稿件不受此限。

2. 投稿请发送至以下电子邮箱:chenghx@ cffex. com. cn 或 pulf@ cffex. com. cn(建议投稿后以电话确认)。投稿文档请按如下格式标明,并同时在邮件主题处标注:"作者_文章名_投稿日期",例如,"程红星_期货立法宗旨、调整范围及整体框架研究_2017. 10. 22"。

3. 本书实行匿名审稿制度,投稿时请将作者简介(姓名、出生年月、工作单位、学位、职称、研究成果等),通信方式(地址、邮编、电话、电子信箱等)以及本文是否为何种课题等内容另页单独注明,正文中不要出现任何个人信息。

4. 凡投寄本书的稿件,请勿一稿多投。若3个月内未收到编委会用稿反馈,可自行处理。在编委会编辑稿件期间,如遇到其他出版物拟采用的,请作者及时告知相应的决定,以免造成重复出版。

5. 联系人:

程红星:021-50160638

普丽芬:021-50160390

王　超:021－50160665

四、编辑体例

(一)编排体例

1. 标题为宋体小三号字,居中;

2. 作者为宋体小四号字,居中;

3. 摘要、关键词:中文摘要200字以内、关键词3~5个;

4. 正文为宋体小四号字,首行缩进,行距18磅。

(二)格式规范

注释采用脚注,全文连续注码,注码放标点之后,注码符号为“1、2、3……”非引用原文者,注释前加“参见”;引用资料非原始出处者,注明“转引自”。字体字号为宋体小五号。

具体示例如下:

(1)著作类

(独著作品)朱苏力:《送法下乡》,中国政法大学出版社2000年版,第55页。再次引用,如中间无间隔的;同上注,第65页。中间有间隔请补充完整。

(编辑作品)张文显主编:《法理学》,法律出版社2004年版,第65~67页。

(2)论文类

陈瑞华:《程序性制裁制度的法理学分析》,载《中国法学》2005年第6期。

白建军:《犯罪定义学的理论方法与实证刑法学》,载陈兴良主编:《刑事法评论》(第15卷),中国政法大学出版社2004年版,第151~152页。

(3)译作类

[德]马克斯·韦伯:《社会科学方法论》,杨富斌译,华夏出版社1999年版,第282页。

(4)报纸类

姜明安:《多些民主形式,少些形式民主》,载《法制日报》2007年7月8日,第14版。

(5)外文类

从该文中注释惯例。著作、期刊需斜体,文章加引号。

(6)网络类

温毅斌:《略论我国民事权利和债论体系的建构》,载北大法律信息网:http://article. chinalawinfo. com/ArticleFullText. aspx? ArticleId = 97027,最后访问日期:2016年7月26日。

图书在版编目(CIP)数据

期货及衍生品法律评论. 第一卷 / 胡政总编 ; 曹越主编. -- 北京 : 法律出版社, 2018
ISBN 978-7-5197-2103-9

Ⅰ. ①期… Ⅱ. ①胡… ②曹… Ⅲ. ①期货交易-法律-研究-中国 Ⅳ. ①D922.287.4

中国版本图书馆CIP数据核字(2018)第060146号

期货及衍生品法律评论(第一卷)
QIHUO JI YANSHENGPIN FALÜ PINGLUN (DI YI JUAN)

胡 政 总 编
曹 越 主 编

策划编辑 沈小英 陈 妮
责任编辑 陈 妮
装帧设计 李 瞻

出版 法律出版社
总发行 中国法律图书有限公司
经销 新华书店
印刷 固安华明印业有限公司
责任校对 马 丽
责任印制 吕亚莉
编辑统筹 财经法治出版分社
开本 710毫米×1000毫米 1/16
印张 24.5
字数 450千
版本 2018年5月第1版
印次 2018年5月第1次印刷

法律出版社/北京市丰台区莲花池西里7号(100073)
网址/www.lawpress.com.cn
投稿邮箱/info@lawpress.com.cn
举报维权邮箱/jbwq@lawpress.com.cn
销售热线/010-63939792
咨询电话/010-63939796

中国法律图书有限公司/北京市丰台区莲花池西里7号(100073)
全国各地中法图分、子公司销售电话:
统一销售客服/400-660-6393
第一法律书店/010-63939781/9782 西安分公司/029-85330678 重庆分公司/023-67453036
上海分公司/021-62071639/1636 深圳分公司/0755-83072995

书号:ISBN 978-7-5197-2103-9
定价:76.00元
(如有缺页或倒装,中国法律图书有限公司负责退换)